O PACTO DO DIABO

Roger Moorhouse

O pacto do diabo
A aliança de Hitler com Stálin, 1939-1941

TRADUÇÃO
Berilo Vargas

Copyright © 2014 by Roger Moorhouse

*Grafia atualizada segundo o Acordo Ortográfico da Língua Portuguesa de 1990,
que entrou em vigor no Brasil em 2009.*

Título original
The Devils' Alliance: Hitler's Pact with Stalin, 1939-41

Capa
André Kavakama

Fotos de capa
Ióssif Stálin © Contributor/ Getty Images
Adolph Hitler © Stringer/ Getty Images

Preparação
Fernanda Mello

Índice remissivo
Probo Poletti

Revisão
Angela das Neves
Isabel Cury

Dados Internacionais de Catalogação na Publicação (CIP)
(Câmara Brasileira do Livro, SP, Brasil)

Moorhouse, Roger
    O pacto do diabo : a aliança de Hitler com Stálin, 1939-1941
/ Roger Moorhouse ; tradução Berilo Vargas. — 1ª ed. — Rio de
Janeiro : Objetiva, 2021.

    Título original: The Devils' Alliance : Hitler's Pact with
Stalin, 1939-41
    Bibliografia.
    ISBN 978-85-470-0119-3

    1. Alemanha — Relações internacionais — União Soviética
2. Guerra Mundial, 1939-1945 — História diplomática 3. União
Soviética — Relações internacionais — Alemanha I. Título.

20-49520   CDD-940.5324

Índice para catálogo sistemático:
1. Hitler : Stálin : Guerra Mundial : História
        diplomática   940.5324

Cibele Maria Dias – Bibliotecária – CRB-8/9427

[2021]
Todos os direitos desta edição reservados à
EDITORA SCHWARCZ S.A.
Praça Floriano, 19, sala 3001 — Cinelândia
20031-050 — Rio de Janeiro — RJ
Telefone: (21) 3993-7510
www.companhiadasletras.com.br
www.blogdacompanhia.com.br
facebook.com/editoraobjetiva
instagram.com/editora_objetiva
twitter.com/edobjetiva

Para minha mãe e à grata memória de meu pai

Sumário

Nota do autor 9
Mapas 10
Cronologia 17

Introdução 21

Prólogo: Um encontro na fronteira da paz 27

1. A poção do diabo 35
2. Gravada a sangue 64
3. Divisão do espólio 96
4. Desvios 131
5. Uma corte rude e incerta 165
6. Lubrificando as engrenagens de guerra 192
7. Camarada "Cu de Pedra" no covil da fera fascista 224
8. Montando no tigre nazista 247
9. Não há honra entre ladrões 284

Epílogo: Vida após a morte 321

Apêndice: Texto do Pacto Nazi-Soviético de Não Agressão 331

Créditos das imagens.. 335
Agradecimentos 337
Notas 339
Referências bibliográficas 375
Índice remissivo... 385

Nota do autor

É sempre um desafio tentar compreender a areia movediça dos topônimos da Europa Oriental. Para este livro, no qual fronteiras se movem e línguas rivais se intrometem, adotei a política de usar nomes apropriados ao período analisado.

Assim, para citar como exemplo a cidade ucraniana agora chamada de Lviv: em setembro de 1939 era a cidade polonesa de Lwów, mas sob controle soviético o nome foi russificado para Львов (transliterado como Lvov). A propósito, a moderna versão ucraniana, Lviv, só foi adotada oficialmente com a dissolução da União Soviética (URSS), em 1991.

Além disso, as formas traduzidas já consagradas pelo uso comum — como Varsóvia, Brest ou Moscou — foram naturalmente adotadas.

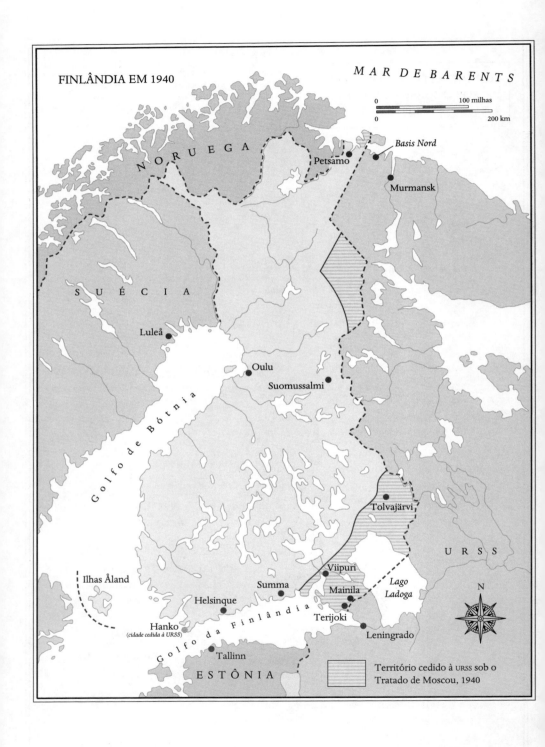

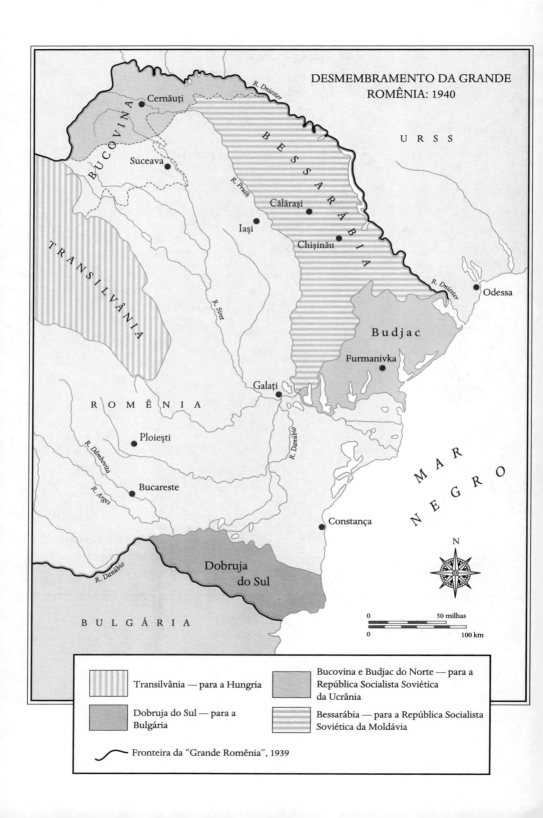

Cronologia

1939

Março
10 Discurso de Stálin no 18º Congresso do Partido Comunista
15 Forças alemãs ocupam a Boêmia e a Morávia
31 Grã-Bretanha estende garantia à Polônia e à Romênia

Maio
3 Stálin substitui o ministro do Exterior Maxim Litvinov por Vyacheslav Molotov

Agosto
12 Conversações anglo-franco-soviéticas começam em Moscou
19 Acordo de Crédito Germano-Soviético é assinado em Berlim
21 Conversações soviéticas com britânicos e franceses são suspensas
23 Tratado Germano-Soviético de Não Agressão, ou Pacto Nazi-Soviético, é assinado em Moscou
25 Aliança Militar Anglo-Polonesa é assinada em Londres
31 Forças soviéticas derrotam os japoneses em Khalkhin Gol

Setembro

1 Forças alemãs invadem a Polônia

3 Grã-Bretanha e França declaram guerra à Alemanha

15 Forças soviéticas fazem acordo de cessar-fogo com os japoneses na Manchúria

17 Forças soviéticas invadem a Polônia

22 Forças alemãs e soviéticas organizam parada militar conjunta em Brest--Litovski

28 Tratado de Demarcação e de Amizade Germano-Soviético é assinado em Moscou

28 Tratado Soviético-Estoniano de Assistência Mútua é assinado em Moscou

Outubro

5 Tratado Soviético-Letão de Assistência Mútua é assinado

6 Últimos bolsões de resistência polonesa são derrotados

10 Tratado Soviético-Lituano de Assistência Mútua é assinado

Novembro

26 Incidente de Mainila dá a Moscou um casus belli contra a Finlândia

30 Forças soviéticas invadem a Finlândia

1940

Fevereiro

10 Início da primeira deportação soviética em massa da Polônia

11 Acordo comercial germano-soviético é assinado

Março

12 Tratado de Moscou é assinado entre a Finlândia e a União Soviética pondo fim à Guerra de Inverno

Abril

3 Início dos massacres de Katyn

9 Forças alemãs invadem a Noruega e a Dinamarca

13 Início da segunda deportação soviética em massa da Polônia

Maio

10 Forças alemãs invadem a França e os Países Baixos

31 O cruzador pesado *Lützow* chega a Leningrado

Junho

15 Forças soviéticas invadem a Lituânia

17 Forças soviéticas invadem a Estônia e a Letônia

22 Armistício é assinado entre a Alemanha e a França

28 Romênia cede a ultimato soviético e se retira das províncias da Bessarábia e da Bucovina do Norte

30 Início da terceira deportação soviética em massa da Polônia

30 Ocupação soviética da Bessarábia e da Bucovina do Norte é concluída

Julho

14-15 Eleições fraudulentas são realizadas na Letônia, na Lituânia e na Estônia

Agosto

2 Moldávia (Bessarábia) se torna uma república da União Soviética

3 Lituânia se torna uma república da União Soviética

5 Letônia se torna uma república da União Soviética

6 Estônia se torna uma república da União Soviética

Setembro

27 Pacto Tripartite é assinado entre a Alemanha, a Itália e o Japão — estabelecendo as potências do Eixo

Novembro

12 Molotov chega a Berlim para conversas com Hitler

20 Hungria se junta ao Eixo

23 Romênia se junta ao Eixo

Dezembro

1 Tratado Germano-Soviético de Impostos e Pedágios é assinado

17 Conferência do Danúbio é suspensa num clima de animosidade

18 Hitler dá a ordem para a Operação Barbarossa, o ataque à União Soviética
23 Abertura da Conferência do Alto-Comando do Exército Vermelho em Moscou

1941

Janeiro
10 Acordo Germano-Soviético de Demarcação e Comércio é assinado

Março
1   Bulgária se junta ao Eixo
25 Iugoslávia se junta ao Eixo
27 Golpe de Estado na Iugoslávia

Abril
6   Tratado Soviético-Iugoslavo de Amizade e Não Agressão é assinado
6   Forças alemãs invadem a Iugoslávia
13 Pacto de Neutralidade Soviético-Japonês é assinado em Moscou

Maio
4   Stálin é nomeado presidente do Conselho de Comissários do Povo
10 Rudolph Hess voa para a Escócia

Junho
12 Deportação soviética em massa começa na Bessarábia
14 Deportação soviética em massa começa na Estônia, na Letônia, na Lituânia e nos territórios ocupados no leste da Polônia
22 Alemanha ataca a União Soviética — Operação Barbarossa

Julho
12 Acordo Anglo-Soviético é assinado em Moscou
30 Acordo Sikorski-Maisky é assinado em Londres, reatando as relações polaco-soviéticas

Introdução

Em 23 de agosto de 1939, Stálin bebeu à saúde de Hitler. Embora os dois ditadores nunca tenham se encontrado, o acordo que forjaram naquele dia mudaria o mundo. Como o "Pacto Nazi-Soviético", o "Pacto Hitler-Stálin" ou o "Pacto Molotov-Ribbentrop" esteve em vigor durante menos de dois anos — terminando com o ataque de Hitler à União Soviética de Stálin em 22 de junho de 1941 —, mas foi, apesar de tudo, um dos acontecimentos de maior destaque da Segunda Guerra Mundial.

Quando comecei a fazer pesquisas para este livro, de vez em quando amigos e conhecidos fora dos círculos de especialistas em história me perguntavam em que eu estava trabalhando, e minha resposta era: "no Pacto Nazi-Soviético". Os olhares vazios e as testas franzidas que eu via em reação às minhas palavras diziam tudo. Exceto na Polônia e nos países bálticos, o pacto simplesmente não faz parte da nossa narrativa coletiva da Segunda Guerra — embora eu esteja firmemente convencido de que deveria fazer.

Nossa ignorância sobre o assunto é espantosa. Enquanto todas as demais curiosidades, campanhas ou catástrofes da Segunda Guerra Mundial têm sido interpretadas e reinterpretadas, avaliadas e reavaliadas, o pacto permanece basicamente desconhecido — em geral mencionado num único parágrafo, posto de lado como duvidosa anomalia, uma nota de rodapé da história mais ampla. É instrutivo, por exemplo, que quase todas as histórias populares da Segunda Guerra Mundial recém-publicadas na Grã-Bretanha lhe deem pouquíssima atenção. Jamais se considera que justifique um capítulo, e quase sempre rende pouco mais do que um ou dois parágrafos e um punhado de referências de índice.

Quando se leva em conta o óbvio significado e a magnitude do pacto, é bastante surpreendente. Sob seus auspícios, Hitler e Stálin, os dois mais abomináveis ditadores da Europa do século XX, descobriram uma causa comum. Os dois regimes, cujo confronto posterior seria o enfrentamento determinante da Segunda Guerra Mundial na Europa, estiveram lado a lado por 22 meses, quase um terço de toda a duração do conflito.

Talvez tenhamos esquecido a relação existente, mas o pacto levou diretamente à eclosão da guerra; isolando a Polônia entre dois vizinhos malévolos e frustrando os esforços desconexos das potências ocidentais para conter Hitler. A guerra que veio em seguida, portanto, trazia o odioso carimbo do pacto. Enquanto as potências ocidentais resistiam à chamada "Guerra de Mentira", a Polônia foi invadida e dividida entre Moscou e Berlim. Com a conivência de Hitler, os independentes países bálticos foram ocupados e anexados por Stálin, assim como a província romena da Bessarábia. A Finlândia também foi invadida e conquistada pelo Exército Vermelho. Quando Hitler se voltou para o oeste, invadindo primeiro a Escandinávia, em seguida os Países Baixos e a França, Stálin enviou felicitações. Enquanto isso, nos bastidores, os nazistas e os soviéticos trocavam segredos, projetos, tecnologia e matérias-primas, lubrificando as engrenagens de suas respectivas máquinas de guerra. Por um tempo parecia que as duas ditaduras — ou a "Teutoslávia", como um político britânico as chamava — tinham se juntado contra o mundo democrático. Os britânicos e franceses chegaram até a pensar num ataque preventivo à União Soviética em 1940.

Esse aspecto da beligerância soviética é mais do que apenas uma curiosidade. Os escritos do pós-guerra sobre o Pacto Nazi-Soviético — na medida em que existem — tendem a repetir mecanicamente a justificativa do Kremlin de que, ao assinar o pacto, Stálin quis apenas ganhar tempo, mantendo Hitler à distância enquanto preparava as defesas soviéticas para enfrentar um esperado ataque. Entretanto, essa interpretação, ainda apregoada pelos apologistas, não condiz com as provas. Como este livro demonstra, Stálin foi muito mais proativo e antiocidental ao assinar o pacto do que convencionalmente se julga. Pelo menos num sentido, buscava explorar a agressão nazista em benefício próprio, a fim de acelerar a queda do Ocidente e o tão esperado colapso do mundo capitalista. Um "neutro" relutante e passivo é o que ele não era.

Visto dessa maneira, como o foi por muitos contemporâneos seus, não é de surpreender que o Pacto Nazi-Soviético tenha virado o mundo político de cabeça para baixo, transformando, como disse memoravelmente um analista, "todos os nossos *isms* em *wasms*". Foi uma disputa apertada, mas os soviéticos e o mundo comunista foram os que sofreram danos mais profundos com essa associação. Enquanto o nazismo praticamente já não tinha nenhum capital moral sobrando em 1939, e logo se desgraçaria de vez lançando o Holocausto, o comunismo ainda se comprazia em ostentar o seu aspecto moral. As acrobacias que membros leais foram obrigados a fazer então para acomodar Hitler e os nazistas como aliados fraternos eram ainda mais humilhantes; consequentemente a filiação ao partido sofreu uma queda, e a pouca integridade política que os comunistas aparentavam ter fora do seu próprio meio esfumou-se numa lufada de dialética retorcida. O pacto com Hitler deixou uma mancha indelével no comunismo mundial, assim como a invasão soviética da Hungria em 1956, ou a supressão da Primavera de Praga em 1968. Só a disputada vitória de Stálin contra o nazismo depois de 1941 resgataria temporariamente sua reputação manchada.

Portanto, o Pacto Nazi-Soviético teve imensa influência, mas, fora da alta política e da ideologia, a Europa Ocidental e a Oriental sentiram de modo mais agudo suas funestas consequências, pois tiveram cerca de 50 milhões de pessoas diretamente afetadas. Ao facilitar a guerra de Hitler, o pacto abriu caminho para a brutal ocupação do oeste da Polônia, com todas as crueldades e injustiças concomitantes. Apesar de o Holocausto propriamente dito ainda não vigorar nesse período — começou para valer no outono de 1941 —, poloneses e judeus na Polônia ocupada pelos nazistas foram submetidos a um horrendo regime de exploração e perseguição, com centenas de milhares expropriados, deportados ou mortos.

O pacto afetou também os poloneses, judeus, letões, estonianos, lituanos, bielorrussos, ucranianos e romenos que se tornaram cidadãos soviéticos sob sua égide, tendo suas pátrias anexadas pela URSS. Uns poucos, certamente, gostaram da mudança. A ampla maioria não gostou. Quantidades imensas foram vítimas de perseguição, tortura e morte nas mãos soviéticas, sendo os exemplos mais notáveis os 22 mil oficiais do Exército polonês e funcionários poloneses mortos nos massacres de Katyn em 1940.

Muitos outros sofreram deportação e exílio para o interior soviético. Só do leste da Polônia, 1,5 milhão de pessoas foram deportadas em 1940 e 1941. Dezenas de milhares foram deportadas também dos países bálticos e da Bessarábia. Todos tiveram por destino as profundezas inóspitas da URSS — Cazaquistão, Sibéria, o norte polar — e uma vida de trabalhos forçados e miséria nos gulags, onde só os mais fortes sobreviveriam. Para aqueles que têm dúvidas sobre a triste realidade dos gulags de Stálin, vale a pena lembrar que os campos soviéticos ostentavam um índice de mortalidade mais alto que o dos campos de concentração de Hitler. Alguns desses sobreviventes e seus descendentes estão lá até hoje.

É francamente um escândalo que esse sombrio capítulo não encontre lugar na narrativa ocidental da Segunda Guerra Mundial. Seis décadas após a morte de Stálin, e mais de vinte anos depois do desaparecimento da União Soviética, já é hora de mudar esse quadro, pois assim como Hitler fez a "limpeza étnica" das terras sob seu controle, Stálin fez a "limpeza política" daquelas sob o seu. Apesar disso, embora os crimes de Hitler sejam documentados e bem conhecidos, discutidos na mídia e tema de currículos de escolas e universidades no mundo inteiro, os crimes de Stálin mal penetram a consciência pública. Na verdade, Hitler e Stálin eram pássaros da mesma plumagem totalitária e, longe de ser uma anomalia, o Pacto Nazi-Soviético deveria ser visto como sintomático da sua misantropia comum.

É importante deixar claro que o Pacto Nazi-Soviético não foi propriamente uma aliança, mas um tratado de não agressão. Em consequência, com exceção do título metafórico usado aqui — *O pacto do diabo* —, de modo geral evito me referir a Hitler e a Stálin como "aliados" ou a sua colaboração como "aliança", embora esse esclarecimento não deva nos cegar para o fato de que a relação nazi-soviética entre 1939 e 1941 foi profundamente importante, consistindo em mais quatro acordos depois do pacto de agosto de 1939 e, portanto, quase uma aliança em muitos sentidos. Certamente foi muito mais vital e decisiva para os dois lados do que, por exemplo, a aliança de Hitler com a Itália de Mussolini. Hitler e Stálin só não eram aliados no nome.

Embora tenha expirado em 1941, o pacto teve uma curiosa sobrevida. Rasgado pelos nazistas e justificado pelos soviéticos como uma necessidade estratégica, seus efeitos persistiram muito tempo depois de sua morte. A rigor, o mapa da Europa Oriental e Central que vemos hoje é basicamente produto dele: as fronteiras traçadas às pressas por Ribbentrop e Molotov se mostraram surpreendentemente duradouras. Mais imediatamente, duas gerações de lituanos, letões e estonianos tiveram que suportar a vida dentro da odiada URSS, onde amargas lembranças da anexação e ocupação soviética de 1940 e 1941 alimentariam movimentos de resistência no pós-guerra. Poeticamente, o que iniciou o processo de dissolução da URSS foram os protestos nos países bálticos no quinquagésimo aniversário da assinatura do pacto, em 1989.

Apesar de sua brevidade — durou apenas 22 meses, e seus sete curtos parágrafos têm menos de 280 palavras —, o Pacto Nazi-Soviético foi determinante. Longe de ser uma atração secundária ou uma curiosidade, tem importância vital para a nossa compreensão não apenas da Segunda Guerra, mas também da história mais ampla da Europa do século XX. Merece ser completamente resgatado das notas de rodapé e reconduzido ao seu devido lugar em nossa narrativa coletiva da Segunda Guerra Mundial na Europa. Só espero que este livro contribua um pouco para esse processo.

Prólogo
Um encontro na fronteira da paz

Não foi provavelmente o estrondo de tanques que surpreendeu os moradores de Brest naquela manhã fria de setembro de 1939. A cidade do leste da Polônia estava ocupada por forças alemãs havia quase uma semana, portanto eles se habituaram sombriamente ao barulho de ordens dadas aos berros e do tráfego militar. As vozes os deixavam abalados. Dessa vez, não a áspera e gutural entonação do alemão, mas o ritmo monótono e cantado de uma língua muito mais próxima da sua, e imediatamente reconhecível: o russo.

Para alguns moradores de Brest, a chegada do Exército Vermelho foi vista como uma libertação. Muitas pessoas nas comunidades bielorrussa e judia viam a União Soviética como uma proteção contra o que consideravam o intolerante nacionalismo do Estado polonês. Em alguns subúrbios orientais, portanto, havia um clima de comemoração, com a tradicional saudação eslava de pão e sal oferecida aos soldados que chegavam, enquanto uma banda tocava o hino soviético, a *Internacional*.[1] Outros eram muito mais cautelosos. A população polonesa da cidade tinha vivido semanas de tribulações, preocupada com a situação militar, temendo a chegada de tropas alemãs ou o uso de gás venenoso, e com receio de que os vizinhos bielorrussos se voltassem contra ela. Aqueles com mais memória deviam se lembrar da Guerra Polaco-Soviética de 1920-1, ou das longas décadas de ocupação russa que precederam 1914, apenas uma geração antes. Para esses, a chegada de tropas soviéticas era um eco de tempos sombrios e do sinistro presságio de dias difíceis à frente.

As tropas soviéticas, por sua vez, pouco faziam para aliviar a tensão. Em geral maltrapilhas e desgrenhadas, evidentemente tinham ordens de não interagir com os moradores, embora pareça que não lhes restasse opção além de pedir aos camponeses que lhes dessem comida ou trocassem seus cansados cavalos.[2] Em todo caso, às vezes eram abordados pelos bravos ou pelos curiosos. Um desses últimos foi Svetozar Sinkevich, um bielorrusso de quinze anos, inicialmente animado com a chegada do que chamava de "seu" povo. A decepção não demorou: "Tinham rosto pálido, não se barbeavam", recordou,

> sobretudos e curtas jaquetas acolchoadas pareciam folgadas, a parte superior das botas era de um material parecido com lona. Fui até um caminhão e tentei conversar com os soldados, mas eles ficaram calados, evitando me olhar. Finalmente um deles, de boné e uma estrela na manga, disse que o Partido tinha mandado o Exército Vermelho para nos libertar dos proprietários de terras e capitalistas poloneses. Fiquei perplexo.[3]

Muitos em Brest também teriam ficado confusos. Historicamente, pelo menos, a cidade estava acostumada à violenta intromissão do mundo exterior. Em seus novecentos anos de vida fora repetidamente disputada por poloneses, mongóis, russos, suecos e Cavaleiros Teutônicos. Os moradores mais velhos se lembravam de períodos de considerável agitação. Em 1915, os russos haviam abandonado a cidade a uma ocupação alemã que durou até o fim da Primeira Guerra Mundial. Depois, com o colapso do Império Russo em 1917, a cidade apareceu em manchetes do mundo inteiro pela primeira vez. Como "Brest-Litovski", fora palco das negociações germano-soviéticas e do tratado de paz de março de 1918 entre os dois lados, que levaria o seu nome.

Em 1939, porém, os acontecimentos se sucederam com uma rapidez que teria sido inimaginável uma geração antes. Longe da imobilidade pesada e sem saída da Primeira Guerra Mundial, a campanha polonesa de 1939 tinha testemunhado um pouco da revolução das táticas militares. Embora não se desenvolvesse organicamente, e ainda estivesse por alcançar o status de doutrina militar oficial, a Blitzkrieg, com céleres pontas de lança blindadas penetrando fundo na retaguarda do inimigo para desorganizar defesas, anunciou o advento de uma nova era no pensamento tático. Assim, apesar de localizada no interior do leste da Polônia, Brest logo se viu no foco do avanço alemão, basicamente por causa da formidável fortaleza do século XIX em sua borda ocidental, que poderia servir como ponto forte defensivo para as acuadas forças polonesas.[4] O avanço alemão foi tão rápido, na verdade, que quando seus exércitos apareceram diante de Brest em 13 de setembro, menos de duas semanas depois do início da invasão, houve quem acreditasse que os soldados só podiam ser paraquedistas, lançados atrás das linhas polonesas.[5]

Confusão ainda era a ordem do dia quando o Exército Vermelho chegou à cidade cinco dias depois. Fora os que correram para saudar os soviéticos como libertadores, outros cidadãos esperavam ardentemente que o Exército Vermelho estivesse chegando para ajudá-los contra os invasores alemães, ficção propagada, é evidente, por elementos das Forças Armadas polonesas.[6] Todavia, declarações oficiais das autoridades soviéticas — divulgadas em tradução polonesa pelo comando local da Wehrmacht, num exemplo de colaboração entre os dois — frustrariam todas as esperanças, ao afirmar categoricamente que a invasão do Exército Vermelho era apenas o resultado do suposto colapso militar e político da Polônia, e visava apenas proteger os ucranianos e bielorrussos que lá viviam.[7] Longe de se apressarem a lutar contra a Wehrmacht invasora, então, aqueles soldados soviéticos — viajando na carroceria aberta de caminhões ou pendurados nas laterais de tanques — passavam pela cidade para ir saudar seus colegas alemães.

No fim da manhã de 18 de setembro, os primeiros contatos foram feitos. Em toda a cidade, tropas alemãs e soviéticas começaram a confraternizar: o verde-oliva se encontrava com o "verde-cinza", a vanguarda da revolução comunista de Stálin face a face com a Wehrmacht de Hitler. Cautelosamente de início, conscientes das tensas relações do passado, os dois lados compartilharam rações e se comunicavam entre si o melhor que podiam, usando a linguagem de sinais e boa vontade. Um jeito fácil de se aproximar era dividir cigarros: *papirosi*, exemplares toscos, enrolados à mão, do lado soviético, eram trocados por produtos manufaturados alemães, muito valorizados pelos soldados do Exército Vermelho. Tanques e carros blindados eram escalados e inspecionados, com a inevitável réplica de ambos os lados segundo a qual "os nossos são melhores". Apesar das diferenças ideológicas, os sorrisos daquele dia parecem ter sido genuínos. Uma testemunha ocular lembrava-se de ter visto soldados da Wehrmacht de um lado da rua saudando os colegas soviéticos do outro com as palavras: "Comunistas! Ótimo!".[8]

Houve contato também em níveis mais altos. Por volta das 10h30, um jovem oficial soviético chegou num carro blindado ao quartel alemão na cidade. De acordo com registros alemães da época, as discussões que se seguiram foram "amistosas", concentradas, essencialmente, em estabelecer uma linha de demarcação entre as forças soviéticas e as alemãs.[9] O comandante alemão local, general Heinz Guderian, era bem menos entusiástico. Tinha vivido dias difíceis, perdendo seu ajudante, o tenente-coronel Robert Braubach, alvejado por um franco-atirador polonês — uma "perda dolorosa" —, e em seguida teve que ajudar o bispo de Danzig, Edward O'Rourke, que fora parar na zona de guerra e não queria cair em mãos soviéticas. Consequentemente, estava frustrado com o fato de o prazo combinado para a retirada alemã de Brest, dois dias depois, dar aos seus soldados tão pouco tempo para evacuar feridos ou recuperar veículos danificados.[10] Mesmo assim, o oficial soviético recebeu almoço, e um acordo foi firmado marcando a transferência formal da cidade para controle soviético na tarde de 22 de setembro.

Na manhã da entrega, os preparativos transcorreram sem percalços. Nos termos do acordo, forças soviéticas assumiram o controle exclusivo da cidade e de sua fortaleza às oito da manhã. Duas horas depois, uma comissão conjunta se reuniu para esclarecer quaisquer pontos remanescentes de confusão ou atrito. Logo após, Guderian teve um encontro com seu homólogo, o brigadeiro-general Semyon Krivoshein, comandante da 29ª Brigada de Tanques Leves soviética. Comunista apaixonado e judeu, Krivoshein era um homem baixo, rijo, que ostentava um bigode hitleriano estilo escovinha. Como Guderian, era pioneiro no uso de tanques; aliás, é possível que os dois se conhecessem da época que passaram na escola de tanques de Kama, em Kazan, nos anos 1920, durante um primeiro desabrochar de colaboração germano-soviética. Falando em francês, ele e Guderian discutiram a organização de uma parada militar conjunta para assinalar a entrega formal da cidade. Krivoshein, embora não demonstrasse total entusiasmo, declarando que seus soldados estavam cansados depois da longa marcha para oeste,[11] concordou em liberar duas unidades para tomar parte numa revista de tropas da Wehrmacht e do Exército Vermelho naquela tarde.

Às quatro da tarde, os dois generais voltaram a se reunir numa plataforma de madeira construída às pressas na frente da entrada principal do ex-comando alemão, o prédio da administração regional na rua União de Lublin. Parado diante de um mastro com a *Kriegsflagge*, a bandeira alemã com a suástica, hasteada, Guderian sorria ostensivamente, parecendo resplandecer em seu sobretudo alinhado vermelho e suas botas de couro pretas de cano alto. Ao seu lado, Krivoshein estava igualmente paramentado, com casaco cintado e botas de couro para proteger do frio do outono.

Cercando os dois, depois de um grupo de militares alemães de alta patente, uma multidão mista de soldados da Wehrmacht e do Exército Vermelho aglomerava-se na rota da parada — bolsões de verde-cinza alemão misturados com os casacos de couro preto dos oficiais soviéticos, o briche verde-oliva da infantaria e os macacões escuros das guarnições de tanques. Atrás deles, civis ladeavam a rua. Entre esses estava Raisa Shirnyuk, de vinte anos, que se lembrava de como a notícia da parada se espalhou: "Não houve anúncio oficial", disse. "Mas a central de boatos funcionou bem; naquela manhã todo mundo na cidade já sabia que as tropas iam desfilar."[12] Segundo um relato alemão, a multidão era entusiástica, formada basicamente de comunidades não polonesas de Brest — bielorrussos e judeus — que deram as boas-vindas ao Exército Vermelho com flores e vivas.[13]

Ao retinir de uma banda militar, a parada começou. A infantaria alemã abriu caminho, seus elegantes uniformes e seus precisos passos de ganso provocando comentários de admiração das multidões ali reunidas. Raisa Shirnyuk foi uma das que ficaram impressionadas com o porte militar, notando que seu comandante mantinha os homens em fila, berrando *"Langsam, langsam, aber deutlich!"* ["Devagar, devagar, mas com distinção!"].[14] Unidades motorizadas vieram em seguida: motocicletas com sidecars, caminhões e viaturas meia-lagarta carregados de soldados e rebocando peças de artilharia. Tanques também chacoalhavam pelas ruas de paralelepípedos. Ao passar pela tribuna, cada grupo arrancava vigorosas continências de Guderian e Krivoshein, que passavam momentos de amigável conversa.

Inevitavelmente, alguns assistentes fizeram comparações entre as duas forças em exibição. Os tanques soviéticos T-26, um tanto primitivos, por exemplo, contrastavam obviamente com veículos mais modernos da Wehrmacht, especialmente quando um dos antigos tanques saiu da estrada não muito longe da tribuna.[15] Stanislav Miretski notou outras diferenças: os cintos dos soviéticos eram de lona e não de couro, como os dos alemães, e enquanto estes empregavam caminhões para rebocar sua artilharia, o Exército Vermelho usava cavalos "atrofiados e feios", com arreios de qualidade inferior.[16] Raisa Shirnyuk concordava, observando que os soldados do Exército Vermelho, com suas "botas sujas, seus sobretudos empoeirados e a barba por fazer", contrastavam desfavoravelmente com os colegas alemães.[17] Outra testemunha tirou uma conclusão arrepiante da má aparência da infantaria soviética. Boris Akimov estava acostumado a ver oficiais poloneses vestidos com elegância, por isso a "pobreza e o desmazelo" do Exército Vermelho o chocaram. Mas o mau cheiro e a sujeira levantaram uma questão bem mais profunda: "Que tipo de vida", perguntou-se, "eles vão nos trazer?".[18] Uma resposta foi dada de certa forma quando uma senhora idosa abriu caminho na multidão para se aproximar dos soldados soviéticos com lágrimas nos olhos, balbuciando: "Minha gente, meus meninos". Para espanto dos que assistiam à cena, ela foi rudemente empurrada por um soldado, aos berros de: "Volte para lá, mulher!".[19]

Enquanto o equipamento militar se arrastava pesadamente, provocando reflexões sobre o futuro, a atenção da multidão se voltou para o céu quando uns vinte caças da Luftwaffe passaram voando baixo sobre a tribuna. Guderian, esforçando-se para ser ouvido em meio ao rugido dos motores, gritou "Ases alemães! Fabulosos!". "Temos os melhores!", respondeu Krivoshein, decidido a não se deixar impressionar pela demonstração do poderio aéreo alemão.[20]

Depois de cerca de 45 minutos, quase no fim da parada, Guderian, Krivoshein e os oficiais superiores que os cercavam voltaram o rosto para o mastro da bandeira. Enquanto a banda militar executava o hino nacional alemão, *Deutschland, Deutschland über alles*, e os oficiais faziam uma saudação solene, a *Kriegsflagge* vermelho-sangue foi arriada, para ser substituída pelo vermelho ainda mais escuro da bandeira soviética com a foice e o martelo. Então, a banda executou a *Internacional* — fora do tom, de acordo com uma testemunha — antes que Guderian e Krivoshein trocassem um último aperto de mãos.[21] Em seguida o general alemão juntou-se aos seus homens, partindo para o oeste através do rio Bug, a nova fronteira germano-soviética. Como disse Krivoshein: "Finalmente, a parada tinha acabado".[22]

Em suas memórias do pós-guerra, sem dúvida consciente da natureza bastante comprometedora do que aconteceu em Brest, Krivoshein deu grande ênfase à sua relutância no trato com Guderian e os alemães, criando a impressão de que "tapou o nariz" o tempo todo. Alegava ter incumbido os soldados de executarem tarefas de manutenção, deixando apenas um batalhão para tomar parte na parada e sugerindo, maliciosamente, que os soldados e as máquinas de Guderian davam voltas no quarteirão para parecerem mais numerosos que de fato eram.[23] Apesar desses protestos posteriores de resistência, os verdadeiros sentimentos de Krivoshein talvez apareçam melhor no relato de dois repórteres de guerra alemães que conseguiram falar com ele no dia seguinte, em seu posto de comando nas proximidades. Eles notaram que o brigadeiro-general soviético estava de ótimo humor, oferecendo-lhes um lauto almoço e erguendo um brinde a Hitler e Stálin, "homens do povo". Quando os jornalistas se despediram, ele até lhes deu seu endereço em Moscou, convidando-os para visitá-lo "depois da vitória contra a capitalista Álbion".[24] Parece que a política é capaz de fazer coisas estranhas com a memória das pessoas.

Enquanto a mídia soviética aparentemente não mencionou a parada em Brest, a máquina de propaganda alemã lhe deu grande destaque, descrevendo-a como um "encontro na fronteira da paz".[25] Imagens granuladas dos tanques e demais veículos passando devagar em frente à tribuna foram devidamente incluídas nos cinejornais semanais exibidos nos cinemas do Reich de Hitler naquele outono. O valor propagandístico das imagens era imenso, oferecendo uma notável confirmação visual do acordo nazi-soviético forjado nos meses anteriores. Para que ninguém tivesse dúvidas, o comentário dos cinejornais escarnecia dos inimigos da Alemanha, declarando que o encontro com os soviéticos em Brest tinha "afundado de vez os piedosos planos das democracias ocidentais".[26]

Um repórter alemão foi ainda mais longe. Em artigo para o jornal do Partido Nazista, o *Völkischer Beobachter*, Kurt Frowein descreveu a cena num arroubo lírico: mencionou o "vivo dia de outono", o "aumento progressivo do barulho das esteiras dos tanques", a homenagem a uma cidade "capturada com armas alemãs [...] sendo devolvida a quem de direito". Para ele, o aperto de mãos entre Guderian e Krivoshein foi "um símbolo da amistosa união de dois países" anunciando "que a Alemanha e a Rússia estão unidas para decidir, conjuntamente, o destino da Europa Oriental".[27] Frowein estava certo ao usar essa linguagem hiperbólica. Os acontecimentos daquele dia significavam um abalo sísmico político tão grande que suas palavras teriam sido inimagináveis menos de um mês antes.

Para quem tinha levado a sério as invectivas e os insultos que a União Soviética e a Alemanha nazista vinham trocando entre si nos seis anos anteriores, aqueles dias foram muito estranhos. A parada em Brest demonstrou vividamente a realidade e vigência do pacto acertado um mês antes em Moscou, com tanques e soldados agora substituindo as imagens de homens sorridentes em salas enfumaçadas do Kremlin. Como os acontecimentos em Brest mostravam, as duas mais poderosas ditaduras da Europa, cuja amarga inimizade basicamente definira os anos 1930, estavam agora lado a lado, como aliadas, colaborando para juntas conquistarem os vizinhos.

Observadores contemporâneos ficaram perplexos. Comunistas no mundo inteiro ficaram muito insatisfeitos com a ginástica ideológica que de repente eram obrigados a fazer, enquanto muitos nazistas tinham sérias dúvidas sobre o novo colaborador e aliado de seu país. Ao mesmo tempo, no Ocidente, houve uma profunda inquietação, como se o mundo tivesse saído um pouco dos eixos e as velhas certezas políticas revelassem seu caráter meramente transitório. Muitos devem ter se perguntado como uma mudança de rumos tão peculiar tinha sido possível.

1. A poção do diabo

Um mês antes, pouco depois do meio-dia de 23 de agosto de 1939, dois Focke-Wulf Condor emergiram das nuvens e começaram a descida para o campo de pouso de Khodynka, em Moscou. Os aviões, lustrosos e modernos exemplares de quatro motores, tinham começado a viagem na tarde anterior, parando à noite na cidade alemã-oriental de Königsberg, antes de prosseguir rumo à capital soviética. Cada um levava cerca de vinte funcionários: consultores, tradutores, diplomatas e fotógrafos. A comitiva era encabeçada pelo ministro do Exterior alemão, Joachim von Ribbentrop.

Enquanto davam voltas no céu, preparando-se para aterrissar, os passageiros passavam o tempo da melhor maneira possível. Tinha sido um voo de cinco horas a partir de Königsberg, e muitos estavam agitados. O vaidoso e convencido Ribbentrop tivera uma noite tensa, preocupado com a missão, estudando atentamente documentos oficiais e tomando notas.[1] Outros estavam mais relaxados. O fotógrafo de Hitler, Heinrich Hoffmann, por exemplo, dormia para se recuperar dos excessos da noite anterior. Conhecido como bebedor e bon vivant, ganhara o apelido de "*Reichssäufer*", ou "beberrão do Reich", e, fiel ao seu estilo, aproveitara a hospedagem no hotel em Königsberg para passar uma "alegre noitada" num bar da vizinhança. Despertando pouco antes de aterrissar, ficou feliz por ter "dormido como um bebê" durante todo o voo.[2]

A maioria dos passageiros olhava para o campo de pouso e para a cidade lá embaixo. Para todos eles, voar ainda era novidade, e a vista aérea podia ser ao mesmo tempo emocionante e assustadora. Além disso, Moscou tinha qualquer coisa de exótico. A capital soviética não só era muito distante geograficamente de quase tudo a que a maioria estava habituada como tinha sinistras conotações políticas de sede da revolução proletária: fonte original do comunismo mundial. "Havia um sentimento de ambivalência", escreveria mais tarde um dos integrantes, "pelo fato de o destino nos levar a Moscou, que tínhamos combatido anteriormente como inimiga da cultura europeia."[3]

Quando as duas aeronaves aterrissaram, ficou claro que uma substancial recepção de boas-vindas tinha sido preparada, pois tanto o campo de pouso como seu terminal de dois andares estavam enfeitados com bandeiras alemãs e soviéticas, a suástica justaposta à foice e ao martelo, visão que Hoffmann — e tantos outros — tinha julgado inconcebível dias antes.[4] Era óbvio que as autoridades soviéticas também a tinham considerado igualmente implausível, pois foi difícil para elas encontrar bandeiras com suástica em quantidade suficiente, tendo que requisitá-las em estúdios cinematográficos locais, onde haviam sido usadas pouco tempo antes para filmes de propaganda antinazista.[5]

Quando Ribbentrop desceu a escada do avião, uma banda militar tocou primeiro *Deutschland, Deutschland über alles* e em seguida a *Internacional*. Seguiram-se as apresentações da delegação soviética de boas-vindas e dos visitantes alemães, com rápidos apertos de mãos e sorrisos por todo lado. Alguns dos participantes alemães se lembravam das boas-vindas com algo mais do que uma pitada de cinismo. Johnnie von Herwarth, jovem diplomata da Embaixada alemã em Moscou, esteve por algum tempo observando, acompanhado de um colega, um grupo de oficiais da Gestapo que trocavam apertos de mãos com seus homólogos da polícia secreta soviética, a NKVD. "Eles estão, claro, muito felizes por poderem finalmente colaborar", disse o colega, acrescentando, "mas, cuidado! Isso vai ser desastroso, sobretudo quando começarem a trocar arquivos."[6] Enquanto isso, o principal intérprete de Hitler, Paul Schmidt, achava muito divertido estarem sendo recebidos pelo vice-ministro do Exterior soviético, Vladimir Potemkin. Homem instruído, sabia que, no século XVIII, um homônimo de Potemkin, que era um dos governadores regionais de Catarina, a Grande, para impressionar a imperatriz visitante, tinha construído assentamentos falsos na Crimeia — que ficaram conhecidos como "aldeias Potemkin". Por isso, para Schmidt, Potemkin era um nome lindamente simbólico da irrealidade da cena.[7] O piloto Hans Baur foi muito menos cínico. Diante de Ribbentrop inspecionando uma guarda de honra formada por militares de esquadrões da Força Aérea soviética, ele simplesmente ficou maravilhado com a visão surreal do ministro do Exterior alemão marchando energicamente pela fila com o braço estendido na saudação hitlerista. "Minha nossa", disse para si mesmo. "As surpresas não acabam nunca!"[8]

Essa sensação de espanto se espalharia pelos dois lados. Afinal, os nazistas e os soviéticos haviam passado a maior parte dos dez anos anteriores trocando insultos. Como político de oposição no fim dos anos 1920, Hitler tinha angariado capital político pintando o comunismo e a União Soviética como forças malévolas, alienígenas, que ameaçavam o povo alemão e seu modo de vida. Protestava veemente e persistentemente contra Moscou, referindo-se com frequência aos "tiranos judeus" e "sanguessugas" do Kremlin e rotulando o bolchevismo de "crime infame contra a humanidade" e "aborto infernal".[9]

Uma vez estabelecido no poder a partir de 1933, Hitler mal havia atenuado sua retórica antissoviética. Com o tempo, um tom de infatigável hostilidade se desenvolveu, e ele praticamente não perdia oportunidade de proferir violentas condenações a Moscou e seus agentes e louvar o papel da Alemanha nazista na linha de frente da luta contra o comunismo. O discurso de abertura de Hitler no Congresso do Partido Nazista em Nuremberg em setembro de 1937 foi, talvez, típico. Ele fez questão de dar ênfase particular à comunidade dos países civilizados: a "grande família europeia de povos" que "deram uns aos outros modelos, exemplos e lições [...], prazer e muitas coisas belas", e em cuja companhia "temos todos os motivos para assumir uma atitude de admiração mútua em vez de ódio". Contra isso, opôs a imagem de uma "praga bolchevique", um "elemento totalmente alheio que não tem a mínima contribuição a dar para nossa economia e nossa cultura, e em vez disso apenas causa estragos".[10] Hitler era um político oportunista, sem dúvida, mas tinha no anticomunismo um de seus princípios norteadores.

Os soviéticos retribuíram à altura. Quando as relações entre Berlim e Moscou pioraram a partir de meados dos anos 1930, um tom germanófobo ganhou força, e Stálin e seus paladinos competiam entre si para criticar Hitler e a Alemanha nazista na imprensa e em discursos públicos. Hitler costumava ser retratado como um insano, um "idiota" ou um homem "possuído pelo demônio".[11] O regime nazista também era exposto ao ridículo como "canibais modernos [...], os descendentes de Heróstrato" que "hão de se afogar no próprio sangue".[12] Sangue, na verdade, era um tema persistente, e raramente o fascismo ou o nazismo eram mencionados na imprensa soviética nos anos 1930 sem o adjetivo "sangrento" como apêndice.

A hostilidade não era meramente cosmética ou tática: era escorada na ideologia. Como primeiro Estado comunista do mundo, que defendia de forma aberta a difusão da revolução, a União Soviética tinha visto originariamente a expansão territorial contra um mundo exterior hostil não apenas desejável, mas crucial para a sua sobrevivência. E apesar de, com o tempo, ter desenvolvido ideias menos ostensivamente belicosas, Moscou ainda guardava um lugar especial para a Alemanha em suas ambições geopolíticas. De acordo com os preceitos da doutrina marxista-leninista, o estabelecimento do comunismo na Rússia pré-industrial tinha sido anômalo, produto acidental do caos da Revolução Bolchevique. A fim de assegurar o próprio futuro, o comunismo precisava, portanto, ser exportado para o coração industrial da Europa — a Alemanha —, onde se esperava que um proletariado desenvolvido, ideologicamente sólido, não visse a hora de romper os grilhões da democracia burguesa e de abraçar os herdeiros de Marx e Lênin.[13]

O pensamento alemão, enquanto isso, também se exprimia em termos geopolíticos, mas recorrendo a duvidosas teorias raciais, e não aos secos preceitos da socioeconomia. Bem antes do Terceiro Reich, estadistas e generais alemães gostavam de pensar nas vastas extensões da Rússia e da Ucrânia como área perfeita para a expansão e colonização alemãs; uma reinterpretação moderna do *Drang nach Osten* medieval, ou "marcha para o Leste". Essa atitude foi amplamente refletida no punitivo Tratado de Brest-Litovski de março de 1918, que encerrara o envolvimento russo na Primeira Guerra Mundial e forçara a Rússia bolchevique a ceder enormes faixas de território — incluindo a Ucrânia e os países bálticos —, junto com um quarto de sua população, para os alemães vitoriosos. Embora as cessões tivessem vida curta, sendo suplantadas pela derrota da Alemanha no front oriental ainda naquele ano, a ideia de expansão alemã à custa da Rússia se recusava a morrer.

A rigor, enquanto a Alemanha padecia as tribulações do pós-guerra, o conceito de expansão territorial era visto cada vez mais pela direita como uma panaceia para os males combinados da pobreza, da fome e da superpopulação. Com o tempo, Hitler acrescentaria um verniz ideológico a esses sentimentos, investindo verbalmente contra as perversidades e os excessos dos bolcheviques e defendendo a expansão alemã à custa deles. Em *Mein Kampf* [*Minha luta*], escrito em 1925, ele tinha explicado melhor suas mal concebidas ideias sobre o assunto. A Rússia, escreveu ele, foi privada da sua "classe dominante germânica" pela revolução e tomada pelos judeus, por isso vivia "num fermento de decomposição" e estava "pronta para a dissolução". Consequentemente, sugeria, era hora de o povo alemão "voltar os olhos para as terras do Leste", pois ali sua escassez de espaço vital — *Lebensraum* — seria corrigida.[14]

A parceria disponível em 1939, claro, estava bem longe da implacável conquista visualizada por Hitler, ou da expansão para o oeste prevista por Stálin, mas poderia, apesar disso, ser vista pelos dois como um primeiro passo. Stálin com certeza tinha consciência do aforismo de Lênin, segundo o qual a história não se desenvolve em linha reta, mas em "zigue-zagues, sinuosamente", e Hitler muito fizera para alcançar os objetivos nazistas lançando mão do oportunismo e da Realpolitik, por isso não seria ilógico para nenhum dos dois concluir que um pacto com o inimigo talvez ajudasse a sua causa. Ambos, portanto, poderiam ser perdoados por imaginarem que estavam cumprindo seu destino ideológico.

O ministro do Exterior alemão certamente não estava imune a esses pensamentos grandiosos. Convencido e arrogante, Ribbentrop era profundamente impopular, mesmo entre os companheiros nazistas. Ex-vendedor de champanhe, casara-se por dinheiro, acrescentando um espúrio e aristocrático "von" ao nome, e galgara, blefando, os escalões do Terceiro Reich, onde seus contatos internacionais lhe valeram o papel de conselheiro favorito de Hitler em política externa. Desse ponto, seus modos obsequiosos e insinuantes lhe garantiram a nomeação como embaixador em Londres em 1936, antes de finalmente abocanhar o cargo de ministro do Exterior no começo de 1938. Tão belicoso quanto incompetente, Ribbentrop contribuíra imensamente para o envenenamento das relações internacionais nos meses anteriores. Fazendo eco fiel e beligerante à voz de seu senhor, tinha colaborado para o mergulho no conflito que considerava inevitável, até mesmo desejável, para estabelecer a hegemonia alemã na Europa. Nesse sentido, Ribbentrop fora também peça fundamental no desenvolvimento das relações com a União Soviética, que — diferenças ideológicas à parte — oferecia à Alemanha não apenas um flanco oriental seguro, mas também a possibilidade de uma colaboração econômica essencial para o conflito iminente. O pacto que viera negociar era uma guinada política de 180 graus que chocaria o mundo, mas daria a Hitler a guerra que queria em termos imensamente favoráveis. Ribbentrop não tinha dúvida de que aquele seria o seu grande momento.

Depois das boas-vindas em Khodynka, os integrantes da delegação alemã foram levados para o prédio que sediara a missão diplomática austríaca, que lhes fora destinado como residência. Muitos então aproveitaram a oportunidade para explorar um pouco a cidade e o regime dos quais eram hóspedes. Heinrich Hoffmann visitou o cemitério de Novodevichy, para ver o túmulo da segunda mulher de Stálin, Nadezhda Alliluyeva, que ele descreveu como um dos "mais belos" que já tinha visto.[15] Enquanto isso, Paul Schmidt preferiu um curto passeio pela capital, acompanhado por um intérprete. "À primeira vista", lembrava-se ele,

> havia uma semelhança quase decepcionante com as outras cidades europeias. Mas, a um exame mais atento, ocorreram-me as principais diferenças. A felicidade que nos acostumamos a ver no rosto das pessoas nas ruas de Berlim, Paris ou Londres estava ausente em Moscou. As pessoas eram sérias, com um olhar fixo para a frente e ar preocupado. Só muito raramente eu via um rosto sorridente.[16]

Se Schmidt talvez fosse culpado por permitir que preconceitos contaminassem sua experiência, o piloto Hans Baur não teve dúvidas sobre a realidade da vida na União Soviética. Saindo de carro da residência do adido militar alemão, o guia de Baur mostrou o homem da polícia secreta cuja tarefa era informar às autoridades que eles estavam saindo e para onde iam. Logo, explicou o guia, "outro carro vai colar em nós e nos seguir, a uma distância de uns cinquenta metros, e para onde formos, e o que quer que façamos, a polícia secreta estará em nossos calcanhares".[17] Bastante ingênuo politicamente, Baur teve que ser advertido diversas vezes para não tirar fotos, e provocou um constrangimento ao tentar dar uma gorjeta ao motorista russo por seu trabalho. "O homem ficou furioso", lembrava-se. "Queria saber se aquele era o agradecimento que ele ia receber por ter feito o possível para nos agradar — colocá-lo na cadeia. Sabíamos muito bem que era proibido receber gorjetas."[18]

Na embaixada, um luxuoso bufê foi servido para os recém-chegados. Heinrich Hoffmann ficou estupefato, pois não esperava deparar com tamanha opulência na capital soviética. Mas logo se desenganou da ideia de que os alimentos expostos tinham origem local: "tudo tinha vindo de fora — até o pão, da Suécia, a manteiga, da Dinamarca, e o resto de fontes variadas".[19] As complexidades da situação alimentar em Moscou já tinham ficado muito claras para Hans Baur no campo de pouso. Para se livrar da comida que sobrara do voo, Baur oferecera pãezinhos, bolachas e chocolate para os mecânicos e faxineiros soviéticos que trabalhavam nos aviões. Mas, para sua surpresa, sua oferta fora recusada: o chefe de turma lhe disse que era proibido e que o povo russo tinha o suficiente para comer. Confuso, mas decidido a não permitir que a comida fosse para o lixo, Bauer resolveu deixá-la num banco no hangar; logo, logo, tudo desapareceu.[20]

Enquanto seu entourage se familiarizava com a capital soviética, Ribbentrop estava ansioso para iniciar conversações com seus homólogos soviéticos. Contrariando o conselho dos colegas de embaixada — que sugeriram uma aproximação comedida, para não demonstrar interesse excessivo —, ao chegar, Ribbentrop foi direto para a primeira rodada de discussões com os soviéticos.[21] Havia outras preocupações. O consultor e tradutor da embaixada, Gustav Hilger, lembrava-se de ter sido chamado de lado por Ribbentrop quando saíam para o Kremlin, numa demonstração inesperada de preocupação paternal. "Você parece muito preocupado", disse Ribbentrop. "Algum motivo?" Hilger, que tinha nascido em Moscou e morado na Rússia praticamente a vida inteira, declarou: "Acho que o que o senhor está indo fazer agora no Kremlin só vai funcionar enquanto a Alemanha for forte". Ribbentrop não se comoveu, respondendo: "Se isso é tudo, só posso lhe dizer que a Alemanha será capaz de lidar com qualquer situação que apareça".[22]

Assim, Ribbentrop e Hilger, acompanhados pelo embaixador alemão em Moscou, Friedrich-Werner von der Schulenburg, e o chefe da guarda pessoal de Stálin, Nikolai Vlasik, entraram numa limusine da NKVD soviética para atravessar a Praça Vermelha. Adentrando o Kremlin pelo imponente Portão de Spassky, o grupo foi conduzido ao Senado, um elegante prédio de três andares no lado nordeste do Kremlin, em frente ao mausoléu de Lênin. Durante todo o tempo um sino invisível dobrava agourentamente para assinalar a sua chegada.

Ao saltar do carro, o grupo foi recebido pelo calvo e roliço Alexander Poskrebyshev, chefe da Chancelaria pessoal de Stálin, e levado através de um pequeno lance de escada para o gabinete do primeiro-ministro, localizado no primeiro piso. Ali, em meio a móveis espartanos e funcionais, estava o próprio

Stálin, de dólmã simples com calças folgadas de lã e botas de couro de cano curto, os olhos estreitos, amarelados, e a pele cheia de marcas de varíola, que o tornavam instantaneamente reconhecível. Ao lado dele estava Vyacheslav Molotov, o ministro do Exterior, figura diminuta e um tanto indistinta, de terno cinza comum, o pincenê característico encarapitado no nariz acima de um bigode grisalho bem aparado. Raramente um estrangeiro deparava com uma concentração tão grande de poder soviético, e consta que Schulenburg emitiu um grito de surpresa ao ver Stálin; apesar de servir em Moscou havia quatro anos como embaixador, nunca estivera com o líder soviético. Ribbentrop também ficou impressionado, e depois falaria com interesse e animação sobre Stálin, descrevendo-o como "homem de extraordinário calibre", merecedor da reputação que tinha.[23] Da sua parte, Stálin tinha por princípio evitar visitantes estrangeiros, por isso sua presença ali muito provavelmente fazia parte de uma estratégia calculada para intimidar e confundir os convidados.[24] Fosse qual fosse a motivação, com certeza era uma prova da seriedade com que as negociações eram encaradas.

Depois de uma troca inicial de apresentações e amenidades, na qual Stálin foi "simples e despretensioso", tratando os convidados com "jovial cordialidade", os quatro jogadores principais — Stálin e Molotov, Ribbentrop e Schulenburg — sentaram-se ao redor de uma mesa e entraram logo no assunto a ser discutido.[25] Atrás de Stálin estava sentado o seu intérprete, o jovem Vladimir Pavlov, enquanto Hilger, fazendo as vezes de intérprete de Ribbentrop, postou-se entre o ministro do Exterior e o embaixador Schulenburg. As negociações iniciadas naquela tarde provocariam um terremoto político.

Na verdade, foi um processo iniciado para valer poucos meses antes. Apesar das afrontas de que os dois lados tinham cumulado um ao outro em meados dos anos 1930, os contatos entre os nazistas e os soviéticos nunca foram totalmente rompidos, e conversas — primeiro sobre laços econômicos, em seguida sobre questões políticas — haviam começado em caráter experimental em maio de 1939. A posição de Hitler tinha sido bastante clara. Irritado com o que considerava intromissão ocidental para frustrar suas ambições em Munique no outono anterior, ele tinha resolvido acelerar a expansão da Alemanha — pela força, se preciso fosse —, enquanto sua aparente vantagem em armamentos e pessoal treinado ainda era válida. E se isso significava pensar fora do quadro ideológico, tudo bem.

Com essa finalidade, Ribbentrop tinha inicialmente cortejado os poloneses para afastá-los do campo anglo-francês. O flerte começara em outubro de 1938, quando Ribbentrop tinha solicitado a disputada Cidade Livre de Danzig, oferecendo em troca a Varsóvia uma garantia da fronteira germano-polonesa por 25 anos. Em janeiro do ano seguinte, o ministro do Exterior polonês, Józef Beck, fora convidado para conversas com Hitler na Berghof, onde o apoio alemão às ambições polonesas da Ucrânia tinha sido acenado como incentivo ao fechamento de um acordo. O flerte não era um estratagema. Hitler inicialmente dirigira aos poloneses parte bem pequena do ódio que reservava aos tchecos e elogiara o papel da Polônia como baluarte contra o comunismo. De fato, fiel aos seus instintos antissoviéticos, tinha até considerado a ideia de uma aliança conjunta antissoviética, com a Polônia, naturalmente, como um subordinado da Alemanha, um sócio menor. Havia "grandes oportunidades" para a cooperação polono-alemã, Ribbentrop oficiou, em tom de otimismo, para o embaixador alemão em Varsóvia, acima de tudo em busca de uma "política oriental comum" contra a URSS.[26]

Mas os poloneses não se deixaram influenciar, fosse pelas ofertas alemãs ou pelas ameaças veladas. A integridade e independência territoriais da Polônia, restauradas apenas uma geração antes, depois de 123 anos de ocupação estrangeira, eram preciosas demais para que seus políticos as cedessem em troca de promessas duvidosas e status de vassalagem, por isso uma estrita política de imparcialidade — a chamada "Doutrina de Dois Inimigos" — governava suas relações com os dois vizinhos maiores. Desse modo, embora Varsóvia se dispusesse a negociar detalhes menores, a tomada de Danzig e a rendição do Corredor Polonês não estavam sujeitas a discussão, e qualquer tentativa de dominá-los à força seria interpretada na capital polonesa como ato de guerra.

Esse breve e abortado galanteio com a Polônia não deixaria de ter consequências. Naquela mesma primavera, enquanto Ribbentrop flertava com Varsóvia, Hitler tinha planos sobre outra capital europeia. Na manhã de 15 de março, tropas alemãs haviam marchado — a "convite" dos tchecos, e sem encontrar resistência que não fosse a de uma nevasca — para a capital tcheca, Praga. Logo em seguida Hitler tinha proclamado a dissolução final do Estado tchecoslovaco — a Eslováquia fora convencida a declarar sua independência no dia anterior — e anunciado que as terras tchecas remanescentes, Boêmia e Morávia, passariam a ser um "protetorado" do Grande Reich alemão.

Os motivos de Hitler para invadir o que restara da Tchecoslováquia na primavera de 1939 não são inteiramente claros. Ele parece ter querido demonstrar que não tinha o menor respeito pelas Potências Ocidentais, cuja interferência tanto o irritara no outono anterior. Na época de Munique, tinha comentado com um assessor: "Esse Chamberlain estragou minha entrada em Praga".[27] Hitler não era homem que tolerasse ter a vontade contrariada por muito tempo. Havia outras justificativas mais convincentes, porém. A Boêmia e a Morávia eram ricas em matérias-primas e indústria, e os dois territórios representavam uma vasta saliência que se projetava para dentro do flanco sudeste da Grande Alemanha. Numa época em que a intransigência da Polônia nas negociações bloqueava as ambições estratégicas de Hitler, a tomada das terras tchecas era uma demonstração tanto do poderio alemão como — esperava Hitler — da impotência ocidental. Hitler apostava que os britânicos e franceses nada fariam para ajudar o país que "defenderam" pouco menos de seis meses antes em Munique, e a clara implicação disso era que os poloneses deveriam concordar com as demandas alemãs.

Mas o Ocidente não seria nem de longe tão inerte quanto Hitler esperava. A rigor, a anexação da Boêmia e da Morávia serviu, tardiamente, para despertar a opinião pública ocidental, representando, como de fato era, a primeira aquisição por Hitler de uma substancial população não alemã, e desmascarando a mentira de suas primeiras alegações de que não queria mais do que corrigir os equívocos históricos de Versalhes e fazer voltar populações de etnia alemã para "casa" no Reich. Aqueles que em Londres, Paris e outros lugares nunca tinham acreditado na eficácia do apaziguamento da Alemanha de Hitler começaram a clamar por uma resposta muito mais robusta.

Consequentemente, em 31 de março de 1939, o governo britânico estendeu uma garantia à Polônia, considerada por Londres o próximo alvo das intenções agressivas de Hitler, declarando que, "se qualquer ação ameaçasse claramente a independência polonesa, e se os poloneses achassem indispensável resistir a essa ação pela força, a Grã-Bretanha viria em seu auxílio".[28] Claro, na prática havia muito pouco que a Grã-Bretanha pudesse fazer para ajudar a Polônia em caso de invasão alemã: seus recursos de homens e material simplesmente não faziam da intervenção ativa na Europa Central uma proposição realista.

Mas a garantia era, apesar de tudo, uma manifestação de solidariedade e apoio, destinada não apenas a fortalecer a determinação polonesa, mas também a assegurar à França que a Grã-Bretanha continuava comprometida com questões europeias. Mais importante ainda, destinava-se a estabelecer um limite para Hitler, um sinal de que novas agressões alemãs não seriam toleradas. Como descreveu um historiador, foi o equivalente diplomático de um "teste de nervos".[29]

Como era de prever, Hitler ficou furioso com o xeque-mate britânico. Quando foi informado da garantia, estava na Chancelaria do Reich em Berlim e, como relatou o almirante Wilhelm Canaris, mal conseguiu conter a sua irritação. "Hitler teve um acesso", lembrava-se Canaris:

> Com as feições distorcidas pela raiva, ele ia de um lado para outro da sala, dando murros na mesa de mármore, e despejou uma série de furiosas imprecações. Então, com um brilho sinistro nos olhos, rosnou a ameaça: "Pois eu vou preparar para eles uma poção do diabo".[30]

No dia seguinte, antes de um comício em Wilhelmshaven, ele deu a sua resposta: "Nenhum poder na Terra", advertiu, seria capaz de acabar com o poderio alemão, e os Aliados ocidentais estavam tremendamente enganados se achavam que a Alemanha ia ficar de braços cruzados, enquanto eles mobilizavam "países-satélites" para agirem em defesa de seus interesses. Hitler concluiu sinistramente que "quem quer que se declare disposto a tirar as castanhas do fogo para as grandes potências pode ter certeza de que vai queimar os dedos".[31]

Foi nessa altura que a ideia de uma nova reaproximação com Moscou parece ter ocorrido aos líderes em Berlim. De início imaginada como um *petit jeu* para intimidar os poloneses, foi aventada pela primeira vez em meados de abril, com Göring e não Ribbentrop desempenhando o papel central.[32] Em seu diário, o ideólogo nazista Alfred Rosenberg anotou que tinha conversado com Göring sobre a possibilidade de um alinhamento como aquele. "Quando a vida da Alemanha está em jogo", escreveu ele, "mesmo uma associação temporária com Moscou precisa ser contemplada."[33] Hitler também não demonstrou grande entusiasmo, lembrando a Ribbentrop que ele tinha "combatido o comunismo" toda a sua vida, mas, de acordo com Ribbentrop, mudou de opinião no começo de maio, quando viu na Berghof um filme sobre Stálin passando em revista uma parada militar. Depois disso, afirmava Ribbentrop, Hitler ficou mais interessado e curioso, "afeiçoando-se" ao rosto de Stálin e dizendo que o líder soviético parecia "um homem com quem seria possível negociar". Com isso, Ribbentrop recebeu permissão para prosseguir com as negociações.[34] Restava saber se os soviéticos levariam a ideia a sério.

Na verdade, a União Soviética estava pronta para uma mudança de abordagem em política externa. Recém-convertida ao princípio da "segurança coletiva" para deter a agressão fascista, imaginava que uma ação concertada — através da política de "Frente Popular" do Comintern ou dos altos ideais da Liga das Nações, na qual finalmente ingressara em 1934 — pudesse conter e derrotar Hitler. Na primavera de 1939, porém, começara a mudar de posição. Com a "segurança coletiva" já em descrédito pela incapacidade internacional de confrontar o revisionismo alemão e a agressão italiana contra a Abissínia, os soviéticos estavam finalmente desiludidos com a falta de vigor do Ocidente em Munique, e cada vez mais convencidos de que os britânicos e os franceses ficariam felizes se pudessem fazer um acordo com Hitler à custa deles.[35] Mais ou menos na mesma época em que Göring incubava seu *petit jeu*, portanto, Stálin estava aberto a novas sugestões em política externa, a ponto de se extraviar em direção a uma política de unilateralismo, na qual práticos arranjos bilaterais substituiriam os compromissos multilaterais anteriores.

De fato, num discurso perante o 18º Congresso do Partido Comunista em 10 de março de 1939, poucos dias antes de Hitler enviar tropas a Praga, Stálin tinha adotado um novo tom, atacando com veemência o Ocidente. Uma "nova redivisão do mundo" estava em andamento, disse ele, na qual "os países agressores" ganhavam esferas de influência e colônias à custa dos "países não agressores".[36] Apesar disso, em vez de enfrentarem a agressão, explicou, como prescreviam os princípios de segurança coletiva, os britânicos e os franceses confabulavam com os países agressores, recuando e se retirando, "fazendo concessão após concessão [...] ansiosos para não estorvá-los em sua obra nefasta". Longe de estarem motivadas por mera covardia, prosseguiu Stálin, as Potências Ocidentais queriam incentivar os agressores a se envolverem numa guerra com a União Soviética, pela qual os dois lados "enfraquecessem e exaurissem um ao outro", até que os "debilitados beligerantes" estivessem prontos para aceitar as condições ditadas mais uma vez pelo mundo capitalista. Essa, disse ele, era a "verdadeira face" da "política de não intervenção".[37]

Embora os mais agressivos antibolcheviques do Ocidente sem dúvida o endossassem, esse ponto de vista certamente não refletia a principal corrente da opinião ou da política ocidentais. Era mais um reflexo do esforço de Stálin para dar sentido ao mundo exterior através dos antolhos da ideologia comunista e da névoa de sua própria paranoia. O problema ideológico fundamental de Stálin era a incapacidade, segundo os preceitos do marxismo e do leninismo, de diferenciar claramente o nazismo do capitalismo ocidental "costumeiro". De acordo com a doutrina comunista, ambos eram lados da mesma moeda perversa, ainda que o nazismo fosse considerado mais próximo do seu "inevitável" falecimento. Consequentemente, do ponto de vista soviético, as relações com o mundo exterior, fosse democrático ou totalitário, jamais poderiam ser normais. Toda relação era vista por Moscou como um jogo de soma zero, no qual o único ideal norteador era o benefício e a segurança da URSS.

Assim, a União Soviética tinha pouco interesse em ajudar seus inimigos ideológicos a preservarem o status quo, e não temia fomentar conflitos entre os rivais, para então explorar em proveito próprio os distúrbios e sublevações decorrentes. Nesse sentido, o pensamento soviético estava na verdade mais próximo do dos nazistas. Como depois explicaria Stálin — um tanto desajeitadamente — para o embaixador britânico Stafford Cripps:

a União Soviética queria alterar o velho equilíbrio [...], a Inglaterra e a França queriam preservá-lo. A Alemanha também queria uma mudança no equilíbrio, e esse desejo comum de livrar-se do velho equilíbrio criou a base para a reaproximação com a Alemanha.[38]

Privadamente, Stálin era mais honesto a respeito de suas motivações. Já se sugeriu que ele expôs de forma clara o que pensava numa reunião secreta do Politburo em 19 de agosto de 1939, na qual defendeu a aceitação da proposta de Hitler de um pacto de não agressão, na expectativa de que o conflito entre a Alemanha e o Ocidente fosse inevitável e a URSS "pudesse ficar à margem" na "esperança de uma entrada vantajosa na guerra". Consta que Stálin teria ido ainda mais longe, apresentando numerosas hipóteses em que as perspectivas de "revolução mundial" seriam maiores. Terminou declarando que a URSS "tem que fazer tudo para que a guerra dure o máximo possível, a fim de exaurir os dois lados".[39]

Esse texto, que Stálin rejeitava como "nonsense", de modo geral é considerado agora um documento falsificado durante a guerra, com a intenção de desacreditar a União Soviética.[40] No entanto, boa parte do seu conteúdo parece verdadeira e, sem dúvida, é compatível com comentários feitos por Stálin e outros na mesma época. Poucos dias depois da assinatura do pacto com a Alemanha, por exemplo, Stálin explicou para seus acólitos que o acordo e a guerra que se seguiu representavam uma oportunidade para enfraquecer o próprio capitalismo:

> Uma guerra está em curso entre dois grupos de países capitalistas pela redivisão do mundo, pela dominação do mundo! Não vemos nada de errado numa boa briga entre eles, em que se enfraqueçam uns aos outros. Seria ótimo se, nas mãos da Alemanha, a posição dos países capitalistas mais ricos (especialmente a Inglaterra) fosse abalada. Hitler, sem o compreender ou desejar, está sacudindo e enfraquecendo o sistema capitalista [...]. Podemos manipular, jogar um lado contra o outro para que briguem entre si o mais ferozmente possível.[41]

Molotov desenvolveu essas ideias durante um encontro no verão seguinte com o comunista lituano Vincas Krėvė-Mickevičius, pensando em voz alta sobre o que a guerra poderia significar para a União Soviética:

> Estamos mais firmemente convencidos agora do que nunca de que o nosso brilhante camarada Lênin não estava enganado quando nos assegurou que a Segunda Guerra Mundial nos ajudaria a conquistar poder em toda a Europa, assim como a Primeira nos ajudara a conquistar poder na Rússia.

Em seguida, Molotov acrescentou detalhes, explicando que o pacto com a Alemanha nazista se encaixava nesse ideal abrangente. "Hoje nós apoiamos a Alemanha", disse,

> mas só o suficiente para ela não ser sufocada antes que as massas miseráveis e famintas dos países em guerra se desiludam e se levantem contra seus líderes. Então a burguesia alemã fará um acordo com seu inimigo, a burguesia aliada, para esmagar, com sua força combinada, o proletariado desperto. Mas nesse momento nós acudiremos para ajudá-lo com novas forças, bem preparadas, e no

território da Europa Ocidental, acho eu, em algum lugar perto do Reno, a batalha final entre o proletariado e a burguesia degenerada será travada, decidindo para sempre o destino da Europa. Estamos convencidos de que nós, e não a burguesia, venceremos essa batalha.[42]

Esta última parte foi, quase certamente, um arroubo de fantasia stalinista, um exagero calculado para entusiasmar e inspirar um funcionário comunista provinciano, mas mesmo assim revelador de que essas ambições grandiosas circulavam em Moscou, pois está claro que eram, sem dúvida, parte da história.

A política soviética em 1939 ainda costuma ser descrita — em especial pelos que se apegam a uma visão cor-de-rosa da União Soviética — como essencialmente de natureza "defensiva"; motivada pelo desejo de manter Hitler à distância e ganhar tempo a fim de se preparar para um ataque inevitável. Isso tem, no mínimo, certa dose de lógica retrospectiva, mas não encontra eco em seu próprio tempo.[43] Quando Molotov confessou, bem mais para o fim da vida, que sua missão como ministro das Relações Exteriores era "ampliar as fronteiras" da URSS, não estava apenas exagerando ou jogando para a plateia, mas expressando uma verdade fundamental.[44] A União Soviética via a expansão territorial e a difusão do comunismo como parte de sua *raison d'être*: tentara expandir-se para o oeste em 1920, e o fez com resultados espetaculares em 1944-5. Não há razão para supor que a expansão para o oeste *não* fizesse parte dos planos em 1939. Longe de defensivos, portanto, os motivos de Stálin em 1939 são no mínimo "passivo-agressivos", exibindo uma profunda hostilidade subjacente contra o mundo exterior em geral, mas pintando-a como "não agressão" e "neutralidade". O Pacto Nazi-Soviético deu a Stálin uma oportunidade de ouro para "sacudir a árvore": pôr em movimento as forças histórico-mundiais, ao mesmo tempo que permanecia exteriormente neutro, preservando o Exército Vermelho para batalhas futuras — fossem elas no Reno ou em qualquer outro lugar.

Para aproveitar a oportunidade que uma reaproximação com a Alemanha poderia significar, Stálin precisou primeiro remover seu ministro do Exterior de longa data, Maxim Litvinov. Já na casa dos sessenta anos em 1939, Litvinov era um bolchevique da velha escola, um homem que passara boa parte da sua carreira antes de 1917 no exílio, ajudando a causa comunista como traficante de armas, propagandista e só posteriormente como diplomata. A partir de 1930, serviu como ministro do Exterior de Stálin e, nessa condição, tornou-se sinônimo da política de segurança coletiva, usando seu charme refinado para tornar a União Soviética aceitável e conquistar um mínimo de respeitabilidade diplomática.

Mas no começo do verão de 1939 Litvinov estava numa situação delicada. Na realidade, levando em conta que a segurança coletiva fracassara tão inequivocamente àquela altura, é notável que ele não tenha sido afastado antes. Em maio, sua estreita ligação com a política rejeitada fez dele um excedente para as necessidades de Stálin. Além disso, como judeu e alguém com um histórico de persistente crítica aos nazistas — que em troca adoravam chamá-lo zombeteiramente de "Litvinov-Finkelstein" —, Litvinov carecia, sem a menor dúvida, da flexibilidade que talvez fosse necessária numa nova e desafiadora situação internacional.[45] Citando a "deslealdade" do antigo ministro do Exterior e a sua incapacidade de "assegurar a execução da política partidária", Stálin tirou Litvinov do cargo.[46] Porém, longe de receber um relógio de ouro e ser aposentado, Litvinov foi preso pela NKVD, teve seu gabinete cercado, seu telefone cortado e seus assessores interrogados, evidentemente numa tentativa de arrancar alguma informação comprometedora.[47] Teve a sorte de sair vivo da experiência.

O sucessor de Litvinov como ministro do Exterior foi o mais fiel acólito de Stálin, Vyacheslav Molotov, homem cuja lealdade à "política partidária" — e a Stálin pessoalmente — era inabalável. Nascido Vyacheslav Skryabin em 1890, tivera um aprendizado bastante estereotipado como revolucionário: a existência conspiratória, os períodos de exílio siberiano, até mesmo, como Lênin e Stálin, a adoção de um *nom de guerre*, o seu derivado de "*molot*", a palavra russa para "martelo." Com a revolução de 1917, Molotov foi parar em Petrogrado, editando o jornal do partido comunista, *Pravda*, e logo se destacou como um dos principais membros do Soviete de Petrogrado e, com o tempo, como um protegido de Stálin. Sem nada de militar ou de orador, Molotov, homem franzino, que usava óculos, considerava-se basicamente jornalista. De acordo com seus contemporâneos, era um tanto apagado: um burocrata lento, defensor rigoroso da doutrina bolchevique, apelidado de "Camarada Cu de Pedra" por sua capacidade de assistir sentado a intermináveis reuniões no Kremlin. Tão pedante quanto leal, chegava a corrigir os que usavam o apelido, alegando que o próprio Lênin lhe dera o apelido de "Cu de Ferro". Não o fazia rindo. Mesquinho e vingativo, não hesitava em recomendar a pena de morte para quem o contrariasse.[48]

Essas qualidades permitiram a Molotov galgar o escorregadio pau de sebo da política soviética, tornando-se primeiro chefe da organização do Partido em Moscou, e depois presidente do Conselho dos Comissários do Povo em 1930, em cuja função supervisionou a brutal campanha de coletivização na Ucrânia em 1932-3. Absoluta e inquestionavelmente leal a Stálin, Molotov sobreviveu aos expurgos do fim dos anos 1930, chegando a autorizar pessoalmente milhares de execuções. Como mais tarde admitiu com brutal desenvoltura: "Assinei a maioria das — na verdade quase todas — listas de prisão. Discutíamos e tomávamos uma decisão. A pressa dominava tudo. Seria possível entrar em todos os detalhes?".[49] Com isso, na época em que foi nomeado ministro do Exterior de Stálin, Molotov já não era tanto o "burocrata apagado": estava totalmente mergulhado em sangue. Apesar disso, não tinha experiência alguma em assuntos externos, sabia muito pouco sobre o mundo exterior, não falava nenhuma língua estrangeira e só uma vez estivera, por pouco tempo, fora do país. Na verdade, foi descrito por um eminente historiador como "um dos homens mais inexoravelmente estúpidos a ocupar o Ministério do Exterior de qualquer grande potência neste século".[50] A única qualificação de Molotov era ser o homem de Stálin.

Portanto, a designação de Molotov foi uma decisão arrojada, e uma indicação de que a política externa agora estava nas mãos do próprio líder. Não significava, necessariamente, que a segurança coletiva estivesse morta, mas era um forte recado para o mundo exterior — e para a Alemanha nazista em particular — de que Moscou passaria a levar em conta *todas* as opções de política externa. Caso a mensagem da queda de Litvinov não fosse entendida em Berlim, Stálin deu ordem também para que o Ministério do Exterior fosse expurgado de judeus, só para não deixar dúvidas. "Ainda bem", Molotov se lembraria posteriormente. "Os judeus eram maioria absoluta na cúpula entre os embaixadores. Isso não era bom."[51]

Curiosamente, assim como a nomeação de Molotov concentrava as alavancas da política externa nas mãos do ditador soviético, um processo parecido tinha ocorrido no ano anterior em Berlim, quando Ribbentrop foi nomeado ministro do Exterior de Hitler. Embora Ribbentrop se abstivesse de fazer uma limpeza total dos mandarins das Relações Exteriores, também não deixava de promover seus favoritos, quase sempre pessoas pouco qualificadas, para cargos importantes. Nesse sentido, a ascensão de Martin Luther é instrutiva. Levado para o Ministério do Exterior alemão na Wilhelmstrasse graças às suas conexões com Ribbentrop em fevereiro de 1939, Luther chefiava o novo "Escritório de Ligação com o Partido", que essencialmente se ocupava de proteger os interesses de Ribbentrop nas endêmicas lutas internas do Terceiro Reich. Em seu devido tempo, ele viria a se tornar uma das peças mais influentes da Wilhelmstrasse, a ponto de representar o Ministério do Exterior na infame Conferência de Wannsee em 1942. Mas seu pedigree para esses cargos tão elevados era no mínimo duvidoso: a principal qualificação de Luther era ter sido decorador de interiores, transportador de mobília e "quebra-galho" de Ribbentrop durante o período em que este foi embaixador em Londres.[52]

Fora essa questionável escolha de acólitos, porém, o fator decisivo para a promoção de Ribbentrop foi a bajulação a Hitler. Isso tornou sua carreira curiosamente similar à de Molotov. A nomeação dessas duas nulidades que só sabiam dizer "sim" assinalou a concentração das tomadas de decisões, efetivamente, nas mãos de Hitler e Stálin. Sem vozes moderadoras para coibi--los ou sugerir outro caminho, os dois ditadores estavam livres para negociar diretamente um com o outro.

Apesar disso, a política alemã na verdade tinha demorado muito a despertar para as possibilidades que um arranjo com Stálin poderia trazer. Claro, havia alguns no Ministério do Exterior alemão — às vezes chamados de "orientalistas", como o embaixador em Moscou Schulenburg — que já vinham recomendando uma espécie de reinterpretação do Tratado de Rapallo de 1922, pelo qual a Alemanha e a Rússia soviética tinham desfrutado de período de cooperação econômica e militar, ao mesmo tempo que desprezavam as Potências Ocidentais. Mas, apesar do apelo que um arranjo dessa natureza pudesse ter, seus defensores tinham sido, em termos gerais, suplantados nos anos 1930 pelos elementos mais sintonizados com o espírito antibolchevique da época. O *"petit jeu"* de Göring, no entanto — mesmo sendo a manobra cínica que era —, havia dado momentaneamente aos orientalistas liberdade de agir, e, por um breve período, pelo menos suas ideias foram levadas a sério. Eles tinham muitos argumentos a seu favor: não só um pacto com Moscou deixava Hitler livre para lidar com a Polônia e as Potências Ocidentais, como também poderia garantir imunidade para a Alemanha contra os piores efeitos de qualquer bloqueio britânico, obtendo seus alimentos e matérias-primas na União Soviética.

Para resolver a difícil questão ideológica, algumas pessoas em Berlim conseguiram se convencer de que a União Soviética estava "se normalizando", com a política stalinista de "socialismo num só país" supostamente assinalando o abandono do comunismo expansionista de antes para tomar uma direção nova e mais nacionalmente propensa. Foi o que disse Ribbentrop ao explicar o pacto para suas missões no exterior em agosto de 1939. "O bolchevismo russo passou por uma decisiva mudança estrutural com Stálin", escreveu. "No lugar da ideia de revolução mundial surgiu um apego à ideia do nacionalismo russo e ao conceito de consolidação do Estado soviético em sua base nacional, territorial e social de hoje."[53] Em outras palavras, os dias sinistros em que Moscou fomentava a guerra de classes e a difusão de uma revolução mundial deveriam ser tidos como coisa do passado.

Isso era, em grande parte, expressão retroativa de um desejo, claro, mas havia outras cabeças, mais sábias do que a de Ribbentrop, que também diziam ver similaridades. Um mês antes, no fim de julho, por exemplo, o negociador alemão Karl Schnurre tinha chamado a atenção do seu homólogo soviético para a questão da ideologia. "Apesar de todas as diferenças em suas respectivas visões de mundo", disse ele,

há um elemento comum às ideologias da Alemanha, Itália e União Soviética: oposição às democracias capitalistas. Nem nós nem a Itália temos nada em comum com o Ocidente capitalista. Parece-nos, portanto, pouco natural que um Estado socialista tomasse o partido das democracias ocidentais.[54]

Ribbentrop expressou opinião parecida nas primeiras salvas do seu flerte com Moscou em agosto de 1939, declarando que "filosofias diferentes não proíbem um relacionamento razoável" e sugerindo que "a experiência anterior" mostrava que "as democracias capitalistas ocidentais" é que eram "inimigas implacáveis tanto da Alemanha nacional-socialista como da Rússia soviética".[55] No mínimo os nazistas imaginavam que eles e os soviéticos poderiam pelo menos encontrar um terreno comum na antipatia que tinham pela Grã-Bretanha e pela França. Parecia que Stálin e Hitler se aproximavam cada vez mais.

De sua parte, Hitler era bastante imune a esses floreios ideológicos. Para ele, a lógica que havia por trás da aproximação era brutalmente simples. De acordo com Goebbels, Hitler tinha chegado à ideia do pacto com Stálin em parte por começar a perceber que se colocara numa situação difícil. "O Führer acredita estar em posição de pechinchar favores, e mendigos não podem ser seletivos [...]. Em tempos de fome", comentou lugubremente, "o diabo se alimenta de moscas."[56] O verniz dado por Hitler à decisão foi um pouco mais positivo. Em Oberzalsberg, em 22 de agosto, ele falou para os principais paladinos e generais sobre os desafios que tinham pela frente. Ao justificar o pacto com os soviéticos, explicou, "só existem três grandes estadistas no mundo, Stálin, eu e Mussolini. Mussolini é o mais fraco". Mais do que isso, acrescentou, Stálin era "um homem muito doente". O pacto era apenas temporário, servindo para isolar a Polônia e vencer o bloqueio britânico, dando acesso às matérias-primas russas. Então, "depois da morte de Stálin [...] destruiremos a União Soviética. E será o início do domínio alemão sobre a Terra".[57]

Nesse meio-tempo, os britânicos e franceses não ficaram parados, e fizeram um esforço para tentar trazer Stálin para o lado deles, enviando uma delegação conjunta formada por um almirante britânico e um general francês, a qual chegou à URSS em meados de agosto. Tudo que dizia respeito a essa missão, porém, parecia quase comicamente contraproducente. Em primeiro lugar, encontrar uma rota segura para Moscou se mostrara difícil, e a delegação optara por viajar num velho navio mercante, *The City of Exeter*, cuja vagarosa travessia do Báltico não ajudou em nada a convencer os soviéticos da seriedade dos Aliados. Em segundo lugar, era pouco provável que o chefe da missão, o almirante sir Reginald Ranfurly Plunkett-Ernle-Erle-Drax, caísse nas graças dos profetas da revolução proletária com seu sobrenome quádruplo.

Mas havia também considerações mais práticas. Apesar do evidente status social, o almirante Drax e seu homólogo francês, o general Joseph Doumenc, não eram ministros do Exterior, e faltava-lhes autoridade para empreender negociações materiais sérias com os soviéticos. Além disso, é altamente duvidoso que houvesse qualquer intenção de fechar um acordo. Muitas pessoas no Ocidente desconfiavam tanto de Moscou quanto Moscou desconfiava delas. Em março de 1939, o primeiro-ministro britânico Neville Chamberlain confessou a um amigo "a mais profunda falta de confiança na Rússia". "Desconfio dos seus motivos", explicou ele, "que me parecem ter pouca relação com as nossas ideias de liberdade, e estão preocupados apenas em agarrar todo mundo pelas orelhas."[58] É fácil compreender, portanto, por que a delegação aliada a Moscou viajou com instruções para "ir bem devagar", encompridando quaisquer negociações resultantes para "obstruir" a temporada de campanha do verão e privar Hitler da oportunidade de invadir a Polônia.[59] Motivados pelo instintivo antibolchesvismo de seus governos, os participantes fizeram tudo mecanicamente — tapando o nariz ao conversar com os soviéticos —, ao que tudo indica na esperança de que sua mera presença em Moscou, acenando com o fantasma de uma aliança anglo-franco-soviética, bastasse para deter Hitler. Jamais, como escreveu um historiador, uma aliança foi buscada com menos entusiasmo.[60]

As deficiências dessa abordagem ficaram expostas quase de imediato. A Polônia, naturalmente, tinha importância central nas negociações. Como próximo alvo de Hitler, e país geograficamente condenado a ficar espremido entre a cruz de Berlim e a caldeirinha de Moscou, a Polônia estava destinada a ocupar lugar preponderante nas negociatas diplomáticas daquele verão. Mas Drax rapidamente descobriu que podia oferecer pouca coisa aos soviéticos, além da participação na preservação, baseada em princípios, do status quo. Restringidos pela garantia anglo-francesa dada à Polônia no começo do ano, ele e sua comitiva não podiam conceder nada de substantivo, e não conseguiram sequer o consentimento dos poloneses para uma proposta de passagem de tropas soviéticas pelo leste do país para enfrentar qualquer ameaça alemã. A intransigência polonesa não era simples teimosia. Os poloneses tinham muito fresca na memória a invasão soviética de sua pátria durante a Guerra Polaco-Soviética de 1919-21, uma primeira tentativa de Moscou para difundir o comunismo a oeste, derrotada na última hora nos portões de Varsóvia.[61] Além disso, pelo fato de as regiões orientais da Polônia conterem intratáveis minorias de bielorrussos e ucranianos, Varsóvia, com razão, tinha suas dúvidas de que o Exército Vermelho saísse algum dia, se tivesse permissão para entrar.

Quando Drax e Doumenc se sentaram com o comissário de Defesa soviético, marechal Kliment Voroshilov, em 14 de agosto, para discutir as possibilidades de uma ação comum, essa falha no plano anglo-francês logo ficou evidente. Voroshilov quis saber, sem rodeios, se tropas soviéticas teriam permissão para atravessar território polonês, e só restou ao general e ao almirante se contorcerem e tergiversarem, respondendo com banalidades e evasivas, prometendo, vagamente, que essas questões seriam esclarecidas no devido tempo. Voroshilov não se convenceu, e encerrou a reunião manifestando "pesar" pelo fato de que "esta questão de extrema relevância" não tivesse sido considerada. Não era de surpreender, talvez, que as negociações estagnassem.[62]

Já os alemães não tinham esse tipo de inibição e com satisfação ofereceram genuínos ganhos territoriais para os soviéticos — à custa de outros povos — para chegar a um acordo. Johnnie von Herwarth confessaria depois da guerra: "Conseguimos negociar com os soviéticos porque podíamos, sem quaisquer problemas com a opinião pública alemã, entregar os países bálticos e o leste da Polônia à Rússia. Isso a opinião pública não permitiria aos britânicos e franceses".[63] Assim, em nítido contraste com a hesitação e impotência exibidas pelo almirante Drax, o telegrama de Ribbentrop para seu embaixador em Moscou em 14 de agosto exalava confiança e otimismo. "Não existem conflitos reais de interesse entre a Alemanha e a Rússia", escreveu. "Não há questão, entre o Báltico e o mar Negro, que não possa ser resolvida de modo inteiramente satisfatório para os dois lados."[64]

Mais ainda, Ribbentrop estava disposto a voar até Moscou para negociar pessoalmente. Berlim tinha pensado em mandar Hans Frank, especialista em assuntos jurídicos de Hitler e depois governador-geral da Polônia, para conduzir as negociações, mas Ribbentrop acabou sendo escolhido.[65] Não está claro, pelos registros arquivísticos, se essa mudança resultou de um ataque de ego de Ribbentrop ou do cálculo pragmático segundo o qual um ministro importante produziria mais impacto na capital soviética. O relato do episódio feito pelo próprio Ribbentrop afirma que ele foi selecionado por Hitler porque "compreendia melhor as coisas".[66] Seja qual for a verdade, o certo é que Molotov ficou muito impressionado com a possibilidade de o ministro do Exterior da Alemanha ir negociar pessoalmente; como Schulenburg relatou a Berlim em 16 de agosto, Molotov achou aquilo "particularmente muito lisonjeiro" e "prova de nossas boas intenções", contrastando de modo favorável com o status de visitantes estrangeiros anteriores.[67]

Impressionados com essa atitude ecumênica e metódica, os soviéticos continuaram as negociações clandestinas com Berlim, ao mesmo tempo que mantinham suas conversações públicas, cada vez mais inconsistentes, com os britânicos e os franceses. Apesar de todo o maquiavelismo exibido na capital soviética, no fundo parecia haver um sentimento genuíno. Como disse Johnnie von Herwarth, havia uma "quase unanimidade entre as embaixadas ocidentais em Moscou naquele verão de que Stálin tinha mais alta consideração pelos alemães do que pelas outras potências ocidentais, e que certamente confiava mais nos alemães".[68] Em consequência, na maior parte de agosto, sondaram Berlim, e reuniões foram conduzidas e posições esclarecidas, de tal maneira que na penúltima semana do mês rascunhos de tratado tinham sido redigidos, permutados e provisoriamente aceitos.[69] O processo fora impulsionado pelo desejo imperioso de Hitler de concluir o pacto antes da invasão da Polônia, inicialmente planejada para 26 de agosto, e assim apresentá-lo ao Ocidente como fato consumado. Com base nessas discussões, um acordo econômico germano-soviético foi assinado em Berlim, nas primeiras horas de 20 de agosto, prevendo a troca de matérias-primas soviéticas por produtos manufaturados alemães e uma linha de crédito de 200 milhões de Reichsmarks. Goebbels foi inusitadamente lacônico ao comentar em seu diário: "Os tempos mudam", mas ele sabia muito bem que o significado básico do acordo era o fato de ser visto pelos dois lados como precursor indispensável do sumamente importante tratado político.[70]

Naquele mesmo dia, acontecimentos bem a leste dali contribuíram para a tomada de decisão soviética. Em seu flerte com Berlim, Moscou demonstrava uma constante preocupação em pôr fim ao apoio alemão à campanha japonesa contra o Exército Vermelho no Extremo Oriente, levantando o assunto várias vezes durante as negociações. Em 20 de agosto, porém, o problema parecia finalmente ter se resolvido sozinho: nesse dia, depois de um verão de inconclusivas escaramuças na fronteira entre a Mongólia e a Manchúria, forças soviéticas atacaram o Exército Imperial Japonês, perto do rio Khalkhin Gol, tentando um resultado decisivo que o expulsasse. Enquanto a batalha subsequente era travada, e levaria onze dias para que as forças japonesas finalmente fossem desbaratadas, Stálin não tinha muita certeza se outros empregos de unidades militares seriam necessários em sua fronteira oriental, e consequentemente via com cautela quaisquer novos compromissos no oeste — em particular do tipo sugerido, ainda que sem muito entusiasmo, por britânicos e franceses. Se a oferta de Hitler, de ganho territorial em troca de não beligerância, já não fosse atraente o bastante, a batalha de Khalkhin Gol deve ter conspirado para que ele se decidisse por Hitler.[71]

A partir de então, os acontecimentos se sucederam com espantosa rapidez. Na manhã de 21 de agosto, uma última reunião foi realizada entre a delegação de Drax e seus parceiros soviéticos, mas nenhum dos lados, ao que parecia, tinha algo a dizer, por isso o encontro foi suspenso sine die. A política ocidental de procrastinação não tinha mais futuro. Em contrapartida, as discussões com os alemães sobre o rascunho do texto do pacto progrediam rapidamente, e embora Stálin tivesse ficado satisfeito com um adiamento, para que a situação em sua fronteira sudeste se definisse, Hitler estava decidido a ir em frente. Na noite anterior, o Führer tinha enviado um telegrama pessoal a Stálin, pedindo que Ribbentrop fosse recebido em Moscou para resolver sem demora os detalhes finais.[72] Essa atitude altamente incomum causaria impressão particular no líder soviético. Acostumado a ser tratado como um tóxico e malévolo intruso na política mundial, Stálin ansiava pelo reconhecimento e respeito que uma abordagem direta como a de Hitler significava. Naquela tarde, sua resposta — concordando com a chegada de Ribbentrop para conversações em 23 de agosto e manifestando a esperança de que o pacto proposto seria uma "mudança para melhor" nas relações soviético-germânicas — foi telegrafada para Hitler em Obersalzberg.[73] De acordo com Albert Speer, que assistiu à cena na Berghof, Hitler "fitou o espaço por um momento, corou bastante, deu um murro na mesa com tanta força que os vidros tilintaram e exclamou numa voz agitadíssima: 'Eu os peguei! Eu os peguei!'".[74]

Stálin poderia ter contra-atacado com uma indagação "*Kto kogo poimal?*" ["Quem pegou quem?"]. Certamente quando as negociações começaram no Kremlin, na tarde de 23 de agosto, ele se comportou como um homem convencido de que tinha todas as cartas na mão. Depois das primeiras trocas de amabilidades, os quatro — Ribbentrop, Stálin, Molotov e o embaixador Schulenburg — arregaçaram as mangas. Projetos de tratados já tinham sido discutidos e aceitos nos dias anteriores e, por essa razão, tudo que precisava ser feito era finalizar os termos e redigir a papelada necessária. Apesar disso, Ribbentrop abriu com uma ousada sugestão, mais provavelmente calculada para ficar com a iniciativa, propondo, em nome de Hitler, que o Pacto Nazi--Soviético de Não Agressão devesse vigorar por cem anos. Imperturbável, Stálin deu uma resposta fria. "Se concordarmos com cem anos", disse ele, "as pessoas vão rir de nós por nossa falta de seriedade. Proponho que o acordo valha por dez anos."[75] Desiludido, Ribbentrop concordou docilmente.

A discussão logo chegou à essência do arranjo nazi-soviético, o chamado "protocolo secreto", pelo qual as partes dividiriam os espólios de sua colaboração. A iniciativa partiu do lado soviético.[76] Percebendo que Hitler estava impaciente para seguir adiante com o plano de invadir a Polônia, Stálin tentou extrair o máximo de concessão territorial possível. "Junto com este acordo", anunciou ele, "haverá um acordo adicional que não publicaremos em lugar nenhum", acrescentando que desejava um claro delineamento de "esferas de interesse" na Europa Central e Oriental.[77] Aproveitando a sugestão, Ribbentrop fez uma oferta inicial. "O Führer aceita", disse ele, "que a parte leste da Polônia e a Bessarábia, bem como a Finlândia, a Estônia, a Letônia até o rio Dvina, fiquem na esfera de influência soviética." Isso era excepcionalmente generoso, mas Stálin não ficou satisfeito e exigiu a Letônia *toda*. Ribbentrop empacou. Apesar de ter autoridade para aceitar os termos necessários, recorreu ao truque de negociação de interromper a conversa para submeter o assunto a uma autoridade mais alta. Dizendo que não poderia ceder à demanda soviética pela Letônia sem consultar Hitler, pediu que a sessão fosse suspensa enquanto fazia uma ligação para a Alemanha.[78]

Hitler ainda estava na Berghof, em Obersalzberg, aguardando ansiosamente notícias das negociações. Era uma noite quente de verão, e ele passou o tempo no terraço, desfrutando a vista espetacular ao norte, através do vale, de Untersberg, onde, de acordo com a lenda, o rei Frederico Barbarossa dormia, esperando para ressurgir na hora de necessidade da Alemanha. Como recordava o ajudante da Luftwaffe de Hitler, Nicolaus von Below, a atmosfera altamente carregada de expectativa parecia se refletir no tempo. "Enquanto andávamos para cima e para baixo", escreveu em suas memórias,

> o estranho céu azul-turquesa ao norte se tornou primeiro violeta, depois vermelho-vivo. De início achamos que fosse um grande incêndio atrás da montanha Untersberg, mas então o rubor cobriu todo o céu setentrional, lembrando a aurora boreal [...]. Fiquei muito impressionado e disse a Hitler que era o prenúncio de uma guerra sangrenta. Ele respondeu que se era para ser assim, melhor que viesse logo; quanto mais tempo passasse, mais sangrenta seria.[79]

A atmosfera mal tinha suavizado quando, pouco depois, veio a notícia de Moscou. "Grupos de ajudantes de ordens, funcionários civis, ministros e secretárias estavam parados em volta da mesa telefônica e no terraço", lembrava-se o ajudante da SS Herbert Döhring, "todos eles tensos, esperando, esperando."[80] Quando o telefone finalmente tocou, Hitler de início ouviu em silêncio o breve relato de Ribbentrop sobre o andamento das negociações e a demanda de Stálin por toda a Letônia. Em meia hora, depois de consultar um mapa, Hitler ligou de volta, aceitando a alteração com as palavras: "Sim, de acordo". Segundo Johnnie von Herwarth, que recebeu a chamada em Moscou, a rapidez da resposta de Hitler atestava sua ânsia de concluir o pacto.[81] Para Stálin, assinalava um surpreendente êxito: com uma única noite de negociações, e uma única chamada telefônica, ele recuperara quase todas as terras perdidas pelo Império Russo no turbilhão da Primeira Guerra Mundial.

Uma vez esclarecidas as "esferas de interesse", a parte essencial do pacto estava concluída, e as discussões em Moscou passaram a girar em torno de atualidades e das ramificações que poderiam advir do Pacto Nazi-Soviético de Não Agressão. O Japão ocupava o topo da agenda, e Stálin quis saber a situação em que estavam as ligações da Alemanha com Tóquio. Ribbentrop lhe assegurou que a amizade germano-japonesa não era, de forma alguma, hostil à União Soviética, e até se ofereceu para resolver desavenças entre Moscou e Tóquio. Mais uma vez Stálin respondeu com bastante serenidade, declarando que uma melhora nas relações o deixaria feliz, assim como a ajuda da Alemanha, mas não queria que ninguém soubesse que a iniciativa contava com a sua aprovação.

As conversações em seguida cobriram Itália, Turquia, França e Grã-Bretanha, sendo que o último desses assuntos parece ter animado imensamente Ribbentrop e Stálin, fornecendo um terreno comum e espaço para uma competição sobre quem maldizia mais a "pérfida Álbion". A Inglaterra era fraca, opinou Ribbentrop, fazendo eco ao tom do discurso de Stálin em março daquele ano, e gostava de usar os outros para fomentar suas "arrogantes aspirações à dominação mundial". Stálin concordou, declarando que o Exército britânico era fraco, e que a Marinha Real havia muito tempo já não merecia a reputação que tinha. "Se a Inglaterra dominou o mundo, foi só por causa da estupidez de outros países", disse. "É espantoso que umas centenas de britânicos governassem a Índia."[82]

No entanto, advertiu Stálin, os britânicos eram capazes de lutar de forma obstinada, e com habilidade. Ribbentrop respondeu que — à diferença dos britânicos e dos franceses — não estava ali para pedir ajuda: a Alemanha era perfeitamente capaz de lidar sozinha com a Polônia e seus Aliados ocidentais. De acordo com Ribbentrop, Stálin pensou um pouco antes de responder:

O ponto de vista da Alemanha [...] merece atenção. Mas a União Soviética está interessada em preservar uma Alemanha forte, e, no caso de conflito militar entre a Alemanha e as democracias ocidentais, os interesses da Alemanha e da União Soviética coincidem totalmente. A União Soviética não tolerará jamais que a Alemanha se veja numa posição de grande dificuldade.[83]

No fim das discussões era evidente que havia espaço até para gracejos. Quando Ribbentrop começou a dar uma explicação pouco convincente de que o Pacto Anti-Comintern — a aliança anticomunista acordada entre Alemanha e Japão três anos antes — a rigor não era contra a União Soviética, mas contra as democracias ocidentais, Stálin respondeu que a City de Londres e "comerciantes ingleses" é que ficaram mais assustados com a iniciativa. Ribbentrop concordou, acrescentando que a opinião pública alemã sobre aquele assunto podia ser vista claramente numa recente piada berlinense que dizia de forma sarcástica que Stálin agora estava pensando em ingressar no Pacto Anti-Comintern.[84] Para Ribbentrop, que não tinha senso de humor, isso era quase engraçado.

Depois dessa inspeção geral, um rascunho de comunicado, redigido às pressas em dois idiomas numa antessala, foi finalmente apresentado aos negociadores para suas ponderações. Ribbentrop tinha escrito um rebuscado e efusivo preâmbulo para o rascunho soviético original do tratado, recheado de referências à "amizade natural" entre a União Soviética e a Alemanha. Mas Stálin, muito mais sóbrio, ficou impassível. "O senhor não acha", perguntou,

que precisamos prestar um pouco mais de atenção na opinião pública em nossos países? Passamos anos jogando baldes de excremento na cabeça um do outro, e nossos meninos da propaganda nunca se fartavam disso. Agora, de repente, vamos querer que nossos povos acreditem que está tudo esquecido e perdoado? As coisas não funcionam com essa rapidez. A opinião pública em nosso país, e decerto também na Alemanha, terá que ser lentamente preparada para a mudança em nossas relações que esse tratado vai ocasionar.[85]

Mais uma vez derrotado no jogo, só restou a Ribbentrop concordar humildemente, e o preâmbulo foi restaurado ao primeiro rascunho soviético. Com algumas pequenas alterações, o texto do tratado — um curto documento, com apenas sete breves parágrafos — foi então conferido e aceito pelas duas partes. Ambas concordavam em desistir de qualquer ato agressivo contra a outra, e em manter contato constante com o objetivo de realizar consultas sobre interesses comuns. As disputas seriam resolvidas pela permuta amistosa de opiniões, ou, se necessário, por arbitragem. Inusitadamente, o tratado entraria em vigor logo depois de assinado, e não depois de ratificado.

O protocolo secreto que acompanhava o tratado era similarmente conciso, com apenas quatro artigos delineando as "esferas de influência" nazista e soviética que vigorariam "no caso de um rearranjo territorial e político". Consequentemente, a União Soviética reivindicava a Finlândia, a Estônia e a Letônia, até a fronteira da Lituânia, sendo esta última reservada para a Alemanha. Na Polônia, a fronteira entre os dois signatários seria a linha dos rios San, Narew e Vístula, seccionando nitidamente o país. Ao sul, Moscou manifestou "interesse" na província romena da Bessarábia, enquanto a Alemanha registrava seu "total desinteresse político". Por fim, os dois lados concordavam que o protocolo deveria ser tratado como "estritamente secreto".[86] Com sua piedosa e bombástica retórica sobre os perniciosos "imperialistas" e suas cínicas "esferas de interesse", a União Soviética mal poderia admitir que tinha arranjos próprios semelhantes. O protocolo secreto era tão sigiloso que se conjectura que, do lado soviético, apenas Stálin e Molotov sabiam da sua existência.[87]

O trabalho duro estava terminado, aos signatários e seus entourages foi oferecida uma pequena recepção improvisada. Por volta da meia-noite, samovares de chá preto apareceram, seguidos de caviar, sanduíches, vodca e finalmente champanhe da Crimeia: "nosso regalo", recordaria Molotov.[88] Encheram-se copos, acenderam-se cigarros, e a atmosfera se tornou, segundo um dos presentes, "calorosamente agradável".[89] Como é costume russo, seguiu-se uma interminável rodada de brindes. Stálin iniciou as atividades, exclamando para um salão silencioso: "Sei o quanto a nação alemã ama o seu Führer. Gostaria, portanto, de beber à sua saúde".[90] Com os copos novamente cheios, Molotov propôs um brinde a Ribbentrop, que por sua vez brindou ao governo soviético. Todos então ergueram um brinde ao pacto como símbolo de uma nova era nas relações germano-soviéticas.

Nas primeiras horas, quando o rascunho do tratado tinha sido redatilografado, os fotógrafos foram trazidos para registrar a assinatura cerimonial. Entrando na "sala cheia de fumaça", Heinrich Hoffmann, fotógrafo de Hitler, apresentou-se a Molotov e recebeu um "caloroso aperto de mão" de Stálin. Em seguida, começou a trabalhar. Ladeado pelo fotógrafo soviético com "uma câmera pré-histórica e um tripé antediluviano", bem como por seu colega Helmut Laux, começou a gravar a cena para a posteridade.[91] Stálin insistiu em apenas uma condição: que os copos vazios estivessem limpos antes de os fotógrafos começarem; ele claramente não queria que alguém achasse que assinou o pacto enquanto estava bêbado.[92] Em certo momento, logo depois, Laux tirou uma foto dele e de Ribbentrop juntos, com as taças de champanhe erguidas em um brinde. Ao vê-la, Stálin advertiu que provavelmente não seria uma boa ideia publicar a imagem, pois poderia dar uma falsa impressão aos povos alemão e soviético. Assim, Laux começou imediatamente a retirar o filme de sua câmera, pronto para entregá-lo a Stálin, mas este o parou acenando com a mão, assegurando a ele que "confiava na palavra de um alemão".[93]

Depois dessa breve pausa, Hoffmann e Laux voltaram ao trabalho. Juntos produziriam as imagens icônicas da assinatura do pacto: Molotov e Ribbentrop, sentados à mesa, caneta na mão; atrás deles, o chefe do Estado-Maior Geral, Boris Shaposhnikov, parecendo artista de filme mudo, com seu cabelo partido penteado para trás; os intérpretes Hilger e Pavlov aparentemente espantados por dividirem os holofotes; e por fim Stálin, irradiando um largo sorriso, com sua elegante túnica de cor clara. Atrás de todos, mirando de uma grande fotografia emoldurada, estava Lênin.

Por sua vez, Molotov e Ribbentrop apuseram suas assinaturas no tratado e sorriram para a câmera de Hoffmann. Com isso, a vida de milhões de europeus mudaria para sempre.

2. Gravada a sangue

Oito dias depois que o Pacto Nazi-Soviético foi cerimoniosamente assinado no Kremlin, e quase na mesma hora, a guerra voltou à Europa. Na manhã de 1º de setembro de 1939, antes de o sol nascer, o velho cruzador alemão *Schleswig-Holstein* — veterano da batalha da Jutlândia, em "visita de cortesia" à Cidade Livre de Danzig — soltou suas amarras e abriu fogo a curta distância contra a guarnição polonesa na vizinha Westerplatte. Dessa maneira dramática e brutal, foi dado o sinal para a invasão alemã da Polônia.

A semana que precedeu essas salvas iniciais tinha tido um ar pesado e opressivo. Embora os pormenores precisos do pacto continuassem opacos, a maioria dos comentaristas da época estava de acordo em que se tratava de uma mudança sem precedentes. "É um golpe contundente", escreveu o romeno Mihail Sebastian em seu diário, "toda a política mundial mudou de rumo subitamente."[1] Além disso, havia um sombrio consenso de que o pacto era bem mais do que apenas outro capítulo da crise europeia, e que muito provavelmente prenunciava guerra. Diante disso, os estadistas mundiais recomendaram prudência. Roosevelt fez um apelo pessoal a Hitler, sugerindo "métodos alternativos" para resolver a crise: o primeiro-ministro francês Édouard Daladier seguiu o exemplo, recomendando ao ditador alemão que recuasse para evitar a catástrofe, do contrário "a destruição e a barbárie serão os verdadeiros vencedores". Nesse meio-tempo, o primeiro-ministro britânico Neville Chamberlain, desconsolado, confidenciou ao embaixador americano que "a inutilidade disso tudo é o que mais assusta".[2] Outros já se preparavam para o pior. Os museus de Londres começaram a transferir seus tesouros para o interior; hospitais se livraram de todos os casos que não fossem essenciais, e as estações ferroviárias instalaram lâmpadas azuis atendendo às regras dos esperados blecautes. Em toda parte, encheram-se e empilharam-se sacos de areia, e lacraram-se janelas com fitas adesivas. Enquanto Chamberlain providenciava a mudança para a Sala de Guerra Central, recém-construída no subsolo de Whitehall, ordens foram preparadas para a evacuação de crianças para outras cidades, a partir da manhã de 1º de setembro. O estado de espírito popular era sombrio. "Pobre mundo cansado", escreveu alguém num diário, "que bagunça nós humanos aprontamos."[3]

Enquanto o resto do mundo digeria a notícia do Pacto Nazi-Soviético e refletia sobre a possibilidade de guerra, Ribbentrop voltou para a Alemanha com seu entourage e foi recebido entusiasticamente por Hitler, que saudou o ministro do Exterior como "um segundo Birmarck".[4] Enquanto Ribbentrop era festejado, Hoffmann estava ocupado revelando as fotografias da cerimônia de assinatura em Moscou. Quando se encontrou com Hitler, descobriu, consternado, que o Führer estava mais interessado em sua opinião sobre Stálin do que em suas fotografias. "Ele dá ordens mesmo", perguntou Hitler, "ou as disfarça como se fossem desejos?" "E a saúde dele?", indagou, acrescentando, "Fuma tanto como dizem?", e "Como foi que apertou sua mão?". Estranhamente, perguntou sobre os lobos das orelhas de Stálin, se eram "aderentes e judeus, ou soltos e arianos". Hoffmann respondeu que os lobos das orelhas do líder soviético eram soltos, para evidente satisfação de Hitler. Claramente, o Führer estava impaciente para saber o máximo possível sobre o novo aliado.[5]

Quando finalmente foram ver as fotos de Hoffmann, Hitler ficou desapontado. "Que pena", disse. "Não dá para usarmos nenhuma." Aos protestos de Hoffmann, ele respondeu que em todas as fotos Stálin aparecia fumando: "Nem pensar [...]", disse Hitler, "o povo alemão ficaria ofendido." E explicou: "A assinatura de um pacto é um ato solene, do qual ninguém participa com um cigarro pendurado nos lábios. Essa fotografia sugere leviandade! Veja se consegue passar uma tinta por cima dos cigarros". E assim todas as fotografias divulgadas pela imprensa alemã foram adulteradas por Hoffmann, sem cigarros visíveis.[6]

Houve outras frustrações. Hitler tinha originariamente previsto uma rápida campanha contra a Polônia, ordenando um ataque em 26 de agosto, mas fora obrigado a adiá-lo devido a manobras diplomáticas e infrutíferas negociações de última hora com os britânicos. Também foi obrigado a cancelar o comício anual do Partido Nazista em Nuremberg, cujo início estava marcado para 2 de setembro. Ironicamente, o tema do evento naquele ano era "Paz". Então, em 31 de agosto, Hitler baixou sua primeira "diretiva de guerra", ordenando que o ataque à Polônia começasse na manhã seguinte e estipulando que "uma solução de força" fora decidida, mas era importantíssimo atribuir "a responsabilidade pelo início das hostilidades inequivocamente à Inglaterra e à França".[7]

Stálin, nesse meio-tempo, não tinha perdido tempo refletindo sobre as minúcias da assinatura do pacto. Reunindo seu entourage no dia seguinte para uma ceia de pato recém-abatido, e "parecendo muito satisfeito consigo mesmo",[8] devaneara sobre suas novas relações com Hitler: "Claro, é só um jogo para ver se um consegue enganar o outro. Sei o que Hitler está aprontando. Acha que me passou a perna, mas na verdade fui eu que o ludibriei".[9] Quando apresentado ao Soviete Supremo no último dia de agosto, o pacto foi devidamente aplaudido, com Molotov fazendo eco à crítica de Hitler às "classes dominantes da Grã-Bretanha e da França", tão inclinadas, segundo ele, a envolver a Alemanha nazista e a URSS no conflito. Na guerra vindoura, declarou Molotov, a União Soviética manterá "absoluta neutralidade".[10]

Na manhã seguinte, 1º de setembro, esse conflito já estava em andamento. À luz cinzenta de um amanhecer de fim de verão, tropas alemãs deixaram suas posições avançadas ao longo dos 2 mil quilômetros da fronteira polono-alemã. Sessenta divisões, incorporando mais de 2500 tanques e mais de 1 milhão de soldados, penetraram em território polonês a partir da Silésia, no sudoeste, da Pomerânia, no noroeste, e da Prússia Oriental, no norte. Blindados e armamentos alemães tinham uma confortável superioridade numérica sobre os poloneses, e ganhos imediatos se verificaram em todos os fronts. No ar, os lustrosos Messerschmitts e os estridentes Stukas da Luftwaffe foram pouco ameaçados pelos obsoletos — embora bravamente pilotados — caças da Força Aérea polonesa.

Suplantada em contingentes e armas, a resistência polonesa foi, apesar de tudo, intrépida. No primeiro dia, por exemplo, na batalha de Mokra no sul da Polônia, o avanço alemão foi temporariamente contido, a um custo considerável para a 4ª Divisão Panzer; enquanto no norte, em Krojanty, um breve combate entre a cavalaria polonesa e tanques alemães engendrava um mito duradouro sobre a romântica inutilidade da defesa da Polônia. Apesar dessas ações, as forças polonesas foram inexoravelmente empurradas pelo avanço alemão, e quando veio a maior batalha da campanha — no rio Bzura, dez dias depois —, a própria Varsóvia já estava sob ameaça. Uma vez subjugados os velhos fortes tsaristas que defendiam a capital polonesa no fim daquele mês, a queda da cidade era só uma questão de tempo.

Bem antes de a campanha ser decidida, porém, a conduta da Wehrmacht demonstrava que o mundo tinha entrado numa nova era de operação de combate. Antes da invasão, Hitler havia dito aos seus comandantes militares: "Fechem o coração à piedade. Ajam com brutalidade".[11] E eles agiram de acordo. Desde o início, as forças nazistas foram impiedosas no tratamento das populações polonesas subjugadas. Unidades de forças especiais — *Einsatzgruppen* — tinham instruções para seguir as tropas da linha de frente e suprimir implacavelmente qualquer resistência nas áreas de retaguarda. E, como os poloneses logo descobriram, "resistência" tinha uma definição extremamente elástica e era punida invariavelmente com execução sumária. Nas primeiras cinco semanas de ação militar, forças alemãs incendiariam 531 cidades e aldeias polonesas, levando a cabo mais de setecentas execuções em massa,[12] sendo os piores exemplos os de Częstochowa, onde 227 civis foram assassinados em 4 de setembro, e em Bydgoszcz, onde pelo menos quatrocentos foram executados em represália à suposta morte de pessoas de etnia alemã por poloneses.[13] Como recordaria uma testemunha, a brutalidade podia ser estarrecedora:

As primeiras vítimas da campanha foram inúmeros escoteiros, com idades entre os doze e os dezesseis anos, levados para o mercado, postos contra uma parede e fuzilados. Nenhuma explicação foi dada. Um devoto padre que correu para administrar o último sacramento também foi fuzilado [...]. Entre as [outras] vítimas havia um homem que eu sabia que era doente demais para tomar parte em qualquer atividade política ou pública. Durante a execução, estava fraco demais para ficar em pé, e caiu; eles o espancaram e o puseram em pé novamente. Outra vítima foi um garoto de dezessete anos, filho único de um cirurgião que tinha morrido no ano anterior [...]. Nunca soubemos de que o pobre rapaz era acusado.[14]

Na verdade, geralmente não havia muita lógica nos assassinatos, e algumas atrocidades eram provocadas pelo pretexto mais trivial. Em Kajetanowice, por exemplo, 72 civis poloneses foram massacrados, em resposta à morte de dois cavalos alemães num incidente de "fogo amigo".[15] Segundo o estudo mais abrangente, os alemães executaram mais de 12 mil cidadãos poloneses só em setembro de 1939.[16]

A velocidade e ferocidade do avanço alemão não foram surpresa apenas para os poloneses. Stálin também foi apanhado desprevenido pelo rápido progresso da Wehrmacht. Tendo esperado uma ativa intervenção anglo-francesa, bem como uma prolongada campanha na própria Polônia — semelhante ao estilo guerra de desgaste visto na Primeira Guerra Mundial —, foi forçado a rever rapidamente seus planos. Até então a mão de Stálin fora contida pelo temor da reação ocidental à participação soviética no ataque e pelas operações em andamento contra os japoneses na fronteira da Mongólia. Entretanto, quando tropas alemãs apareceram no território reservado para a União Soviética já em 12 de setembro, e o próprio Ribbentrop recomendou um avanço soviético, Stálin foi forçado a agir para assegurar as áreas que o pacto lhe prometia.[17] Depois da mobilização de 11 de setembro, o Exército Vermelho se reuniu além da fronteira polonesa em dois "fronts", o "bielorrusso" e o "ucraniano", ao norte e ao sul do rio Pripyat. Esses dois grupos de exército compreendiam 25 divisões de fuzileiros, dezesseis divisões de cavalaria e doze brigadas de tanques, num total de quase 500 mil homens.[18] Molotov então pediu a Berlim que mandasse dizer quando Varsóvia deveria cair, para que a intervenção soviética pudesse ser sincronizada.[19]

Em 17 de setembro, com a situação na fronteira mongol estabilizada pela assinatura de um tratado de paz com os japoneses, e na ausência de qualquer ofensiva anglo-francesa contra a Alemanha no oeste, Stálin resolveu agir. Às três daquela madrugada, o embaixador polonês em Moscou, Wacław Grzybowski, foi convocado ao Kremlin, onde recebeu uma nota do governo soviético explicando em termos gerais os motivos da intervenção. Como se quisesse enfatizar a impossibilidade da situação da Polônia, a nota tinha sido redigida conjuntamente pelos soviéticos e pelo embaixador alemão em Moscou, Schulenburg.[20] Dizia que "o governo polonês desintegrou-se", e que "o Estado polonês já não existe". Em vista desse claro colapso, prosseguia o documento, "o governo soviético não pode ficar indiferente num momento em que irmãos do mesmo sangue, os ucranianos e bielorrussos, residentes em território polonês foram abandonados à própria sorte". Consequentemente, o "Exército Vermelho" recebeu ordem para "cruzar a fronteira e tomar sob sua proteção vida e propriedades dos habitantes da Ucrânia ocidental e da Bielorrússia ocidental".[21] Com os termos "Ucrânia ocidental" e "Bielorrússia ocidental" a nota queria dizer Polônia oriental.

Diante do que parecia um fato consumado, Grzybowski bravamente se recusou a aceitar a nota, protestando contra a desonestidade soviética e a flagrante violação do direito internacional.[22] Argumentou também, com acerto, que os apuros da Polônia não tinham nenhuma influência sobre a sua soberania. Alguém pôs em dúvida a existência da Rússia, perguntou ele, quando Napoleão ocupou Moscou?[23] Seus esforços foram inúteis, porém. Dentro de uma hora, tropas do Exército Vermelho cruzariam a fronteira para dentro do território polonês, e a nota seria entregue em seu escritório com a correspondência matutina. Agora supérfluo numa capital hostil, Grzybowski não contava mais com a costumeira imunidade diplomática, e foi preso pela NKVD. Por um capricho da sorte, foi resgatado por Schulenburg, que usou sua boa reputação com os soviéticos para garantir a libertação e subsequente fuga de Grzybowski da URSS. O cônsul polonês em Kiev, Janusz Matuszyński, não teve a mesma sorte; preso pela NKVD, nunca mais foi visto.[24]

O avanço soviético que veio em seguida foi bastante caótico. Eviscerado pelos expurgos, e dispondo apenas de dias e não de semanas para se mobilizar, o Exército Vermelho não estava em condições de efetuar sérias operações ofensivas, faltando-lhe veículos, peças de reposição e liderança. Felizmente para Moscou, entretanto, a defesa da Polônia também estava àquela altura desorganizada, com as poucas unidades estacionadas no leste do país desprovidas de armas pesadas, sem saber reagir ao avanço soviético e sem receber instruções claras do alto-comando cada vez mais desesperado. A indecisão polonesa não melhorou nada com os deliberados ardis soviéticos e o consequente boato de que o Exército Vermelho estava avançando em defesa da Polônia, para conter a invasão alemã.[25]

Para os civis capturados no avanço soviético, poderia ser um tempo profundamente perturbador, com o medo do desconhecido atenuado apenas pela esperança de que o Exército Vermelho estivesse vindo em seu socorro. A maioria, com uma vaga consciência da mais ampla constelação política, não sabia direito como reagir. Janusz Bardach fugia dos nazistas indo para o leste, para Rowno, quando foi parado à noite por uma patrulha do Exército:

Dois homens acenderam lanternas em nossos olhos, enquanto outros nos cercavam [...]. Fiquei espantado de ver uniformes soviéticos e ouvir a língua russa — ainda estávamos muito longe da fronteira. Não conseguia imaginar o que soldados soviéticos estavam fazendo em território polonês, e só podia esperar que o poderoso Exército Vermelho tivesse vindo lutar contra os nazistas e expulsá-los da Polônia. Eu quis demonstrar minha alegria por vê-los, mas alguém nos mandou levantar as mãos.[26]

Nos meses e anos que se seguiram, o entusiasmo juvenil de Bardach pela União Soviética e pelo comunismo seria posto à prova, até ser destruído.

Uma minoria — de comunistas e também alguns judeus, ucranianos e bielorrussos — não tinha tantas dúvidas, porém, e correu para receber o Exército Vermelho como seu libertador. Uma dessas cenas foi registrada na cidade nordestina de Jedwabne, onde uns poucos moradores não se limitaram a saudar os soldados soviéticos com as tradicionais ofertas eslavas, mas até levantaram uma grande bandeira com os dizeres "Sejam Bem-Vindos".[27] Apesar de comparativamente raros, episódios como esse serviam, na mente do público, para confirmar a associação de longa data entre ser judeu e ser comunista. Intelectuais judeus do começo do século XX foram atraídos pela esquerda na política, em parte porque a corrente dominante do nacionalismo os rejeitava. Partidos comunistas do entreguerras tinham consequentemente contado com uma grande representação judaica tanto entre membros como entre líderes, com Rosa Luxemburgo na Alemanha, Bela Kun na Hungria e Leon Trótski na URSS sendo os exemplos mais destacados. Partidos de extrema direita fizeram uso desse vínculo para difamar os dois inimigos, argumentando, falsamente, que se muitos comunistas eram judeus, então muitos judeus só podiam ser comunistas. O conceito resultante de "judaico-bolchevismo" — de que o próprio comunismo nada mais era do que uma conspiração judaica para dominar o mundo — rapidamente se tornou mantra na ala de extrema direita da política, como no Partido Nazista de Hitler, o mais eficiente e determinado propagador dessa ficção. Esse vínculo foi explicitado em *Mein Kampf*: "Temos que reconhecer no bolchevismo russo", escreveu Hitler, "o tipo de tentativa feita pelos judeus [...] para garantir o domínio do mundo".[28]

Aqueles judeus, e outros que acolheram de braços abertos o Exército Vermelho em 1939, certamente não eram agentes de nenhuma conspiração grandiosa. Suas motivações eram variadas; alguns expressavam uma firme convicção, outros davam voz a frustrações pelo que entendiam como injustiças do Estado polonês; e outros ainda talvez estivessem indo para onde sopravam os ventos da política. Assim mesmo, seu gesto não seria facilmente esquecido pelos vizinhos. Ao tomarem o partido do opressor, e confirmarem a grotesca caricatura do "judaico-bolchevismo", eles sem querer provocaram profundas e sangrentas consequências.

A defesa polonesa contra a invasão soviética foi, basicamente, ad hoc, com a maioria dos mal armados guardas de fronteira preferindo depor armas, ou simplesmente escapar tanto dos soviéticos como dos alemães, e seguir para sudoeste rumo à fronteira da Romênia. Ao todo, supõe-se que houve cerca de quarenta enfrentamentos entre os poloneses e os soviéticos.[29] Um desses foi a batalha de Szack em 28 de setembro, na qual a cidadezinha que deu nome ao confronto, ao sul de Brest, foi libertada por breve período do controle soviético por forças polonesas, que desbarataram uma divisão de infantaria do Exército Vermelho.[30] Outro foi a batalha de Grodno, onde uma defesa brilhantemente improvisada pelo general polonês Józef Olszyna-Wilczyński conteve o avanço soviético por dois dias e infligiu pesadas baixas aos invasores. Tanto o general como seu ajudante estavam entre os cerca de trezentos defensores da cidade que pagariam com a vida por sua audácia, sendo capturados e imediatamente executados pelo Exército Vermelho.[31] Ações como essa infelizmente não foram exceções. O ódio instintivo do Exército Vermelho contra a classe dos oficiais poloneses, por serem católicos, aristocratas e poloneses, provocaria outras atrocidades, e a execução de oficiais capturados logo se tornou norma. Em Pińsk, por exemplo, trinta oficiais da flotilha do rio foram separados das outras fileiras depois que se renderam e levados para execução.[32]

Poucos comandantes poloneses tiveram a duvidosa honra de enfrentar os dois conjuntos de invasores naquele outono. Talvez o melhor exemplo seja o do general Franciszek Kleeberg, cujo "Grupo de Operações Independentes Polesie" lutou contra as forças de Guderian perto de Brest na primeira fase da guerra, antes de avançar para oeste com a invasão soviética em 17 de setembro, ostensivamente para ajudar a sitiada Varsóvia. Ultrapassadas pelos acontecimentos, porém, as forças de Kleeberg foram atacadas por unidades do Exército Vermelho em Milanów no final de setembro, antes de mais uma vez enfrentarem os alemães no início de outubro na batalha de Kock, último combate da campanha polonesa. Sem munição, o que restava do Grupo de Operações Independentes Polesie se rendeu aos alemães na manhã de 6 de outubro, após uma batalha de quatro dias. Kleeberg foi o último a abandonar seu posto; ele não sobreviveria ao cativeiro alemão.[33]

Na maioria dos casos, as forças soviéticas e alemãs ficavam longe umas das outras, aderindo a linhas de demarcação e evitando contato. A rigor, deveriam guardar uma distância de 25 quilômetros entre si.[34] Mas, apesar disso, houve exemplos de cooperação e de ação concertada. Desde o início, por exemplo, as autoridades soviéticas permitiram a transmissão de mensagens a partir de Minsk para ajudar a navegação da Luftwaffe.[35] Além disso, os dois lados compartilhavam informações sobre o tamanho e a disposição das unidades polonesas na região, e colaboravam para a sua neutralização.[36] Exemplo disso é a batalha de Lwów, capital regional do sudeste, que já estava cercada pelos alemães quando o 6º Exército soviético chegou aos seus arredores em 19 de setembro. Apesar de terem provocado muitas baixas na batalha, as forças alemãs foram instruídas a se retirarem, deixando o comandante polonês da cidade, general Władysław Langner, se entregar aos soviéticos, com a garantia de que seus soldados seriam corretamente tratados. Langner foi enganado, como lembrou uma testemunha: "Mal depuseram suas armas foram cercados por tropas russas e levados".[37] Por toda parte, os soviéticos eram só sorrisos com seus novos aliados alemães, tendo um tenente do Exército Vermelho saudado seu homólogo entusiasticamente com cigarros e o slogan aprendido às pressas "*Germanski und Bolsheviki zusammen stark*" ["Juntos, alemães e bolcheviques são fortes"].[38]

Na esfera das relações públicas também houve cooperação generalizada, com os dois lados informando sobre seus respectivos êxitos e emitindo comunicados conjuntos. Em 20 de setembro, por exemplo, o *Izvestia* (o porta-voz do Partido Comunista Soviético) publicou uma diretiva na primeira página — evidentemente aprovada por Berlim e Moscou — dando uma cínica e dissimulada explicação das ações de tropas alemãs e soviéticas na Polônia. "Com o objetivo de evitar quaisquer rumores infundados relativos à missão das tropas soviéticas e alemãs atualmente em campanha na Polônia", dizia o texto,

os governos da União Soviética e da Alemanha anunciam que a função dessas tropas não é tentar alcançar quaisquer objetivos particulares [...] em conflito com o espírito do pacto de não agressão firmado entre a Alemanha e a União Soviética. Pelo contrário, a tarefa dessas tropas é manter a paz e a ordem na Polônia, comprometidas pelo colapso do Estado polonês, e ajudar a população a reconstruir as condições necessárias para a existência do Estado.[39]

Essa atitude colaborativa talvez tenha sido mais bem demonstrada, e de forma mais perversa, numa reunião da Comissão Germano-Soviética de Demarcação em Varsóvia no fim de outubro de 1939. Depois de um almoço de comemoração oferecido pelo representante de Hitler na Polônia, Hans Frank, ele e o principal delegado soviético, Alexander Alexandrov, fumaram juntos. Frank fez o seguinte comentário: "O senhor e eu estamos aqui fumando cigarros poloneses para simbolizar o fato de que nós lançamos a Polônia contra o vento".[40]

Uma vez instalados em território polonês, os dois regimes, sem perda de tempo, formalizaram arranjos entre si. Em 27 de setembro, Ribbentrop voltou a Moscou para assinar um acordo suplementar, o "Tratado de Demarcação e Amizade", que atava algumas pontas soltas deixadas pela assinatura do pacto um mês antes. Nessas discussões, a recém-descoberta amizade entre os nazistas e os soviéticos atingiu sua plena expressão. Como diria o próprio Ribbentrop, foi como estar numa "roda de velhos camaradas".[41] Stálin declarou que, juntas, a Alemanha nazista e a União Soviética representavam uma força tão grande que nenhuma combinação de potências seria capaz de resistir a ela. Além disso, prometeu que, "se a Alemanha se vir inesperadamente numa situação difícil, pode ter certeza de que o povo soviético socorrerá a Alemanha e não permitirá que seja estrangulada".[42]

A finalidade prática do encontro era regular as relações nazi-soviéticas na esteira da iminente derrota polonesa. Para tanto, os dois lados concordaram em não ressuscitar nenhum Estado polonês e em colaborar para combater toda e qualquer agitação nesse sentido. Também combinaram um sistema para permuta de populações, que permitisse a grupos de etnia alemã seguirem para o oeste, e a bielorrussos e ucranianos em áreas ocupadas pelos alemães irem para o leste. Mais importante, talvez, foi o fato de que a linha de demarcação anteriormente acertada entre os dois regimes na Europa Oriental precisou ser revista, com a fronteira soviética na Polônia ocupada movendo-se para leste até a linha do rio Bug, e a Lituânia sendo cedida a Moscou como compensação. Com isso, a Polônia foi dividida praticamente ao meio, com a Alemanha tomando cerca de 190 mil quilômetros quadrados de território e 20 milhões de cidadãos, e a União Soviética recebendo aproximadamente 200 mil quilômetros quadrados e 12 milhões de habitantes.[43] Apesar de Stálin afirmar publicamente que a mudança foi feita com a intenção de eliminar qualquer possível fonte de atrito com o novo aliado, ele evidentemente estava pensando em Londres e Paris, uma vez que a fronteira revisada era muito mais defensável perante a opinião pública ocidental, por coincidir, grosso modo, com o limite etnográfico da população polonesa. Por uma questão de clareza, um mapa foi produzido pela Embaixada alemã, e uma linha negra acrescentada para assinalar a nova fronteira germano-soviética. Ao lado dela, foram apostas as assinaturas de Ribbentrop e — num floreio de crayon azul — Stálin. O líder soviético gracejou com seu hóspede alemão: "Minha assinatura está suficientemente clara para o senhor?".[44]

Acertadas as formalidades, os dois regimes começaram a refazer, cada qual à sua imagem e semelhança, as respectivas partes do território conquistado. Do lado alemão da linha, as antigas terras polonesas foram divididas em duas partes: os distritos setentrional e ocidental, anexados diretamente ao Reich — e a maior parte rebatizada de Warthegau —, e as áreas meridional e central estabelecidas como entidade separada — o *Generalgouvernement*, ou Governo Geral —, incluindo Varsóvia e Cracóvia, que, apesar de nominalmente autônoma, dependia por completo dos caprichos de Berlim. Nas duas áreas, a população polonesa nativa tinha poucos direitos garantidos, sendo deliberadamente reduzida à condição de subclasse, cujo único objetivo na vida era servir com obediência a seus novos suseranos alemães.

A mais alta prioridade das autoridades alemãs na Polônia era assegurar a efetiva neutralização da elite polonesa — líderes religiosos, professores, oficiais, intelectuais, até mesmo escoteiros. Para esse fim, os assassinatos um tanto aleatórios da primeira fase da ocupação se tornaram mais seletivos, e mais abertamente políticos em sua motivação. No chamado "Vale da Morte", perto de Bydgoszcz, por exemplo, em outubro de 1939 mais de 1200 padres, médicos e outros profissionais foram mortos por pelotões de fuzilamento dos *Einsatzgruppen* e de milícias de grupos étnicos alemães.[45] No total, ações como essas, "pacificações" na terminologia nazista, seriam responsáveis pela morte de 50 mil poloneses no outono e no inverno do início da ocupação alemã.[46]

Em novembro de 1939 ocorreu a *Sonderaktion Krakau* ("Ação Especial Cracóvia"), quando o cinismo nazista se combinou com a barbárie nazista. Ao meio-dia do dia 6, todos os docentes da prestigiosa Universidade Jaguelônica — uma das mais antigas do mundo — foram convocados para uma reunião com o novo chefe da Gestapo da cidade, Bruno Müller, para tomar conhecimento dos planos nazistas para a educação. Em vez de ouvirem uma palestra, porém, os 184 professores foram sumariamente presos e levados para interrogatório, e em seguida despachados, em massa, para o campo de concentração de Sachsenhausen, nos arredores de Berlim. Apesar de terem sido soltos na primavera do ano seguinte, em atenção aos protestos internacionais, inclusive da parte de Benito Mussolini e do Vaticano, dezesseis professores da Jaguelônica não sobreviveram à provação. A universidade foi fechada, juntamente com todos os estabelecimentos de ensino secundário e superior da Polônia, e assim permaneceram enquanto durou a ocupação nazista. Os poloneses não precisavam de mais do que a instrução mais rudimentar.

Na primavera e no verão de 1940, os alemães iniciaram outra onda de repressão na sua zona da Polônia ocupada, para eliminar os chamados "elementos de liderança" do que restava da sociedade polonesa. A resultante *AB Aktion*, ou Ação Extraordinária de Pacificação, obedeceu a um padrão que se tornaria familiar. Prisioneiros foram tirados de suas celas em cadeias locais; uma acusação, um veredicto ou uma sentença teve leitura em voz alta; e eles foram conduzidos de caminhão para as matas próximas, onde foram executados com um tiro na cabeça, ou metralhados em covas já preparadas. Dessa maneira, 358 prisioneiros da prisão Pawiak em Varsóvia foram mortos na Floresta de Palmiry, em junho de 1940; quatrocentos perto de Czestochowa em julho; e 450 pessoas foram assassinadas perto de Lublin na noite de 15 de agosto de 1940. No total, acredita-se que a *AB Aktion* custou 6 mil vidas.[47]

Também em termos administrativos, os nazistas e os soviéticos remodelaram suas respectivas zonas de ocupação, em conformidade com normas próprias. Assim, enquanto os alemães empregavam a força bruta e a hierarquia ditatorial prescrita pelo *Führerprinzip*, ou "princípio de liderança", na zona soviética a nova administração se adornou com a ilusão de legitimidade democrática. Um mês depois da chegada do Exército Vermelho, os soviéticos realizaram eleições manipuladas (com lista fechada de candidatos) para novas assembleias nos dois territórios anexados da "Bielorrússia Ocidental" e "Ucrânia Ocidental". Mais ou menos uma semana depois, essas novas assembleias enviaram petições ao Soviete Supremo em Moscou solicitando permissão para ingressar na União Soviética, que foram devidamente atendidas em meados de novembro de 1939. A "Ucrânia Ocidental" e a "Bielorrússia Ocidental" foram anexadas às já existentes República da Ucrânia e República da Bielorrússia respectivamente, e as recém-eleitas "assembleias nacionais" foram dissolvidas. Em dois meses, as terras fronteiriças da Polônia oriental, ou *Kresy*, tinham sido absorvidas sem problemas pela URSS.

A partir de então, normas soviéticas passaram a vigorar em toda parte. A propriedade privada foi abolida, empresas foram nacionalizadas e todos os antigos cidadãos da Polônia tiveram que se registrar como cidadãos soviéticos. O zloty polonês foi retirado de circulação em meados de novembro. Com a conversão para rublos soviéticos proibida, essa medida deixou empobrecidas da noite para o dia muitas pessoas das antigas classes média e alta — destituídas de suas propriedades, com as economias sem valor algum. A sovietização teve, naturalmente, profundos efeitos; não só a vida econômica e social da maioria foi virada de cabeça para baixo, como muitos ficaram sujeitos a penas de prisão retroativas por atividades antissoviéticas, como, por exemplo, ter lutado na Guerra Polaco-Soviética de 1920. Ter pertencido à burguesia ou à intelligentsia de repente se tornou condição de alto risco.

Na verdade, surgiu uma notável simetria entre as políticas de ocupação adotadas por nazistas e soviéticos, com os dois lados usando métodos muito parecidos de lidar com as populações conquistadas. Assim como os alemães efetivamente "decapitavam" a sociedade polonesa no oeste, os soviéticos faziam o mesmo em sua área de ocupação: medidas adotadas contra a inimizade racial numa metade da Polônia eram praticamente indistinguíveis das aplicadas contra a inimizade de classes na outra. Na zona soviética, numerosas personalidades militares e políticas de destaque foram presas num esforço consciente para remover formadores de opinião e comentaristas que pudessem afetar de maneira adversa a suave transição para o domínio soviético. Outros foram detidos mais especulativamente, considerados suspeitos depois de uma conversa casual, ou capturados na rua. Uma tática favorita da NKVD consistia em prender duas pessoas que conversavam em público e então interrogá-las separadamente, fazendo perguntas específicas sobre o que estavam conversando antes de serem presas. Se houvesse discrepâncias nas duas versões, então era óbvio que estavam escondendo alguma coisa e o interrogatório prosseguia. A maioria era presa por delitos menores, reais ou imaginários, interpretados como oposicionistas; ter servido ao regime polonês de antes da guerra, por exemplo, bastava para que um indivíduo fosse rotulado de partidário do "fascismo".[48] Claro, a ironia existente no fato de que o próprio Stálin apoiava o fascismo por meio do seu pacto com Hitler não era levada em conta.

Alguns presos de fato haviam cometido crimes. Czesław Wojciechowski tinha dezenove anos quando foi detido por distribuir panfletos antissoviéticos na cidade nortista de Augustów. Condenado a oito anos de trabalhos forçados no gulag no interior soviético, foi levado com a roupa que usava ao ser capturado e nunca mais voltou a ver a família.[49] Foi um dos cerca de 100 mil poloneses capturados pela NKVD na Polônia ocupada por crimes cometidos, metade dos quais acabou no gulag.[50] Os que eram mandados para cadeias locais enfrentavam condições um pouco melhores. Aleksander Wat foi enviado para a superlotada prisão central de Lwów em janeiro de 1940. Nenhum dos prisioneiros de lá estava no cárcere havia mais de três meses, mas as condições eram tão ruins que todos pareciam velhos. "Não dava para perceber a diferença entre homens de quarenta e de setenta anos", disse Wat.[51] Não admira que uma piada sinistra logo começasse a circular na Polônia, segundo a qual as iniciais NKVD (ou NKWD em polonês) queriam dizer *Nie wiadomo Kiedy Wróce do Domu* ("Impossível saber quando volto para casa").[52]

Talvez o exemplo mais infame desse processo de "decapitação" seja o que leva o nome de um dos lugares onde os infelizes prisioneiros foram assassinados — Katyn. Depois da invasão soviética da Polônia oriental, cerca de 400 mil prisioneiros de guerra, policiais, guardas de prisão e outros poloneses foram presos pela NKVD. Durante o processo de interrogatório e triagem política, esse número foi reduzido, com muitos soldados libertados e outros indo para as frentes de trabalho. Isso deixou 15 mil homens no fim de 1939, predominantemente oficiais do Exército, internados nos campos soviéticos de prisioneiros de Starobelsk, Kozelsk e Ostashkov, onde eram submetidos a longos interrogatórios noturnos para averiguar sua atitude em relação à União Soviética e ao comunismo. Os prisioneiros supunham que estavam simplesmente sendo vistoriados antes de serem soltos, mas era coisa bem mais séria: sua própria vida corria perigo. Como poloneses, oficiais, aristocratas e católicos, a maioria estava muitas vezes condenada aos olhos dos soviéticos e, consequentemente, menos de quatrocentos foram julgados "de utilidade" e se livraram da execução; um desses era Zygmunt Berling, mais tarde comandante do 1º Exército Polonês, que lutaria ao lado do Exército Vermelho até Berlim. Não bastasse isso, cerca de outros 7 mil poloneses — padres, policiais, proprietários de terras e intelectuais — de outros campos foram acrescentados à lista de execuções. Então, em 5 de março de 1940, na mesma semana em que a *AB Aktion* foi ordenada em Berlim, Moscou deu instrução para "aplicar o castigo supremo — fuzilamento".[53]

No mês seguinte, os cerca de 15 mil oficiais foram despachados dos seus campos em lotes de algumas centenas de cada vez. Todos foram alvos de calorosas despedidas, na crença de estarem sendo libertados, com seus colegas oficiais formando uma guarda de honra pela qual passaram para embarcar nos ônibus. "Não havia a mínima suspeita", disse uma testemunha, de que estavam "à sombra da Dona Morte".[54] Sua viagem foi relativamente curta, porém. Conduzidos para prisões e esconderijos da NKVD, foram retidos por algum tempo mais, enquanto tinham sua identidade novamente verificada. Um deles, o major Adam Solski, manteve um diário até aquele momento. "Fomos trazidos para um lugar na mata; parece um local de veraneio", anotou ele. "Aqui uma vistoria pessoal minuciosa. Rublos, cintos e canivetes foram confiscados."[55] Foi a última anotação que fez no diário.

Embora pareça que outros métodos tenham sido tentados, a NKVD rapidamente descobriu a técnica mais eficaz de lidar com os prisioneiros. Eles eram levados, um a um, mãos amarradas nas costas, para uma adega, com isolamento acústico improvisado por sacos de areia. Antes que o prisioneiro compreendesse onde estava, era agarrado por dois homens da NKVD, um de cada lado, enquanto um terceiro vinha por trás e disparava um único tiro na base do crânio com uma pistola alemã, a bala geralmente saindo na testa da vítima. Um algoz habilidoso, como Vasily Blokhin, "favorito" de Stálin, dava conta de até 250 execuções desse tipo numa noite. Trabalhando na prisão da NKVD em Kalinin naquela primavera, Blokhin usava um avental de couro e luvas, para não ser manchado pelo sangue das vítimas.[56]

Logo em seguida os corpos eram jogados em caminhões e levados para as matas vizinhas, para serem enterrados em valas comuns, dispostos em até doze camadas e tratados com cal para acelerar a decomposição.[57] Cerca de outras 7 mil vítimas da lista foram executadas em prisões da NKVD na Ucrânia e na Bielorrússia. No total, pelo menos 21768 prisioneiros poloneses acabaram dessa maneira, incluindo um príncipe, um almirante, doze generais, 81 coronéis, 198 tenentes-coronéis, 21 professores, 22 padres, 189 guardas prisionais, 5940 policiais e uma mulher, Janina Lewandowska.[58]

Com essas medidas, e análogos massacres e execuções realizados pelos nazistas, a classe dominante e administrativa da Polônia foi efetivamente destruída. Talvez não seja de surpreender que umas poucas e infelizes famílias tivessem filhos divididos pela guerra, mas indo morrer em mãos soviéticas e nazistas. Um desses casos foi o da família Wnuk, de Varsóvia. O oficial do Exército Jakub Wnuk tinha trinta e poucos anos quando foi levado pelos soviéticos para o campo de Kozelsk e de lá para Katyn, onde foi assassinado em abril de 1940. Seu irmão mais velho, Bolesław, ex-parlamentar polonês, foi preso pelos alemães em outubro de 1939, antes de ser executado perto de Lublin em 29 de junho. Deixou um bilhete de despedida: "Morro pela pátria com um sorriso nos lábios".[59]

Com os "elementos de liderança" assim removidos, e as fontes imediatas de possível resistência neutralizadas, os ocupantes soviéticos e nazistas iniciaram uma limpeza simultânea da sociedade polonesa — os nazistas motivados em primeiro lugar por preocupações raciais, e os soviéticos por critérios de política de classes. As áreas da Polônia ocupadas pelos alemães se tornaram, portanto, um vasto laboratório para amplos experimentos de reorganização racial. Todos os cidadãos eram obrigados a se registrar com as autoridades nazistas e classificados em quatro categorias: *Reichsdeutsch* (cidadãos alemães), *Volksdeutsch* (de etnia alemã), *Nichtdeutsch* (não alemães) e *Juden* (judeus). A categoria de cada um determinava a quantidade de ração que recebia e o lugar onde tinha permissão para morar. Populações inteiras foram filtradas e ordenadas, expropriadas e expulsas. Judeus foram confinados em guetos recém--estabelecidos em Varsóvia, Lódz e outras partes, e poloneses com frequência eram transferidos da anexada Warthegau — cedendo a vez a recém-chegados de etnia alemã, *Volksdeutsche*, que vinham do leste — para serem concentrados no Governo Geral. Pela primavera de 1941, cerca de 400 mil poloneses já tinham sido deportados dessa maneira.[60]

Esse procedimento era assim: listas de deportados eram preparadas pelas autoridades nazistas com a ajuda de *Volksdeutsche* locais, e apresentadas às famílias afetadas por oficiais da ss ou da Wehrmacht. Os deportados geralmente tinham uma hora para preparar a mudança e só podiam levar uma mala por pessoa, contendo roupas quentes, alimentos, documentos de identidade e no máximo 200 zlotys em espécie. Tudo o mais era deixado para trás. Como recordou uma das pessoas afetadas, as instruções dadas eram muito específicas: "o apartamento tinha que ser varrido, os pratos e vasilhas lavados e as chaves deixadas nos armários, para que os alemães que fossem morar em minha casa não tivessem nenhum problema".[61] Quando os deportados estavam prontos, eram embarcados em caminhões e levados à estação ferroviária, para seguir viagem. O processo de deportação que começava ali era por vezes brutal, sem a mínima preocupação com provisões ou mesmo com as comodidades mais básicas para os que chegavam ao seu destino. A primeira deportação em larga escala, por exemplo, ocorreu em dezembro de 1939, quando cerca de 87 mil poloneses foram retirados de trem da Warthegau e levados para o vizinho Governo Geral. Com muitos deportados aguardando durante horas na neve, ou chegando a campos de internação ainda inacabados, o número de mortos foi substancial; como reconhecia o lacônico relatório da administração nazista, "nem todas as pessoas deportadas, especialmente crianças pequenas, chegaram vivas ao seu destino".[62]

Os poloneses sobreviventes foram reduzidos a cidadãos de segunda classe: proibidos de usar parques e piscinas públicos; banidos de todas as atividades culturais, políticas ou educativas; e obrigados a ceder passagem aos alemães. Qualquer sinal de dissidência, por mais leve que fosse — um olhar ou sorriso irônico —, podia significar uma sentença de morte. O chefe do Governo Geral, Hans Frank, gabou-se para um jornalista no começo de 1940 de que, se tivesse que pendurar um cartaz para cada sete poloneses fuzilados, como ocorreu no Protetorado Alemão da Boêmia, "então as florestas da Polônia não seriam suficientes para produzir tanto papel".[63] Talvez não seja de admirar que os poloneses tenham estabelecido a maior e mais eficaz organização clandestina de resistência da Europa.

Em paradoxo, na mesma época em que estavam "limpando" ativamente a Warthegau de poloneses, a necessidade de mão de obra no front interno nazista significava que muitos milhares de poloneses seriam levados também para oeste, para o coração do Reich. Alguns se ofereceram como voluntários, ansiosos para melhorar de situação, mas a maioria foi coagida, detida nas ruas ou alistada à força em congregações da igreja. Num caso, uma aldeia foi obrigada a fornecer vinte trabalhadores, mas ninguém se apresentou, e gendarmes alemães tocaram fogo em algumas casas e impediram os moradores de combater o incêndio enquanto o número exigido de trabalhadores não se "apresentasse voluntariamente".[64] Os capazes, portanto, podiam acabar sendo deportados para Berlim ou Varsóvia; e, já em meados de 1940, cerca de 1,2 milhão de prisioneiros de guerra e trabalhadores poloneses estavam na Alemanha.[65] Uma vez ali, eram submetidos às condições mais severas: subalimentados, mal pagos e, como disse um deles, "mais maltratados do que cães".[66]

Os judeus ocupavam o degrau mais baixo da hierarquia racial nazista, e recebiam tratamento correspondente. Nos primeiros dias da campanha polonesa, foram submetidos aos mesmos caprichos sanguinários que os vizinhos poloneses, com muitos sendo vítimas de matanças arbitrárias. Em Błonie, a oeste de Varsóvia, por exemplo, cinquenta judeus foram fuzilados em 18 de setembro; quatro dias depois, mais oitenta foram massacrados em Pułtusk, ao norte da capital.

Com o tempo, outras políticas foram adotadas, incluindo o expediente de simplesmente empurrar os judeus para o leste, para dentro do setor soviético. Em 11 de setembro, por exemplo, o vice de Himmler, Reinhard Heydrich, já ordenava a seus *Einsatzgruppen* que "convencessem" os judeus a fugirem para o leste, apesar de a zona soviética ainda não ter sido estabelecida.[67] As forças alemãs obedeceram. No fim daquele mês, mais de 3 mil judeus foram transportados para o outro lado do rio San no sul da Polônia (que deveria assinalar a linha de demarcação nazi-soviética) e instruídos a "irem para a Rússia".[68] Em outro exemplo, uma leva de mil judeus tchecos foi descarregada na cidade de Nisko, não muito longe da nova fronteira, que deveria servir por um breve tempo como "reserva" de judeus. Depois que os mais aptos foram removidos para uma turma de trabalho, o resto simplesmente recebeu ordens para marchar em direção leste e não voltar.[69] Num único dia, 13 de novembro de 1939, mais de 16 mil judeus foram obrigados a atravessar a fronteira em vários pontos. Em alguns casos, tropas alemãs disparavam contra grupos de deportados, para estimulá-los a irem embora.[70]

A maioria não precisava desses estímulos. Milhares fariam o mesmo voluntariamente em toda a Polônia, deparando com poucos obstáculos na saída. Como recordou em seu diário um judeu de Varsóvia, o entusiasmo pela União

Soviética era, pelo menos de início, muito difundido entre os judeus. "Milhares de jovens foram para a Rússia bolchevique a pé", escreveu ele, "ou seja, para as áreas conquistadas pela Rússia. Viam os bolcheviques como messias redentores. Mesmo os ricos, que ficariam pobres no bolchevismo, preferiam os russos aos alemães."[71] Mas esse entusiasmo às vezes durava pouco. Alguns dos cerca de 300 mil judeus poloneses que teriam, segundo estimativas, fugido para a zona soviética tentaram voltar depois de poucas semanas, ou meses, fosse porque sentiam saudades de casa ou estavam desiludidos com as más condições que encontraram.

Os judeus que permaneceram nas regiões ocupadas pelos alemães logo se viram confinados em guetos. Começando em Lódz e se espalhando por Varsóvia, Cracóvia e outras partes, os guetos eram vistos pelos nazistas como uma maneira prática de concentrar e isolar populações judaicas, enquanto seu destino final não fosse decidido. Na cabeça dos nazistas, a "guetificação" tinha o apelo extra das condições insalubres e das doenças, que reduziriam a população judaica por "desgaste natural". Esse eufemismo ocultaria horrores incontáveis. A inanição se espalhou, com os muito velhos e os muito jovens imediatamente afetados. "O pão está se tornando um sonho", escreveu um morador de gueto, "e uma refeição quente pertence ao mundo da fantasia."[72] O tifo também logo se tornou lugar-comum, disseminado pela falta de higiene. No gueto de Lódz, por exemplo, que abrigava 163 mil pessoas na primavera de 1940, só havia registro de 294 apartamentos com vaso sanitário, e menos de quatrocentos com água corrente.[73] Os que resistiram aos guetos nem imaginavam que sua passagem por ali era apenas a primeira etapa de um destino ainda pior.

Enquanto isso, na área de ocupação soviética a NKVD lançava um processo de "limpeza" próprio que, além da "decapitação" já em vigor, buscava detectar na sociedade polonesa todos aqueles que lhe parecessem antagônicos à dominação soviética. Nesse caso também se tratava de uma categoria passível de ser interpretada com extrema elasticidade. Além de professores, comerciantes e padres, os soviéticos decidiram prender muitos que eram malvistos simplesmente pelo conhecimento que tinham do mundo exterior, como filatelistas, administradores de correios e até esperantistas.[74] Outros se qualificavam para a prisão por serem o que os soviéticos chamavam de *beloruchki*, literalmente "os de mãos brancas", significando os que não faziam trabalhos manuais. Por uma perversa reviravolta da sorte, as famílias dos mortos nos massacres de Katyn também foram detidas, tendo seus nomes e endereços garimpados pela NKVD pela interceptação de correspondência com seus infelizes entes queridos.[75]

Para todos os afetados, o procedimento geralmente era o mesmo. Famílias eram acordadas nas primeiras horas da manhã por pancadas urgentes na porta, e instruções berradas em russo por pequenos grupos, quase sempre formados por um ou dois suboficiais da NKVD, dois praças do Exército Vermelho e um miliciano local. Enquanto a propriedade era vasculhada à procura de qualquer prova incriminadora, e a família era mantida sob a mira das armas, o homem da NKVD lia um decreto resumindo o crime cometido e o castigo — deportação. Em geral não dava detalhes sobre o destino; alguns suboficiais eram deliberadamente vagos e enganosos, enquanto outros podiam até demonstrar uma centelha de simpatia. Um homem da NKVD tentou acalmar o choro de uma menina dando-lhe uma boneca. Quando ela recusou, ele a entregou à irmã mais velha, dizendo: "Leve-a com você, não há bonecas como esta no lugar para onde estão indo".[76]

Na maioria dos casos, instruções então eram dadas sobre o procedimento a seguir: o tempo concedido para preparar a mudança, por exemplo, ou sugestões sobre o que deveria ser levado na viagem, embora alguns homens da NKVD estivessem mais interessados em saquear objetos de valor e perseguir suas vítimas. Num desses casos, quando uma família acordou, um grupo de soldados já tinha entrado no quarto:

> Ninguém ousava se mexer para não ser morto no ato. Eles amarraram papai com uma corrente, enquanto os outros procuravam armas e iam roubando tudo que tivesse valor. O miliciano mais velho berrou que em meia hora deveríamos estar prontos para partir [...]. Pegaram mamãe, amarraram-na e jogaram-na no trenó.[77]

Mesmo quando instruções eram dadas, para muitos os detalhes se perdiam numa névoa de medo e pânico. Como uma camponesa se recordava:

> Ele nos mandou escutar o que ia ler e leu um decreto dizendo que em meia hora tínhamos que estar prontos para ir embora, uma carroça ia vir [...]. Fiquei cega imediatamente e comecei a rir, o homem da NKVD berra "vista-se", eu ando pelo quarto rindo [...] filho continua arrumando tudo que pode [...] as crianças me suplicam para arrumar a bagagem ou vai dar problema, e perdi a cabeça.[78]

Uma mulher ficou tão traumatizada que o filho pequeno teve que preparar a bagagem para ela. Chegando ao interior do Cazaquistão, descobriu que ele tinha colocado um dicionário de francês, um livro de receitas e enfeites de Natal.[79]

A prática soviética consistia, geralmente, em deportar famílias unidas, de acordo com os nomes da lista que os oficiais da NKVD levavam. Com isso, parentes que não moravam com a família podiam ser excluídos, e liberados, assim como hóspedes ocasionais, mas membros ausentes da família eram ativamente procurados. O adolescente Mieczysław Wartalski estava na lista, e apesar de já ter conseguido escapar quando a NKVD chegou, voltou para a família por medo de que a mãe não soubesse lidar com a situação sem a sua ajuda, e porque lembrou que o pai ao partir recomendara que ele tomasse conta dos irmãos e irmãs. Os cinco seriam deportados juntos para o Cazaquistão.[80]

A NKVD era igualmente meticulosa, e abria poucas exceções. Num caso, um homem suplicou em vão que o pai paralítico e o filho pequeno fossem dispensados da deportação; nenhum dos dois sobreviveria à viagem.[81] Uma das únicas exceções permitidas, aparentemente, era quando pessoas que deveriam ser deportadas estavam ausentes e oficiais da NKVD decidiam encontrar substitutos para preencher a cota. Uma jovem foi agarrada na rua para substituir uma adolescente que tinha fugido quando a NKVD chegou. Os gritos e protestos da mulher foram rebatidos com a sinistra resposta de que "Moscou vai dar um jeito".[82]

Depois de arrumarem as coisas, os deportados eram conduzidos para estações ferroviárias locais e embarcados em vagões de carga. As condições eram atrozes, pois os primitivos vagões eram mal equipados para o transporte de carga humana: poucos dispunham de beliches de madeira e fogões, a maioria não passava de vagões básicos, com grades nas janelas e sem outras instalações sanitárias além de um buraco no piso. Com mais ou menos sessenta pessoas confinadas num vagão, 2500 por trem, os deportados tinham pouco espaço para sentar.

Uma vez a caminho, o suprimento de água e alimentos para os deportados era, na melhor hipótese, intermitente, sobretudo levando em conta que os vagões só seriam abertos dias depois de iniciada a viagem. O suprimento de água era extremamente escasso, com os que viajavam no inverno sendo obrigados a coletar a neve do teto, em geral negra da fuligem da locomotiva. Os deportados no verão não tinham nem mesmo essa opção. O alimento era igualmente miserável, sendo fornecido, em média, a cada dois ou três dias, e consistindo talvez de uma sopa aguada e indistinta, pão azedo ou, por vezes, apenas água quente, tudo isso tendo que ser coletado por crianças voluntárias de cada vagão. De vez em quando, havia um trem mais bem suprido. Um deportado lembrava-se de soldados soviéticos andando pelo trem numa parada, tentando vender presunto, frutas e outros artigos, que talvez tivessem sido conseguidos de graça como benefício aos passageiros.[83]

Nessas condições difíceis, a exaustão e a doença faziam um estrago terrível, e a tarefa principal quando o trem parava era com frequência remover os corpos, principalmente de idosos e jovens. Um deportado disse ter visto um oficial do Exército Vermelho chorar de comoção ao ver o que o esperava quando as portas do trem foram abertas.[84] Outro, de um transporte de inverno, lembrava-se da cena macabra de soldados soviéticos indo de vagão em vagão, com minúsculos cadáveres debaixo dos braços, perguntando "Alguma criança congelada?".[85] Já no verão, os deportados tentavam jogar os mortos pelas janelas, com medo de que espalhassem doenças. Fosse verão ou inverno, pedidos de permissão para sepultamentos formais eram rotineiramente negados, e os corpos eram deixados onde caíam, ou apenas empilhados, anônimos, à margem dos trilhos.

Para muitos, a agonia da deportação se prolongaria por quatro semanas, até chegarem ao seu destino, onde os esperavam as novas agonias de uma vida de trabalhos forçados e exílio. Muitos iam parar no extremo norte soviético, no distrito de Arkhangelsk Oblast, ou na Sibéria, onde quase sempre trabalhavam na exploração madeireira. A maioria dos demais terminava sua viagem no Cazaquistão, sendo usados em fazendas coletivas ou na construção de ferrovias. Para todos aplicava-se a máxima soviética: "Quem não trabalha não come". A mortalidade era substancial, com uma taxa anual em torno de 30%.[86] A deportação para as amplidões do interior russo era uma política que teve suas origens no tempo dos tsares, mas os critérios aplicados pelos soviéticos se baseavam em clara política de classes. Como era dito para os que ficavam na Polônia:

> É assim que aniquilamos os inimigos do poder soviético. Usamos a peneira para pegar todos os burgueses e cúlaques, não só aqui, mas no mundo inteiro. Vocês nunca mais voltarão a ver aqueles que tiramos de vocês. *Tam propadut kak rudaia mish* [Eles vão desaparecer como ratos do campo].[87]

As quatro grandes deportações do leste da Polônia — em fevereiro, abril e junho de 1940, e em junho de 1941 — foram todas executadas da mesma maneira. Não se sabe o número exato de pessoas envolvidas, e há muito tempo se assume que passou de 1 milhão.[88] Embora estudos acadêmicos recentes, baseados em pesquisas no próprio arquivo da NKVD em Moscou, tenham revisado essa cifra para menos, suspeita-se que os dados de arquivo russos contam apenas um lado da história, e não incluem os condenados em julgamentos sumários, ou de alguma forma não registrados.[89] Para cada condenado ou deportado oficial, parece ter havido três ou quatro não registrados, tornando 1 milhão — de acordo com o principal historiador ocidental da Polônia — "uma estimativa muito conservadora".[90] Qualquer que tenha sido o total, o fato é que poucos regressaram.

Mesmo os recém-chegados do oeste à zona soviética poderiam descobrir que estavam a caminho do gulag. As autoridades soviéticas sabiam ser regiamente inospitaleiras, e muitos oficiais viam os refugiados como meros espiões ou provocadores. Num desses casos, um grupo de cerca de mil judeus foi expulso na fronteira pelos alemães, mas um comandante soviético das redondezas tentou forçá-lo a voltar para a zona alemã, a cerca de quinze quilômetros de distância, provocando um tenso impasse com as unidades locais da Wehrmacht.[91] A maioria dos refugiados apanhados perto da fronteira pelas autoridades soviéticas estava sujeita a ser presa e condenada a cumprir sentença no gulag. Seria o destino da família Dreksler no outono de 1939. Tendo entrado na zona soviética sem serem apreendidos, foram barrados em Lutsk, onde as autoridades comunistas lhes pediram que preenchessem diversos questionários. Porém, a resposta que deram à pergunta sobre onde pretendiam se estabelecer, "Palestina", irritou de tal maneira o oficial interrogador que ele os despachou para um campo de trabalhos forçados em Archangel.[92]

O judeu vienense Wilhelm Korn foi um dos poucos a tentar escapar da sua sorte. Expulso pelo rio Bug pela SS, com a instrução de "vá se juntar a seus irmãos bolcheviques", ele não acreditou na promessa soviética de trabalho, acomodação e bom tratamento, e decidiu escapar. Recapturado e interrogado pela NKVD, Korn foi acusado de ser espião alemão e devolvido através da fronteira para Viena. Notavelmente, sobreviveria à guerra.[93]

Como era de esperar, talvez, as autoridades soviéticas tenham ficado tão frustradas com o volume de refugiados entrando em sua zona — voluntária ou involuntariamente — que se queixaram aos alemães de que a colaboração futura entre os dois no melindroso assunto da permuta de populações estava correndo risco. Com isso, as deportações "sem disciplina" foram encerradas, e os controles de fronteira reforçados. A reorganização étnica e política das terras polonesas exigia boa dose de cooperação nazi-soviética.

Em dezembro de 1939, portanto, nazistas e soviéticos começaram a fazer o registro dos que desejavam deixar suas respectivas zonas de ocupação. Do lado alemão da fronteira, cerca de 35 mil ucranianos e bielorrussos — basicamente ex-prisioneiros de guerra poloneses — pediram para ser evacuados para o leste, dentro da zona soviética, mas o número bem maior de pessoas de etnia alemã que queria seguir na direção contrária era um desafio enorme. Na zona soviética, então, "comissões [conjuntas nazi-soviéticas] de reassentamento" — formadas por quatro funcionários da SS provenientes do escritório étnico alemão, o *Volksdeutsche Mittelstelle*, acompanhados por quatro homens da NKVD — puseram-se a percorrer as cidades em dezembro de 1939 para supervisionar o registro de todos os que se diziam de etnia alemã e permitir que viajassem para oeste rumo à Alemanha. Nos seis meses seguintes, 128 mil *Volksdeutsche* pediriam com sucesso sua "repatriação" para o Reich, com o primeiro grupo de colonos recebendo as boas-vindas em Przemyśl, na fronteira germano-soviética do próprio Heinrich Himmler.[94]

Naturalmente, esse processo não era isento de complicações. Por um lado, os soviéticos pareciam empenhados em frustrar a operação, com frequência vetando solicitações de um modo que a seus colegas alemães parecia arbitrário.[95] O principal problema era que, embaraçosamente para os soviéticos, muitas outras pessoas, além da comunidade de etnia alemã, queriam sair da zona soviética, incluindo judeus que tinham acabado de chegar. Anos depois, o então chefe do Partido Comunista na Ucrânia, Nikita Khruschóv, se lembraria com incredulidade em suas memórias das "longas filas de judeus [...] esperando fazer o registro a fim de ir embora para o oeste".[96] Outro relato fala de um oficial alemão igualmente incrédulo, observando as filas e dizendo: "Judeus, para onde estão indo? Não sabem que vamos matá-los?".[97]

Um dos que preferiram voltar foi o escritor judeu Mieczysław Braun, que tinha fugido para Lwów no começo da guerra, mas logo se arrependeu, quando se viu obrigado a seguir conhecidas normas soviéticas. "Eu nunca tinha me visto numa situação tão humilhante e absurda", escreveu ele para um amigo:

Todos os dias temos uma reunião. Eu me sento na primeira fila e eles olham para mim, ouço as propagandas, os disparates e as mentiras. Sempre que Stálin é mencionado, meu supervisor começa a bater palmas, e todos os presentes seguem o seu exemplo. Também bato, e me sinto como um bobo da corte [...]. Não quero bater palmas, mas sou obrigado. Não quero que Lvów seja uma cidade soviética, mas cem vezes por dia digo o contrário. Toda a vida fui eu mesmo, uma pessoa honesta, e agora estou bancando o idiota. Tornei-me um canalha.[98]

Atormentado pelos desvios que era obrigado a fazer, Braun preferiu voltar para Varsóvia e tentar a sorte com a ocupação alemã. Morreu no gueto de Varsóvia em 1941.

Na verdade, pouquíssimos dos que pediram para emigrar da zona soviética conseguiram permissão, e apenas 5% dos pedidos foram deferidos.[99] Os rejeitados não eram poupados da ira farisaica do Estado soviético. Uma vez que tinham manifestado de forma implícita sua rejeição ao comunismo, e que foram obrigados a registrar informações pessoais para fazê-lo, ficaram duplamente expostos às atenções da NKVD. As autoridades soviéticas não hesitaram em se vingar. Em junho de 1940, depois que a Comissão de Reassentamento concluiu seus trabalhos e partiu, os recalcitrantes foram detidos com o objetivo de serem enviados para o interior soviético. Alguns até foram intimados a se apresentar na estação ferroviária local a pretexto de emigrarem para o *oeste* — poupando às autoridades o trabalho de fazerem uma batida policial — e ali embarcados em trens e deportados na direção oposta.[100] Dos envolvidos nessa terceira grande deportação soviética do leste da Polônia, em junho de 1940, supõe-se que quase 60% eram judeus, na grande maioria aqueles que tinham pedido sem êxito para sair da zona soviética.[101]

Naturalmente é injusto tentar fazer qualquer comparação entre o regime de ocupação nazista e o soviético nesse período, mas, como esses relatos indicam, era uma comparação que muitos poloneses e judeus poloneses eram obrigados a fazer.[102] Na verdade, poloneses de todas as crenças religiosas e de todas as classes sociais tinham que fazer uma escolha impossível: permanecer onde estavam e aceitar as dificuldades e privações que seus ocupantes imporiam, ou tentar melhorar a situação mudando-se para outra zona. Ao tomarem essa decisão, dispunham de escassas informações, além de rumores e boatos. Poucos decidiram com base em razões políticas ou ideológicas; a rigor, todos eram motivados, antes de tudo, por essencial autopreservação, buscando um mínimo de segurança para si e para a família. Esse dilema foi claramente sintetizado numa história que circulava naquela época sobre dois trens carregados de refugiados poloneses que se encontraram ao cruzar a fronteira nazi-soviética — um deles indo para o leste, o outro para o oeste —, um grupo perplexo por ver o outro fugindo justamente para a zona de onde tentava escapar.[103] Essa cena expressa com eloquência a difícil situação dos poloneses em 1939.

Até os comunistas poloneses, ao que parece, podiam se sentir um pouco menos do que enamorados da vida na zona soviética. Alguns se decepcionaram com a avareza apolítica do Exército Vermelho. "Esperávamos que nos perguntassem como era a vida no capitalismo", reclamou um deles, "e nos contassem como era na Rússia. Mas tudo que queriam era comprar um relógio. Notei que se preocupavam com bens materiais, e o que nós queríamos eram ideais."[104] As queixas de Marian Spychalski eram mais imediatas. Ele tinha fugido de Lwów na zona soviética em novembro de 1939, mas ficou tão chocado com o tratamento dispensado pelos soviéticos aos poloneses que permaneceu menos de duas semanas antes de fugir de volta para a zona alemã e seguir para Varsóvia.[105] Organizando a resistência na antiga capital, Spychalski recebeu a adesão de outro destacado comunista polonês, Władysław Gomułka, que também tinha fugido de Lwów para tentar a sorte com os alemães no Governo Geral.[106] Apesar das experiências desencorajadoras da vida entre os soviéticos, tanto Spychalski como Gomułka viriam a ser, posteriormente, importantes políticos do Estado comunista polonês no pós-guerra: Spychalski como ministro da Defesa e Gomułka como primeiro-secretário do Partido Comunista.

Mesmo com todas as provações que padeceram, Spychalski e Gomułka tiveram sorte. Cerca de 5 mil de seus colegas comunistas poloneses — praticamente todos os membros ativos do partido — já tinham sido vítimas dos expurgos de Stálin. Os únicos a serem poupados foram os que na época estavam encarcerados em prisões polonesas.[107] Outros comunistas logo se veriam na mira de Berlim. Já em novembro de 1939, Ribbentrop tinha declarado a Molotov que a contínua detenção de cidadãos alemães na União Soviética era incompatível com as boas relações políticas entre Moscou e Berlim.[108] Referia-se a mais ou menos quinhentos emigrantes políticos da Alemanha

— quase todos comunistas — que supostamente tinham buscado refúgio na União Soviética quando os nazistas tomaram o poder. Por ironia, em 1939 muitos deles também tiveram problemas com a máquina do terror da NKVD, e os que escaparam de ser executados durante os expurgos com frequência iam acabar nos incontáveis gulags fazendo trabalho forçado. Agora, depois de amargarem as atenções da NKVD, deveriam ser devolvidos às garras dos seus algozes originais, a Gestapo.

Autoridades alemãs forneciam listas a seus homólogos soviéticos com detalhes sobre esses cidadãos alemães, austríacos e tchecos que, segundo acreditavam, tinham fugido para a União Soviética. A NKVD verificava seus arquivos para descobrir o que acontecera de fato com esses indivíduos, e os sobreviventes eram presos de novo e deportados. Peculiarmente, para alguns dos prisioneiros era permitido ficar um período "de engorda" em Moscou, depois dos rigores do gulag. Otto Raabe lembrava-se de um tempo que passou em Moscou com travesseiros de penas, lençóis e boa comida, bem como um alfaiate e um sapateiro incumbidos de prepará-lo para o regresso à Alemanha. Como era de esperar, talvez, muitos prisioneiros não queriam ir, mas eram informados de que não tinham escolha. Por insistência alemã, eram levados de trem diretamente para pontos de travessia na nova fronteira germano-soviética dentro da Polônia ocupada, evitando-se, desse modo, possíveis tentativas de fuga. Ao todo, cerca de 350 indivíduos foram devolvidos à Alemanha dessa maneira.[109]

Uma das pessoas afetadas foi Margarete Buber-Neumann, mulher de um destacado comunista alemão, Heinz Neumann, que fugira para a União Soviética em 1935. Depois que o marido foi preso e fuzilado pela NKVD em 1937, Buber-Neumann foi condenada a cinco anos de trabalhos forçados no gulag, antes de voltar a ser presa em janeiro de 1940 e levada para interrogatório na infame prisão de Butyrka em Moscou. No mês seguinte, foi deportada com um grupo de mais 39 pessoas para a Alemanha, sendo levada de trem até Brest-Litovski. "Saltamos no lado russo da ponte de Brest-Litovski", disse ela. Depois de um tempo, um grupo de homens da NKVD atravessou a ponte, voltando com oficiais da SS: "O comandante da SS e o chefe da NKVD bateram continência um para o outro [...]. O russo tirou documentos de um estojo de couro claro e leu uma lista de nomes. O único que ouvi foi 'Margarete Genrichovna Buber-Neumann'". Assim, ela foi devolvida à SS. Ao atravessar a ponte, não resistiu ao impulso de olhar para o refúgio comunista que a tinha traído: "Os funcionários da NKVD ainda estavam lá num grupo observando a nossa saída. Atrás deles estava a Rússia soviética. Lembrei com amargura a ladainha comunista: Pátria dos Trabalhadores, Baluarte do Socialismo, Refúgio dos Perseguidos".[110] Já veterana do infame campo soviético de Karaganda, ela passaria os cinco anos seguintes no campo de concentração de Ravensbrück.

Um grupo que atravessou a fronteira germano-soviética nem sempre levado em conta é o dos prisioneiros de guerra aliados. Na fase de abertura da guerra, muitos prisioneiros, na maioria britânicos, foram parar em campos alemães de prisioneiros, alguns localizados nas províncias orientais e nas terras polonesas anexadas diretamente ao Reich. Para eles, a Polônia ocupada pelos soviéticos representava o território "neutro" mais próximo disponível, portanto, um refúgio potencial. Os prisioneiros de Stalag XXA em Thorn (Toruń), a noroeste de Varsóvia, são um exemplo bem ilustrativo. Quinze conseguiram fugir para território soviético, apenas 240 quilômetros a leste, em 1940. Um dos que tentaram a façanha foi Airey Neave, "que sonhava com [sua] triunfante chegada à Rússia" supondo que, se alcançasse a linha demarcatória em Brest-Litovski, seria "conduzido à presença do embaixador britânico, sir Stafford Cripps".[111] Neave teve uma decepção, porém. Passando-se por alguém de etnia alemã, foi capturado a caminho de Brest em Iłow, perto de Varsóvia, em abril de 1941. Podia considerar-se um homem de sorte. A recepção dada a fugitivos pelos soviéticos, de acordo com o relatório oficial do MI9, era "sempre fria", e muitos prisioneiros eram até maltratados. A maioria, na verdade, subsequentemente era enviada para a Sibéria.[112] Mais tarde Neave conseguiria escapar do campo de prisioneiros de segurança máxima em Colditz.

Embora fossem obrigados a internar fugitivos, o tratamento dispensado pelos soviéticos a prisioneiros de guerra em fuga podia ser verdadeiramente hostil. Um fugitivo que atravessou a nado o rio San para se apresentar às autoridades soviéticas em março de 1941 foi preso no ato e passou o ano seguinte numa série de cadeias da NKVD, quase sempre em confinamento solitário.[113] Em certos casos, fugitivos eram devolvidos aos alemães. Estafetas clandestinos poloneses, por exemplo, ficaram perplexos ao descobrir que dezesseis aviadores aliados que eles tinham levado às pressas, secretamente, via Kiev no inverno de 1940 regressaram a Varsóvia como prisioneiros da Gestapo.[114] "Internação", pelo visto, podia ter várias definições.

A questão da coordenação entre nazistas e soviéticos ainda hoje mantém muitas pessoas ocupadas, com febris conjecturas em alguns setores sobre reuniões de alto nível entre a NKVD e a Gestapo, supostamente com a presença de figuras como Adolf Eichmann. De maneira provocadora, Khruschóv declara em suas memórias que Ivan Serov, o chefe da NKVD na Ucrânia, tinha "contatos com a Gestapo".[115] Levando em conta que os dois lados estavam unidos no esforço comum para permutar refugiados, e para destruir a elite polonesa, é de esperar que houvesse certo grau de cooperação, e para esse fim não seria de surpreender que algumas reuniões de planejamento fossem realizadas. Nesse sentido, é sem dúvida notável que os massacres de Katyn pela NKVD e pela *AB Aktion* da Gestapo tenham sido ordenados com poucos dias de intervalo, o que sugere pelo menos um elemento de imitação, talvez mesmo de ação combinada. Até o momento, porém, uma colaboração de alto nível mais ampla entre a Gestapo e a NKVD não encontra eco nos registros documentais.

A colaboração nazi-soviética manifestou-se em outras esferas. Na primeira semana da guerra, o transatlântico de luxo *SS Bremen* encontrou abrigo de emergência em Murmansk depois de escapar de internação em Nova York e brincar de esconde-esconde com a Marinha Real no Atlântico. Com ajuda soviética, a maior parte da tripulação do navio foi evacuada de trem de volta para a Alemanha, enquanto o capitão, mais tarde, esgueirava-se com o *Bremen* para águas territoriais alemãs, ao amparo da noite polar, escapando por pouco de um submarino britânico no trajeto.[116]

O *Bremen* não foi um caso isolado. Na verdade, só nas três semanas do começo da guerra, dezoito navios alemães buscaram refúgio, para escapar das atenções da Marinha Real, em Murmansk.[117] Ciente, portanto, de que um porto amigo no Ártico soviético poderia ser proveitoso, em outubro de 1939 o almirantado alemão submeteu aos soviéticos pedido para instalar uma base naval no norte do Ártico, destinada a manutenção e suprimento de U-boats. Depois de algumas disputas e mudanças de localização, o pedido foi deferido, e a *Basis Nord* [Base Norte] foi estabelecida naquele mês de dezembro, numa protegida enseada, distante de olhares indiscretos e de qualquer aparência de civilização. Embora a base jamais tenha entrado plenamente em estágio operacional, tornada supérflua pela conquista nazista da Noruega no verão seguinte, sua breve existência foi marcada por muitas dificuldades.[118] Não só o terreno estava completamente inóspito naquele inverno, como a paranoia e o sigilo reflexivos dos soviéticos serviram para exacerbar as já árduas condições enfrentadas pelos marinheiros alemães ali estacionados. De acordo com o médico de um navio de suprimento alemão, a provisão de alimentos era "terrível", provocando casos de escorbuto, enquanto o senso de isolamento e inutilidade fomentava uma penetrante atmosfera de depressão. A situação não melhorou nada com a atitude hostil dos oficiais de ligação soviéticos, um dos quais o médico descreveu como "mentalmente desnutrido, dissimulado" e "um sujeito inusitadamente perverso [que] desconfia de nós e nos atormenta sempre que possível".[119]

A desconfiança soviética não era apenas força do hábito. Como os marinheiros aliados a bordo de comboios no Ártico descobririam em fase mais adiantada da guerra, as autoridades soviéticas chegavam a ser espantosamente hostis quando se tratava de militares estrangeiros invadindo seu terreno. Outro fator alimentava a psicose. Stálin queria a todo custo manter a ficção de "neutralidade" soviética na guerra, e qualquer ação militar que abertamente ajudasse seu aliado alemão punha em perigo esse disfarce. O medo de serem descobertas, portanto, parece ter levado as já pouco cooperativas autoridades soviéticas a novos patamares de obstrucionismo.

Outros empreendimentos conjuntos deram mais frutos, como a exploração da "neutralidade" soviética em benefício dos alemães. Em dezembro de 1939, por exemplo, o cruzador auxiliar alemão *Kormoran* furou o bloqueio britânico disfarçado de navio mercante soviético; muito apropriadamente, o nome escolhido foi *Vyacheslav Molotov*.[120] Na primavera seguinte, a assistência soviética foi mais ativa, dando aos alemães acesso ao Pacífico via Passagem do Nordeste, pela costa ártica da URSS. Um ex-navio mercante foi devidamente reequipado como cruzador, incluindo tubos lança-torpedo, um sistema de armamentos e uma tripulação de 270 homens. O *Komet*, como foi batizado, partiu de Gdynia em julho de 1940, bordejando a Escandinávia a caminho do Ártico soviético, onde a ele se juntou o navio quebra-gelo *Stálin*, da Frota Vermelha. Em setembro, com ajuda soviética para desobstruir uma rota através das banquisas, o *Komet* atravessou o Estreito de Bering para o Oceano Pacífico, onde atacou navios aliados disfarçado de navio mercante japonês, o *Manyo Maru*. Com esse disfarce, afundou oito navios, incluindo o RMS *Rangitane*, num total de 42 mil toneladas, antes de ser torpedeado em 1942.[121]

Essa história seria notável de qualquer maneira, principalmente pelo desplante e pelas proezas náuticas envolvidas. Mas o "diário de guerra" do capitão do *Komet* revela uma cordial colaboração com os soviéticos que contrasta com as sinistras experiências dos militares da *Basis Nord*. "As relações são boas", comentou ele no início, "nós gostamos deles. Vimos que são boas pessoas." No devido tempo, a conexão seria fortalecida ainda mais. Na verdade, quando um ataque aos britânicos foi comemorado pela tripulação alemã, os colegas soviéticos participaram. "Isso não se consegue fingir", anotou o capitão em seu diário, "isso foi verdadeiro [...] os russos estão do nosso lado."[122] De fato, quando a aventura ártica do *Komet* terminou, o almirante Erich Raeder escreveu pessoalmente para agradecer ao seu homólogo soviético, o almirante Nikolai Kuznetzov: "Cabe a mim ter a honra de expressar os mais sinceros agradecimentos da Marinha alemã ao senhor, estimado comissário, por seu incalculável apoio".[123]

Em meados de dezembro de 1939, Adolf Hitler cumprimentou o novo aliado, Josef Stálin, pelo seu aniversário, expressando suas "mais sinceras felicitações [e] os melhores votos de boa saúde e um feliz futuro com os povos da amiga União Soviética". O bilhete de Ribbentrop, como era de esperar, foi mais efusivo e rebuscado, lembrando as "horas históricas no Kremlin, que marcaram o início de uma mudança decisiva nas relações entre nossos dois países" e encerrando com "as mais cordiais felicitações".[124]

Hipérbole à parte, Hitler tinha todos os motivos para estar satisfeito com os acontecimentos políticos e estratégicos dos últimos meses. Em colaboração com a União Soviética, suas forças tinham esmagado e desmembrado a Polônia, deixando sua fronteira oriental segura e permitindo-lhe dedicar suas energias ao confronto com os britânicos e franceses a oeste. Juntamente com os soviéticos, suas forças tinham posto em marcha a reorganização racial das terras polonesas e iniciado um processo de permuta de prisioneiros políticos e alemães étnicos. Esperava-se que os acordos comerciais forjados com Moscou também fossem proveitosos, pelo menos por permitir que a Alemanha evitasse os efeitos mais danosos do bloqueio britânico do continente europeu.

Stálin também devia estar satisfeito. A colaboração com os alemães ia bem. A Polônia, um dos inimigos históricos de Moscou, tinha sido varrida do mapa, e territórios foram adquiridos à sua custa, o que compensava muitas perdas sofridas pela União Soviética durante o caos da revolução e suas consequências. Além disso, Stálin podia sentir-se bastante satisfeito com a situação estratégica da União Soviética. De uma posição de quase perpétua insegurança até alguns meses antes, ele agora era aliado da principal potência militar e econômica do continente, com um recém-formado arranjo econômico prometendo vital equipamento militar alemão em troca de matérias-primas soviéticas. Mais importante ainda, a União Soviética estava em paz, tendo se declarado neutra na guerra que irrompera entre seu parceiro alemão e as Potências Ocidentais. Em seus momentos mais belicosos, Stálin podia, sem dúvida, visualizar os alemães e o Ocidente enredados numa onerosa e sangrenta reprise da Primeira Guerra Mundial, depois da qual ele seria aquele que juntaria os pedaços, refazendo a Europa à imagem soviética.

Não admira, pois, que a resposta de Stálin fosse igualmente efusiva, proclamando que "a amizade entre os povos da União Soviética e da Alemanha, gravada a sangue, tem todas as razões para ser sólida e duradoura".[125] Poderia muito bem ter acrescentado que era uma amizade gravada, em grande parte, a sangue polonês.

3. Divisão do espólio

Ribbentrop foi festejadíssimo em Moscou durante a segunda visita à capital soviética no fim de setembro de 1939. Embora tenha ido lá para resolver assuntos sérios, como dar o "aceite" e assinar o Tratado de Demarcação e de Amizade Germano-Soviético, o clima de sucesso que contagiava os dois lados depois da destruição conjunta da Polônia era tão generalizado que ele foi tratado com toda a pompa e solenidade de que o Estado soviético era capaz, incluindo uma apresentação de *O lago dos cisnes* e um jantar de gala de 24 pratos.

Mas quando voltava ao gabinete de Molotov para a sessão de negociações da noite, Ribbentrop teve oportunidade de ver o outro lado da "hospitalidade" soviética. Aguardando na sala de espera com seu entourage, ele deparou com o ministro do Exterior da Estônia, Karl Selter, que saía de uma conversa com Molotov.[1] Os dois certamente já se conheciam; Selter esteve em Berlim quatro meses antes para assinar um pacto de não agressão com Ribbentrop. Apesar disso, aquele encontro casual em Moscou pode ter sido bem mais tenso. A história não registra se alguma coisa além das costumeiras banalidades diplomáticas foi dita entre eles, mas Selter teria todos os motivos do mundo para deixar escapar um ar de inquietação.

Era a segunda visita de Selter a Moscou naquela semana. Aquele diplomata alto e experiente era tido como um dos mais hábeis políticos do governo estoniano. Tinha estudado advocacia antes de entrar na vida política e ocupara numerosos cargos ministeriais e diplomáticos até ser nomeado ministro do

Exterior um ano antes. Aquele seria o seu mais severo desafio. Em 24 de setembro tivera um encontro com Molotov, no qual esperava que um novo tratado de comércio fosse assinado, mas em vez disso o comissário soviético quis discutir questões políticas.

As relações soviético-estonianas atravessavam uma espécie de crise, com os estonianos ainda ansiosos pelo que o Pacto Nazi-Soviético poderia significar para eles, e os soviéticos bastante preocupados com a guerra em andamento. Para aumentar a tensão, na semana anterior o submarino polonês *Orzeł* tinha escapado do porto de Tallinn, e Moscou ficou ressentida, achando que as autoridades estonianas deveriam ter se esforçado mais para deter o navio. Em resposta a essa suposta "provocação", tropas do Exército Vermelho se concentraram na fronteira oriental da Estônia, e a Força Aérea Vermelha sobrevoava o espaço aéreo estoniano, aparentemente em atividade de reconhecimento.

Quando Molotov se encontrou com Selter para conversar naquele começo de noite no Kremlin, portanto, o clima era correspondentemente tenso. Molotov começou manifestando sua preocupação com as consequências da recente crise do *Orzeł* para a segurança soviética, alegando que o governo estoniano não queria ou não podia "manter a ordem em seu país" e exigindo garantias, expressas na proposta de um pacto de assistência mútua. Impávido, Selter respondeu que não havia nenhum problema com a capacidade estoniana de manter a ordem, e que o pacto proposto era desnecessário, indesejado pelo povo e danoso para a soberania estoniana. Mas Molotov prosseguiu, impassível, garantindo a Selter que o pacto com a União Soviética não representava perigo algum. "Não vamos impor o comunismo na Estônia", disse ele, acrescentando: "a Estônia ficará com a sua independência, seu governo, seu parlamento, sua política nacional e internacional, seu Exército e seu sistema econômico. Não vamos mexer em nada disso."[2] Quando Selter voltou a protestar, Molotov foi direto ao assunto, dizendo: "A União Soviética agora é uma grande potência cujos interesses precisam ser levados em consideração [...]. Se os senhores não quiserem concluir um pacto de assistência mútua conosco, então seremos obrigados a garantir a nossa segurança de outras maneiras, talvez mais drásticas, talvez mais complicadas. Peço-lhes o seguinte: não nos obriguem a usar a força contra a Estônia".[3]

Se Selter ficou com a impressão de ser um rato nas garras de um gato brincalhão e malévolo, não estava longe da verdade. Pedindo licença para discutir a "proposta" soviética com o seu governo, ouviu de Molotov que a questão não "pode ficar para depois", e um telefonema direto para Tallin foi completado. Selter alegou que discussões tão melindrosas não podiam ser tratadas daquela maneira, e pediu permissão para voltar à capital estoniana no dia seguinte. Quando saía, Molotov advertiu: "Aconselho-os a cederem aos desejos da União Soviética para evitar coisa pior".[4]

Uma hora depois que ele saiu do Kremlin, o gabinete de Molotov voltou a lhe telefonar para marcar outro encontro ainda naquela noite. Dessa vez, Selter foi brindado com um rascunho unilateral soviético do "pacto de assistência mútua" e forçado a discutir os locais, incluindo a capital, Tallinn, que pudessem ser "de interesse da União Soviética" como possíveis bases militares. Mais uma vez, Molotov o pressionou com ameaças sobre a urgência do assunto e a insensatez de qualquer atraso, acrescentando que o acordo estava "pronto para assinatura".

De volta a Tallinn no dia seguinte, Selter discutiu a proposta soviética com os colegas de gabinete. Círculos diplomáticos alemães também foram sondados, mas a resposta deles — de que a Estônia estava, para todos os efeitos, sozinha nisso — causou consternação. Em razão do pacto de não agressão que tinha assinado com a Alemanha em junho de 1939, era justo que o gabinete esperasse alguma assistência dos alemães quando intimidados pelos soviéticos. A inércia alemã, portanto, ajudou a confirmar o que alguns deles já temiam; que a configuração política tinha mudado com a assinatura do pacto entre Moscou e Berlim, e a Estônia estava à deriva. Apesar de alguma retórica desafiadora, o realismo sóbrio estava na ordem do dia e Selter foi despachado de volta a Moscou com instruções para acertar os melhores termos possíveis com a União Soviética. A alternativa era impensável: "Recusar a proposta soviética", recitou o presidente Konstantin Päts, "significaria despachar conscientemente toda a população estoniana para a morte".[5]

Mas quando voltou a Moscou em 27 de setembro, acompanhado, de modo um tanto supérfluo, por dois especialistas estonianos em direito internacional, Selter descobriu que as regras do jogo tinham sido alteradas novamente para pior. Assim como usara o caso do *Orzeł* para enfraquecer a posição estoniana três dias antes, Molotov então recorreu ao suposto afundamento no dia anterior do navio mercante soviético *Metallist*, no Báltico, para pôr Selter contra a parede mais uma vez. Partindo da hipótese injustificada de que o *Metallist* teria sido afundado pelo *Orzeł*, Molotov afirmou que as propostas anteriores já não bastavam: a segurança soviética agora exigia mais concessões estonianas.

Em resposta aos protestos de Selter de inocência do seu país, Molotov chamou o próprio Stálin para participar da conversa. O líder soviético entrou na sala ostentando o seu lado "tio bondoso" e gracejando com os estonianos, mas logo passou a cuidar de negócios. Uma vez instruído sobre o essencial, declarou ameaçadoramente: "Qual é mesmo a discussão? Nossa proposta está mantida e isso precisa ser compreendido".[6] As supostas negociações se estenderam pelas duas horas seguintes, os soviéticos insistindo em pôr 35 mil soldados do Exército Vermelho na Estônia, para "garantir a ordem", e exigindo uma base na própria Tallinn, e os estonianos resistindo com desespero, mas mantendo a finura diplomática que seus adversários tinham abandonado havia muito tempo. Fortemente intimidada, repreendida e assustada, a delegação estoniana voltou no dia seguinte, tendo decidido que não havia alternativa senão ceder. Mas, com Ribbentrop esperando na fila, deparou com novas demandas e a ameaça de que "havia outras possibilidades" para garantir a segurança soviética. Um acordo sobre o pacto de assistência mútua finalmente foi assinado à meia-noite de 28 de setembro e ratificado pelo presidente estoniano uma semana depois. Em tese, o tratado obrigava os dois lados a respeitarem a independência um do outro, mas, ao permitir o estabelecimento de bases militares soviéticas em solo estoniano, basicamente comprometia a soberania estoniana. Para todos os efeitos, a Estônia estava à mercê de Stálin.

Mas, se os estonianos se julgavam sozinhos nas tortuosas negociações com Stálin, estavam enganados. Foram apenas os primeiros da lista. Uma vez assinado o tratado com a Estônia, as atenções de Moscou se voltaram para outros países que lhe foram prometidos no protocolo secreto do Pacto Nazi--Soviético e no acordo subsequente assinado por Ribbentrop. Stálin estava mandando um recado, tanto para Berlim como para o resto do mundo, que os países bálticos agora se achavam sob a sua "proteção".

Uma semana depois do tratado estoniano, portanto, um pacto similar foi imposto à Letônia, exigindo a cessão de bases em Liepāja, Pitrags e Ventspils na costa do Báltico e a designação de guarnições para o Exército Vermelho num total de 30 mil soldados. Nesse caso também a soberania letã supostamente não seria afetada pelo acordo, e por ora não se mexia no governo em Riga. Porém, como os vizinhos estonianos, os letões tinham poucas ilusões sobre sua difícil situação, e sabiam que pouca ajuda viria da Alemanha. Molotov afirmaria depois que tinha "adotado uma linha bem dura" com os letões, dizendo ao seu ministro do Exterior, Vilhelms Munters, que ele "não iria para casa" enquanto não assinasse um acordo.[7] Stálin ainda foi mais grosseiro, informando "francamente" ao desvalido ministro, no começo de outubro de 1939, "que uma divisão de esferas de interesse já tinha ocorrido. No que diz respeito à Alemanha, nós poderíamos ocupar vocês".[8]

Na Lituânia, as insinuações soviéticas obtiveram resposta um pouco mais positiva, principalmente porque Moscou tornara mais palatável o pacto de assistência mútua de outubro de 1939 concordando em repassar para o controle lituano a disputada cidade de Vilna (a ex-polonesa Wilno). Apesar disso, os termos oferecidos eram na essência idênticos aos já acordados com a Estônia e a Letônia: ajuda mútua em caso de ataque e o estacionamento de vastos contingentes de soldados do Exército Vermelho. Além disso, os métodos soviéticos aparentemente não tinham mudado: conforme alguém da delegação lituana observou, discutir com Molotov era tão fútil como "jogar grãos de ervilha contra a parede".[9] A ameaça de violência, implícita ou explícita, combinada com as novas realidades estratégicas da guerra, tinham deixado a Letônia, a Lituânia e a Estônia irremediavelmente expostas aos desígnios de Moscou. Incapazes de resistir, foram obrigadas a atender às demandas soviéticas e agora existiam à sombra de Moscou. Em meados de outubro de 1939, apenas seis semanas depois da assinatura do pacto, Stálin tinha assumido o controle da maior parte do território prometido por Hitler, estendendo seu alcance até a costa do Báltico e garantindo a presença de cerca de 70 mil soldados do Exército Vermelho nos três países bálticos, uma força maior do que os exércitos permanentes dos três países somados.[10]

Enquanto os políticos bálticos lutavam, os alemães não fizeram mais do que se contorcer. Desde o início da invasão soviética da Polônia, os governos bálticos tinham telegrafado reiteradamente a Berlim pedindo que a Alemanha esclarecesse sua posição, em especial devido aos pactos de não agressão que os alemães tinham assinado com a Letônia e a Lituânia apenas quatro meses antes. Berlim estava perfeitamente ciente das dificuldades dos países bálticos; a rigor, Stálin tinha informado a Hitler sobre suas intenções no fim de setembro, num momento em que as negociações sobre um "tratado de defesa" com o governo lituano tinham sido interrompidas, o que equivalia na prática a abandonar esse país efetivamente à "esfera de influência" de Stálin.[11] O ideólogo nazista Alfred Rosenberg, nascido em Tallinn, foi claro quanto às consequências possíveis, confidenciando ao seu diário: "Se os russos marcham agora para os países bálticos, o mar Báltico estará perdido para nós do ponto de vista estratégico. Moscou ficará mais forte que nunca".[12] Apesar disso, em resposta a reiterados pedidos de esclarecimento, ou mesmo de assistência, Ribbentrop foi inflexível, respondendo finalmente numa circular às três legações alemãs na região com uma explicação sobre os novos arranjos de fronteiras acertados com Moscou e declarando de modo sucinto que "Lituânia, Letônia, Estônia e Finlândia não pertencem à esfera de interesse da Alemanha". Acrescentou que seus representantes nos países mencionados deveriam "abster-se de qualquer explicação sobre o assunto".[13] Os países bálticos estavam sendo abandonados à própria sorte.

Como se para intensificar a sensação de presságio e isolamento que se espalhava pela região, Hitler escolheu aquele outono para convocar todas as pessoas de etnia alemã *"Heim ins Reich"* — "Para casa no Reich" — em mais um sinal de abandono da região a Stálin. Quando Ribbentrop esteve em Moscou no fim de setembro, a possível "repatriação" dos *Volksdeutsche* naquelas áreas foi objeto de discussão, ostensivamente em resposta à intenção de Stálin de estabelecer sua influência no Báltico. Tendo combinado em segredo com os soviéticos, os alemães procuraram os ainda independentes estonianos e letões para chegar a um acordo sobre procedimentos e indenizações. Ao cortejarem os próprios *Volksdeutsche*, eles ressaltavam, basicamente, as supostas vantagens de pertencer à "comunidade nacional" alemã, mas o recado secundário era uma implícita advertência sobre os tempos difíceis que teriam pela frente.[14]

Muitos alemães bálticos não se deixaram convencer com facilidade, especialmente porque muitos estavam deixando terras onde viviam havia gerações. À parte suas aflições pessoais, muitos viam naquilo uma traição, não só de sua história e sua cultura, mas de uma civilização. "Achei muito difícil aceitar", disse um dos evacuados depois da guerra, "que uma velha terra culturalmente europeia, uma terra na qual os alemães, durante séculos, tinham sido a principal classe social, e que em muitos sentidos tinha uma face alemã, fosse simplesmente cedida com algumas palavras e uma penada."[15] Até mesmo alguns nacional-socialistas incondicionais ficaram horrorizados. Um deles mencionou em seu diário o "choque terrível" que a notícia do reassentamento provocou. "Tudo aquilo pelo qual vivíamos", escreveu, "tudo que o nosso grupo étnico tinha estabelecido ao longo de setecentos anos [...] ia desaparecer, como um boneco de neve que se derrete."[16]

No entanto, apesar da profunda reviravolta envolvida na mudança para um país sobre o qual muitos quase nada sabiam, os alemães bálticos responderam ao chamado de Hitler em grandes números. Já em meados de outubro de 1939, o primeiro navio transportando alemães étnicos partiu de Riga para a Alemanha. Nos dois meses seguintes, mais 86 navios partiriam de portos da região, carregando mais de 60 mil pessoas de volta "para casa" no Reich alemão, ou pelo menos na região anexada da Warthegau. A rigor, a ansiedade sobre o futuro nos países bálticos era tão grande que a operação atraiu até candidatos judeus.[17] Para as populações bálticas que ficavam, a partida dos *Volksdeutsche* era um mau sinal: augúrio de um futuro incerto. Como disse um alemão-estoniano:

> Eles [os estonianos] percebiam o perigo a leste [...] entendiam como era difícil para nós deixar a Estônia. E, quando embarcamos no navio em Tallinn para abandonar nossa terra natal e o *Deutschland über Alles* foi executado, seguido pelo hino nacional estoniano, muitos começaram a chorar.[18]

Os acontecimentos daquele inverno na Finlândia estimularam o êxodo. Como seus vizinhos bálticos, os finlandeses foram convidados a Moscou para discutir "questões políticas" no começo de outubro de 1939. Também como os vizinhos, eles compareceram, enviando uma delegação encabeçada pelo veterano diplomata Juho Paasikivi para ouvir as propostas soviéticas, que incluíam uma extensão, para o norte, da fronteira no Istmo da Carélia, perto de Leningrado, e um arrendamento de trinta anos do porto de Hanko, na entrada do golfo da Finlândia. De sua parte, os soviéticos pareciam ter imaginado que os finlandeses ficariam tão acovardados e perdidos como os governos bálticos; como lembrou Khruschóv em suas memórias: "Só precisaríamos levantar um pouco a voz para os finlandeses obedecerem".[19] Certamente não haveria intervenção alguma de Berlim. Como no caso dos países bálticos, Ribbentrop se absteve de fazer qualquer comentário, além de manifestar um piedoso desejo de que a Finlândia "resolva os problemas com a Rússia de maneira pacífica", e reagiu com horror à possibilidade de o ex-presidente da Finlândia ir a Berlim conversar. Enquanto isso, o embaixador alemão na Finlândia foi instruído, privadamente, a "evitar qualquer compromisso [...] que possa perturbar as relações germano-soviéticas".[20]

Ainda assim, apesar do isolamento, os finlandeses acharam que era o caso de resistir às ameaças soviéticas. Apresentaram formalmente duas contrapropostas e tentaram prolongar as negociações até o mês seguinte, convencidos de que Moscou estava blefando, e que "a razão" estava com eles. Pelo visto Molotov tinha encontrado um contendor à altura no matreiro Paasikivi e depois do último encontro entre os dois comentou sinistramente que "como parece que nós, civis, não estamos conseguindo avançar, talvez seja hora de os soldados falarem".[21]

No devido tempo, os soldados de fato começariam a falar. Em 26 de novembro de 1939, um posto soviético de fronteira perto da aldeia de Mainila na Carélia foi atacado por fogo de artilharia, resultando em quatro soldados mortos do Exército Vermelho e nove feridos. Molotov apressou-se a acusar os finlandeses pelo "lamentável ato de agressão", apesar do fato de o posto estar fora do alcance dos atiradores finlandeses, que tinham sido retirados da fronteira por precaução.[22] Convocando outra vez os representantes de Helsinque a Moscou, Molotov declarou que a partir de então seu governo estava livre das obrigações do pacto soviético-finlandês de não agressão, e que não seria mais possível manter relações normais. Assim como Hitler tinha fabricado o "incidente de Gleiwitz" três meses antes para lhe dar um casus belli contra a Polônia, Stálin fez em Mainila, dando aos comunistas do mundo inteiro o argumento espúrio de que precisavam para justificar a agressão soviética. Dentro de quatro dias o Exército Vermelho estava em marcha.

À primeira vista, é difícil imaginar confronto militar mais assimétrico. As 26 divisões e os 500 mil soldados utilizados pelos soviéticos deveriam ter sido mais do que suficientes para varrer os 130 mil soldados despachados pelos finlandeses. Em todas as esferas, o Exército Vermelho tinha uma vantagem avassaladora, com três vezes mais soldados e trinta vezes mais aeronaves. No Istmo de Carélia, por exemplo, onde era esperado o principal ataque soviético, os finlandeses só puderam dispor de 21 mil homens, com 71 peças de artilharia e 29 canhões antitanque, contra uma força do Exército Vermelho que compreendia 120 mil soldados, 1400 tanques e mais de novecentas peças de artilharia de campanha.[23] Além da vantagem numérica, Moscou estava convencida de que a classe trabalhadora finlandesa se levantaria em apoio dos seus "libertadores" comunistas, funcionando como "quinta-coluna" atrás das linhas inimigas, desfazendo a logística e debilitando o moral. A confiança soviética era naturalmente alta, portanto, com a cúpula militar reservando apenas doze dias para a operação e contando com um avanço tão célere que os comandantes do Exército Vermelho chegaram a ser alertados para o perigo de cruzarem por engano a fronteira da neutra Suécia — a trezentos quilômetros de distância.[24]

A realidade seria muito diferente. As vantagens em número e em material bélico não teriam muita utilidade nas condições extremas de um inverno finlandês, quando as temperaturas podiam cair até a quarenta graus Celsius negativos. Além disso, boa parte do terreno que os soldados soviéticos teriam que percorrer a pé eram ermos, sem trilhas e bloqueados pela neve, com densos pinheirais entremeados de rios congelados, lagos e pântanos — praticamente intransponíveis para um exército motorizado moderno. Não bastassem essas dificuldades, o Istmo de Carélia, ao norte de Leningrado, tinha sido fortificado no período entreguerras, e agora ostentava uma vasta (apesar de incompleta) rede de casamatas, trincheiras, obstáculos naturais e aterros, conhecida como Linha Mannerheim, em homenagem ao comandante-chefe da Finlândia. Com certeza as coisas não sairiam de acordo com os planos e a vontade do Exército Vermelho.

A superioridade numérica dos soviéticos também era atenuada pela qualidade diferente das tropas adversárias. O Exército Vermelho estava atolado numa espécie de crise. Ainda cambaleando como resultado dos expurgos, que tinham causado muita destruição em suas fileiras em meados dos anos 1930 e liquidado mais de 85% dos oficiais superiores, a organização era severamente prejudicada pela má liderança, por regimes de treinamento deficientes e pelo moral baixo.[25] E apesar de bem armadas em comparação com as finlandesas, suas tropas careciam de roupas de inverno, esquis e camuflagem, com a infantaria e os tanques indo para a guerra naquele mês de novembro usando o tradicional esquema de cores verde-oliva, o que fazia deles alvos fáceis para os inimigos. Taticamente, também, faltavam ao Exército Vermelho inventividade e iniciativa na classe dos oficiais, mais um efeito colateral dos expurgos. O que passava por doutrina militar, na verdade, consistia apenas num assalto frontal concentrado, com as deficiências exacerbadas pela coordenação insuficiente entre os vários setores das Forças Armadas.

Já os finlandeses estavam altamente motivados. E, longe de receberem os soviéticos de braços abertos, como Moscou imaginara, imbuíram-se de um patriotismo incondicional, de tal modo que aquilo que faltava aos soldados em termos de material bélico era compensado pelo moral elevado. Tiveram também a vantagem de poder recorrer a um grande contingente de reservistas treinados, para reforçar seu exército permanente, e muitos desses reservistas traziam conhecimentos vitais, além de excelente habilidade para atuar em campanha e grande capacidade de sobrevivência. Um dito espirituoso que circulou naquele inverno resumia bem o otimismo reinante, apesar do inimigo aparentemente tão poderoso que tinham diante de si: "Eles são tantos, e nosso país tão pequeno", diziam. "Onde vamos achar espaço para enterrar todos eles?"[26]

Tipicamente, o assalto soviético contra a Finlândia era ao mesmo tempo político e militar. Portanto, quando bombardeiros soviéticos alvejaram Helsinque e Viipuri, e unidades de tanques e de infantaria fizeram suas primeiras incursões contra a Linha Mannerheim, um governo fantoche pró-comunista foi instalado em Terijoki, a primeira cidadezinha depois da fronteira soviético-finlandesa. A "República Democrática Finlandesa" era encabeçada pelo veterano comunista Otto Kuusinen, cuja principal reivindicação à fama era ter sobrevivido aos expurgos soviéticos. Mas, apesar de cortejar assiduamente os sindicatos e a esquerda moderada, Kuusinen se viu ignorado, reconhecido apenas pelos patrões soviéticos, com sua autoridade limitada às áreas "libertadas" pelo Exército Vermelho.

Esses erros de avaliação política somavam-se a sérias deficiências estratégicas. Apesar da superioridade em material bélico, o Exército Vermelho podia demonstrar uma notável inflexibilidade: o arquetípico "gigante com pés de barro". Aparentemente, sua ingenuidade tática era com frequência igualada por uma atitude muito cautelosa, que às vezes retardava um avanço durante horas em face da mais leve resistência finlandesa. Naquelas condições — com pouquíssimas estradas e trilhas que permitissem atravessar florestas quase impenetráveis — isso naturalmente acabava sendo vantajoso para os defensores, e os assaltos soviéticos logo degeneravam em enormes engarrafamentos de blindados.

Quando o avanço do Exército Vermelho empacou, os finlandeses partiram para o contra-ataque, mostrando a astúcia e inventividade que faltavam aos seus oponentes. Pequenas unidades de tropas esquiadoras desbordavam o flanco dos invasores e os separavam de suas colunas de suprimento, utilizando as longas noites do inverno escandinavo para acossá-los e emboscá-los protegidas pela escuridão. Enquanto isso, a infantaria empregava explosivos improvisados, como carga concentrada, ou o célebre coquetel molotov — uma bomba de gasolina contendo querosene e alcatrão, que podia ser notavelmente eficiente quando usada contra o tubo de admissão de ar dos tanques soviéticos. A arma ganhou esse apelido quando Molotov declarou em público que as missões soviéticas de bombardeio estavam, na verdade, lançando pacotes de alimentos na Finlândia. As bombas soviéticas de dispersão foram, então, apelidadas ironicamente pelos finlandeses de "cestas de pão de Molotov", e a humilde bomba de gasolina foi descrita como "bebida para acompanhar o alimento".[27] Apesar do humor zombeteiro, o coquetel molotov, produzido em massa numa destilaria finlandesa, mostrou-se uma arma formidável.

Com o tempo, as táticas finlandesas, até então basicamente improvisadas, evoluíram para um método reconhecido. Depois de isolarem e conterem o avanço soviético, os finlandeses passavam a reduzir, de forma sistemática, as colunas inimigas, com implacáveis ataques de sondagem e o severo inverno combinando para esgotar a resistência soviética. Essa tática ficou conhecida como *motti*, nome derivado da palavra finlandesa para a madeira empilhada antes de ser cortada. A sinistra implicação do termo era que as forças soviéticas, uma vez cercadas, ficavam apenas esperando que os soldados finlandeses ou os elementos cuidassem delas.

O rigoroso inverno nórdico podia ser um inimigo terrível. Enquanto os finlandeses estavam acostumados às condições congelantes e sabiam se vestir adequadamente, os soldados do Exército Vermelho tinham pouca proteção contra o frio. Com frequência o inverno provocava um número de mortes tão grande quanto a ação militar, e as tropas finlandesas se acostumaram, de modo sombrio, a encontrar inimigos congelados, sólidos, nos lugares onde tinham se agachado ou deitado, supostamente em posição de combate. Em alguns casos, os sobreviventes ofereciam um espetáculo ainda mais macabro. Certa ocasião, um oficial finlandês recebeu dois prisioneiros do Exército Vermelho que chegaram com cegueira da neve e severas ulcerações de frio nas mãos e nos pés. "Depois de um tempo", contou uma testemunha, "os russos sentiram o calor do fogão e saíram cambaleando em direção a ele. Então puseram as mãos no ferro em brasa. E ficaram segurando. Não conseguiam sentir nada. E lá permaneceram com as mãos chiando como fatias de bacon."[28]

Ajudados pelo mau tempo e pela própria inventividade, os finlandeses obtiveram alguns êxitos notáveis. Pelo Natal de 1939, tanto a 139ª como a 75ª Divisões de Fuzileiros soviéticas tinham sido varridas na batalha de Tolvajärvi, ao norte do lago Ladoga, e no começo de janeiro a 44ª e a 163ª Divisões foram aniquiladas mais ao norte, em Suomussalmi. Essa última batalha foi talvez a mais ilustrativa dos métodos finlandeses. Quando a 163ª Divisão do Exército Vermelho deparou com forte resistência, a 44ª foi despachada para dar apoio, mas as duas tiveram o mesmo fim. Estendidas ao longo das estradas estreitas, com os movimentos restringidos por lagos e florestas e o avanço impedido por uma reforçada barricada finlandesa, as duas divisões foram acossadas por tropas esquiadoras de grande mobilidade e por emboscadas, fragmentando--se aos poucos em seções cada vez menores, ficando os soldados inimigos expostos às devastações do frio e da fome, assim como do combate. Todas essas pequenas parcelas foram varridas, uma por uma. Depois de finalmente acabarem com as duas divisões, os finlandeses descobriram mais de 27 mil corpos congelados ao longo da estrada de floresta, em meio a destroços de equipamento.[29] Era uma cena horrível. Um repórter descobriu que havia cadáveres espalhados por toda parte:

> À margem da estrada; debaixo das árvores; nos abrigos temporários e subterrâneos onde eles tinham tentado escapar da fúria implacável das patrulhas esquiadoras finlandesas. E dos dois lados da estrada, ao longo desses 6,5 quilômetros, há caminhões, cozinhas de campanha, viaturas do comando, carretas de munição, armões e veículos de todos os tipos imagináveis.[30]

Diante de reveses tão danosos para o moral das tropas, a justiça do Exército Vermelho era rápida e severa. O comandante da 44ª Divisão, general Aleksei Vinogradov, que tinha escapado do massacre e voltado para as linhas soviéticas, foi julgado por um tribunal militar poucos dias depois e executado na frente dos soldados que tinham sobrevivido. Relatórios da NKVD sugeriam que a soldadesca aprovou a punição.[31]

Nas batalhas estilo *motti*, os finlandeses usavam franco-atiradores com efeitos devastadores. Seu emprego tinha um efeito psicológico importante, pois não só espalhavam o medo como maximizavam a angústia mental sofrida pelos oponentes, alvejando, por exemplo, oficiais comandantes, ou concentrando fogo nas cozinhas de campanha, ou nos soldados amontoados ao redor de uma fogueira. Alguns atiradores chegavam a alvejar soldados que faziam suas necessidades, reforçando, entre os sobreviventes, a impressão de que não havia lugar seguro. Utilizando sua excepcional camuflagem e sua extraordinária capacidade de atuar em campanha, os atiradores de escol finlandeses eram especialistas em esconder sua posição, e provocavam numerosas baixas entre os soldados soviéticos. Posteriormente, queixou-se um coronel do Exército Vermelho: "Não conseguíamos ver os finlandeses em lugar nenhum, mas estavam em toda parte [...] a morte invisível espreitava em todas as direções".[32]

O mais famoso dos atiradores era Simo Häyhä, um cabo de 34 anos, franzino e despretensioso, que servia no 34º Regimento Jäger nos ermos nevados ao norte do lago Ladoga. Apesar de operar apenas com uma velha variante do fuzil russo Moison-Nagant de ação por ferrolho, equipado com tradicionais alças de mira de ferro, ele conseguiu "pontuar" mais de quinhentas mortes confirmadas em meros cem dias no front: a mais alta pontuação de qualquer atirador na Segunda Guerra Mundial. Alvejado por fogo de artilharia e revides de atiradores adversários, Häyhä sobreviveu à guerra, apesar de um tiro lhe ter atravessado a face. Era conhecido entre os soviéticos como *Belaya Smert*, "Morte Branca".[33]

Quando as forças do Exército Vermelho pararam de avançar no começo de janeiro de 1940, seguiu-se um impasse. Fortalecidos pelos êxitos, os finlandeses se sentiam confiantes com as manifestações de apoio internacional. Desde o início, Helsinque contou com torrentes de simpatia, mais significativamente talvez quando a União Soviética foi expulsa da Liga das Nações por causa do ataque, e o Conselho da Liga convocou seus membros a ajudarem os finlandeses. Para muitos no Ocidente, a Finlândia se tornou uma causa célebre, uma instância de teste moral e um estímulo para aqueles ainda horrorizados com a própria impotência diante da Polônia. Foi nesse espírito provavelmente, consciente do destino da Polônia, que Neville Chamberlain declarou em janeiro de 1940: "Não se pode permitir que a Finlândia desapareça do mapa".[34] Churchill repercutiu esse sentimento em seu estilo inimitável: "Só a Finlândia", disse num pronunciamento pelo rádio, "magnífica, melhor ainda, sublime, nas faces do perigo, mostra de que os homens livres são capazes".[35]

O caso da Finlândia, tudo indicava, sugeria uma justaposição da agressão de Stálin à do seu aliado Hitler, como afirmou o *Daily Sketch* em editorial: "Nossa tarefa nesta guerra é derrotar o hitlerismo, que ainda é hitlerismo mesmo quando o agressor se chama Stálin".[36] Como resultado desses sentimentos, foi lançada uma imensa campanha de ajuda, com Suécia, Grã-Bretanha e França na vanguarda, coletando equipamento militar a ser enviado para Helsinque, incluindo meio milhão de granadas de mão, quinhentos canhões antiaéreos e quase 200 mil fuzis.[37] Enquanto isso, cerca de 11 mil voluntários — principalmente suecos, dinamarqueses e noruegueses — registraram sua disposição de lutar pela causa da Finlândia, com Kermit Roosevelt, primo do presidente americano, entre eles. Muitas pessoas dos vizinhos bálticos da Finlândia aderiram, em alguns casos ansiosas para o combate que seus governos não tinham ousado invocar. Na antiga capital lituana, Kaunas, por exemplo, mais de duzentos voluntários se amontoaram no consulado finlandês.[38]

Altruísmo, como se sabe, é virtude rara na política, e deve-se notar que havia pouquíssimo altruísmo no plano de ajuda dos Aliados aos finlandeses. Embora alguns indivíduos estivessem motivados por altos princípios e ideais, os políticos tinham outras preocupações, entre elas a de usar qualquer suposta campanha de ajuda à Finlândia como uma oportunidade de deter Hitler. Em consequência, quando planos aliados foram traçados para ajudar os finlandeses, previu-se, bastante ambiciosamente, que qualquer força de desembarque viajaria por Narvik, no norte da Noruega, e por Luleå, no norte da Suécia, ambas localizadas na rota usada pelos alemães para extração do minério de ferro sueco tão vital para o esforço de guerra alemão. Dessa maneira, a causa da Finlândia foi claramente subordinada pelos Aliados à causa mais ampla da luta contra Hitler. Talvez não tenha sido surpresa que o plano desse em nada.

Stálin, enquanto isso, andava furioso: uma campanha que deveria ter durado apenas duas semanas já durava três vezes mais, e sem nenhuma perspectiva de êxito. O Exército Vermelho estava sendo humilhado aos olhos de um mundo exterior cada vez mais inquieto, e — como acreditava Khruschóv — os eventos eram acompanhados pelos alemães com "indisfarçada satisfação".[39] Certamente, as dificuldades do Exército Vermelho na Guerra de Inverno tinham sido observadas com interesse em círculos militares e políticos nazistas, e muitos sem dúvida viam as evidentes fraquezas dos soviéticos como importante revelação. Goebbels, por exemplo, percebeu as deficiências do Exército Vermelho: "A Rússia, como eu esperava, não está conseguindo um progresso tão rápido", escreveu em seu diário, em 4 de dezembro, acrescentando: "Seu Exército não é grande coisa".[40] Em outros lugares, conclusões apropriadas foram tiradas. Como escreveu o embaixador alemão na Finlândia para Berlim em janeiro de 1940: "Em vista dessa experiência as ideias da Rússia bolchevique precisam ser inteiramente revistas". A incapacidade demonstrada pelo Exército Vermelho de "destruir" um país tão pequeno como a Finlândia, afirmou, sugeria que uma mudança de atitude para com Moscou talvez fosse aconselhável. "Nessas circunstâncias", escreveu, "agora talvez seja possível adotar com os cavalheiros do Kremlin um tom inteiramente diferente daquele de agosto e setembro."[41]

Mas apesar de tudo a atitude nazista para com o conflito era bem mais matizada do que Khruschóv imaginava. A opinião pública, por exemplo, tinha grande simpatia pelos finlandeses e sentia-se incomodada de ver um país nórdico, aliado tradicional da Alemanha, sendo aparentemente sacrificado em nome da expansão do comunismo. Mas, ao mesmo tempo, havia quem manifestasse dúvidas sobre a sabedoria da decisão de Helsinque de resistir com firmeza ao poderio de Moscou.[42] Alguns eram bem francos em suas opiniões. O diplomata conservador Ulrich von Hassell foi um que denunciou publicamente o conluio da Alemanha com a União Soviética, declarando: "Em tal companhia, aos olhos do mundo, agora parecemos uma grande quadrilha de assaltantes".[43] O ministro do Exterior da Itália, conde Galeazzo Ciano, assinaria embaixo. No começo de dezembro de 1939, ele notou um crescente sentimento antigermânico na Itália, e aventou a hipótese de que o destino dos finlandeses teria preocupado bem menos os italianos se os soviéticos não fossem aliados da Alemanha: "Em todas as cidades italianas", escreveu, "há manifestações esporádicas de estudantes a favor da Finlândia e contra a Rússia. Mas não podemos esquecer que o povo diz 'Morte à Rússia' quando realmente quer dizer 'Morte à Alemanha'".[44]

A política oficial de Berlim, nesse meio-tempo, era de resoluta não intervenção e completo desinteresse. Na verdade, a mensagem que Wilhelmstrasse fez circular entre os funcionários do serviço exterior foi a de que "a Alemanha não se envolve nesses acontecimentos [e de que] se deve manifestar simpatia pelo ponto de vista russo". Para não deixar dúvidas, acrescentou: "Solicito que seja evitada qualquer expressão de simpatia pela posição finlandesa".[45] Fiel à letra do Pacto Nazi-Soviético, o governo alemão se recusava a permitir que qualquer apoio fosse dado ao adversário do seu parceiro, chegando a suspender as remessas italianas de armas destinadas à Finlândia que transitavam pela Alemanha. Qualquer debate remanescente dentro da Alemanha sobre o assunto foi encerrado naquele mesmo mês pelo *Völkischer Beobachter*, no qual um artigo — supostamente de autoria do próprio Hitler — declarava que, apesar de "o *Volk* alemão não ter nada contra os finlandeses", era "ao mesmo tempo ingênuo e sentimental" esperar que a Alemanha apoiasse a Finlândia, quando esse país tratava a Alemanha com "tão altiva desaprovação".[46] Essa política ecoou mais asperamente no diário de Goebbels. "Os finlandeses se queixam de que não lhes oferecemos ajuda", escreveu ele, quando eles "nunca nos ajudaram."[47]

Na verdade, se alguma ajuda estava sendo oferecida por Berlim era para os soviéticos. Iniciaram-se conversações sobre o abastecimento de submarinos soviéticos que operavam no golfo de Bótnia logo depois do início da Guerra Finlandesa, com os alemães ansiosos para cooperar já pensando numa retribuição futura. Um navio mercante foi designado e convertido, e uma tripulação recrutada, incluindo até três oficiais soviéticos disfarçados. Mas de repente os soviéticos aparentemente hesitaram, suspendendo a operação, talvez por não quererem ficar tão endividados com seus novos aliados.[48] A intensa animação de Berlim nessa questão, no entanto, foi percebida, e consequentemente os finlandeses tendiam a ver a Alemanha mais como "cúmplice da União Soviética" do que qualquer outra coisa.[49]

Apesar dessas manifestações de apoio, a contrariedade de Stálin com a humilhação do seu Exército Vermelho num momento tão sensível não foi muito amenizada. Numa reunião em sua dacha nos arredores de Moscou em janeiro de 1940, ele se enfureceu com o comandante da campanha finlandesa, marechal Kliment Voroshilov, que reagiu no mesmo tom, afirmando que o culpado do fiasco era Stálin, que tinha mandado matar os melhores generais durante os expurgos. Então num acesso de cólera Voroshilov quebrou um prato de comida.[50] Com isso, uma reorganização geral da operação finlandesa se tornou inevitável, e o marechal Semyon Timoshenko — um dos mais capazes comandantes do Exército Vermelho e mentor da invasão da Polônia quatro meses antes — foi chamado para substituir Voroshilov.

Timoshenko se pôs a trabalhar imediatamente. Abandonando o oneroso front oriental, onde as batalhas *motti* tinham dizimado as forças soviéticas, concentrou seus esforços no Istmo de Carélia, acumulando 600 mil soldados do lado soviético do front, respaldados por artilharia concentrada e pelos mais novos tanques. Além disso, aumentou o controle e a cooperação entre os diversos ramos do Exército Vermelho, e baixou uma doutrina tática revista. Os finlandeses deveriam ser forçados a lutar uma guerra convencional pela estreita faixa da Linha Mannerheim, contra forças inimigas esmagadoramente superiores. A Finlândia teria a sua Termópilas.

O assalto de Timoshenko começou ao amanhecer de 1º de fevereiro de 1940, com uma contínua barragem de 300 mil projéteis pulverizando defesas e revivendo lembranças da Primeira Guerra Mundial; na cidade de Summa, por exemplo, quatrocentos projéteis por minuto choveram sobre posições finlandesas.[51] Nos dias e noites seguintes, repetidas barragens de artilharia, combinadas com ataques de sondagem de colunas blindadas, e apoio de artilharia concentrada, serviram para desarticular sistematicamente pontos fortes defensivos, fortins e casamatas da Linha Mannerheim. Após dez dias de combate intenso, os defensores finlandeses foram obrigados a recuar para uma linha secundária de fortificações, mas nem mesmo essa pôde ser mantida. Pontas de lança soviéticas mais uma vez abriam brechas nas linhas finlandesas, com unidades de infantaria do Exército Vermelho chegando a contornar as defesas por um perigoso desvio através do gelo do lago Ladoga.[52] No fim do mês, as forças finlandesas já não eram capazes de resistir.

Diante do inevitável, uma delegação finlandesa foi a Moscou para negociar em 7 de março. Na verdade, não havia muito para negociar, mas desejoso de pôr fim à guerra e impedir uma iminente intervenção estrangeira, Stálin ofereceu condições notavelmente moderadas. A Carélia, incluindo a cidade de Viipuri, bem como as fortificações da Mannerheim deveriam ser cedidas a Moscou, com mais perdas territoriais principalmente no norte e no leste do Ártico. Além disso, a península de Hanko, no extremo ocidental do golfo da Finlândia, seria arrendada à URSS como base naval por um período de trinta anos.[53] Fora isso, não haveria ocupação soviética, governo fantoche ou violação da soberania finlandesa. Kuusinen foi reformado para governar a truncada República Soviética Carelo-Finlandesa, que incorporava as terras cedidas e ficava à espera de incorporar mais território finlandês — ou até mesmo toda a Finlândia — se houvesse necessidade. O resultante Tratado de Moscou foi assinado em 12 de março, e os canhões silenciaram no dia seguinte. Cerca de 25 mil finlandeses tinham sido mortos em pouco mais de cem dias de luta. O número de mortos soviéticos — ainda controverso — é calculado em mais de 200 mil,[54] mas, como Khruschóv honestamente reconhecia, "ao nosso povo [...] nunca se disse a verdade".[55]

Levando em conta essas perdas, e os horrores da Guerra de Inverno, o povo dos países bálticos poderia ser perdoado por achar que tinha escapado com facilidade, cedendo às demandas de Moscou e submetendo-se meramente à instalação de bases soviéticas em seu território. E Molotov gostava muito de ressaltar a natureza benigna dos novos arranjos. Como destacou, perante o Soviete Supremo em outubro de 1939: "Esses pactos são inspirados pelo respeito mútuo ao sistema governamental, social e econômico de cada uma das partes contratantes", acrescentando que "falar absurdamente na sovietização dos países bálticos só é útil para os nossos inimigos comuns".[56] Enquanto isso, seus homólogos bálticos faziam o possível para dar uma interpretação positiva aos acontecimentos, mas logo se desiludiriam desse otimismo.

A vacuidade das promessas soviéticas de "não intervenção" nos assuntos internos dos países bálticos foi exposta praticamente desde o primeiro dia. Embora as relações fossem corretas na aparência, por trás dos bastidores havia considerável atrito. As equipes de militares soviéticos, encarregadas de instalar as bases acertadas com Moscou, chegavam rotineiramente exigindo mais do que estava estipulado nos tratados. Na Letônia, por exemplo, uma faixa costeira adicional — de cinquenta quilômetros de largura — foi solicitada como "zona militar" soviética".[57] Na Lituânia, o Exército Vermelho cobrou o direito de estabelecer uma guarnição em Vilna.[58] Na Estônia, dois aeródromos extras, e mais bases, foram cedidos aos soviéticos. Em toda a região, o número de soldados que chegavam rapidamente ultrapassou o combinado, e aluguéis e pacotes de compensação, previstos nos tratados, foram ignorados. A atitude de um major soviético talvez fosse emblemática da atitude despótica de Moscou para com seus novos "aliados": "O Exército Vermelho só conhece um governo", disse ele, "e é o governo da União Soviética".[59]

Apesar dessas atitudes indignas de um bom vizinho, costuma-se exagerar o grau de premeditação e conspiração envolvido na subversão soviética dos países bálticos. A maioria dos autores que escrevem sobre o assunto cita um documento da NKVD, datado de outubro de 1939 e conhecido como "Ordem 001223", que é apresentado como prova da intenção de Moscou de "limpar" os países bálticos de todos os "elementos antissoviéticos", antecipando, efetivamente, as deportações de 1941 para 1939, quando os países bálticos ainda não tinham sido anexados. Isso, no entanto, é incorreto. A "Ordem 001223", que nunca foi publicada no Ocidente, estaria ligada a questões da recém-anexada Polônia oriental, mas tem sido confundida, habitualmente, com a instrução relativa aos países bálticos baixada por Ivan Serov na primavera de 1941 e citada adiante (página 276).[60] Na verdade, é sensato sugerir que os planos soviéticos para os países bálticos eram de natureza muito mais gradualista, evidentemente por se basearem na crença de que as estreitas relações estimuladas pelos "acordos das bases" com certeza resultariam numa onda de entusiasmo popular pela integração com a URSS. O chefe do Comintern Georgi Dimitrov, ao escrever em seu diário sobre os pactos de assistência mútua do Báltico, no outono de 1939, traiu o pensamento bastante otimista de Moscou sobre o assunto. "Encontramos a fórmula correta que nos permite trazer numerosos países para a esfera de influência da União Soviética", afirmou. "Não vamos tentar a sua sovietização. Chegará o momento em que eles mesmos cuidarão disso."[61]

A realidade seria muito mais prosaica. É provável que a decisão de ocupar e sovietizar os países bálticos tenha se cristalizado aos poucos, durante o começo da primavera e o verão de 1940. No primeiro caso, a atividade comunista clandestina na região báltica atingiu o ponto máximo em março daquele ano, provocando uma deterioração inevitável nas relações entre os governos bálticos e Moscou. No devido tempo, incidentes envolvendo "convidados" soviéticos começaram a se multiplicar: na Estônia, navios de guerra soviéticos fizeram disparos contra uma aeronave estoniana em Tallinn,[62] e na Letônia um homem foi morto a tiros por dois oficiais soviéticos bêbados.[63] Cada vez mais a população local, já predominantemente anticomunista, via os soviéticos com indisfarçável desprezo, e a tensão aumentou ainda mais. Embora políticos tentassem dar pouca importância a esses incidentes e manter um discurso positivo nas relações com Moscou, em particular alguns já começavam a sentir o esfriamento. No fim de abril de 1940, por exemplo, o embaixador lituano em Moscou informou à sede que "um gato preto atravessou a estrada das relações soviético-lituanas".[64]

O "gato preto" não passou despercebido. Já em maio de 1940, planos de contingência foram preparados pelos governos letão e lituano, dispondo sobre a transferência de poderes para seletos representantes diplomáticos no caso de o contato com o país de origem ser interrompido. Enquanto isso, os estonianos despacharam para o exterior algumas reservas de ouro, junto com parte dos arquivos estatais. Em desespero, o presidente lituano, Antanas Smetona, até propôs aos alemães que aceitassem seu país como protetorado.[65]

Por sua vez, os soviéticos apresentavam uma ladainha de reclamações. Alegavam que as elites bálticas tinham atrapalhado o posicionamento estratégico do Exército Vermelho no outono anterior, retardando as negociações e agindo com relutância na construção. Também se diziam perturbados com o inevitável clima de hostilidade. Na Letônia, por exemplo, chegou-se a sugerir que os civis que falassem com militares soviéticos fossem passíveis de detenção, e uma "atmosfera malévola" incentivava a espionagem contra instalações soviéticas.[66] Moscou sem dúvida estava frustrada por ter tido que revisar a ideia de que os trabalhadores comuns dos países bálticos aprovariam a presença dos seus soldados e seriam suscetíveis a uma revolução ao estilo soviético. Como era de esperar, as relações estavam muito tensas no começo do verão de 1940. Com o tempo, acontecimentos bem a oeste dali agiriam como catalisadores de uma deterioração maior e terminal.

A parte de Hitler no espólio do Pacto Nazi-Soviético não tinha sido insubstancial. Não só conseguiu a desejada campanha contra os poloneses, dividindo a Polônia com Stálin durante o processo, mas contava também com a possibilidade de ajuda econômica soviética, o que evitaria os piores efeitos do esperado bloqueio britânico contra a Alemanha. Porém, o mais importante para Hitler talvez fosse a questão do *Rückendeckung*: o fato de que o pacto com Stálin cobrira a sua retaguarda, permitindo-lhe voltar-se impunemente para oeste, evitando o fantasma de uma guerra em duas frentes. Foi assim que Hitler mandou suas tropas para a Escandinávia em abril de 1940, essencialmente para se prevenir contra uma planejada operação britânica para ocupar Narvik, no norte da Noruega, e assegurar a estrategicamente vital costa ocidental norueguesa. A ocupação se deu praticamente sem percalços; na Dinamarca, houve apenas algumas dezenas de baixas numa operação que mal durou seis horas. A Noruega era muito mais complexa, com forte resistência do Exército norueguês, além de uma tentativa de intervenção aliada em Narvik que só foi derrotada em meados de junho.

Nessa altura, depois de seis meses da chamada Guerra de Mentira, a campanha no oeste da Europa já tinha sido lançada. Quando os tanques de Hitler finalmente rolaram na França e nos Países Baixos em maio de 1940, pareceu, ao resto da Europa e ao mundo, que se travava realmente um conflito — que a disputa para decidir quem controlaria o continente da Europa estava em andamento. Como anotou o general britânico Alan Brooke em seu diário no primeiro dia da campanha: "uma das maiores batalhas da história" tinha começado.[67]

Foi, sem dúvida, substancial. No total, as forças opostas no front ocidental somavam 285 divisões e mais de 7 milhões de soldados. Equilibravam-se em termos de efetivos e material bélico — com os tanques franceses tidos até como superiores —, mas uma vantagem alemã em moral e estratégia foi decisiva. Contornando a Linha Maginot e atravessando as florestas das Ardenas, pontas de lança blindadas alemãs burlaram e deixaram para trás britânicos e franceses, obrigando-os inexoravelmente a recuar e infligindo uma das derrotas mais catastróficas da história militar moderna. Longe de ser a estática, pesada e laboriosa reprise da Primeira Guerra Mundial, que Stálin e outros tinham imaginado, seria uma campanha caracterizada pela rapidez de movimento — epítome do que ficou conhecido como Blitzkrieg.[68]

Com as atenções do mundo voltadas para os acontecimentos na Linha Maginot, em Sedan e nas florestas das Ardenas, Moscou parece ter visto uma oportunidade de consolidar o controle do Báltico. Em 16 de maio, um artigo no *Izvestia* usou a recente experiência na Bélgica, em Luxemburgo e nos Países Baixos para alegar que "a neutralidade dos países pequenos [...] é mera fantasia" e advertiu que esses países deveriam ter em mente que "a política de neutralidade não pode ser chamada de outra coisa que não seja suicídio".[69] A advertência seria instantânea e sinistramente profética.

Dois dias antes do artigo do *Izvestia*, Molotov tinha sido informado por seus homólogos lituanos sobre o caso de um oficial subalterno do Exército Vermelho, de nome Butaev, que aparentemente fora sequestrado na Lituânia e morrera em circunstâncias misteriosas. Em regra, um acontecimento como aquele, apesar de perturbador, talvez não causasse um incidente internacional, mas maio de 1940 não era uma época comum. A resposta soviética não demorou a se materializar. Em 25 de maio, exatamente quando as forças britânicas e francesas cambaleavam sob o devastador ataque alemão no oeste, Molotov convocou o embaixador lituano ao Kremlin. Informou ao seu hóspede que, além de Butaev, mais dois soldados do Exército Vermelho tinham desaparecido na Lituânia, alegando que foram encharcados de bebidas, envolvidos em atividades criminosas e convencidos a desertar. A responsabilidade por esses acontecimentos, afirmou Molotov, era das autoridades lituanas, que sem a menor dúvida queriam provocar a União Soviética, e encerrou a conversa exigindo que o governo lituano "tome as medidas necessárias [...] para acabar com esses atos de provocação", do contrário seria obrigado a "tomar outras providências".[70]

A ira soviética evidentemente não se restringia aos lituanos. Em 28 de maio, um artigo no *Pravda* criticava a "atitude leal" que existiria na intelligentsia estoniana para com a Grã-Bretanha, queixando-se de que a Universidade de Tartu, por exemplo, era um viveiro de "propaganda pró-britânica".[71] Uma delegação estoniana numa exposição do livro em Moscou sentiu na carne a abrupta mudança de clima. Chegando em 26 de maio, os delegados foram calorosamente recebidos e festejados, mas dois dias depois a atmosfera ficou tão hostil que foram obrigados a voltar para casa antes da data prevista.[72]

Assim como britânicos e franceses esmoreciam diante da agressão alemã no oeste, os países bálticos também ficaram expostos à fúria total da ofensiva diplomática de Molotov. Em 30 de maio, quando a retirada de Dunquerque estava no auge, acusações formais foram apresentadas contra o governo lituano, com alegações de conluio oficial nas recentes "afrontas" a soldados do Exército Vermelho. Viajando às pressas a Moscou, o primeiro-ministro lituano Antanas Merkys deparou com um Molotov inflexível. Em 7 de junho, o ministro do Exterior soviético exigiu que dois destacados membros do gabinete lituano fossem afastados; dois dias depois acusou a Lituânia de conspirar com a Estônia e a Letônia para estabelecer uma aliança militar antissoviética. No terceiro encontro, em 11 de junho, com Merkys e o gabinete lituano oferecendo tudo que era possível para apaziguá-lo, Molotov não se acalmava por nada, e escarneceu dos protestos de inocência lituanos. Depois de apenas uma hora, a reunião foi encerrada e Merkys voltou para a Lituânia, sem saber que seus esforços de qualquer forma de nada serviriam porque o Exército Vermelho já se preparava para invadir.[73]

Na noite de 14 de junho de 1940, com o mundo estupefato com a entrada de tropas alemãs em Paris, Molotov desferiu o golpe de misericórdia. Submetendo um ultimato aos lituanos, exigiu a prisão e o julgamento de dois membros do gabinete de quem não gostava e a formação de um novo governo capaz de restaurar as relações com Moscou. Para finalizar, um número não especificado de soldados soviéticos adicionais deveria ter permissão de entrar em território lituano para ajudar a manter a ordem. A resposta deveria ser dada até as dez horas da manhã seguinte.

A agonia da Lituânia logo seria compartilhada pelos vizinhos. Em 15 de junho, quando o governo de Vilna entrava em colapso e o Exército Vermelho iniciava sua invasão sem encontrar resistência, a Estônia já estava bloqueada. O mesmo ultimato dado aos lituanos foi apresentado à Letônia e à Estônia. Como se quisessem aumentar mais ainda a tensão, forças soviéticas fizeram provocações contra alvos bálticos. Em Masļenki, em 15 de junho, cinco guardas de fronteira e civis letões foram atacados e mortos numa emboscada por tropas da NKVD; no dia anterior, uma aeronave civil finlandesa — a Kaleva — tinha sido derrubada por bombardeiros soviéticos no trajeto de Tallinn para Helsinque, com a perda dos nove passageiros e tripulantes a bordo, bem como de uma mala de correspondência diplomática francesa, recolhida por um submarino soviético.[74] O furor provocado pelos dois incidentes foi rapidamente abafado pela invasão soviética.

Naquele mês de junho haveria uma arrepiante simetria entre os acontecimentos nos dois extremos do continente europeu. Em 17 de junho, poucos dias depois que tropas da Wehrmacht desfilaram por Champs-Élysées em Paris, o Exército Vermelho rodou pesadamente pelas ruas da capital letã, Riga. Os moradores civis das duas cidades ficaram igualmente horrorizados e temerosos. Enquanto o mundo se distraía com a vitória espetacular de Hitler contra os franceses e britânicos no oeste, a Lituânia, a Letônia e a Estônia tinham rendido silenciosamente sua independência. No dia seguinte, Molotov apresentou suas "mais calorosas felicitações" a Schulenburg pelo "esplêndido êxito das Forças Armadas alemãs" na França.[75] Talvez esperasse que o cumprimento fosse retribuído.

Enquanto os líderes nacionais dos países bálticos rearrumavam seus governos, tentando desesperadamente encontrar comunistas e políticos afins com chance de serem aceitos por Moscou, uns poucos políticos nacionais ficaram onde estavam, na esperança, talvez, de que alguma coisa de valor fosse salva na crise. Essa atitude foi bem exemplificada pela resposta do presidente letão, Kārlis Ulmanis, que ressaltou a continuidade para o seu povo num discurso que fez pelo rádio: "Ficarei no meu lugar, fiquem nos seus".[76] De fato, ficaria no cargo até ser preso pela NKVD.

Outros não seriam tão acomodados. O general Ludvigs Bolšteins, comandante da Guarda de Fronteira letã, cometeu suicídio, deixando um bilhete fulminante para seus superiores: "Nós, os letões, construímos para nós uma casa novinha — o nosso país. Agora uma potência estrangeira quer nos obrigar a destruí-la com nossas próprias mãos. Nisso não posso tomar parte".[77] O presidente lituano, Antanas Smetona, que defendera a resistência armada contra os soviéticos, buscou refúgio seguro na Prússia Oriental alemã atravessando a pé um riacho; a imprensa soviética dizia dele que tinha levantado as calças para atravessar.[78] O ministro do Exterior de Smetona, Juozas Urbšys, já em Moscou em missão diplomática, simplesmente foi preso. Essas pessoas logo foram substituídas. No mesmo dia em que Smetona fugiu, o representante de Stálin, Vladimir Dekanozov, chegou a Vilna, seguido de Andrei Zhdanov, na Estônia, e Andrei Vyshinsky na Letônia. Esses três altos funcionários de Moscou supervisionariam a rápida incorporação dos países bálticos à URSS. Como Molotov deixou claro para o novo ministro do Exterior lituano, Vincas Krėvė-Mickevičius, não havia alternativa:

> O senhor precisa examinar bem a realidade e entender que no futuro os países pequenos estão condenados a desaparecer. Sua Lituânia, assim como outros países bálticos [...] terão que se juntar à gloriosa família da União Soviética. Portanto o senhor deveria iniciar seu povo no sistema soviético, que no futuro reinará em toda parte, na Europa inteira.[79]

Para seu crédito, Krėvė-Mickevičius renunciou em sinal de protesto, ao voltar para casa, exclamando que não queria participar do enterro da independência lituana.[80]

Os acontecimentos se desenrolaram com uma rapidez estonteante naquele verão. Devido à experiência no leste da Polônia no outono anterior, os soviéticos tinham adquirido boa prática na arte da "demolição democrática". Dentro de um mês, nos três países bálticos, eleições foram convocadas pelos governos recém-formados e amigos de Moscou. Isso por si já teria sido uma grande novidade, pois os três países tinham produzido governos autoritários — embora basicamente benignos — nos anos 1930, mas a variante soviética de democracia era ainda menos merecedora desse nome. Só candidatos aprovados puderam disputar, e todos os demais foram tirados das cédulas de votação e presos. O voto era obrigatório, e quem anulasse o seu, ou se recusasse a votar, corria o risco de ser preso: "Só os inimigos do povo ficam em casa no dia da eleição", advertiu um jornal estoniano.[81] Para tranquilizarem o povo, representantes soviéticos se empenharam em ressaltar que a independência dos países bálticos seria respeitada, negando com veemência que a incorporação à União Soviética ocorreria num futuro próximo. Os resultados foram predeterminados, a ponto de serem acidentalmente anunciados em Moscou antes do fechamento das urnas: 97,2% dos eleitores da Letônia teriam votado a favor da lista aprovada, 99,2% dos da Lituânia e 92,8% dos da Estônia.[82] O comparecimento às urnas também foi impossivelmente alto, oscilando entre 84% e 95%; uma zona eleitoral na Lituânia registrou a proeza de um comparecimento às urnas de 122%. Os verdadeiros números na Lituânia têm sido estimados em 16%, se tanto.[83]

Uma vez instalados, a esses obedientes "parlamentos do povo" só restava votar pela própria extinção. O primeiro ato de cada um, portanto, numa reunião no fim de julho, foi pedir a Moscou admissão na União Soviética como república constituinte. Depois de um período de "consultas", o Soviete Supremo em Moscou deferiu os pedidos: a Lituânia tornou-se república soviética em 3 de agosto de 1940, a Letônia dois dias depois e a Estônia em 6 de agosto. Em Vilna, Riga e Tallinn, houve confusão e humilhação enquanto as pessoas tentavam assimilar o que tinha acontecido com elas e com os países independentes que um dia habitaram. Em desespero, houve quem partisse para as florestas a fim de lutar contra os ocupantes soviéticos; outros buscaram formas mais passivas de protesto, como depositar flores em monumentos nacionais ou cantar canções patrióticas. Khruschóv posteriormente escreveria em suas memórias, sem um traço de ironia, que a anexação dos países bálticos foi um "grande triunfo" para os povos bálticos, pois lhes deu "a oportunidade de viver em condições de igualdade com a classe trabalhadora, o campesinato, e a intelligentsia trabalhadora da Rússia".[84]

A cúpula governante da Alemanha reconheceu com rapidez a nova realidade — a qual, claro, estava de acordo com os termos acertados no protocolo secreto ao Pacto Nazi-Soviético e no acordo que o sucedeu —, mas dava mais trabalho conduzir a opinião pública interna, que ainda desconfiava da União Soviética. Como para dourar a pílula, Hitler ordenou outra rodada de evacuações de alemães étnicos da região do Báltico, uma dádiva para os *Volksdeutsche* que antes tinham optado por ficar e depois viram seus piores temores justificados. Consequentemente, uma vez formalizados os procedimentos em janeiro de 1941, houve uma segunda leva de evacuações dos antigos países bálticos, incluindo muitas pessoas com a reivindicação de nacionalidade alemã baseada nos motivos mais tênues. Na Lituânia, mais de 50 mil pessoas se candidataram a ir para a Alemanha, apesar de a população alemã remanescente ter sido estimada em 35 mil. Na Estônia, como observou uma autoridade, se os soviéticos tivessem permitido, a vasta maioria da população teria solicitado para ser transferida.[85]

Mas a liberalidade alemã se restringia basicamente aos *Volksdeutsche*. Se os países bálticos esperavam ouvidos compreensivos em Berlim, estavam muito enganados; os procedimentos ordenados pelo ministro do Exterior alemão eram escrupulosamente corretos, mas perceptivelmente frios. Uma circular de 17 de junho recordava aos seus funcionários que as ações soviéticas na região "são assuntos da Rússia e dos países bálticos" e advertia que "evitem [...] fazer qualquer declaração que possa ser interpretada como partidária".[86] Uma semana mais tarde, quando diplomatas letões e lituanos apresentaram a seus homólogos alemães notas de protesto contra a incorporação formal dos seus países à União Soviética, as notas foram devidamente devolvidas — "de maneira amistosa" — com o lembrete de que os protestos só poderiam ser aceitos se fossem apresentados em nome de seus governos.[87] Como já não falavam nessa condição, os diplomatas eram, na verdade, supérfluos. Para um deles, foi demais. O encarregado lituano Kazys Škirpa tinha reclamado das notícias dadas pela imprensa alemã sobre a crise, dizendo que só a versão soviética dos acontecimentos era divulgada, e que não havia nenhum indício de simpatia pela Lituânia. Informado de que as autoridades alemãs estavam impedidas de fazer qualquer comentário sobre o assunto, de acordo com os assentamentos do Ministério do Exterior, "desfez-se em lágrimas e não conseguiu se recompor por algum tempo".[88] Enquanto autoridades alemãs desconversavam, Goebbels, pelo menos em seu diário, era brutalmente honesto. "Lituânia, Letônia e Estônia transferidas [...] para a União Soviética", escreveu. "É o preço que pagamos pela neutralidade russa."[89]

O Ocidente negou a sua bênção. Os britânicos, penosamente conscientes da sua impotência, recusaram-se a reconhecer as anexações soviéticas, mas evitaram fazer comentários específicos sobre os acontecimentos e continuaram a tratar como antes os — agora exilados — representantes dos governos bálticos. Apesar disso, em círculos governamentais britânicos a ideia de um reconhecimento de fato das anexações logo começou a ser ventilada, como possível tempero para trazer Stálin para o lado certo. A reação americana foi bem mais baseada em princípios. O subsecretário de Estado Sumner Welles divulgou uma declaração formal — a Declaração Welles — condenando a agressão soviética e recusando-se a reconhecer a legitimidade do controle soviético na região, citando "o império da razão, da justiça e da lei", sem o qual, dizia, "a civilização não pode ser preservada".[90] Em particular, foi mais direto, e quando o embaixador soviético Konstantin Oumansky sugeriu que os Estados Unidos deveriam aplaudir a ação soviética no Báltico, que significava que os povos bálticos poderiam agora desfrutar "as bênçãos do governo liberal e social", sua resposta foi fulminante: "O governo dos Estados Unidos", explicou Welles, "não vê diferença, em princípio, entre a dominação soviética dos povos bálticos e a ocupação pela Alemanha de outros pequenos países europeus".[91] Palavras duras, talvez, mas a ideia que exprimiam era irrelevante; apenas seis semanas depois da invasão do Exército Vermelho, os países bálticos tinham, para todos os efeitos, deixado de existir.

Ao mesmo tempo que o litoral báltico era inexoravelmente arrastado para dentro da órbita de Moscou, Stálin voltava os olhos para a Romênia e para a província da Bessarábia, que Moscou tinha perdido na esteira da Primeira Guerra Mundial. Como no caso báltico, o senso de urgência de Molotov era espicaçado pela consciência de que a queda da França lhe oferecia uma oportunidade única de agir enquanto o mundo olhava para o outro lado. A França e a Grã-Bretanha tinham oferecido uma garantia à Romênia em março de 1939, portanto, com a derrota dos Aliados ocidentais no continente, Bucareste havia ficado efetivamente à mercê de Moscou. Como escreveu o vice-comissário de Defesa Lev Mekhlis um dia antes da queda da França: "A Bessarábia precisa ser arrancada das mãos ladras dos aristocratas romenos".[92]

Oficialmente pelo menos, a posição da Alemanha em relação à Bessarábia espelhava a que adotara no caso dos países bálticos. Quando o embaixador alemão em Moscou, Schulenburg, foi sondado para averiguar as intenções de Berlim na região, ele deu luz verde a Molotov, reiterando o "desinteresse político" expresso quando o protocolo secreto foi preparado quase um ano antes.[93] Mas, fora isso, havia uma preocupação em Berlim de que os soviéticos estivessem chegando cada vez mais perto de interesses vitais da Alemanha — os campos petrolíferos romenos de Ploieşti — e, nesse sentido, Ribbentrop tinha procurado desativar a crise privadamente, temendo que a região viesse a se tornar um campo de batalha. No entanto, entusiasmado com seus êxitos recentes, Molotov não se deixaria dissuadir, e em 26 de junho de 1940 apresentou um ultimato ao governo romeno em Bucareste, exigindo a evacuação de todos os representantes civis e militares da Bessarábia e cobrando uma resposta em 24 horas. A Bessarábia, dizia o texto, tinha sido tomada pela Romênia num momento de fraqueza da União Soviética, e agora precisava ser devolvida. Além disso, a título de "compensação [...] pela tremenda perda" que a União Soviética tinha sofrido, a região vizinha da Bucovina do Norte também seria transferida para o controle soviético.[94]

Como seus infelizes homólogos bálticos, o governo romeno entreteve-se com a ideia de resistência — o exaltado ex-primeiro-ministro Nicolae Iorga exclamou: "Se não lutarmos, vamos nos danar!" —, mas cabeças mais frias dentro do gabinete prevaleceram, particularmente quando seus aliados alemães lhes recomendaram obediência.[95] Na manhã de 28 de junho, concordaram em submeter-se às exigências soviéticas com as palavras: "A fim de evitar as sérias consequências que podem advir do uso da força e do início de hostilidades nesta parte da Europa, o governo romeno se vê obrigado a aceitar a [...] evacuação".[96] A retirada romena da região começou no mesmo dia, e em dois dias o Exército Vermelho já tinha ocupado o seu lugar.

Era uma chegada que sempre chocava os habitantes. Uma testemunha lembrava que em Cernăuţi (Czernowitz), na manhã de 28 de junho, "tinha-se a impressão de que era o inferno na terra".[97] Outra descreveu a reação: "Igrejas tocavam sinos, como dobres de finados. Pessoas corriam. Alguém se ajoelhou para rezar. Muitas estavam em estado de choque. Um lamento baixo ressoava pelas ruas". Descreveu também o desespero da evacuação de civis:

A atmosfera de desolação intensificava-se de hora em hora. Centenas e centenas de pessoas rumavam para a estação ferroviária levando o que conseguiram juntar em poucas horas. Todos os vagões de produtos, bagagem e gado foram alinhados às pressas. Pedia-se às pessoas que se apertassem para que coubesse o máximo possível.[98]

Quando finalmente o trem deixou Cernăuţi, às duas horas daquela tarde, pontas de lança soviéticas já entravam na cidade. Os comunistas, naturalmente, eram muito mais otimistas. Jacob Pesate tinha viajado de Budapeste para Cernăuţi no dia anterior à chegada do Exército Vermelho — assim como muitos bessarábios fugiam na direção oposta —, pois queria saudar os soldados pessoalmente "com flores".[99] Enquanto isso, o marechal Timoshenko do Exército Vermelho tirava um tempo para fazer uma visita de propaganda a sua aldeia natal de Furmanivka, no sul da Bessarábia, onde supostamente foi recebido como um herói que volta para casa.[100]

A Bessarábia e a Bucovina do Norte foram rapidamente incorporadas. No começo de agosto de 1940, as duas províncias foram divididas entre a vizinha Ucrânia soviética e a nova República Socialista Soviética da Moldávia, acrescentando 3,5 milhões de cidadãos e 50 mil quilômetros quadrados de território à União Soviética. No total, como Molotov informaria alegremente à sétima sessão do Soviete Supremo, as anexações daquele verão tinham colocado 10 milhões de almas a mais sob controle de Moscou, além dos 13 milhões acrescentados com a expansão para a Polônia oriental no ano anterior.[101] Apesar de virem a ser apagadas do mapa, as duas províncias não desapareceriam da memória popular. Como o diplomata Alexander Cretzianu recordava, a perda e as brutais circunstâncias da sua anexação causaram um "ressentimento profundamente arraigado" na Romênia e "um desejo de vingança".[102]

A vida nas novas Repúblicas Socialistas Soviéticas da Estônia, da Letônia e da Lituânia foi rapidamente coordenada para se conformar à do restante da União Soviética. Nas semanas e meses seguintes às anexações, a Constituição e os códigos legais soviéticos foram adotados e todos os partidos políticos considerados "hostis" à União Soviética foram banidos. As antigas administrações regionais foram impiedosamente expurgadas: na Lituânia, por exemplo, onze dos doze prefeitos de cidade grande foram afastados, bem como dezenove dos 23 prefeitos de cidades menores e 175 dos 261 governadores regionais.[103] Forças policiais foram dissolvidas e substituídas por milícias comunistas, geralmente formadas por antigos prisioneiros políticos. A economia planificada foi introduzida, a propriedade privada, proscrita, e empresas e indústrias foram nacionalizadas e postas sob controle da administração central. Uma coletivização parcial da terra foi implementada, afetando as propriedades maiores, com o estabelecimento e a redistribuição de numerosas fazendas coletivas. Todas as organizações juvenis e estudantis foram banidas, ou compulsoriamente incorporadas a organizações juvenis da União Soviética, com a produção cultural e pedagógica por completo, sovietizada e princípios marxista-leninistas adotados em toda a vida acadêmica e intelectual. Uma lista de livros proibidos — todos aqueles de conteúdo nacionalista ou "reacionário" — foi preparada e todos os títulos ofensivos foram retirados das livrarias e bibliotecas para serem reduzidos a polpa ou, em alguns casos, queimados. Livros didáticos também foram "editados", com as páginas ofensivas rasgadas e descartadas. As igrejas, embora não fechadas oficialmente, foram, contudo, intimidadas e perseguidas, com clero e fiéis sob vigilância ou submetidos a prisões arbitrárias, e os serviços religiosos interrompidos por "brigadas ateístas".[104]

Certamente para alguns as mudanças não foram tão dramáticas como para outros. Um letão, por exemplo, lembrava-se do período inicial, logo depois da anexação, como surreal em vez de imediatamente ameaçador, com a vida diária seguindo o seu curso, apesar da presença ubíqua de tropas soviéticas e das garbosas marchas tocadas sem parar por bandas do Exército Vermelho.[105] Mas, apesar da aparente normalidade, o regime soviético já arreganhava seus dentes, com aqueles que desagradavam à NKVD ameaçados de prisão, interrogatório e tortura. Os primeiros a sentirem a ira soviética foram as velhas elites políticas. Agora que já não eram necessários, o ex-presidente da Letônia Kārlis Ulmanis e o presidente em exercício da Lituânia, Antanas Merkys, foram presos pela NKVD e deportados. Tinham ficado para trás na esperança de salvar alguma coisa da catástrofe, mas passaram a formar a vanguarda dos compatriotas despachados para destino incerto no interior soviético. Seriam seguidos pela maioria dos seus colegas políticos: 51 dos antigos 53 ministros do governo estoniano, por exemplo, foram presos em 1940-1,[106] assim como quase todos os treze ministros em atividade no governo letão — a exceção foi o ministro dos Assuntos Sociais, Alfrēds Bērziņš, que fugiu para a Finlândia em

1940.[107] Na Lituânia, a situação não foi diferente. Já nas vésperas das eleições daquele verão, a NKVD tinha detido mais ou menos 2 mil membros da classe política, tidos como ameaça em potencial.[108] Um deles foi o ex-ministro da Justiça Antanas Tamošaitis, um socialista e professor de direito, que presidira a comissão para investigar as alegações soviéticas anteriores sobre soldados do Exército Vermelho que estariam sendo "incentivados" a desertar. Foi torturado até a morte na prisão de Kaunas.[109]

Uma história exemplifica o horror coletivo. Konstantin Päts já tinha 66 anos quando foi preso pela NKVD no verão de 1940. Político veterano, em muitos sentidos o padrinho da Estônia independente, tinha servido nos mais altos cargos do governo, e, finalmente, na presidência a partir de 1938. Em 1940, quando os soviéticos chegaram, Päts esperava que, permanecendo em seu cargo, poderia corrigir os piores efeitos do domínio soviético, mas estava enganado. Preso com a família em 29 de junho, foi deportado um mês depois e passou um ano em provinciana obscuridade em Ufa, nos Urais, sob prisão domiciliar. Em julho de 1941, foi apanhado novamente pela NKVD, separado da família e mandado para a cadeia pelo crime de sabotagem contrarrevolucionária. Päts terminaria seus dias confinado num hospital psiquiátrico, declarado insano pelas autoridades soviéticas por afirmar com persistência que era o presidente da Estônia — o que, moralmente talvez, ainda fosse.[110]

Tanto quanto a classe política, as forças militares dos países bálticos também passaram por violenta reviravolta e "coordenação". Apesar de a ampla maioria dos soldados comuns ter sido simplesmente incorporada por atacado ao Exército Vermelho no outono de 1940 — do qual muitos desertariam —, seus oficiais tiveram um fim muito mais sinistro. Os métodos da NKVD eram simples: elementos suspeitos recebiam ordens para assistir a "cursos de treinamento" especiais em remotos acampamentos do Exército, onde eram selecionados para deportação para o interior soviético ou simplesmente fuzilados. Como lembrava uma testemunha lituana:

> Comandantes de batalhões, de companhias e de alguns pelotões foram chamados ao quartel-general do regimento, informados de que iriam partir em instrução de reconhecimento, postos em caminhões e levados para as florestas. Lá eram brutalmente desarmados, roubados, espremidos em vagões de gado na estação ferroviária de Varena e deportados.[111]

Acredita-se que aproximadamente 6500 oficiais e soldados do Exército lituano foram deportados dessa maneira ou fuzilados. Um destino semelhante aguardava membros das Forças Armadas letãs. Em Litene, por exemplo, cerca de duzentos oficiais foram executados e mais de quinhentos deportados para o complexo de campos de Norilsk no extremo norte soviético — apelidado de "Katyn do Báltico" — a fim de executar trabalhos forçados em condições horrendas nas minas de níquel e cobre. Como observou um dos deportados anos depois: "Uma morte rápida [...] teria sido um fim bem mais benévolo do que aqueles anos terríveis passados nos campos infernais do norte".[112] Menos de 20% dos seus colegas sobreviveriam à experiência.[113]

Depois de cuidarem das elites políticas e militares, os soviéticos voltaram suas atenções para os cidadãos comuns, selecionados por pequenas transgressões ou considerados culpados por associação. Os presos costumavam ser genericamente acusados de "atividades antissoviéticas", praticadas em particular ou em sua vida pública. Nessa primeira fase, estima-se que mais de 7 mil pessoas foram presas ou deportadas na Estônia, 7 mil na Letônia e 12 mil na Lituânia.[114] Na Bessarábia e na Bucovina do Norte, calcula-se que 48 mil foram presas, com 12 mil deportadas e mais de 8 mil executadas ou mortas em interrogatórios da NKVD.[115]

Muitos sobreviventes das prisões da NKVD deram depoimentos sobre a natureza bestial das torturas que padeceram, com privação de sono, ameaças e violência ocasional servindo de base para a maioria dos interrogatórios. Outros métodos incluíam choques elétricos, asfixia ou afogamento e a infame "manicure", na qual agulhas eram enfiadas sob as unhas das vítimas. Depois de suportarem essas técnicas, muitos prisioneiros exaustos estavam prontos para assinar "confissões", especialmente se com isso a ameaça de novos interrogatórios fosse afastada. Como lembrava um prisioneiro: "O oficial da NKVD Sokolov começou a falar comigo com voz calma, dizendo 'Veja o que fizemos com você [...]. Sabemos como transformar um homem num nada, empurrá-lo para o escuro. Mas também sabemos lavar a sujeira de um homem. Se admitir sua culpa, interromperemos o interrogatório'".[116] Era preciso ser muito corajoso para resistir.

Alguns "crimes" registrados eram extremamente menores. Andres Raska, por exemplo, era um estudante de 24 anos preso em 1940 por distribuir fitas de lapela com as cores nacionais estonianas.[117] Deportado para a União

Soviética, morreu num campo em Kirov no verão de 1942. Ironicamente, na época da prisão de Raska, a bandeira estoniana anterior à guerra ainda tinha status oficial, mas no mundo kafkiano da ocupação soviética sua distribuição bastou para que fosse deportado para o gulag.

Outros casos refletiam a paranoia ou a mania de vingança soviética contra antigos antibolcheviques. Ex-"brancos" da Guerra Civil estavam quase sempre entre os primeiros selecionados como alvo. Um desses foi Oleg Vasilkovski, que já tinha mais de sessenta anos quando foi preso no verão de 1940. General do Exército Tsarista na Primeira Guerra Mundial, tinha ido parar no Exército "Branco" de Yudenich em 1919, antes de se estabelecer em Tallinn, onde se afastou da política e trabalhava no comércio. Deportado para Leningrado em 1941, foi condenado à morte. Não se sabe ao certo o que lhe aconteceu.[118]

Sacerdotes também eram selecionados para tratamento especialmente severo. Na Bessarábia, no fim de agosto de 1940, tropas da NKVD interromperam uma missa na igreja ortodoxa em Calarasi e tentaram prender o sacerdote, Alexandru Baltagă. Baltagă bravamente se recusou a deixar o seu rebanho enquanto não terminasse a missa, por isso os soldados voltaram na noite seguinte e o levaram para ser interrogado na vizinha Cernăuţi, onde foi acusado de ter apoiado a união da Bessarábia com a Romênia em 1918, e desafiado a "mostrar o seu Deus". Como era de esperar, depois de um longo interrogatório foi condenado a uma temporada de reeducação no gulag. Já frágil, Baltagă não sobreviveria à experiência: morreu, com oitenta anos, em 1941.[119]

Um último e arrepiante exemplo foi registrado por Menachem Begin, que seria primeiro-ministro de Israel. Nascido em Brest, Begin tinha fugido para Vilna quando a guerra começou, em 1939, mas foi preso pela NKVD em setembro de 1940, acusado de ser agente britânico. Sob interrogatório, ficou assombrado ao descobrir que a "justiça" soviética era um conceito extremamente elástico, não restringido pelo tempo ou por fronteiras nacionais. Quando seu interrogador perguntou se conhecia a seção do código da lei soviética sob a qual estava sendo acusado, Begin confessou que não conhecia. "O senhor está sendo acusado nos termos da Seção 58 da Lei Penal da República Socialista Soviética russa", disse o interrogador, acrescentando o detalhe de que a seção tinha sido "redigida pelo próprio Vladimir Ilyich Lênin". Begin ficou confuso. "Mas como é que ela pode se aplicar ao que fiz na Polônia?", perguntou. "Ah! O senhor é um sujeito estranho, Menachem Wolfovitch", respondeu o oficial da NKVD. "A Seção 58 se aplica a qualquer pessoa no mundo inteiro. Ouviu? *No mundo inteiro.* É só uma questão de quando ela chegará a nós, ou quando chegaremos a ela."[120]

E dessa maneira Stálin e Hitler dividiram grande parte da Europa entre eles em 1940. Hitler ocupou Noruega, Dinamarca, Bélgica, Países Baixos, Luxemburgo e o norte da França — um total de 800 mil quilômetros quadrados. A Grã-Bretanha, apesar de tecnicamente não derrotada, estava confinada à sua ilha; e os Estados Unidos, a despeito do crescente antagonismo à Alemanha, ainda eram neutros. A Alemanha nazista, portanto, tornou-se a potência proeminente no continente europeu. Stálin não foi tão bem territorialmente, com apenas 422 mil quilômetros quadrados, mais ou menos metade do butim de Hitler, mas talvez estivesse em melhor posição para absorver seus ganhos, pelo fato de que tudo aquilo era, para os russos, território irredento, com alguma tradição de ser governado por Moscou, e nitidamente contíguo à fronteira ocidental da URSS.

Ao ocupar essas terras, claro, Stálin estava apenas tomando posse do que lhe fora prometido por Hitler em agosto de 1939. Somente o minúsculo território da Bucovina do Norte — 5 mil quilômetros quadrados, se tanto — estava fora da lista de terras a ele destinadas pelo Pacto Nazi-Soviético. Portanto, Hitler não teria muito a reclamar. Foi o preço que aceitou pagar para proteger sua retaguarda enquanto se voltava a oeste a fim de lutar contra os britânicos e os franceses; foi o preço de sua dramática solução para a "Questão Polonesa", e da relação econômica que supostamente tornaria ineficaz o bloqueio britânico.

Hitler nem poderia reclamar a sério das táticas soviéticas para assegurar e "pacificar" seus novos territórios. É certo que a NKVD operou com exemplar rigor e brutalidade na anexação dos países bálticos, da Bessarábia e da Bucovina do Norte e na "coordenação" dessas sociedades às normas soviéticas. Mas a Gestapo e a SS de Hitler não foram menos rigorosas ou brutais na imposição de sua "Nova Ordem" à Polônia e ao oeste: os dois lados até empregavam táticas similares — deportação, trabalhos forçados e execução.

Apesar de tudo, não há dúvida de que Hitler ficou incomodado com as ações soviéticas no verão de 1940. Ele ficou sabendo da intenção soviética de ocupar a Bessarábia durante uma visita à Polônia no fim de junho, com seu arquiteto Albert Speer e o escultor Arno Breker a tiracolo. Consta que teria tido um acesso de fúria, exigindo que Ribbentrop lhe trouxesse uma cópia do protocolo secreto, pois não conseguia acreditar que tivesse concordado com aquela manobra. Diante da prova que lhe apresentaram, só lhe restou espumar de raiva e mandar Ribbentrop registrar um protesto.[121] Sua irritação foi tamanha que o embaixador alemão em Moscou, Schulenburg, tentou desesperadamente esconder de Hitler os motivos estratégicos de Stálin, atribuindo a decisão soviética à influência de uma mítica camarilha ucraniana no Kremlin. Reconhecer a verdade, Schulenburg sabia, seria sugerir a existência de um iminente choque de interesses.[122]

Hitler não tinha nenhum amor particular pela Romênia, claro, que para ele não passava de um corrupto reino francófilo, beneficiário da garantia anglo--francesa de dezoito meses antes. Mas a perda da Bessarábia pela Romênia de alguma forma o preocupava, não só porque forças soviéticas ficaram perto dos vitais campos petrolíferos romenos, mas também porque ele interpretou aquela ação como um perigoso movimento para o oeste, e um símbolo da insaciável ambição territorial de Stálin. Apesar de não ter dito nada em público, Hitler se queixou a seus ajudantes de que a anexação soviética da Bessarábia significava "o primeiro ataque russo à Europa Ocidental".[123]

Goebbels era da mesma opinião, pelo menos em seu diário. Em 28 de junho, quando o governo romeno cedeu a um ultimato soviético, ele foi extremamente crítico: "O rei Carlos é um covarde", disse, "mas Stálin está se aproveitando do momento. Ladrão de túmulos! Tudo devido ao nosso êxito. Facilitamos a vitória para os outros". Já na semana seguinte, conjecturava que "talvez tenhamos mesmo que agir contra os soviéticos".[124] Um mês depois, sem dúvida fazendo eco à voz do seu líder, já tinha claramente começado a pensar a sério num ajuste de contas qualquer com a URSS de Stálin. Escrevendo em seu diário em agosto de 1940, ponderou: "Talvez sejamos forçados a tomar providências contra isso, apesar de tudo. E forçar esse espírito asiático a retroceder da Europa para a Ásia, que é o seu lugar".[125]

4. Desvios

Na primeira semana de setembro de 1939, Harry Pollitt se sentou em seu escritório no movimentado Covent Garden de Londres para redigir um panfleto. Rosto redondo, cada vez mais calvo, espessas sobrancelhas escuras, Pollitt, de 48 anos, era secretário-geral do Partido Comunista da Grã-Bretanha, e uma das suas atribuições de líder consistia em oferecer um comentário sobre os assuntos do noticiário, delineando a posição da Internacional Comunista, e também explicando as questões numa linguagem digerível para os milhares de operários filiados ao partido. Com essa finalidade, tinha escrito numerosos títulos nos anos anteriores, entre eles *Com relação ao poder soviético, Salvar a Espanha do fascismo* e *Tchecoslováquia traída*. O panfleto que ia redigir, no entanto, seria sua obra mais controvertida.

Pollitt era bem conceituado dentro do movimento comunista. Criado em Manchester, tinha absorvido seu radicalismo socialista com o leite materno, aprendera o ofício de caldeireiro e se formara na militância industrial trabalhando nas docas de Southampton durante a Primeira Guerra Mundial. Ingressando no Partido Comunista ainda em sua fundação, em 1920, era um orador talentoso e exaltado, a ponto de ter sido sequestrado por um breve período por seus adversários fascistas em 1925, para que não comparecesse a uma reunião do partido em Liverpool. Galgando posições dentro da hierarquia graças ao poder da sua oratória, bem como à sua inabalável lealdade à causa comunista e ao Estado soviético, Pollitt foi nomeado secretário-geral em 1929.

Durante os anos 1930, foi Pollitt quem traçou os rumos do comunismo britânico. Auxiliado pelos talentos bem mais áridos e teóricos de Rajani Palme Dutt, o principal ideólogo do partido, encabeçou uma notável ascensão na trajetória comunista na Grã-Bretanha, explorando habilmente as aflições econômicas e sociais da época e demonstrando uma capacidade natural de liderança. Pollitt era especialmente veemente no que dizia respeito aos acontecimentos na Espanha, onde foi um visitante regular no fim dos anos 1930, para dar ânimo aos batalhões de voluntários britânicos. Como sugere um dos biógrafos mais recentes, seu antifascismo não era apenas ortodoxia comunista, provindo de um profundo compromisso emocional derivado da Guerra Civil Espanhola.[1] Mas, pelo verão de 1939, a clareza ideológica do mundo bipolar de comunistas versus fascistas estava se desvanecendo. Pollitt ainda não percebera, mas se aproximava de uma espécie de divisor de águas pessoal e político.

De início, os acontecimentos daquela primeira semana de setembro de 1939 pareciam conformar-se à velha e confortável ideia de um conflito entre a esquerda e a direita. Pollitt não ficara muito perturbado com a assinatura do Pacto Nazi-Soviético uma semana antes, dando um jeito de ver o acordo como "uma vitória da paz e do socialismo" e prova contundente da relutância da classe dominante da Grã-Bretanha em tratar de maneira justa a União Soviética.[2] A invasão alemã da Polônia em 1º de setembro e a declaração de guerra britânica dois dias depois surpreenderam muitos esquerdistas, que tinham esperança de ver alguma espécie de ajustamento de divergências entre o governo "semifascista" de Chamberlain, como eles o viam, e o *über*-fascista governo de Hitler. Apesar disso, uma nova "política partidária" rapidamente se cristalizara, sancionada pelo Comintern[3] e de autoria do próprio Pollitt, convocando para uma "guerra em dois fronts" contra Hitler no exterior e contra Chamberlain dentro do país.[4]

Foi para esclarecer essa posição bastante complexa que Pollitt resolveu redigir seu panfleto, intitulado *Como ganhar a guerra*. Em 32 páginas datilografadas em espaço um, ele explicou a posição do Partido Comunista da Grã-Bretanha na guerra que então começava. Num trecho memorável, proclamou que:

> Ficar à margem deste conflito, contribuir apenas com frases que soam revolucionárias, enquanto as feras fascistas escarnecem da Europa, seria uma traição a tudo que nossos antepassados lutaram para conquistar em longos anos de luta contra o capitalismo.

Assim como os abissínios agiram corretamente ao lutar contra os italianos, escreveu ele, e como os espanhóis estavam certos quando pegaram em armas contra invasores italianos e alemães, "o povo polonês está certo ao lutar contra a invasão nazista que ocorre agora". Apesar de reiterar a política de um conflito "em dois fronts", para combater Chamberlain no âmbito político e Hitler no militar, ele foi absolutamente direto: "O Partido Comunista apoia a guerra", escreveu, "por acreditar que se trata de uma guerra justa que deveria ser apoiada por toda a classe operária e por todos os amigos da democracia na Grã-Bretanha".[5] Ao preço de um pêni, com um retrato nada atraente do autor na capa, *Como ganhar a guerra* foi publicado em 14 de setembro, com uma tiragem de 50 mil exemplares.

A recepção entre os membros do partido foi mista. Como bons marxistas, tinham interpretado as tribulações dos anos 1930 como a agonia do capitalismo, vendo o fascismo como a mais pura expressão desse passamento. Por isso ver Stálin se aproximar de Hitler tinha sido inquietante: uma aparente refutação de toda a configuração política tal como a tinham previamente compreendido. Claro que para os comunistas mais empedernidos isso não era problema. Fiéis às suas convicções, eles não se perturbaram, na certeza de que a União Soviética sabia como proteger da melhor forma possível o experimento comunista. Como explicou o membro do partido Douglas Hyde: "Os líderes soviéticos tinham para com a classe trabalhadora do mundo a responsabilidade de defender a URSS e, por essa razão, podiam, se necessário, fazer aliança com o próprio diabo".[6]

Mas outros estavam muito mais perplexos, e para esses o panfleto de Pollitt restaurou um pouco de clareza, oferecendo uma linha de argumentação possível de defender tanto para o mundo como para eles próprios. Como disse Kenneth Robinson, que viria a ser ministro do Trabalho, o pacto foi "uma surpresa estarrecedora: simplesmente não sabíamos o que fazer. Mas me lembro de que recebemos com prazer uma declaração de Harry Pollitt [...] de que agora precisávamos travar uma guerra em dois fronts — um contra a Alemanha nazista, e outro contra o Establishment".[7] Até Dutt, camarada de Pollitt, ficou entusiasmado, descrevendo o panfleto como "uma das melhores coisas" que o líder já tinha produzido, "apresentado com tanta clareza e simplicidade".[8]

Mas as dificuldades de Pollitt começaram quase no momento em que o panfleto foi publicado. Naquele mesmo dia chegou um telegrama de Moscou explicando a nova política sobre a guerra a ser adotada por todos os partidos comunistas fraternos, e divulgada para todos os membros. "A guerra atual", proclamava, "é uma guerra imperialista e injusta, pela qual as burguesias de todos os países beligerantes são igualmente responsáveis. Em nenhum país a classe trabalhadora ou o Partido Comunista podem apoiar a guerra." "As táticas precisam ser mudadas", prosseguia, "em nenhuma circunstância a classe trabalhadora internacional deve defender a fascista Polônia", acrescentando que, à luz da conclusão do Pacto Nazi-Soviético, "a divisão [...] em países fascistas e democráticos perdeu o sentido anterior." A mensagem terminava com uma sinistra advertência: "Os Partidos Comunistas que agem de modo contrário a essas táticas têm que corrigir sua política".[9]

Pollitt deve ter ficado horrorizado, e sua reação instintiva foi suprimir o telegrama na esperança, talvez, de superar a crise. Mas não foi possível. Dutt também tinha ficado sabendo da nova política de Moscou, e era oportunista demais, e stalinista demais, para deixar que a questão passasse em branco. Pediu que o Bureau Político do partido se reunisse para reconsiderar sua posição. Pollitt tentou resistir, persistindo em sua linha, mas quando Dave Springhall — o representante do partido na Internacional Comunista em Moscou — voltou no fim de setembro com instruções específicas, ele estava condenado. Consequentemente o Comitê Central foi convocado para resolver o assunto em 2 de outubro.

Na reunião, realizada na sede do partido em Covent Garden naquela manhã, Dutt foi implacável na adoção da política revista de Moscou e na defesa da sua aceitação. O partido "foi incapaz de compreender" o "novo período" que o Pacto Nazi-Soviético e o início da guerra representavam, e nessa "nova situação" era necessário "ajustar nossa perspectiva" e "enfrentar, franca e abertamente, o fato de que a nossa política era a política errada".[10] Citando Lênin, e vários conceitos teóricos e "ismos" que certamente impressionaram os ouvintes, passou a explicar, com uma clareza menos do que perfeita, por que a nova política moscovita era correta. Ao encerrar, advertiu que:

o Partido agora está sendo julgado como jamais o foi desde o começo da sua história [...]. Vamos precisar de todas as forças nas condições que devemos enfrentar, e na luta que temos diante de nós não queremos partidários hesitantes, indecisos, fracos de coração. Toda posição responsável no Partido precisa ser ocupada por um combatente determinado a favor da política.

Para os que ainda tinham dúvidas sobre suas responsabilidades fraternas, ele acrescentou que "o dever do comunista não é discordar, mas aceitar", e advertiu que "qualquer membro que [...] abandone o trabalho ativo pelo Partido ficará marcado por toda a sua vida política".[11] Não era difícil descobrir a quem essa ameaça final se dirigia.

Pollitt não foi o primeiro a responder; essa tarefa coube a Willie Gallacher, escocês exaltado em suas posições e único membro no Parlamento do partido. Foi severamente crítico com relação a Dutt, retorquindo que nunca tinha ouvido "discurso mais inescrupuloso e oportunista" e que não conhecia "nada tão nojento, tão mesquinho, tão desprezível, tão imundo".[12] Mas, apesar de sua justa indignação, Gallacher era minoria da minoria. Um membro do Comitê Central depois do outro se levantou para declarar sua inabalável "fé na União Soviética" e sua concordância com "a posição do camarada Dutt". Então foi a vez de Pollitt falar.

Apesar de certamente ter alimentado a nítida impressão de que o partido que liderava havia uma década estava tirando a medida do seu caixão, Harry Pollitt começou em tom conciliatório, declarando que para ele seria muito fácil "dizer aceito, e vamos nos beijar e sejamos amigos e tudo no jardim será adorável". Mas não estaria sendo honesto com as suas convicções, disse ele. Reiterando seu antifascismo visceral — seu desejo, como relatou, de "esmagar os malditos fascistas" —, falou do seu horror ao fato de que "a luta contra o fascismo" tivesse acabado e que, em vista do pacto assinado com a União Soviética, o fascismo agora parecesse ter assumido "um papel progressista" e já não fosse mais considerado o principal inimigo do movimento comunista. "Quero dizer, sem ofensa", prosseguiu, sem dúvida ofendendo muitas pessoas na sala, "que não invejo os camaradas que, tão levianamente, no espaço de uma semana, às vezes no espaço de um dia, passam de uma convicção política para outra."

Pollitt também tinha uma resposta pessoal para Rajani Palme Dutt, cujas ameaças indiretas provavelmente provocaram a sua ira. "Lembre-se, por favor, camarada Dutt", disse, "de que você não vai me intimidar. Eu já estava neste movimento praticamente antes de você nascer, e continuarei no movimento revolucionário muito tempo depois que alguns de vocês forem esquecidos." Se não podia superar Dutt na lealdade a Moscou, Pollitt podia pelo menos invocar sua autoridade. Terminou com uma nota mais triste do que raivosa, afirmando que se sentia "envergonhado da falta de sentimento [...] que a luta do povo polonês despertou em nossos líderes". Os camaradas estariam se enganando se achavam que o pacto com um país que odiavam não "deixa um gosto desagradável na boca". No que dizia respeito a Pollitt, a honra do partido estava em jogo, e para ele seria impossível continuar como líder naquelas circunstâncias. Mas sua eloquente resposta não comoveu os camaradas, e por isso ele anunciou sua demissão.[13] Por 21 votos a três, o partido decidiu aceitar a nova política delineada por Dutt, sendo os três votos contrários os de Pollitt, de Gallacher e do editor do *Daily Worker*, Johnny Campbell.

Dez dias depois, foi noticiado no *Times* que Pollitt tinha sido "destituído do cargo" pois "a política do Partido Comunista Britânico foi considerada fora de sintonia com a de Moscou". Um manifesto revisto, redigido em 7 de outubro, foi lançado para corrigir a política anterior adotada por Pollitt no início da guerra.[14] No fim do mês, um novo panfleto apareceria, redigido por Rajani Palme Dutt, e intitulado *Por que esta guerra?*, apresentando os argumentos comunistas a favor da neutralidade. O panfleto de Pollitt foi recolhido sem alarde.

Em conformidade com suas pretensões universais, o comunismo soviético ostentava uma organização internacional conhecida como "Internacional Comunista", ou "Comintern". Fundado em 1919 e sediado em Moscou, o Comintern encabeçava a luta de classes internacional contra a burguesia e promovia o comunismo e o sistema soviético em todo o mundo, atuando, na verdade, como agente extraoficial da política externa da União Soviética, a criada da revolução global. Através do Comintern é que todos os partidos comunistas e socialistas revolucionários afiliados eram guiados em sua missão política, aconselhados sobre como interpretar os acontecimentos e informados sobre a política que teriam de seguir. Para o comunista leal, a palavra do Comintern era lei.

Foi assim em 1939, quando o movimento comunista internacional teve de enfrentar o profundo desafio do Pacto Nazi-Soviético. O acordo de Stálin com Hitler teve repercussões no mundo inteiro, impedindo o próprio Comintern de perceber a verdade da situação e exigindo que todos os partidos afiliados aceitassem a nova política moscovita. E, como Harry Pollitt descobriu a duras penas, perspectivas locais — por mais honradas, lógicas ou bem-intencionadas que fossem — tinham pouca valia diante da força bruta política de Moscou.

O resultado podia ser um impasse desconfortável, e o aparente conflito entre ideologia e pragmatismo político levou muitas pessoas a questionarem sua fé comunista. Para alguns, o mal-estar tinha um lado moral perturbador. Para muitos seguidores, o comunismo se vangloriava de uma suposta superioridade moral, adotando "valores progressistas", a preocupação com os outros seres humanos e a oposição à agressão fascista. A imagem de Molotov e Ribbentrop sorrindo juntos no Kremlin minava tudo isso, maculando a ideia que o comunismo mundial tinha de si mesmo.

George Orwell, sempre um crítico perspicaz, diagnosticou o problema com exatidão. "O Pacto Russo-Alemão", escreveu ele no começo de 1941, "trouxe os stalinistas e os quase stalinistas para a posição pró-Hitler", minando, com isso, de um só golpe, não apenas o básico apelo "antifascista" do comunismo, mas também sua queixa básica contra o status quo. E os comunistas, que no passado amaldiçoaram seus governos burgueses por apaziguarem Hitler com miseráveis acordos e arranjos, agora se viam obrigados a defender Moscou por ter feito exatamente a mesma coisa. O resultado, segundo Orwell, foi a "completa destruição [...] da ortodoxia de esquerda".[15]

Os fascistas enfrentavam as mesmas dificuldades. Hitler, que fizera sua carreira combatendo o comunismo e certa vez dissera que uma aliança com a Rússia "seria o fim da Alemanha", agora precisava explicar uma constrangedora mudança de opinião, que potencialmente minava aquilo que o nazismo e o movimento fascista em geral tinham representado.[16] Para complicar as coisas, os dois lados, comunistas e nazistas, se julgavam corrompidos por terem se associado um com o outro. Seus respectivos regimes, portanto, que tinham revolucionado o uso da propaganda, a manipulação das notícias e o que Hitler uma vez chamara cinicamente de a "grande mentira", tiveram que enfrentar um desafio de relações públicas de primeira ordem: vender o acordo entre eles para seguidores descrentes. Além de desencadear a guerra no outono de 1939, o Pacto Nazi-Soviético mergulhou os movimentos comunista e fascista numa crise existencial.

Na esquerda britânica, não diretamente envolvida nos problemas continentais, as reações à crise seriam as mais variadas. Para alguns, a fé no comunismo não esmaeceu. Eric Hobsbawm, por exemplo, jovem bacharel recém-saído de Cambridge, achou mais fácil do que muitos outros dar as cambalhotas ideológicas. Não se perturbou nem um pouco com a rapidez dos acontecimentos quando o conflito estourou no fim do verão de 1939, apesar de a guerra "não ser a guerra que esperávamos", nem ser a guerra "para a qual o Partido tinha nos preparado". O que chamou laconicamente de "mudança política" também não o incomodou muito, embora, como confessaria mais tarde, a ideia "de que a Grã-Bretanha e a França eram tão ruins quanto a Alemanha nazista ter pouco sentido emocional ou intelectual". Apesar disso, como comunista obediente, aceitou a política "sem reservas". Afinal, acrescentou de modo despreocupado, "não era da essência do 'centralismo democrático' parar de discutir quando uma decisão fosse tomada, concordássemos ou não pessoalmente?".[17]

Outros viviam um conflito maior. A veterana socialista Beatrice Webb ficou horrorizada com o anúncio do Pacto Nazi-Soviético. Como alguém que tinha passado a vida inteira promovendo o socialismo e que, como todos sabiam, tinha saudado a URSS como "uma nova civilização", achou o acordo de Stálin com Hitler "um santo horror" e um "grande desastre" para tudo aquilo que ela tinha defendido. "Nocauteada" pelo pacto, ela o descreveu em seu diário nos termos mais contundentes, "desonroso", "vergonhoso", um "terrível colapso da boa-fé e da integridade". Mas dentro de poucos dias — o equilíbrio pelo menos em parte recuperado — estava novamente à procura dos aspectos positivos, tentando, como sempre, dar uma explicação otimista das ações soviéticas. "Não admira que Stálin prefira manter seus 170 milhões fora do campo de batalha", escreveu, "enquanto o Eixo anti-Comintern e as democracias capitalistas ocidentais [...] se destroem uns aos outros." Apesar de "infame", comentou, a política de Stálin era "um milagre da bem-sucedida arte de governar".[18]

Mas se ela achava que tinha conseguido entender as ações de Stálin, a invasão soviética da Polônia em meados de setembro jogou-a novamente fora dos trilhos. "Satã ganhou fácil", escreveu um dia depois que o Exército Vermelho invadiu o país. "Stálin e Molotov tornaram-se os vilões da peça", e sua entrada na Polônia foi "um monumento de imoralidade internacional". Foi, disse ela, "a mais negra tragédia da história humana", não por causa do sombrio destino dos poloneses, mas porque a amada URSS tinha jogado fora seu "prestígio moral".[19] A escritora socialista Naomi Mitchison viu a invasão como uma ofensa pessoal: "Lá no fundo eu me sinto horrível por causa das notícias russas", escreveu ela em meados de setembro, acrescentando que as ações soviéticas estavam "invalidando tudo aquilo pelo qual vínhamos trabalhando todos esses anos".[20] Outros tinham preocupações bem mais prosaicas. Um representante sindical comunista ficou arrasado: "Tio Zé babacão, Molotov babacão, nojento bando de babacas todos eles! Como é que vou explicar essa porra amanhã lá na fábrica?".[21]

Mas dias piores viriam para os comunistas da Grã-Bretanha e seus companheiros de viagem. Depois de engolirem a mudança política no começo de outubro, eles ficaram abalados novamente quando o Exército Vermelho invadiu a Finlândia no último dia de novembro. Assim, enquanto o camarada Dutt intervinha para acusar publicamente a infeliz Finlândia de ser "um Estado semifascista", Beatrice Webb parecia entregar-se à desilusão, escrevendo que a forma da invasão, "a repetição rancorosa e mecânica de falsas — manifestamente falsas — acusações" é que era "tão deprimente". Os líderes da URSS ainda não tinham aprendido "boas maneiras", repreendeu ela, "e terão que sofrer por isso".[22]

Para os mais sintonizados com a justa ira do povo britânico, era sobre muito mais do que "boas maneiras" ou sutilezas diplomáticas. De acordo com Douglas Hyde, os vendedores do *Daily Worker* eram obrigados a enfrentar um público zangado, sendo "cuspidos e atacados na rua [...] portas fechadas na cara, até penicos derramados na cabeça das janelas mais altas".[23] A Guerra de Inverno de Moscou contra a Finlândia foi um dos muitos acontecimentos daquele outono que testaram a credibilidade dos comunistas na Grã-Bretanha, com recrutados mais recentes e menos convencidos ideologicamente desiludindo-se e deixando o partido.[24]

Houve nomes destacados entre os desertores. John Strachey foi um deles. Ex-acólito de Oswald Mosley e conceituado teórico marxista, Strachey ficou surpreso e confuso com a assinatura do Pacto Nazi-Soviético, mas só abandonou o partido depois da invasão nazista da Noruega em 1940, alegando que "o aspecto interimperialista da luta era menos importante do que a necessidade de impedir uma conquista nazista do mundo".[25] O editor de esquerda Victor Gollancz não esperou tanto tempo. Chocado com o pacto, desfez sua antiga ligação com o Partido Comunista em sinal de protesto e publicou uma carta aberta para os membros intitulada *Para onde vocês vão?* Era um ataque tipicamente vago e verboso, mas que conseguiu acertar alguns golpes, em especial por pedir aos leitores que tentassem se lembrar dos dias anteriores ao pacto:

Vocês viam a agressão fascista de Hitler, não viam?, como uma ameaça fatal, como *a* ameaça fatal, a tudo aquilo em que acreditamos, e a qualquer esperança de novos progressos e avanços [...]. Ficavam horrorizados com as torturas nos campos de concentração; abominavam o repúdio ideológico de Hitler a liberdade, objetividade, misericórdia, piedade e bondade, e sua glorificação da força e da submissão à força.[26]

Apesar disso, prosseguiu, o Pacto Nazi-Soviético agora tinha criado uma nova política, de "derrotismo revolucionário", que deixara a propaganda comunista na incômoda posição de alinhar-se com a outrora detestada Alemanha nazista de Hitler, e com isso "corria o risco terrível [...] de provocar a própria catástrofe" que se esforçara tanto para impedir.[27] Recomendou aos membros que parassem um momento para refletir sobre a posição que o Partido Comunista estava pedindo que adotassem.

Nos Estados Unidos as reações foram igualmente mistas. Apesar de 2 mil voluntários americanos terem lutado contra o fascismo nas fileiras da Brigada Abraham Lincoln na Guerra Civil Espanhola, um considerável contingente deixou de lado o seu antifascismo e marchou, com o patrocínio de Moscou, em oposição à entrada americana na guerra no outono de 1939.[28] A ira popular contra a postura do Partido Comunista dos Estados Unidos (CPUSA, na sigla em inglês) acabou provocando o fechamento da "Liga Americana pela Paz e Democracia", financiada pelo Comintern, mas, sob a liderança da espiã soviética Helen Silvermaster, a liga prontamente se transformou na "Mobilização Americana pela Paz" e continuou sua campanha contra a ajuda americana à Grã-Bretanha e contra o "belicista" presidente Roosevelt.

Junto com suas marionetes, o CPUSA também foi extremamente ativo em fazer campanha pela "paz" e contra qualquer intervenção americana no que chamava de "Guerra Imperialista Europeia". Toda a sua propaganda antifascista foi devidamente interrompida, e a política apregoada nos panfletos do líder do CPUSA Earl Browder — como *De quem é a guerra?* — papagueava os slogans do Comintern ressaltando a culpabilidade dos britânicos, dos franceses e dos poloneses, ao mesmo tempo que atenuava qualquer crítica à Alemanha de Hitler. Segundo Browder, tinha ficado demonstrado "mais de cem vezes" que Stálin estava correto em suas ações quando assinou o Pacto Nazi-Soviético. A União Soviética, afirmava, era uma força de paz, que até conseguira conter o avanço nazista "redimindo mais de metade da Polônia" e estava "utilizando as contradições entre os imperialistas para impedir que levem a cabo [...] seus planos de opressão e guerra".[29]

Esses sofismas não ajudavam muito a tornar a extrema esquerda política querida do público americano, e o CPUSA sofreu as consequências, com o número de membros caindo cerca de 15% nos primeiros seis meses da guerra e chegando praticamente à ausência de novas adesões em 1940.[30] O establishment político americano também não se impressionou, e em outubro de 1939 um júri de instrução federal indiciou Earl Browder por fraudar passaporte, depois que ele mesmo admitiu em público ter viajado ao exterior com documentos falsificados. Apesar de se tratar de um caso de motivação abertamente política, Browder foi condenado a quatro anos de prisão e desapareceu por algum tempo da cena política.[31] A subsequente campanha do partido "Soltem Earl Browder" naufragou em meio ao clima de desconfiança pública e de ressentimento pelo flerte de Stálin com Hitler. O pacto tinha desferido no comunismo americano um golpe do qual nunca mais se recuperaria.

Enquanto Gollancz lutava com a própria consciência, e os comunistas americanos com a desconfiança pública, uns poucos esquerdistas davam um jeito de ver o alinhamento nazi-soviético simplesmente como uma nova configuração política. De fato, a ideia de que os dois regimes tinham mais similaridades do que diferenças vinha ganhando terreno já antes de 1939, e com a assinatura do pacto parecia ter sido confirmada publicamente. Não era uma noção tão extravagante como as cabeças modernas talvez pensem. Afinal, o Partido Nazista de Hitler tinha tido suas origens num amálgama de princípios socialistas e nacionalistas. "Nacional-socialismo" era uma proposta sincera, e embora seu elemento socialista tenha sido diluído e corrompido com o passar do tempo, nunca foi inteiramente removido, e claro que Hitler e muitos seguidores ainda se viam como socialistas num sentido amplo.[32]

Consequentemente, a ideia de que Hitler e Stálin estavam convergindo, ou mesmo de que os dois compartilhavam algum DNA político, teve a sua voga. Um editorial da esquerdista *News Statesman*, de Londres, por exemplo, acusou Stálin de "usar a técnica familiar do Führer". O artigo desferia alguns golpes. "Como Hitler", escreveu o editor Kingsley Martin, Stálin

tem desprezo por todos os argumentos exceto o da força superior. Como Hitler, ele diria que no mundo hoje só o que vale é a força [...]. Pelas leis inexoráveis de sua dialética, o bolchevismo fez nascer a sua antítese, o Nacional-Socialismo. Hoje a pergunta que se faz é se essa coisa feia que reina de Vladivostok a Colônia está se transformando na síntese inevitável, o Nacional-Bolchevismo.[33]

O jornalista Henry Brailsford também estava claramente desconcertado com o pacto — a ele se referindo como o "enigma central" da guerra —, mas também era de opinião de que algum tipo de convergência entre os dois regimes talvez estivesse em andamento. Ambos eram regimes revolucionários, comentou na *New Republic* daquele outono, e ambos desprezavam o Ocidente. Não seria possível que os dois perseguissem os mesmos objetivos: travar uma cruzada contra o "decadente liberalismo das plutodemocracias?".[34]

Essa aparente convergência de objetivos nazistas e soviéticos não era meramente teórica. Nos Estados Unidos, em outubro de 1940, um marinheiro mercante britânico foi preso em Boston por ter se oferecido para abastecer a rede de espionagem alemã local com informações sobre comboios atlânticos. George Armstrong era um comunista de 39 anos de Newcastle que tinha sido motivado por um discurso de Molotov incentivando todos os marinheiros mercantes aliados a desertarem logo que chegassem a um porto neutro. Deportado para a Grã-Bretanha, Armstrong foi julgado por ajudar o inimigo — o primeiro britânico da guerra a ser julgado por espionagem — e condenado à morte. Teria ficado estupefato se soubesse que, quando foi executado, em julho de 1941, a amizade nazi-soviética em cujo nome tinha cometido traição já era coisa do passado.[35]

Mas, enquanto os comunistas na Grã-Bretanha e nos Estados Unidos desfrutavam o luxo relativo de se entregarem aos prazeres do teórico, do abstrato e do francamente contrário, para alguns camaradas seus em outras partes do mundo os acontecimentos daquele outono e daquele inverno tinham uma urgência mais perigosa. O Partido Comunista Francês, por exemplo, foi totalmente desestabilizado pelo pacto. No início, tentou convencer os seguidores de que o alinhamento de Stálin com Hitler não mudava nada, na verdade até assinalava "um novo êxito da União Soviética" e "um incomparável serviço à causa da paz", que "não privará nenhum povo de sua liberdade" nem "cederá um só hectare de terra de qualquer país".[36] Mas poucos estavam convencidos disso. Como disse o jornalista Adam Rajsky, a notícia da assinatura do pacto "ressoou como uma trovoada", deixando para intelectuais comunistas, como ele mesmo, a tarefa de tentar "explicar o inexplicável".[37] No devido tempo, apesar de ressaltar o próprio *patriotismo*, o partido acabou sendo investigado pelo governo francês, sob a acusação de que o pacto de Stálin com Hitler fazia do movimento comunista um aliado passivo dos nazistas, e, portanto, potencialmente uma quinta-coluna. E, antes mesmo de agosto de 1939 chegar ao fim, o jornal do partido, *L'Humanité*, foi fechado.

Não bastassem essas dificuldades, a mudança de política moscovita levou muitos ao desespero. Segundo um ex-membro do partido, a reação dos comunistas franceses à diretiva de Stálin foi de "extraordinária disciplina, única na história da humanidade". Uma vez que a nova política foi ditada, disse ele, houve uma "súbita reorientação [...] para uma política diametralmente oposta à do dia anterior".[38] Mas essa obediência estava longe de ser universal. Alguns membros, desgostosos, rasgaram a carteira do partido, e houve muitas deserções de alto nível, incluindo 21 dos 73 deputados do Partido Comunista. Um grupo de dissidentes chegou a fazer um apelo público, no qual condenou o Pacto Nazi-Soviético e se comprometeu a continuar resistindo ao agressor nazista e apoiando as democracias.[39] A CGT, principal sindicato francês, também foi resoluta, decidindo expulsar todos os sindicalizados que se recusassem a repudiar o pacto. Finalmente, o governo francês baniu o Partido Comunista, e a disseminação de sua propaganda foi declarada crime, com pena máxima de cinco anos de prisão. Com alguns membros correndo o risco de ir para a cadeia, o líder do partido Maurice Thorez fugiu para Moscou. Julgado à revelia por desertar do Exército, foi condenado à morte.

O partido que Thorez deixou para trás estava em crise. Na primavera de 1940, as drásticas medidas tomadas pelo governo tinham resultado em mais de 3 mil prisões, com outros 2,5 mil membros do partido demitidos dos seus cargos nas administrações municipais. Obrigado à clandestinidade, o partido teve que propagar a nova política moscovita por meios ilegais, como colar cartazes e panfletar. A propaganda comunista não foi menos efetiva pelo fato de ser clandestina, resultando em operações tartaruga na indústria e até mesmo incidentes de sabotagem, mas seu tom derrotista chegou perigosamente perto de sugerir uma colaboração com a Alemanha de Hitler. Mesmo em 15 de maio de 1940, quando os *Panzers* de Hitler já rolavam em solo francês, a imprensa clandestina comunista continuava atacando os "imperialistas de Londres e Paris".[40] Com essas contorções, o Partido Comunista Francês, o maior partido comunista fora da União Soviética, desonrou-se.

Como se fosse possível, o Partido Comunista Alemão (KPD) estava em situação ainda mais precária. Proscrito desde que os nazistas tomaram o poder, em 1933, fora forçado à clandestinidade, com seus membros sujeitos a prisão e perseguição, recebendo um socorro limitado via linhas de comunicação quase sempre tortuosas com seus superiores em Moscou. O destino do seu líder, Ernst Thälmann, indicava o tamanho da queda do partido. Thälmann, um gigante da cena política que tinha disputado a Presidência em 1925 e 1932, foi preso pela Gestapo menos de um mês depois que Hitler assumiu. Mantido em confinamento solitário, foi repetidamente interrogado, maltratado e surrado — perdendo quatro dentes num interrogatório —, mas nunca recebeu a dignidade de um julgamento. Depois, simplesmente desapareceu, empurrado de um lado para outro numa série de prisões e campos de concentração, nunca mais voltando à tona.

Por volta de 1939, os comunistas alemães tinham sido reduzidos a um movimento marginal clandestino, isolado, e basicamente nadando contra a corrente da opinião pública, com suas linhas de comando fraturadas, comprometidas ou não confiáveis. Não é de admirar que no início o Pacto Nazi-Soviético fosse visto com total perplexidade nos círculos comunistas alemães. Oficialmente, pelo menos, foi saudado como uma potencial tábua de salvação, com o partido anunciando que aprovava o pacto como um "golpe a favor da paz" e manifestando a esperança de que outros pactos similares viessem a ser firmados.[41] Alguns comunistas alemães foram mais longe, conjecturando que o pacto sinalizava o fim das perseguições, na expectativa de que logo poderiam voltar a fazer suas reuniões sem nenhum obstáculo, e de que Thälmann e outros prisioneiros fossem soltos. Correu até o boato descabido de que o próprio Partido Nazista seria dissolvido e o *Mein Kampf* retirado de circulação.[42]

Devaneios à parte, a notícia da assinatura do pacto provocou um sério racha nas fileiras comunistas, separando os leais a Moscou, que o saudaram como precursor da desejada guerra entre os nazistas e os "imperialistas" da Grã-Bretanha e da França, e, do outro lado, os comunistas idealistas, horrorizados com o que lhes parecia traição de Stálin à classe trabalhadora internacional. Erich Honecker, que viria a ser líder da Alemanha Oriental, foi um dos que fizeram parte, firmemente, do primeiro grupo, recebendo a notícia com tranquilidade na cela da sua prisão nos arredores de Berlim e declarando o pacto um "êxito diplomático" para a União Soviética em sua luta contra o Ocidente.[43] Outros reagiram com indignação e incredulidade, porém. O romancista exilado Gustav Regler, por exemplo, ficou desesperado, perguntando-se "Como Stálin pôde fazer isso conosco?". Thorwald Siegel, comunista alemão que emigrou para Paris, ficou tão angustiado com a invasão soviética da Polônia que cometeu suicídio.[44]

Não há dúvida de que muitos comunistas e simpatizantes ficaram simplesmente confusos. O dramaturgo Bertolt Brecht foi, claro, um deles. Marxista de longa data, Brecht tinha fugido da Alemanha em 1933 para levar uma vida de exilado na Dinamarca, depois na Suécia e na Finlândia, antes de finalmente emigrar para os Estados Unidos em 1941. Durante o exílio, Brecht teve uma explosão de criatividade, escrevendo muitas das obras que fariam sua reputação e através das quais expressou sua oposição visceral ao nacional-socialismo e ao fascismo. Mas seria fácil demais descrever Brecht apenas como porta-voz da propaganda soviética. Apesar de comunista convicto, era bastante ambíguo com relação à União Soviética; na verdade, como é sabido, encurtou uma visita a Moscou em 1935 alegando, muito dissimuladamente, que não conseguira achar leite em quantidade suficiente para tomar com café.[45]

Na realidade, suas preocupações eram mais profundas e foram expressas, pelo menos privadamente, no fim de 1939, mais ou menos na época da assinatura do Pacto Nazi-Soviético. Como muitos simpatizantes do comunismo mundo afora, Brecht ficou desiludido e não demonstrava a menor paciência com a política oficial, comentando, sobre o pacto, apenas que "acho que não se poderia dizer nada além de que a União [Soviética] está se salvando ao preço de deixar o proletariado do mundo sem palavras de ordem, esperança ou assistência".[46] A invasão soviética da Polônia ainda naquele mês seria mais um teste para a sua crença. Em seu diário, esbravejou contra

> o abandono de pretensões ideológicas [...] a rejeição do princípio de que "a União Soviética não exige uma polegada sequer de solo estrangeiro", a adoção de toda a baboseira fascista sobre "irmandade de sangue" [...] toda a terminologia nacionalista. Isso está sendo despejado em cima dos fascistas alemães, mas ao mesmo tempo também das tropas soviéticas.[47]

Não é inconcebível que essa raiva ainda rudimentar tenha encontrado expressão na obra de Brecht; afinal, duas de suas peças mais famosas, *A resistível ascensão de Arturo Ui*, e *Mãe Coragem e seus filhos* foram escritas nessa época. Embora as duas sejam consideradas, corretamente, arquétipos do gênero antifascista, nenhuma delas pode ser interpretada como submissa à política moscovita. *Mãe Coragem*, com sua crítica à exploração lucrativa da guerra, foi escrita em resposta à invasão da Polônia no outono de 1939 e é, ostensiva e obviamente, anticapitalista. Mas, levando em conta as circunstâncias em que a União Soviética de Stálin entrou no conflito — como ajudante, cúmplice e provedora econômica da Alemanha de Hitler —, a crítica poderia também ser dirigida, de forma plausível, a Moscou. *A resistível ascensão de Arturo Ui* é mais inequivocamente antinazista: o anti-herói dessa paródia da ascensão de Hitler é um gângster sem talento de Chicago içado ao poder por corruptos interesses comerciais e pela própria natureza cruel e criminosa. Apesar disso, talvez seja instrutivo que a peça tenha sido escrita em março de 1941. Brecht criticava Hitler nos termos mais brutais, de gelar o sangue — como o "criador de dificuldades para a paz deste pobre mundo" e "o mais asqueroso dos desprezíveis" —, numa época em que Stálin e o líder alemão ainda trocavam amabilidades.[48] Ao que parece, Brecht jamais aceitou a "mudança política" ditada por Moscou como resultado do Pacto Nazi-Soviético. A rigor, como observou um estudioso, é tentador nos perguntarmos se não abrigava "a suspeita, vagamente percebida, das similaridades" entre os dois regimes.[49]

Nas circunstâncias de 1939 e 1940, não era ilógico chegar a essa conclusão. Essa era com certeza a opinião do socialista alemão Rudolf Hilferding, que resumiu os sentimentos de muitas pessoas desiludidas ao escrever que a colaboração entre Hitler e Stálin tinha demonstrado que "não existe diferença fundamental entre os dois".[50] Na realidade, havia mais coisas no comentário de Hilferding do que simples despeito fraternal socialista. A orientação política que vinha de Moscou naquele outono chegava perigosamente perto de defender uma trégua política com o nazismo e a concentração das energias comunistas no ataque às Potências Ocidentais, que seriam os verdadeiros inimigos da revolução mundial. Pelo menos era esse o tom adotado por um dos mais destacados comunistas alemães em Moscou, Walter Ulbricht. Ex-marceneiro e um dos primeiros membros do KPD, Ulbricht ficou conhecido nos anos do entreguerras, antes de fugir para o exílio quando Hitler foi designado chanceler, em 1933. Uma vez instalado com segurança em Moscou, a partir de 1937 apareceu como stalinista convicto e intransigente, tornando-se o principal representante alemão no comitê do Comintern. Portanto, quando falava para seus compatriotas, fazia-o com considerável autoridade.

Ulbricht comunicava-se com seus irmãos comunistas dentro da Alemanha — conhecidos como os "camaradas no país" — basicamente pelas páginas do *Die Welt*, o jornal do Comintern em língua alemã. Era típico dele um artigo que apareceu em fevereiro de 1940, atribuindo a culpa pela guerra diretamente ao capitalismo e ao "big business" e qualificando o imperialismo britânico de mais reacionário e perigoso do que o imperialismo nazista, na verdade de "a força mais reacionária do mundo". Levando em conta que os britânicos e os franceses eram os mais empenhados em fazer uma cruzada política contra a União Soviética, argumentava, eles agora suplantavam os nazistas — que afinal de contas tinham feito um pacto com Moscou — como o principal adversário do comunismo mundial. "A luta pelas liberdades democráticas", escreveu, "não pode ser travada em aliança com o imperialismo britânico", acrescentando que quem discordasse disso "compartilharia a responsabilidade de levar a cabo os planos predatórios de britânicos e franceses." A "maior garantia" contra a implementação desses planos, concluía, era o pacto germano-soviético.[51]

Ele não era uma voz solitária. O jornal comunista soviético *Izvestia* também deu o seu palpite, ridicularizando a "guerra [do Ocidente] contra o hitlerismo" num editorial, enquanto um camarada de Ulbricht, Wilhelm Pieck (que como ele também viria a ser líder da República Democrática Alemã) foi mais longe, criticando a guerra do Ocidente nos termos mais emotivos, que não passaria de uma tentativa de "matar a Alemanha de fome e estender o conflito a mulheres e crianças, a doentes e idosos".[52] Até mesmo em junho de 1940, com a França e os Países Baixos invadidos, os comunistas alemães ainda seguiam à risca a política de amaldiçoar a "guerra imperialista" e jogar toda a culpa nas Potências Ocidentais. Como o *Rote Fahne* ["Bandeira Vermelha"] — jornal oficial do KPD — explicou cinicamente, foram "as funestas políticas das classes dominantes da Inglaterra e da França, e de seus lacaios social-democratas, que levaram a esse massacre".[53]

Como as linhas de comunicação do Partido Comunista Alemão com Moscou eram frequentemente interrompidas e a hierarquia virou uma bagunça total, não se sabe ao certo até que ponto seus membros dentro do país prestavam atenção nessas complexas instruções ideológicas. Além disso, as atenções da Gestapo praticamente eram as mesmas de sempre, de modo que muitos membros do partido preferiam adotar uma espécie de "compasso de espera": ou seja, aguardar esclarecimentos e ganhar tempo até que um clima político mais favorável e fácil de explicar fosse criado. Poucos nazistas alemães defendiam o prosseguimento de agitações contra o regime, e houve casos de panfletagem em Berlim e outros lugares quando a guerra começou, mas depois disso a tendência geral era não fazer nada. A título de ilustração, a quantidade média mensal de folhetos comunistas confiscados pela Gestapo em 1938 foi de mil. Em dezembro de 1939, confiscou 277; em abril de 1940, 82, nível mantido pelo resto do ano. As prisões seguiam um padrão parecido, caindo de 950 em janeiro de 1937 para setenta em abril de 1940.[54] Claramente os comunistas alemães estavam se contendo. Na verdade, sua inatividade era tão grande que um relatório interno da SS, datado de junho de 1940, observava que dentro da Alemanha "já não se pode falar em resistência organizada de círculos comunistas e marxistas".[55] Não é de admirar que um destacado historiador desse período descrevesse os comunistas alemães de então como "os mais descarados cúmplices de Hitler".[56]

A despeito de toda essa convocação para obedecer à nova política, havia muitas vozes contrárias dentro do movimento comunista, e até mesmo em Moscou. O principal viveiro dessas opiniões, paradoxalmente, era o Hotel Lux, no coração da capital soviética, que servia de residência para centenas de comunistas estrangeiros que chegavam em busca de refúgio ou para servir no Comintern ou ainda para aprender aos pés dos seus senhores. Apesar disso, o Lux não era o porto seguro que aparentava. Muitos residentes já tinham sido punidos nos expurgos de Stálin no fim dos anos 1930, sofrendo tortura, execução ou exílio na Sibéria por supostas transgressões. Em seu auge, os expurgos fizeram grande estrago na lista de hóspedes do hotel, com residentes levantando de manhã ansiosos por saber quem tinha sido levado pela NKVD na noite anterior. Ao todo, cerca de setenta residentes do Lux desapareceriam dessa maneira.[57] No outono de 1939, os seiscentos restantes eram os mais leais, e os mais desesperados, dos acólitos estrangeiros de Stálin.

É compreensível, portanto, que muitos do Lux estivessem dispostos a seguir sem fazer perguntas a política stalinista de amizade com a Alemanha. Alguns foram convencidos pela causa ideológica: que era possível fazer

Hitler voltar-se para oeste a fim de derrotar a Grã-Bretanha e a França como ferramenta involuntária dos soviéticos. Como um deles comentou ao ouvir a notícia do pacto: "Maravilhoso! Maravilhoso! [...] Tomara que um acabe com o outro [...] assim facilitam nosso trabalho. Fantástico, maravilhoso!".[58] Outros, motivados mais por lealdade pessoal ou medo, tentavam se convencer de que Stálin "não errava", e que essa meia-volta — por mais chocante que fosse — com certeza era justificável.

Apesar disso, alguns não conseguiam conciliar os acontecimentos com sua consciência política, e, consequentemente, o clima no hotel logo se tornou conflituoso. O comunista espanhol Castro Delgado levantou tarde na manhã de 24 de agosto de 1939 e, quando foi tomar o ônibus para ir até a sede do Comintern, ainda não sabia da assinatura do pacto na noite anterior. "A cena que vi na parada de ônibus era diferente da de quase todos os outros dias", disse:

Hoje as pessoas não entraram para pegar lugar. Agruparam-se na calçada falando animadas. Alguns quase berravam. Olhei para um, depois para outro. Ninguém notou a minha presença. Eu disse "bom dia" e ninguém respondeu. Todo mundo continuou falando, gesticulando e sacudindo os braços. Eu era o único que não falava nem gesticulava.[59]

Como muitos de seus camaradas, Delgado ficou dividido. Dizia a si mesmo "Stálin nunca erra"; mas, como espanhol, não conseguia esquecer a guerra civil nem seus princípios antifascistas. "De Almeria a Guernica", escreveu ele, "de Badajoz a Barcelona, a palavra que ouço é 'mas'."[60] A descrença era uma reação comum. Outro espanhol se lembrava de ter ficado "estupefato" com a notícia daquela manhã. "Era preciso esfregar os olhos para ter certeza de que estávamos mesmo lendo o *Pravda*."[61]

Ruth von Mayenburg sentiu emoção parecida. Como comunista austríaca, tinha feito numerosas visitas de espionagem à Alemanha nazista em meados dos anos 1930, antes de transferir suas atividades para o Comintern. Como era de esperar, ficou aturdida com o pacto, escrevendo que foi "como se o relógio da torre do Kremlin tivesse parado", mas justificou a medida para si mesma com base no argumento da necessidade tática, da Realpolitik.[62] Só mais tarde sua reação emocional veio à tona. "Na verdade foi vergonhoso", disse ela referindo-se ao pacto, "e não conseguimos superar esse sentimento de vergonha por muito tempo."[63]

Para os que estavam nos escalões mais altos da hierarquia soviética, tristes experiências do passado ensinavam que era imprudente questionar uma política já adotada — as decisões de Stálin, eles bem o sabiam, eram definitivas. Essa rigorosa concordância foi demonstrada pelo relato do escritor Ilya Ehrenburg, que de tão preocupado com o pacto tinha mergulhado numa depressão profunda depois que a notícia foi divulgada, e durante meses precisou lutar para se alimentar.[64] Ehrenburg voltou de Paris para Moscou no verão de 1940 ansioso para discutir sua impressão de que os alemães estavam decididos a atacar a União Soviética, mas poucos queriam conversar sobre o assunto, enquanto a imprensa continuava a louvar as relações amistosas entre soviéticos e alemães. O escritor ficou chocado quando tentou expor suas preocupações a um vice-comissário, Solomon Dridzo-Lozovsky, e este se limitou a "ouvir-me distraidamente, sem me olhar e com expressão melancólica". Quando Ehrenburg reclamou de sua aparente indiferença, o comissário respondeu: "Pessoalmente, acho muito interessante. Mas você sabe que nossa política é diferente".[65]

Os cidadãos soviéticos comuns — aos quais era negado o benefício das viagens ao exterior ou de uma "consumada educação política" — simplesmente ficavam confusos. Afinal, tinham ouvido durante anos que o fascismo era o principal inimigo da União Soviética e que a Alemanha de Hitler era a vil potência estrangeira que cobiçava território soviético, e a serviço da qual "traidores" haviam conspirado contra Stálin. Como o diretor de fábrica Victor Kravchenko recordava: "Os grandes julgamentos de traição, nos quais pereceram os mais íntimos camaradas de Lênin, tinham se baseado na premissa de que a Alemanha nazista e seus amigos do Eixo [...] se preparavam para nos atacar". Além disso, explicou, a vileza de Hitler se tornara crença profundamente arraigada no povo da União Soviética: "As crianças soviéticas brincavam de fascistas e comunistas; os fascistas, com nomes alemães, levavam sempre a pior [...]. Nas barracas de tiro ao alvo os alvos eram sempre figuras de papelão representando nazistas de camisas pardas ostentando suásticas".[66]

Longe de ser apenas mais um arranjo estrangeiro, portanto, o Pacto Nazi-Soviético significava uma completa inversão de toda a política externa e ideológica da União Soviética, e como tal era absolutamente desconcertante.

Kravchenko foi quase eloquente ao recordar seus sentimentos naquela época. O pacto, como escreveu em suas memórias, atravessou "como um meteoro nosso horizonte, e caiu de cabeça na mente e na consciência dos membros do partido", deixando-os "zonzos de incredulidade". "Só quando vimos os jornais cinematográficos e as fotos de jornal que mostravam Stálin sorridente apertando a mão de Von Ribbentrop", lembrava-se ele, "é que começamos a acreditar no inacreditável."[67] Explicar a notícia para células do partido em fábricas e escritórios era tarefa nada invejável. Um jovem comunista descobriu que a plateia ficou sentada, "aturdida e silenciosa", enquanto "ninguém, nem mesmo o nosso diretor de política, conseguia dar uma explicação".[68]

A ampla maioria dos cidadãos soviéticos não estava menos confusa, e alguns até achavam que o anúncio era uma espécie de brincadeira de mau gosto. Seu senso de perplexidade foi talvez agravado pela rapidez com que o tom da vida pública e cultural da União Soviética mudou após a assinatura do pacto. De um dia para o outro, os jornais pararam de criticar a Alemanha nazista e começaram a elogiar as conquistas alemãs. Como observou Kravchenko:

> As bibliotecas, igualmente, foram expurgadas de literatura antifascista. A Sociedade para Relações Culturais com Países Estrangeiros descobriu instantaneamente as maravilhas da *Kultur* alemã. Visitando Moscou a serviço, descobri que várias exposições de arte nazista, de conquistas econômicas nazistas e de glória militar nazista estavam abertas ou sendo preparadas [...]. Na verdade, tudo que fosse alemão estava na moda.[69]

A indústria cinematográfica soviética também passou por uma limpeza. Os filmes *Professor Mamlock* e *A família Opennheim* — dramas ressaltando a perseguição nazista de judeus — foram retirados de circulação sem a menor cerimônia. O mais famoso exemplo desse expurgo cultural é o caso da obra-prima de Sergei Eisenstein, *Alexander Nevsky*, que tinha sido lançada em dezembro de 1938 e ainda era exibida nos cinemas soviéticos enquanto a tinta do pacto secava mais de um ano depois. Contando a história do herói russo, que notoriamente derrotou os cavaleiros teutônicos invasores em meados do século XIII, o filme tinha óbvios objetivos propagandísticos, apelando para o nacionalismo russo e contendo cenas fortemente realistas das atrocidades cometidas pelos invasores alemães. Para os espectadores enganados pelas sutilezas do filme, a mensagem foi explicitada numa cena em que são apresentadas a uma multidão de camponeses russos provas de que os invasores tinham torturado suas mulheres: "O alemão é um animal!". Eles gritam em resposta: "Conhecemos o alemão!".[70] Depois que os mesmos alemães se tornaram aliados de Moscou em 1939, essas representações preconceituosas na tela foram consideradas inaceitáveis, e o filme foi rapidamente tirado de circulação. Mas talvez já fosse tarde demais: estimava-se que nos primeiros seis meses de circulação *Alexander Nevsky* tinha sido visto por 23 milhões de cidadãos soviéticos.[71]

Claro, qualquer diretriz política ou cultural tinha que vir do topo, e Stálin tinha razão quando declarou que "a opinião pública em nosso país terá que ser preparada lentamente para a mudança em nossas relações que este tratado acarretará".[72] Mas na esfera cultural, pelo menos, as medidas foram bastante tíbias. Fora algumas exposições e a retirada de cartaz de filmes antigermânicos como *Alexander Newsky*, pouca coisa digna de nota foi esboçada. A curto prazo, programas radiofônicos foram alterados, com os produtos antigermânicos substituídos por outros que projetavam uma imagem mais positiva. Enquanto isso, Eisenstein teve a chance de se redimir, encenando uma produção de *A Valquíria*, de Richard Wagner, no Bolshoi, que estreou em novembro de 1940.[73] A apresentação recebeu críticas entusiásticas, com o *Pravda* elogiando o "gênio" de Wagner e saudando a obra como o "mais rico legado do grande compositor alemão".[74]

Na esfera política, o regime soviético foi um pouco mais proativo, montando "pontos de agitação" em parques e praças, onde representantes do partido tentavam explicar a nova política e respondiam a perguntas. Num desses pontos num parque de Moscou, em meados de setembro de 1939, um senhor de idade deu voz à preocupação generalizada de que os alemães não se contentariam com a Polônia e continuariam sua marcha para o leste. Em resposta, o porta-voz do partido declarou que havia garantias em vigor para que isso não acontecesse, mas, de acordo com uma testemunha, fora essa resposta, ele foi vago e pouco convincente.[75]

Essas iniciativas, evidentemente, não duraram muito. Como disse Khruschóv:

Para nós, explicar nossas razões para assinar o tratado em linguagem objetiva de jornal teria sido ofensivo e, além do mais, ninguém acreditaria. Era muito difícil para nós — como comunistas [...] — aceitar a ideia de somar forças com a Alemanha. Já era difícil, para nós, aceitarmos esse paradoxo. Teria sido impossível explicá-lo para o homem da rua.[76]

Para muitos cidadãos soviéticos, portanto, os velhos temores foram mais silenciados do que atenuados. O poeta Konstantin Simonov queixou-se: "Eles eram os mesmos fascistas de sempre, mas já não podíamos escrever ou dizer em voz alta o que pensávamos deles".[77]

Uns poucos, ao que parece, tomaram ao pé da letra o clima positivo com relação à Alemanha e puseram-se a manifestar sua admiração pelos nazistas e por Hitler pessoalmente. A geração mais nova, por exemplo, tinha uma ideia sobre o Terceiro Reich que estava longe de ser universalmente negativa, com alguns elogiando o alto padrão de vida da Alemanha, ou aplaudindo a perseguição dos judeus. Hitler também era elogiado como carismático, como o arquetípico "homem forte", que "não tem medo de ninguém, não reconhece ninguém, e faz o que quer". Na realidade, fontes da NKVD e do Partido Comunista até relataram ter encontrado suásticas pintadas em muros moscovitas.[78]

Já para outros a desilusão engendrada pelo Pacto Nazi-Soviético se mostrou contagiosa, transbordando em forma de crescente desconfiança do seu próprio lado. Como no Ocidente, uma explicação que ocorreu foi ressaltar a suposta convergência e similaridade entre comunismo e nazismo que o pacto parecia simbolizar. Alguém disse que Hitler e Stálin "estavam simplesmente de acordo em que não deveria haver líderes de oposição nem parlamentos. Agora só falta Hitler passar do fascismo para o socialismo, e Stálin do socialismo para o fascismo". Outra piada que correu em Moscou naquele outono dizia que Hitler e Ribbentrop tinham submetido pedidos para ingressar no Partido Comunista, e Stálin estava pensando se deveria aceitar.[79]

Enquanto a União Soviética se expandia para oeste com a ajuda dos alemães, essa minoria crítica foi ficando mais estridente, questionando a invasão da Finlândia, ou mesmo manifestando solidariedade com os habitantes do leste da Polônia que tinham se tornado cidadãos soviéticos. "Lá eles tinham suas casinhas, suas vaquinhas, seus cavalinhos, sua terrinha, se sentiam seus próprios patrões", diziam, "agora vão passar fome." Não é de surpreender, portanto, que um memorando interno do partido naquele inverno tenha notado a existência na população de "sentimentos doentios, e às vezes sentimentos francamente antissoviéticos beirando conversas contrarrevolucionárias".[80] Claramente as coisas não estavam saindo como Stálin queria.

Se Stálin lutava para manter os seus do seu lado, Hitler fazia o mesmo. A primeira fonte de críticas veio de aliados e simpatizantes internacionais. Havia a sensação generalizada de que o regime nazista tinha sido moralmente prejudicado pela associação com Stálin — sentimento manifestado até mesmo pelo *Times* de Londres.[81] Constava que os portugueses, por exemplo, estavam furiosos com o pacto e com a afeição da Alemanha pela nova parceira. A Hungria também não teve boa impressão e seu povo, evidentemente, achava "difícil reconciliar de uma hora para outra sua declarada amizade pela Alemanha com o velho ódio contra o bolchevismo". Só o jornal pró-nazista *Magyarság*, de Budapeste, aplaudiu o pacto como "um novo recorde mundial em diplomacia inteligente".[82]

Na Itália, Mussolini enfrentava um dilema. Apesar de temer a possibilidade de uma guerra, preocupava-o a perspectiva de ser deixado de fora de qualquer benesse resultante, por isso estava disposto a dar a sua sanção aos planos alemães. Já o seu ministro do Exterior, conde Ciano, se opunha com base em princípios, vendo no pacto com Moscou uma traição aos próprios alicerces da aliança de Roma com Berlim. Ciano estava certo: o Pacto Nazi-Soviético era uma clara violação aos termos do protocolo secreto ao Pacto Anti-Comintern, que estipulava que "sem consentimento mútuo" nenhum dos signatários firmaria tratados políticos com a União Soviética. Ele, portanto, contestou Mussolini, exigindo que não ficasse do lado dos alemães. Em seu diário, transmitiu um pouco do sabor da conversa. "O senhor, Duce", escreveu ele,

> não pode e não deve fazê-lo [...]. Os alemães, e não nós, traíram a aliança na qual somos parceiros, e não servos. Rasgue o pacto [do Eixo]. Jogue-o na cara de Hitler, e a Europa reconhecerá no senhor o líder natural da cruzada antigermânica [...]. Fale com os alemães como se deve falar com eles.[83]

Mas os apelos de Ciano caíram em ouvidos moucos. Amargurado e desiludido, só lhe restava dar vazão aos seus sentimentos no diário. "Os alemães são traiçoeiros e desonestos", escreveu. "Será que poderia existir um canalha maior do que Von Ribbentrop?"[84]

Os japoneses ficaram igualmente estupefatos, vendo no pacto não apenas uma traição pública ao seu acordo com Berlim e Roma, mas também uma drástica deterioração na segurança geoestratégica do Japão. Se Stálin agora tinha uma fronteira amiga a oeste, argumentavam eles, o que o impediria de virar-se para leste e ameaçar as possessões japonesas na Manchúria? Na verdade, tamanho era o desassossego em Tóquio que o governo de Hiranuma Kiichirō, que tinha lutado com a ideia de uma aliança antissoviética com a Alemanha, desabou num clima de amargor. Até o embaixador japonês em Berlim, Hiroshi Oshima, velho amigo da Alemanha e, pessoalmente, de Ribbentrop, viu o pacto como traição e apresentou seu pedido de renúncia.[85]

Nem Hitler recebeu muito socorro de seus simpatizantes ideológicos. Na Grã-Bretanha, depois que a guerra começou ninguém apoiava Hitler, além de uma minoria de radicais excêntricos, como Unity Mitford, que se matou com um tiro na cabeça em Munique no início do conflito, e William Joyce, que foi parar em Berlim como o propagandista "Lorde Haw-Haw". Até mesmo o líder fascista britânico Oswald Mosley declarou publicamente que "qualquer inglês que não lute pela Inglaterra é covarde". Temendo que a guerra arruinasse o Império Britânico, Mosley tinha torcido para que a Grã-Bretanha não se envolvesse, por isso adotara anteriormente uma atitude pacifista, antiguerra, com o slogan: "Por que cortar a garganta hoje para evitar pegar um resfriado amanhã?". Mas quando a guerra veio em setembro, ele recomendou a seus seguidores "não fazerem nada que prejudique o nosso país, ou que ajude qualquer outra potência".[86]

A maior parte da direita britânica pró-Alemanha seguiu o caminho apontado por Mosley. "The Link", por exemplo, que tinha sido estabelecida em 1937 para "promover a amizade anglo-alemã", fechou suas portas. Apesar de impenitente, seu fundador, o pró-nazista e antissemita almirante sir Barry Domvile, explicou: "Naturalmente nós encerramos nossas atividades no início da guerra, os inimigos do rei se tornaram nossos inimigos".[87] "The Right Club" seguiu ostensivamente o exemplo. Outra sociedade pró-nazista, fundada pelo membro do Parlamento sir Archibald Ramsay, também encerrou suas operações oficiais com o início da guerra, embora alguns seguidores de Ramsay tenham continuado panfletando e colando cartazes até 1940.[88]

Só nos Estados Unidos Hitler desfrutou por um breve tempo de um mínimo de simpatia internacional. Ali, a pró-nazista "German-American Bund", fundada em 1936 e formada quase exclusivamente por emigrantes alemães, não tinha vergonha de tentar projetar uma imagem positiva do seu país de origem nem de torcer por Hitler. Embora suas atividades atingissem o ponto mais alto no começo de 1939, com um comício na Madison Square Garden em Nova York que reuniu cerca de 200 mil membros, os acontecimentos do outono acabariam levando a organização a um rápido declínio. Num curioso paralelo com o destino do Partido Comunista Americano, o líder da Bund, Fritz Kuhn, foi condenado por fraude logo que a guerra começou na Europa, e seu secretário nacional seguiu o mesmo caminho, condenado por perjúrio no ano seguinte. Com isso, a organização rapidamente se desintegrou.

Também internamente, Hitler enfrentou considerável oposição. Como Stálin, seu desafio consistia em negar anos de propaganda e preconceitos e temores muito arraigados sobre seu novo parceiro de tratado. O nazismo tinha surgido, pelo menos em parte, como resposta à ascensão dos bolcheviques, e se definira, basicamente, como contraponto nacional aos males do "judaico--bolchevismo". Sendo o anticomunismo um artigo de fé para muitos nazistas, o pacto estava destinado, no mínimo, a causar surpresa e alguma desaprovação.

Em seu círculo mais próximo, claro, Hitler conseguia defender efetivamente a jogada com a força de sua personalidade, ou apelando para a Realpolitik. Se Goebbels fazia alguma restrição ao novo arranjo, não a mencionou em seu diário. No dia da assinatura do pacto, foi tão efusivo privadamente como seus asseclas o foram em público, escrevendo que "o anúncio do Pacto de Não Agressão com Moscou é uma sensação mundial!".[89] No entanto, outros não ficaram tão convencidos. O ideólogo do partido, Alfred Rosenberg, foi um dos que se opuseram com veemência ao novo alinhamento. Quando soube do pacto, registrou sua fúria em seu diário:

> a viagem do *nosso* ministro a Moscou; um ato de desrespeito moral a nossa luta de vinte anos, aos comícios do nosso partido, à Espanha [...]. Uns quatro anos atrás, o Führer disse, na minha presença [...] que não faria um acordo com Moscou, porque era impossível proibir o povo alemão de roubar e ao mesmo tempo fazer amizade com ladrões.

Concluiu a anotação bufando de escárnio: "Aparentemente, os soviéticos já reservaram lugares para uma delegação no Comício de Nuremberg".[90]

Rosenberg voltaria a esse tema poucos dias depois. Apesar de Hitler certamente ter feito um considerável esforço para convencê-lo dos méritos do pacto, ele ainda estava incomodado.[91] "Tenho a sensação", escreveu em seu diário, em 26 de agosto, "de que este Pacto de Moscou um dia se vingará no nacional--socialismo. Não é gesto feito de livre e espontânea vontade, mas um ato de desespero [...]. Como é que vamos poder falar em salvar e moldar a Europa se pedimos ajuda ao destruidor da Europa?"[92]

Em resposta a esses indecisos, Hitler não tinha o menor problema em fazer ameaças. Em Berchtesgaden em agosto de 1939, ele defendeu o pacto perante seus chefes de Estado-Maior, dizendo: "Stálin e eu somos os únicos que visualizamos o futuro. Por isso dentro de poucas semanas devo estender a mão para Stálin na fronteira comum germano-russa, e empreender com ele a redistribuição do mundo". A título de advertência, acrescentou: "Dei a minha ordem e fuzilarei qualquer um que emita uma palavra de crítica".[93]

Quem levou a ameaça a sério foi o industrial Fritz Thyssen. De longa data um dos sustentáculos financeiros e políticos dos nazistas, Thyssen começou a ter dúvidas antes de 1939. Embora apoiasse o esmagamento da esquerda, andava cada dia mais perturbado com a criminalidade e a violência da SA e da SS. Os acontecimentos do outono de 1939 seriam a gota d'água, entre eles a morte do seu sobrinho em Dachau e a arrepiante declaração de Hitler no Reichstag de que "Quem não estiver comigo é traidor, e como traidor será tratado". Consequentemente, Thyssen pegou a família e foi viver no exílio na Suíça. A notícia do pacto o incomodara profundamente. Naquele setembro escreveu para Göring do seu refúgio suíço, dizendo que achava "grotesco" que o "nacional-socialismo de repente jogasse fora suas doutrinas para ter relações de amizade com o comunismo". Essa política, afirmava, equivalia a suicídio, e o único beneficiário seria "o inimigo mortal de ontem [dos nazistas] [...] a Rússia". Escrevendo para Hitler no mês seguinte, não foi mais conciliatório: o pacto e a guerra, escreveu, significavam nada menos do que o *Finis Germaniae*.[94]

Essas opiniões heréticas não eram manifestadas de forma aberta. O discurso público na Alemanha sobre o pacto era uniformemente positivo, com jornais alemães mudando de imediato o tom que costumavam usar para informar sobre questões russas ou cultura russa. Onde antes repórteres e editores nunca resistiam à tentação de inserir no mínimo um adjetivo depreciativo, ou um aparte crítico, agora as notícias eram dadas com escrupulosa imparcialidade. Na manhã do anúncio do pacto, os jornais pareciam em desespero para explicar por que o novo arranjo era necessário. Todos os textos usavam quase as mesmas palavras para noticiar e comentar, redigidos sob a supervisão de Goebbels, rejubilando-se com a restauração da "tradicional amizade entre os povos russo e alemão". No jornal nazista, *Völkischer Beobachter*, Ribbentrop felicitava-se, aplaudindo a própria proeza como "um dos momentos mais importantes e decisivos na história dos nossos dois povos".[95] Até mesmo o jornal interno da SS, *Das Schwarze Korps*, submetia-se à política otimista, lembrando aos seus leitores, numa galopada através da história russa e soviética, que o Império dos Tsares tinha sido originariamente um Estado alemão, que por duas vezes tinha "salvado" a Prússia e "pagou muito caro" por sua inimizade com a Alemanha na Primeira Guerra Mundial. Fazendo eco a Ribbentrop, o jornal concluía que os dois países sempre tinham prosperado quando conviviam como amigos, por isso se alegrava de antemão com uma nova era de colaboração.[96]

Com o início da guerra, a atitude positiva continuou. O *Völkischer Beobachter* publicou longos extratos do discurso de Molotov perante o Soviete Supremo justificando e louvando o pacto. E, depois da invasão da Polônia pelo Exército Vermelho em 17 de setembro, os comunicados militares soviéticos recebiam o mesmo tratamento exaltado, com comentários editoriais repercutindo, devidamente, a política soviética.[97] Como era de esperar, tudo isso inspirava a aversão de Rosenberg. "Falta dignidade à nossa imprensa", escreveu ele:

> hoje ela se alegra com a amizade tradicional entre os povos russo e alemão. Como se nossa briga com Moscou tivesse sido um mal-entendido, e os bolcheviques fossem desde sempre os verdadeiros russos, com os judeus soviéticos à frente! Aninhar-se assim é constrangedor demais![98]

O conteúdo cultural dos jornais também foi rapidamente harmonizado, apesar de haver uma clara preferência por assuntos russos àqueles com contexto mais estritamente soviético. Já em 25 de agosto, por exemplo, um artigo complacente explorava a opinião russa sobre a batalha de Tannenberg, cujo 25º aniversário logo seria comemorado na Alemanha. Uma semana depois, em 3 de setembro, uma página inteira do *Völkischer Beobachter* foi dedicada à história do Kremlin.[99] Artigos parecidos vieram em seguida, cobrindo assuntos diversos, como o movimento editorial, a história, a literatura e a música da Rússia. Para aqueles que tinham sido criados à base de uma dieta de sarcástico desprezo por tudo que viesse de Moscou, essas revelações devem ter sido bem desconcertantes. Com o tempo, o *Pravda* e o *Izvestia* estariam disponíveis nas ruas de Berlim, contendo, como disse um leitor, "um bocado de coisas negativas sobre os ingleses e nada sobre o fascismo".[100]

A acreditar no americano William Shirer, porém, Hitler não precisava se preocupar com a reação popular à meia-volta do Pacto Nazi-Soviético. De acordo com o conceituado radiojornalista e comentarista, o povo de Berlim, apesar de ainda estar "esfregando os olhos" em reação à notícia, pelo menos era entusiástico. "Vocês podem se surpreender", anunciou ele aos seus ouvintes americanos:

> mas o fato é que eles gostam [do pacto]. A julgar pela reação das pessoas na rua, é uma jogada muito popular. Hoje percorri Berlim em ônibus, bondes e trens nas linhas elevadas e subterrâneas. Todo mundo com a cabeça enfiada num jornal. E dava para ver em seus rostos que consideravam o que liam Boa Notícia.[101]

Havia muitas pessoas que sem dúvida concordariam instintivamente com a avaliação de Shirer. Depois de ouvir o anúncio pelo rádio, uma testemunha se lembrava de que o pacto foi recebido de forma positiva. "Todos estão radiantes", disse. "Aonde quer que a gente vá, as pessoas falam animadas do acordo com a Rússia!"[102] Parte dessa animação vinha da crença equivocada de que o pacto, em vez de anunciar a chegada da guerra, poderia na verdade evitá-la. Mas outros eram menos otimistas. Em Berlim, Ruth Andreas-Friedrich, que mantinha um diário, reagiu com resignação, achando que a tensão finalmente fora aliviada e agora a guerra seria inevitável. A notícia do pacto, escreveu ela, foi uma "surpresa estarrecedora", e ela não sabia com certeza "se dava um suspiro de alívio ou se ofegava de horror". Tendo deduzido havia muito tempo que Hitler queria a sua guerra, agora tudo indicava que ele finalmente realizaria o seu desejo. E concluiu que "um fim com horror nos parece quase preferível ao horror sem fim".[103]

A única reação uniforme à notícia foi, talvez, a surpresa. Um médico bávaro sintetizou o pensamento de muitos escrevendo:

Simplesmente não conseguia acreditar que Hitler tivesse feito um pacto com os bolcheviques; com a mesmíssima potência que — até onde consigo lembrar — era a encarnação do mal para os nacional-socialistas [...]. Comecei a achar, maravilhado, que Hitler tinha passado por uma mudança de caráter para realizar essa incrível jogada de xadrez diplomático.[104]

Os pensamentos do judeu Victor Klemperer eram, compreensivelmente, muito mais sinistros; as imagens de Ribbentrop apertando a mão de Stálin, escreveu ele em seu diário, eram "as maiores maluquices", acrescentando que "Maquiavel era um bebê de colo perto disso".[105]

Muitos, nos meios militares, estavam igualmente horrorizados. Como observou o oficial de informações Hans Gisevius, os comandantes do Exército estavam "estupefatos [...] sem palavras de tão indignados", acrescentando que "ver Hitler e Stálin andando de braço dado era demais, mesmo para os nossos generais apolíticos".[106] O coronel-general Ludwig Beck, ex-chefe do Estado-Maior, falou em nome de muitos ao expressar sua profunda inquietação com o novo arranjo. Em novembro de 1939, ele opinou que a vitória da Alemanha contra a Polônia tinha sido diminuída pelo fato de que o "colosso russo" fora "posto em marcha" para o oeste durante o processo.[107]

Como bem lembrava o general Guderian, Hitler parecia esperar objeções desse setor. Sentado perto do Führer num almoço na Chancelaria do Reich no fim de outubro de 1939, depois de ser agraciado com a Cruz de Cavaleiro da Cruz de Ferro, Guderian foi indagado, sem meias palavras, "como o Exército reagiu ao pacto russo". Quando o general respondeu que os soldados tinham "dado um suspiro de alívio" por não terem que travar uma guerra em dois fronts, Hitler o encarou "com espanto", e ele teve a nítida impressão de que o Führer não gostou da sua resposta. Guderian achava que a decepção de Hitler era porque "ele sem dúvida esperava que eu manifestasse o meu espanto por ele ter concordado em assinar um pacto com Stálin".[108]

Na classe política alemã também houve desassossego. O ex-diplomata Ulrich von Hassell escreveu em seu diário que compreendia muito bem a ideia que havia por trás do pacto — que ele descrevia como "usar Belzebu para afugentar o Diabo" —, mas achava que o acordo seria "visto pelo mundo inteiro [...] como prova da mais absoluta falta de escrúpulos e de princípios de Hitler e Stálin".[109] A gota d'água para Alfred Rosenberg foi quando Ribbentrop voltou da segunda

"Os nossos são melhores!" Guderian e Krivoshein em Brest-Litovski desfrutando a parada conjunta nazi-soviética em Brest, Polônia, em setembro de 1939.

Soldados alemães e soviéticos trocando cigarros e cumprimentos de camaradagem.

Molotov assina o Pacto Nazi-Soviético sob o olhar atento de Stálin, em 23 de agosto de 1939.

"Sei o quanto a nação alemã ama o seu Führer. Gostaria, portanto, de beber à sua saúde."
Stálin e Heinrich Hoffmann participam de um brinde comemorativo no Kremlin.

O malsucedido panfleto de Harry Pollitt, *Como ganhar a guerra*, que irritou o Kremlin por defender a proteção da Polônia.

"A escória da Terra, imagino?" O icônico cartum de setembro de 1939, dando a visão ocidental do cinismo obscuro do pacto.

Hitler anuncia a invasão alemã da Polônia ao Reichstag na Kroll Opera House, em 1º de setembro de 1939.

Soldados alemães vitoriosos marcham pelas ruínas de um vilarejo polonês.

Molotov anuncia a invasão soviética da Polônia em 17 de setembro, em apoio aos "irmãos de mesmo sangue" da URSS.

Um tanque BT-7 do Exército Vermelho avança pela cidade polonesa oriental de Raków, passando por moradores perplexos.

O 6º Exército alemão desfila diante de Hitler na antiga capital polonesa de Varsóvia, em outubro de 1939.

A realidade sanguinária do domínio alemão: uma execução na cidade polonesa de Sosnowiec, no outono de 1939.

O Exército Vermelho desfila pela cidade polonesa de Lvov e passa por um retrato de Stálin, em setembro de 1939.

A realidade sanguinária do domínio soviético: cadáveres de algumas vítimas polonesas de Stálin, exumadas em Katyn em abril de 1943.

Judeus sendo deportados por nazistas da cidade de Lódz, na Polônia ocupada, em março de 1940.

Substituindo-os, em teoria, foram reunidos alemães étnicos das áreas cedidas a Stálin pelo pacto. Aqui, *Volksdeutsche* da Bessarábia são postos em trens para a viagem para "casa no Reich".

"É assim que aniquilamos os inimigos do poder soviético." Uma fotografia rara da deportação em massa de Riga, capital da Letônia, ocupada pelos soviéticos, em junho de 1941.

Condenados a "desaparecer como ratos do campo". Uma família polonesa deportada de Stanisławów posa na frente de sua nova "casa" no Cazaquistão soviético. Eles estão entre os que tiveram sorte.

O inacabado cruzador pesado alemão *Lützow* — a "nau capitânia" do Pacto Nazi-Soviético — sendo rebocado para Leningrado, em maio de 1940.

As relações econômicas germano-soviéticas — mais importantes para Berlim "do que uma batalha vencida". Aqui um engenheiro verifica os níveis de uma remessa de petróleo soviético para o Reich de Hitler, no inverno de 1940.

Molotov chega a Berlim em novembro de 1940 para negociar a fase seguinte do Pacto Nazi-Soviético.

"Vamos dividir o mundo inteiro!" Hilter e Molotov discutem os termos, com Gustav Hilger como intérprete, mas o acordo não se concretizou.

Goebbels lê o pronunciamento de Hitler ao povo alemão do ataque à URSS. "Sinto-me totalmente livre", mais tarde escreveu em seu diário.

Moradores de Moscou ouvem ansiosos o pronunciamento em rádio de Molotov sobre a invasão nazista. "Nossa causa é justa", ele enfatiza. "A vitória será nossa."

Em territórios recém-anexados — como este, perto de Chişinău, na antiga Bessarábia — os invasores alemães foram saudados por muitos como libertadores.

"A única coisa que sobrou do 56º Regimento de Fuzileiros foi o seu número." Alguns dos incontáveis soldados do Exército Vermelho que se renderam aos alemães nos primeiros dias da Operação Barbarossa.

Um tanque T-34 destruído — uma das poucas fontes de otimismo para Stálin em julho de 1941 —, ironicamente construído em grande parte com tecnologia alemã.

Civis locais removem uma estátua de Stálin, recém-erguida, em Białystok, Polônia, em julho de 1941.

Sikorski (à esq.) e Maisky (à dir.) assinam o Acordo Polaco-Soviético na presença de Eden e Churchill.

A Chacina da Garagem Lietukis: os judeus de Kaunas são espancados até a morte por colaboradores nazistas locais, em junho de 1941.

Vítimas da NKVD soviética espalhadas pelo pátio da prisão em Lvov, aguardando identificação pelos parentes horrorizados, em junho de 1941.

A "Corrente Báltica" — uma corrente humana que serpenteou seu caminho pelas repúblicas bálticas da URSS no quinquagésimo aniversário do Pacto Nazi-Soviético — em protesto à anexação dos três países por Stálin, em agosto de 1989.

Essa demonstração, em Šiauliai, na Lituânia, em agosto de 1989, fez a brutalmente clara ligação, mostrando as três repúblicas bálticas como caixões, com as bandeiras nazista e soviética unidas sobre eles.

visita a Moscou proclamando que a atmosfera no Kremlin era "como estar entre velhos camaradas". "Isso", esbravejou Rosenberg em seu diário, "é simplesmente a afronta mais descarada que poderia ser infligida ao nacional-socialismo."[110]

O descontentamento nos círculos diplomáticos alemães era tão grande que rumores a respeito dele chegaram até a ouvidos britânicos. No outono de 1939, o secretário do Exterior, visconde de Halifax, preparou um memorando secreto sobre as relações germano-soviéticas, no qual fontes em Berlim eram citadas sugerindo que "há uma crescente insatisfação e desilusão na Alemanha — em círculos navais e militares, entre diplomatas, da parte de Göring e seu entourage, e no Partido — com o Pacto Russo-Alemão".[111] Essas fontes não estavam muito erradas. Na manhã seguinte ao anúncio do pacto, dizia-se que o jardim da "Casa Marrom" em Munique, sede do Partido Nazista, ficou coalhado de insígnias do partido descartadas por membros contrariados.[112] Hitler posteriormente admitiria que a "manobra" do pacto com Stálin "deve ter parecido uma rara bagunça" para os nacional-socialistas convictos, mas ele estava seguro de que a "meia-volta" tinha sido aceita "sem receios".[113] Engano seu. Ele e seus propagandistas por certo ainda teriam muito que explicar.

Para esse fim, o Estado nazista dispunha de numerosas ferramentas. O cinema, sempre o carneiro que serve de guia na cultura totalitária, foi rapidamente harmonizado. Embora a produção nazista de filmes tivesse tido a obsessão de ressaltar a "ameaça bolchevique" até poucos meses antes, com a assinatura do pacto ela passou, sem dificuldades, a mostrar o vizinho oriental da Alemanha sob uma luz mais favorável. Foi típico disso o que ocorreu com o filme *Friesennot*, lançado em 1935 e ainda circulando na Alemanha no outono de 1939. Ambientado numa aldeia étnica alemã da União Soviética, o filme mostrava a brutal perseguição sofrida pelos moradores nas mãos do Exército Vermelho e seus comissários políticos, culminando num banho de sangue e no assassinato de uma moça local que se apaixonara por um oficial soviético. Apesar do sucesso de crítica e de público — *Friesennot* tinha conseguido chegar até a filmoteca pessoal de Hitler —, seus temas antibolcheviques estavam em profundo desacordo com a mudança de clima político em 1939, e o filme foi devidamente banido em setembro.[114]

Em lugar de obras como essa, um novo programa de filmes foi rapidamente implementado, com temas mais afinados com a nova configuração de poder. Um assunto óbvio para tratamento cinematográfico era o estadista do século

XIX Otto von Bismarck, herói dos nacionalistas alemães que, apesar disso, tinha tido o cuidado de cultivar uma saudável aliança com a Rússia. O filme *Bismarck*, encomendado pessoalmente por Goebbels, apareceu nos cinemas alemães em dezembro de 1940. Bem mais popular, porém, foi *Der Postmeister*, uma história de amor frustrado em São Petersburgo, adaptada de um conto de Púchkin e com o ex-comunista Heinrich George no papel-título. Mas, apesar das críticas entusiásticas e de receber o "Prêmio Mussolini" no Festival Internacional de Cinema de Veneza em 1940, a carreira de *Der Postmeister* durou pouco. No verão seguinte, tinha desaparecido das telas de cinema alemãs, condenado por sua visão complacente do povo russo.

A atividade pró-Rússia em outras esferas culturais foi bem menos evidente. A música era uma área na qual se poderia esperar ouvir ecos da nova época de amizade nazi-soviética, mas quase não deu para notar mudança nenhuma. A música russa só foi banida da Alemanha em 1942, mas desde meados de 1930 havia uma ativa campanha para "germanizar" a produção cultural do Terceiro Reich, e listas de reprodução do rádio, concertos e repertórios tendiam, naturalmente, a refletir e perpetuar essa propensão. Havia exceções, claro. Logo depois que o pacto foi assinado, a Rádio Munique prestigiou a ocasião cancelando um debate intitulado *Acuso Moscou — o Plano de Ditadura Mundial do Comintern* e substituindo-o por trinta minutos de música russa.[115] Mas, fora esses exemplos, o tom era de continuidade. Talvez seja revelador que a Filarmônica de Berlim dedicasse concertos durante o Terceiro Reich à música de muitas terras estrangeiras — incluindo Grécia, Bulgária, Itália, Finlândia e até Grã-Bretanha —, mas nunca à da Rússia.[116] A ópera era um pouco mais ecumênica, com obras de Glinka, Tchaikóvski, Borodin e Mussorgsky apresentadas na Alemanha durante os 22 meses do Pacto Nazi-Soviético, mas tratava-se de exceções a uma norma solidamente germânica.

O vibrante panorama dos cabarés na Alemanha mostrava preconceitos parecidos, com uns poucos corais de russos ou "cossacos" melhorando as atrações tradicionais do music hall com a oferta do que um anúncio de jornal descrevia como a "experiência única" de "melodias russas".[117] Um desses grupos, chamado Coral Nacional Ucraniano, teve o azar de estar residindo no music hall Wintergarten em Berlim em junho de 1941, na mesmíssima época em que seu país natal foi atacado. A apresentação foi cancelada dois dias depois da invasão alemã.[118] Não se sabe que fim tiveram os artistas.

* * *

Olhando para trás, o que surpreende não é o pouco esforço empreendido para propagar uma genuína amizade entre os nazistas e os soviéticos, mas o fato de ter havido qualquer esforço nesse sentido. Levando em conta a inimizade ideológica entre os dois, é notável que trocas culturais, educação política e o poder das respectivas máquinas de propaganda tenham sido utilizados, pelo menos temporariamente, para melhorar as relações germano-soviéticas. Stálin claramente reconhecia, é óbvio, que qualquer aperfeiçoamento desse tipo exigia esforço e empenho sustentado; e no caso não houve nada disso. Faltou vontade política dos dois lados para ir além de gestos simbólicos.

Mas a reação interna ao Pacto Nazi-Soviético na Alemanha e na União Soviética demonstrou muito bem os limites da propaganda. Embora os dois lados fossem mestres reconhecidos das sinistras artes da persuasão política, nenhum deles poderia reivindicar qualquer sucesso particular em convencer seus respectivos públicos da sinceridade da recém-descoberta benevolência do parceiro. Pode ser, claro, que essa falta de êxito fosse em certo sentido deliberada, refletindo a natureza temporária e tática da relação e o desejo de ambos os regimes de não diluir a desconfiança pública num inimigo potencialmente perigoso. E a ideologia não foi inteiramente abandonada, é óbvio. Os dois lados tentaram dar um verniz ideológico ao pacto, num esforço para tornar os acontecimentos compreensíveis para os fiéis. Os alemães tentaram se convencer de que os dois lados estavam convergindo, de que os excessos bolcheviques do passado tinham cedido a vez a uma ordem do dia de propensão mais nacionalista. Os soviéticos, por sua vez, puderam pintar a sua colaboração com Hitler como uma jogada tática de mestre, na luta mais ampla contra o imperialismo e o capitalismo ocidentais.

Apesar disso, sem considerar desvios e complexas justificativas, deve-se também levar em conta que, para muitos adeptos, o nazismo e o comunismo eram credos adotados com fervor, cujos princípios não poderiam simplesmente ser descartados por um ato de vontade, para onde quer que o vento soprasse. Como disse Harry Pollitt: "Não tenho inveja dos camaradas que tão levianamente conseguem passar de uma convicção para outra". Pollitt não se retratou. Embora continuasse, depois de afastado, a fazer abertamente campanha pela nova política de Rajani Palme Dutt e do Comintern, não mudou pessoalmente de opinião. Na verdade, segundo certa versão, ele um dia compareceu a uma reunião comunista brandindo um exemplar do seu controvertido panfleto *Como ganhar a guerra*, e, quando contestado, exclamou que mantinha cada palavra do seu texto.[119] Apesar de discordarem sobre quase tudo o mais, muitos — tanto fascistas como comunistas — sem dúvida teriam aplaudido essa firmeza.

5. Uma corte rude e incerta

Como recordaria Winston Churchill tempos depois, a notícia do Pacto Nazi--Soviético "atingiu o mundo como uma explosão".[1] O secretário de Estado para a Guerra, Leslie Hore-Belisha, usou metáfora parecida, comparando o acontecimento a um "verdadeiro projétil de artilharia".[2] Estranhamente, levando em conta a sua capacidade de obter informações, os serviços de inteligência da Grã-Bretanha tinham fornecido poucas indicações de uma iminente reaproximação nazi-soviética. O desejo alemão de relações mais estreitas com Moscou era conhecido, mas supunha-se que fosse contrário aos instintos de Hitler, e encontrasse pouca reciprocidade no lado soviético. Consequentemente, numa reunião de instruções no Ministério do Exterior realizada naquela mesma semana, um pacto nazi-soviético foi julgado "improvável".[3] Se a comunidade de inteligência se surpreendeu, na Grã-Bretanha, para muitos de fora desses círculos, o choque foi quase palpável. Em todos os lados do debate, a amarga inimizade entre os nazistas e os soviéticos era tida como ponto pacífico, uma das balizas da vida política. Agora, da noite para o dia, ela tinha aparentemente sido relegada ao passado histórico. A assinatura do pacto, portanto, foi um desses raros momentos da história em que o mundo — com todas as suas normas e suposições — parecia ter virado de cabeça para baixo.

O fantasma desses dois regimes execráveis trabalhando juntos era profundamente desconcertante. Para o autor de diário e político "Chips" Channon, aquilo pressagiava uma espécie de apocalipse. "Agora os nazistas e os bolcheviques se juntaram para destruir a civilização", escreveu ele, "e as perspectivas para o mundo são medonhas." O membro do Parlamento Harold Nicolson, que persistentemente advertia sobre os perigos que o fascismo representava, teria concordado. Ele confidenciou ao seu diário: "Meu medo é que estejamos agora prostrados até o pó". O veterano diplomata sir Alexander Cadogan andava simplesmente exausto. Sentado à mesa do jantar na noite em que o pacto foi anunciado, ele pensou um pouco no que poderia significar, mas só via cansaço. "Essas crises são mesmo muito cansativas. Não podemos continuar vivendo assim na Europa. Não faz sentido."[4]

A opinião pública na Grã-Bretanha foi bem menos calamitosa, colorida pelo respeito popular pela URSS, ainda vista por muitos em termos róseos, como "o paraíso dos trabalhadores" da propaganda moscovita. Uma pesquisa de opinião feita em abril de 1939 tinha revelado 87% de preferência por uma aliança militar com Moscou, e esses números mudaram pouco até o outono.[5] Consequentemente, quando a notícia do pacto foi dada no Reino Unido em agosto, havia de modo geral uma relutância em interpretar os acontecimentos fazendo restrições à União Soviética. A opinião mais frequente era que Stálin estava apenas ganhando tempo à espera do momento oportuno, para proteger a URSS, e acabaria ficando do lado da Grã-Bretanha.[6]

Fora isso, havia, no entanto, uma certeza crescente da iminência da guerra. Um oficial de informações britânico mandou um cartão-postal para a mulher, no mesmo dia em que o pacto foi assinado, com uma advertência: "Não quero parecer alarmista, mas acho que os alemães vão mesmo invadir a Polônia no fim desta semana ou começo da próxima".[7] Não estava muito errado. A mesma compreensão foi sintetizada de forma bem mais expressiva nas recordações de Hugh Dundas, piloto do 616º Esquadrão da RAF estacionado em Manston, na costa de Kent. Quando ouviu a notícia do pacto estava sentado com Teddy St. Aubyn, ex-aluno do Eton College, ex-oficial da Guarda e um dos fundadores do esquadrão. A reação de St. Aubyn não foi exatamente cavalheiresca: "Teddy pôs a colher de sopa na mesa e disse, alto e bom som: 'Fodeu tudo. É o começo da porra da guerra'". Dundas diria mais tarde: "Ouvi bem suas palavras, e sabia que era verdade".[8]

Apesar dos justificados temores, a Grã-Bretanha apresentava ao mundo um ar de calma determinação naquela última semana de paz. Um editorial do *Times* de 23 de agosto era, talvez, típico desse estoicismo. Começava recusando-se a emitir julgamento sobre o pacto enquanto os pormenores exatos não fossem divulgados, mas manifestava dúvidas sobre se "o acordo nazi-soviético fará alguma diferença material no equilíbrio de poder, seja na paz ou na guerra". Apesar disso, prosseguia o artigo, a posição da Grã-Bretanha era clara: como Downing Street tinha anunciado, o pacto "não afetará de forma alguma as obrigações [da Grã-Bretanha] para com a Polônia", as quais tinham sido "reiteradamente declaradas em público" e o governo estava "determinado a cumprir". Além disso, como para rebater de antemão a acusação de que os negociadores britânicos tinham sido muito irresolutos em seus esforços para conquistar os soviéticos, o editorial sugeria que "a consistência e confiabilidade da diplomacia russa e da alemã [tinham] levantado dúvidas mais sérias do que nunca".[9] A insinuação clara era que os capciosos soviéticos não eram dignos parceiros de tratados e mereciam seus novos amigos alemães.

Enquanto isso a Grã-Bretanha dedicava seu tempo a cimentar as relações existentes. Às cinco da tarde de 25 de agosto, o secretário do Exterior britânico Edward Wood, visconde de Halifax, teve um encontro com o embaixador polonês, conde Edward Raczyński, em seu gabinete revestido de lambris de carvalho em Whitehall, Londres. Aos 58 anos àquela altura, Halifax tinha servido como vice-rei da Índia e ocupara uma série de cargos ministeriais antes de ser designado secretário de Estado de Relações Exteriores no começo de 1938. Era uma figura impressionante. Imensamente alto, com um corpo esquelético no qual as roupas pareciam folgadas demais, a calvície alta e avançada parecia aumentar sua estatura. De caráter calmo e racional — com "modos olímpicos", como disse um biógrafo —, tinha olhos tristes, empapuçados, uma expressão lúgubre e um leve ceceio.[10]

Seu homólogo tinha estampa parecida. Raczyński vinha de uma família aristocrática polonesa cujos ancestrais tinham servido nas cortes da Saxônia e da Prússia. Dotado de um inglês fluente, tinha estudado na London School of Economics e fora nomeado embaixador da Polônia na Real Corte de St. James em 1934. Dez anos mais novo do que Halifax, tinha jeito de professor, com testa alta e óculos de aro de metal empoleirados num nariz aquilino.

A conversa entre Halifax e Raczyński foi curta, não mais de quinze minutos. O assunto era a resposta da Grã-Bretanha e da Polônia à assinatura do Pacto Nazi-Soviético, anunciado 36 horas antes. Diante dos dois homens estava o texto de um tratado, um "Acordo de Assistência Mútua", cuja intenção era tornar permanente a colaboração entre os dois países, e reiterar a decisão britânica de ajudar a Polônia em caso de agressão alemã. Na verdade, o acordo vinha sendo discutido havia algum tempo, mas ganhara urgência com os acontecimentos de Moscou. Era apenas um breve documento — oito artigos num total de aproximadamente quinhentas palavras —, mas seria altamente significativo, sobretudo devido à cláusula segundo a qual se qualquer das duas partes "se envolvesse em combates com uma Potência Europeia em consequência de agressão da parte desta última", a outra parte daria "todo o apoio e assistência ao seu alcance". Após uma última leitura dos termos, cópias foram assinadas, permutadas e rubricadas; negócio fechado. "A guerra de nervos", recordaria Raczyński tempos depois, parecia estar chegando ao fim. A Polônia tinha garantido um aliado.[11]

Se é que podia ser chamado mesmo de aliado. Embora Whitewall estivesse ciente de que, em decorrência do Pacto Nazi-Soviético, os poloneses talvez já contassem com uma invasão soviética, e com uma nazista também, a garantia não incluía Moscou.[12] O Foreign Office britânico via o pacto como um arranjo fundamentalmente antinatural, e, portanto — na esperança de que fosse temporário —, não estava disposto a desfazer um vínculo potencialmente vital com a União Soviética transformando-a de forma prematura em inimiga. Com isso, ainda que mencionasse apenas agressão por uma "Potência Europeia" não especificada, o tratado foi complementado por um protocolo secreto, também assinado pelas duas partes, para dar mais clareza. O protocolo explicava que, pela expressão "Potência Europeia", as partes signatárias queriam dizer "Alemanha", e no caso de agressão por qualquer outra potência eles apenas resolveram "consultar-se mutuamente" sobre a resposta a ser dada. Não obstante a oferta não fosse especialmente generosa, segundo os mandarins de Whitehall, a "ansiedade" polonesa era tão grande que se esperava que Varsóvia fosse compreensiva.[13]

Ainda que Halifax e Raczyński não pudessem saber, estavam fazendo eco irônica e sombriamente ao protocolo secreto nazi-soviético, pelo qual o esperado desmembramento da Polônia tinha sido acertado dois dias antes. Pela segunda vez em dois dias, foi preparado um tratado cujas cláusulas mais significativas estavam contidas num adendo não divulgado.

Quando a Grã-Bretanha declarou guerra à Alemanha nove dias depois, o país estava calmo, embora Londres tivesse sido agitada por um alerta de ataque aéreo na primeiríssima tarde. Como seria norma nos meses e anos seguintes, a iniciativa foi tomada naquele dia por Churchill, que, apesar de não ser ainda primeiro-ministro, muito contribuiu para formular os objetivos de guerra e a autoimagem da Grã-Bretanha quando fez um discurso na Câmara dos Comuns em 3 de setembro. Manifestando otimismo com "uma geração de britânicos" que estava "pronta para demonstrar o seu valor" na luta vindoura, ele delineou os objetivos da Grã-Bretanha na guerra que então começava. "Não se trata aqui de lutar por Danzig ou de lutar pela Polônia", disse. "Estamos lutando para salvar o mundo inteiro da pestilência da tirania nazista e em defesa de tudo que o homem tem de mais sagrado." Um mês depois, Chamberlain usou palavras parecidas para traçar os objetivos de guerra britânicos, que segundo ele eram "redimir a Europa do perpétuo e recorrente medo de uma agressão alemã e possibilitar aos povos da Europa a preservação de sua independência e de suas liberdades".[14]

Com isso a atitude oficial da Grã-Bretanha para com a Alemanha ficou muito clara: baseava-se em princípios e era de implacável hostilidade contra os males do totalitarismo nazista. Mas, apesar de toda a clareza da posição britânica com relação à Alemanha, a atitude — oficial e não oficial — adotada com relação à União Soviética era bem mais complexa. Assim como se debateu com a questão de *como* levar a guerra a Hitler durante a "Guerra de Mentira", o governo britânico teria que pensar seriamente *se* deveria ir à guerra também contra Stálin.

A opinião pública não ajudava muito. De um lado, havia aqueles que, como "Chips" Channon, viam nas ações soviéticas daquele outono as intrigas de uma grande conspiração. "Nosso mundo [...] está cometendo suicídio", escreveu ele, "enquanto Stálin ri e o Kremlin triunfa."[15] Mas no público em geral ainda havia muita simpatia pelos soviéticos, e a sensação de que o governo de Chamberlain não tinha feito o suficiente para convencer Moscou a fazer uma aliança que poderia, de forma viável, ter detido Hitler. Essa complexidade de sentimentos talvez tenha sido expressa melhor por um servidor público de Hampshire, que confiou seus sentimentos no início da guerra ao projeto Mass Observation: "Quando venho jantar me dizem que estamos em guerra e que Chamberlain tinha falado. Ainda bem que perdi essa. Não quero ouvi-lo dizer

'Deus sabe que fiz o melhor que pude!'. Não acredito nisso. Ele poderia ter conseguido a cooperação russa. "Estou pronto para lutar contra o fascismo se for necessário", concluiu, mas "se tivéssemos tratado a Rússia decentemente, nem seria preciso."[16]

As complexidades da opinião pública e o aparente absurdo da amizade recém-descoberta de Stálin com Hitler eram uma benesse para os cartunistas da imprensa britânica, que capturaram muito bem o estado de espírito naquele outono. Um tema visual comum, adotado por Bert Thomas no *Evening Standard*, consistia em mostrar a Alemanha nazista e a União Soviética caracterizadas de gorila e de urso. Dessa maneira, em 18 de setembro — um dia depois da invasão soviética da Polônia oriental — Thomas mostrou os dois espremidos de modo desconfortável numa única cama: o urso curvado numa posição infeliz, enquanto o gorila se inclina para o lado a fim de pegar, sub-repticiamente, um punhal. No fim do mês seguinte, Thomas voltou ao tema, com o gorila nazista tomando banho numa piscina de "lama e sangue" — simbólica da guerra e da "Nova Ordem" nazista da Europa — e acenando ao urso soviético para que se juntasse a ele: "Venha — é legal!", berrava.

Mas talvez o cartunista mais famoso do período tenha sido David Low, neozelandês que morava em Londres cujas representações satíricas de Hitler e Mussolini levaram suas obras a serem banidas na Alemanha e na Itália, e que conquistaria a honra de ter o nome incluído na lista especial de prisões da ss em 1940.[17] Muito bom em atormentar os nazistas, acertaria belos golpes naquele outono, incluindo "Loja de Penhores do Tio Zé" em 2 de outubro, que mostrava um furtivo Hitler ao lado de Ribbentrop perguntando a Stálin quanto ele "lhes daria" pelo nazismo; e "Alguém está levando alguém para passear", com Hitler e Stálin de braço dado, tornozelos amarrados, dando um passeio com três pernas pela "Fronteira Oriental", cada um segurando uma pistola nas costas. Com essas imagens surpreendentes, Low conseguia sintetizar as confusões, os temores e os absurdos da época com uma clareza visual que poucos igualaram.[18]

A mais famosa charge de Low naquela época foi "Rendezvous", que apareceu no *Evening Standard* em 20 de setembro. Mostrava Stálin e Hitler se encontrando em meio a escombros de guerra, fazendo profundas mesuras e tirando o chapéu um para o outro enquanto trocam amabilidades. "A escória da Terra, imagino?", diz Hitler, enquanto Stálin responde: "O sanguinário assassino dos trabalhadores, suponho?". E a seus pés jaz a figura prostrada da "Polônia". A imagem icônica resumia nitidamente a atitude britânica predominante — a de que o pacto não passava de um cínico arranjo de curto prazo, entre inimigos ideologicamente opostos.

Em círculos do governo britânico prevalecia uma visão muito mais matizada: uma compreensão lúcida da necessidade de manter canais de comunicação abertos com Moscou, com uma pitada de medo visceral das intenções soviéticas. Essa posição ambivalente passou por seu primeiro teste sério quando as forças soviéticas marcharam para o leste da Polônia na manhã de 17 de setembro, desmoralizando sua pretensa posição de "neutralidade" na guerra. Um editorial do *Times* na manhã seguinte foi tão contundente em seu ataque a Moscou como atipicamente prolixo.

> Só podem estar desapontados aqueles que se apegavam à crença ingênua de que a Rússia era distinta do seu vizinho nazista, apesar da identidade de suas instituições e do seu idioma político, pelos princípios e propósitos por trás da sua política externa. Os alemães certamente foram sensatos quando julgaram que os objetivos abnegados de um front de paz pareceriam pálidos e pouco atraentes perto da oferta de duas províncias sem nenhum custo imediato. A Alemanha cometeria o assassinato e a Rússia compartilharia a propriedade.

O editorial terminava com uma nota sinistramente desafiadora:

> A opinião pública aqui está revoltada mas nem um pouco horrorizada com esses cínicos exercícios de baixa diplomacia. A simpatia pela Polônia, ontem cálida e veemente, hoje está inflamada [...]. Contemplamos um mundo que agora tem menos disfarces [...]. No mundo a linha entre a civilização e a selva está definida.[19]

Enquanto isso o que se tentava decidir em Whitewall era se a invasão soviética da Polônia deflagraria uma declaração de guerra contra a União Soviética, como a invasão alemã deflagrara duas semanas antes. Mas o visconde de Halifax lembrou ao Gabinete os termos do protocolo secreto ao Acordo Anglo--Polonês e o "entendimento" de que a assistência britânica seria deflagrada em caso de uma ação alemã. "Segundo essa interpretação", observou Halifax, "a Grã-Bretanha não está obrigada pelo tratado a se envolver em guerra com a URSS como resultado da invasão da Polônia." Para completar, acrescentou que "o governo francês tinha a mesma opinião".[20]

Na verdade, em vez de declararem guerra aos soviéticos, os britânicos estavam dispostos a fazer uma conexão com Moscou, para prevenir uma completa aliança germano-soviética. Nesse sentido, um gênio do gabinete chegou a sugerir um pacto de não agressão, até lhe ser mostrado que arranjos como esse "vêm exalando certo mau cheiro desde 23 de agosto".[21] Em vez disso, o que se deveria fazer era usar o comércio para quebrar o gelo. Na primeira semana de outubro, firmou-se um acordo para trocar madeira soviética no valor de 1 milhão de libras esterlinas por borracha e estanho. Pensou-se também em outras mercadorias, como chumbo, cobre, cacau e ferramentas mecânicas.[22] Mas, apesar de as negociações terem tido certo êxito, havia em torno delas um clima de paranoia com relação aos motivos e ações dos soviéticos. As conversações estavam subordinadas, por exemplo, ao destino de dezesseis navios britânicos detidos em portos soviéticos, e até se aventou a possibilidade de que os soviéticos estivessem agindo de má-fé, e que providenciariam para que os carregamentos britânicos fossem torpedeados por submarinos alemães.[23]

Paradoxalmente, na mesma semana em que o acordo comercial foi assinado, um memorando dos chefes de Estado-Maior da Grã-Bretanha apresentou uma "apreciação" da nova situação estratégica criada pelo Pacto Nazi-Soviético. Era uma leitura desencorajadora. Não só a URSS poderia "provocar sérios danos à causa aliada, enquanto permanecia formalmente neutra", afirmava o documento, como também seria capaz de prestar "a máxima assistência econômica" à Alemanha, diminuindo assim os efeitos do bloqueio britânico. Além disso, advertia que os países bálticos e a Finlândia estavam "perdidos" diante da agressão soviética, e que a ocupação da Bessarábia era "bem possível". Esse memorando presciente e perspicaz concluía lembrando ao Gabinete britânico que "o objetivo permanente da Rússia é espalhar a revolução mundial" e sugerindo que o Pacto Nazi-Soviético oferecia a Moscou "uma oportunidade de ouro" para "estender atividades comunistas por todo o mundo".[24]

Essa era a ambivalência esquizofrênica que caracterizava a atitude do governo britânico para com a União Soviética naquele outono; um medo dos motivos ocultos soviéticos misturado com um medo ainda maior de que uma falta de empenho pudesse jogar Moscou definitivamente nos braços de Hitler, resultando numa completa aliança nazi-soviética. Foi nesse complexo contexto que Winston Churchill cunhou uma de suas frases mais famosas. Em nítido contraste com a atitude inequivocamente crítica adotada em relação aos alemães, Churchill foi brando com os soviéticos num discurso transmitido pela BBC em 1º de outubro, apesar dos indícios cada vez mais numerosos de que rivalizavam com os aliados nazistas em suas intenções agressivas contra a Polônia. As ações soviéticas ao invadir a Polônia, disse Churchill aos ouvintes, foram motivadas por uma "fria política de interesses egoístas", mas eram "necessárias para a segurança da Rússia diante da ameaça nazista". Longe de criticar, Churchill foi conciliatório, tão tolerante com seu potencial aliado soviético como contundente com seu inimigo alemão. A Rússia, concluiu, era "uma charada, envolta em mistério, dentro de um enigma".[25]

Qualquer frágil equilíbrio, porém, seria profundamente abalado pela invasão da Finlândia por Moscou — a "Guerra de Inverno" — no fim de novembro. Levando em conta que ela destruiu quaisquer ilusões que as elites dominantes ocidentais ainda tivessem sobre a verdadeira natureza das intenções soviéticas, a Guerra de Inverno serviu para tornar uma decisão sobre a posição britânica para com a União Soviética ainda mais premente. Já um mês antes, enquanto Moscou calibrava a pressão sobre a Finlândia, alguns membros do Gabinete britânico começaram a examinar a possibilidade de empreender ações mais firmes contra os soviéticos. No fim de outubro, portanto, por insistência do embaixador britânico em Helsinque, o secretário do Exterior Halifax tinha pedido um relatório dos chefes de Estado-Maior sobre os méritos e deméritos de uma declaração de guerra britânica à URSS.[26]

Esse relatório veio com uma recomendação definitiva para não declarar guerra aos soviéticos, mas apesar disso a ideia não morreu. Em meados de dezembro, durante um debate sobre as possibilidades de mandar ajuda material para os finlandeses, ela foi levantada outra vez, com Halifax informando novamente o Gabinete de que tinha "examinado amplamente as implicações de um conflito entre nós e a Rússia", mas admitindo que "não sabia direito como resolver a questão".[27] Halifax certamente estava diante de um problema difícil. Sua intenção, como declarou a um colega, era "provocar discórdia" entre soviéticos e alemães, a fim de interromper as relações econômicas e políticas entre eles.[28] Apesar disso, o comércio com Moscou não tinha atingido o objetivo ulterior de moderar as ações soviéticas, como a invasão da Finlândia dramaticamente demonstrou. Além disso, não era de interesse da Grã-Bretanha fornecer suprimentos para um país "benevolamente neutro" para com a Alemanha, pois o que se temia era que "exportar para a União Soviética talvez fosse o mesmo que exportar para a Alemanha".[29] No entanto, uma declaração de guerra não fazia sentido do ponto de vista militar ou estratégico, servindo apenas para aumentar o número de inimigos da Grã-Bretanha, ao mesmo tempo que potencialmente ajudava a cimentar as relações germano-soviéticas.

Com o tempo, desenvolveu-se uma linha de ação entre esses dois extremos. Sem descartar inteiramente nenhuma das opções anteriores, foi sugerido que a Grã-Bretanha tentasse frustrar a relação criando dificuldades estratégicas e econômicas para a União Soviética, de modo que ela, por sua vez, se tornasse "menos capaz de ajudar a Alemanha". Um elemento dessa política consistia em estorvar o comércio internacional soviético para impedir que matérias-primas vitais caíssem nas mãos dos alemães, ampliando com isso o bloqueio britânico contra a Alemanha para incluir também a União Soviética. Foi assim que as autoridades britânicas começaram a interceptar e deter navios soviéticos, como o *Selenga*, parado em Hong Kong em janeiro de 1940 com um carregamento de tungstênio, antimônio e estanho a caminho de Vladivostok.[30]

Essas ações pelo menos obrigaram os soviéticos a voltarem à mesa de negociações. Em março, o embaixador soviético em Londres, Ivan Maisky, perguntou num encontro com Halifax se o governo britânico estaria disposto a retomar as negociações comerciais paralisadas, e, em caso afirmativo, se uma primeira medida nesse sentido poderia ser suspender as interceptações de navios soviéticos. A resposta de Halifax foi fria, referindo-se depreciativamente à política do governo soviético de "fazer a guerra entre os Aliados e a Alemanha prosseguir, em benefício próprio", mas depois perguntou numa reunião do Gabinete se — como parte de qualquer possível acordo — seria possível convencer os soviéticos a restringirem suas remessas de petróleo para a Alemanha.[31] Evidentemente, os aborrecimentos causados pela interceptação do transporte marítimo soviético ainda poderiam render frutos.

No entanto, ao mesmo tempo que essas conversas se desenvolviam, os britânicos e os franceses planejavam algo muito mais ousado. Durante anos, a vulnerabilidade da principal região produtora de petróleo da União Soviética, cujo centro era Baku no Cáucaso, foi muito bem apreciada no Ocidente.

Levando em conta que produzia 75% do petróleo da URSS e ficava a apenas duzentos quilômetros da fronteira turca, Baku era vista, corretamente, como o calcanhar de aquiles de Stálin.

Assim, quando planos que permitissem exercer pressão em Moscou eram examinados em Londres e Paris no inverno de 1939-40, a ideia de selecionar Baku como alvo mais uma vez ganhou importância. Esse plano tinha um curioso conjunto de motivos. Para começar, os responsáveis pela sua preparação poderiam citar a vulnerabilidade da região a ataques aéreos, e conjecturar sobre os possíveis impactos de um ataque dessa natureza não apenas na economia soviética, mas também, e crucialmente, na da Alemanha nazista. De fato, o conluio entre Moscou e Berlim parece ter provocado uma reavaliação fundamental das prioridades geoestratégicas britânicas. Cientes de que agora a Alemanha estaria praticamente imune à tradicional tática britânica do bloqueio, graças às suas relações econômicas com a URSS, os estrategistas britânicos perceberam a importância de estrangular urgentemente a nova entidade conjunta — a "Teutoslávia", como a chamava o belicoso Robert Vansittart — ainda no berço. "Precisamos atacar a Russo-Alemanha", disse Vansittart ao Gabinete na primavera de 1940, "antes que fique forte demais."[32]

A opinião francesa era, se tanto, mais beligerante. Na realidade, a França tinha ecoado amplamente ações britânicas nos meses anteriores, dando apoio moral a Londres para compensar dificuldades internas. Mas o primeiro-ministro Édouard Daladier assumiu uma postura bastante provocadora com relação à União Soviética naquele inverno — banindo o Partido Comunista Francês e expulsando o embaixador soviético, por exemplo — em parte para esvaziar de antemão as críticas que receberia por não ter ajudado os finlandeses de forma adequada. Consequentemente, a ideia de atacar o Cáucaso tinha o apoio de muitos membros do Gabinete francês, como o ministro da Marinha César Campinchi, que tinha declarado, com muito otimismo, que "se pudéssemos separar a Rússia da Alemanha teríamos ganhado a guerra".[33] Havia alguns ainda mais ambiciosos. O oficial da Força Aérea francesa Paul Stehlin lembrava-se de um mapa secreto que lhe mostraram no quartel-general da Força Aérea em Paris naquele inverno, com "duas grandes setas, uma começando na Síria e outra na Finlândia, encontrando-se a leste de Moscou". O assistente do chefe do Estado-Maior lhe explicou:

A Rússia agora é aliada da Alemanha. Consequentemente, atacá-la privará a Alemanha de Hitler de seus recursos essenciais, além de afastar a guerra para mais longe das nossas fronteiras. O general Weygand está no comando das nossas tropas na Síria e no Líbano, que marcharão na direção de Baku para acabar com a produção de petróleo naquela região; de lá seguirão para o norte a fim de juntar-se aos exércitos que marcharão da Escandinávia e da Finlândia para Moscou.[34]

Espantosamente, parece que a operação no Cáucaso era apenas o prelúdio do que o alto-comando francês de fato tinha em mente.

Mas, altas ambições à parte, havia numerosos outros motivos ulteriores bem mais sombrios em jogo, como o desejo francês de simplesmente evitar provocar os alemães no front ocidental e o desejo britânico de alguma "atividade" para espantar o sufocante pessimismo da "Guerra de Mentira". A causa de tudo isso, parece, era uma dose de antiquado antibolchevismo, o temor de que o Pacto Nazi-Soviético se consolidasse numa genuína aliança, e a suposição de que a URSS de alguma forma representava "o ponto fraco" de Hitler. Como notou um comentarista francês em 1940, uma noção em voga nos círculos governamentais franceses era de que a Rússia "desmoronaria ao mais leve golpe", e a França "não conseguiria vencer Hitler enquanto não esmagasse Stálin".[35]

No fim de 1939, a ideia de bombardear Baku já circulava pelos governos britânico e francês havia algum tempo, mas, com a vitória soviética contra os finlandeses na Guerra de Inverno em março de 1940, ganhou novo impulso. No começo do ano, um relatório do Estado-Maior da Força Aérea britânica sugeriu que bastava um punhado de bombardeiros para mutilar a indústria petrolífera soviética, atingindo, dessa forma, a produção militar de Hitler. No início de março de 1940, o Gabinete de Guerra aprovou devidamente a construção dos necessários campos de aviação na Turquia e, dentro de um mês, um Lockheed Electra modificado, pertencente à Unidade de Processamento Fotográfico da RAF em Heston, fez duas incursões, a partir de Habbaniya no Iraque, para realizar voos de reconhecimento fotográfico dos alvos.[36] Em conformidade com o básico conceito de "negação plausível" dos agentes secretos, a Lockheed tinha mandado remover a marca circular da RAF e substituí-la por identificações civis. Da mesma forma, os cinco tripulantes da RAF estavam vestidos à paisana, sem nenhuma identidade militar.

Embora a primeira missão de reconhecimento tenha transcorrido sem percalços, a segunda — o sobrevoo de Batumi na costa leste do mar Negro em 5 de abril de 1940 — atraiu a atenção das forças de defesa soviéticas. Avistado quando atravessava a fronteira turco-soviética, o Lockheed foi alvejado pela artilharia antiaérea, antes de ser finalmente escorraçado por caças da Força Aérea Vermelha. Como para ressaltar a importância da missão, os caças de interceptação da Força Aérea Vermelha foram registrados como sendo Messerschmitts Bf-109, de fabricação alemã.[37]

A reação da União Soviética não se limitava a alguns Messerschmitts. Ao mesmo tempo que o Lockheed circulava sobre o Cáucaso, o representante britânico sir Stafford Cripps estava em Moscou para conversar com Molotov. Sua missão tinha como objetivo primordial o estabelecimento de um acordo comercial, mas como sempre tinha como premissa a ideia do comércio como precursor de um aperfeiçoamento das relações políticas, com vistas a impedir relações ainda mais estreitas entre os soviéticos e os nazistas. Surpreendentemente, talvez, Molotov foi muito acomodado, indicando a Cripps que a União Soviética estava disposta a fechar um acordo comercial e político com o Reino Unido.

O motivo da incomum bonomia de Molotov parece ter sido o conhecimento dos planos anglo-franceses com relação a Baku e Batumi. Não se sabe ao certo como as autoridades soviéticas tomaram conhecimento do plano, mas certamente tinham ciência dele no começo de março de 1940, quando, de acordo com fontes diplomáticas francesas, era tão grande a sua preocupação com a possibilidade de um ataque aéreo no Cáucaso que consultaram engenheiros americanos sobre as possíveis consequências em terra. A resposta foi inequívoca: "Como resultado da forma como os campos de petróleo têm sido explorados", dizia a resposta, "a terra está tão saturada de petróleo que um incêndio poderia espalhar-se imediatamente por toda a vizinhança; meses se passariam antes que fosse extinto e anos antes que o trabalho pudesse ser restabelecido".[38] Logo depois que esse parecer foi entregue, o embaixador soviético em Londres procurou Halifax com uma oferta de negociações comerciais. Claramente estava em andamento uma campanha soviética de sedução para prevenir qualquer ato de beligerância. Como conjecturou o soldado e diplomata Fitzroy Maclean, o plano soviético consistia em semear a dúvida entre os Aliados sobre a melhor forma de ação, e, "bagunçando o assunto, nos segurar o máximo possível, para ganhar uma necessária trégua". Nesse processo, acrescentou Maclean azedamente, "parece que encontraram em sir Stafford Cripps uma ferramenta maleável".[39]

Nesse meio-tempo, enquanto o Lockheed e sua tripulação voltavam para Heston, os filmes foram entregues à Seção de Inteligência da RAF, que analisou os resultados. Em sua avaliação, encaminhada para seus superiores políticos em meados de abril, os analistas concluíram que qualquer "redução substancial na produção de petróleo dos recursos da própria Rússia [...] levará inevitavelmente, cedo ou tarde, ao colapso total do potencial de guerra da URSS". "Além disso", acrescentaram, "as repercussões do transtorno da indústria petrolífera russa poderiam ser desastrosas também para a Alemanha."[40] Logo depois, a proposta da RAF, cujo principal defensor era o comodoro do ar John Slessor, diretor de Planos do Ministério da Aeronáutica, recebeu o nome de "Operação Pike".

O apoio de Slessor era revelador. Aviador veterano e autor do estudo *Air Power and Armies* [Poderio Aéreo e Exércitos], que propunha um grau de colaboração maior entre o Exército e a Força Aérea e o uso de bombardeios aéreos como arma contra o moral inimigo, Slessor era dentro da RAF um dos mais graduados proponentes do uso tático do poderio aéreo. Mas não estava sozinho. Em muitos sentidos, 1940 foi o ponto mais alto da fé no potencial militar do bombardeio aéreo: o ataque arrasador da Luftwaffe à cidade espanhola de Guernica, três anos antes, ainda estava vivo na memória de muitas pessoas, assim como o bombardeio alemão de Varsóvia no ano anterior. A crença, manifestada pelo primeiro-ministro britânico Stanley Baldwin em 1932, de que "o bombardeiro sempre passa", ainda tinha considerável voga; pelo menos até o Relatório Butt de 1941 destruir o mito da onipotência aérea, demonstrando que apenas um em cada quatros tripulantes da RAF conseguia acertar seus projéteis dentro de um raio de oito quilômetros do alvo.[41] Em retrospecto, então, a Operação Pike pode ser vista como expressão da arrogância da Real Força Aérea — uma confiança absurdamente exagerada na própria capacidade.

Havia outras objeções. Muitos dos que tinham hesitado diante da possibilidade de intervenção militar britânica na Guerra de Inverno ficaram chocados com a maneira improvisada e bastante volúvel como um ataque agressivo à URSS era discutido. O membro do Parlamento trabalhista Josiah Wedgwood manifestou sua oposição indignada a um ataque à União Soviética num debate na Câmara dos Comuns sobre a crise finlandesa em março de 1940. "É uma ideia inacreditável", disse ele, "que no meio de uma guerra contra Hitler devamos gratuitamente iniciar outra guerra contra a Rússia."[42] Falava por experiência pessoal. Quando jovem, tinha sido ferido em outra "ação periférica", a Campanha dos Dardanelos de 1915, e participado de uma missão britânica de coleta de informações na Sibéria três anos depois.

Uma preocupação muito mais prática foi levantada no Gabinete em janeiro de 1940, quando lorde Hankey observou que o objetivo mais amplo de incapacitar a Alemanha atacando a indústria petrolífera soviética era irrealista. "Só um filete" de petróleo soviético chegava à Alemanha, disse ele, acrescentando — corretamente — que a Romênia é que era "de longe a maior fonte de petróleo" para a indústria alemã. Embora seus números tenham sido revistos por um relatório subsequente para o Gabinete, a essência do seu argumento não foi. Em março, o secretário de Minas, Geoffrey Lloyd, disse ao Gabinete que naquele momento as exportações de petróleo da URSS e da Europa Oriental ocupada para a Alemanha eram responsáveis por apenas 3% dos estoques de combustível alemães.[43] Pelo visto a dependência de Hitler para com o petróleo soviético tinha sido imensamente exagerada.

Apesar dessas objeções, o planejamento da Operação Pike prosseguiu, até ser ultrapassado pelos acontecimentos e por fim engavetado quando forças alemãs invadiram a França e os Países Baixos em 10 de maio de 1940. Hitler, aparentemente, tinha encontrado uma solução pessoal para o tédio da "*drôle de guerre*".

Um contra-argumento que enigmaticamente não parece ter ocorrido aos estrategistas militares e civis da Operação Pike é o das prováveis consequências estratégicas de uma ação como aquela. Em geral, dava-se ao proposto ataque à União Soviética a justificativa mais ampla de interromper as relações de Stálin com Hitler, mas a ideia de que esse ataque pudesse ter o efeito contrário, e na verdade viesse a fortalecer a conexão Berlim-Moscou, parece não ter sido levantada. Da mesma forma, parece que pouco esforço intelectual foi dedicado à questão de saber o que poderia acontecer se a Operação Pike tivesse um êxito maior do que Slesson jamais sonhara, levando à desestabilização da URSS. Nesse caso, o mais provável beneficiário teria sido, não as Potências Ocidentais, mas Hitler, que ficaria livre para marchar para o leste sem encontrar resistência, e assumir ele próprio o controle daqueles mesmos campos petrolíferos do Cáucaso.

Continua em aberto a questão de avaliar como a possibilidade de uma ostensiva agressão à União Soviética teria sido recebida pelo público britânico, que persistentemente via a URSS em geral e Stálin em particular de forma muito mais positiva do que a elite política e militar. No verão de 1939, por exemplo, pouco antes do início da guerra, um questionário da Mass Observation, a organização especial criada para manter o governo informado sobre a opinião pública, pediu aos entrevistados que classificassem os líderes mundiais por quem tinham mais respeito, e os países com os quais "preferiam que a nação britânica colaborasse". Os resultados devem ter surpreendido boa parte da classe dominante, com a União Soviética em quarto lugar entre os aliados potenciais do país, logo abaixo da França e acima da Polônia; Stálin ficou em segundo lugar como líder "respeitado", abaixo de Roosevelt.[44]

Aparentemente, no inverno de 1939, essas avaliações não tinham sofrido nenhuma alteração essencial, apesar da desagradável surpresa da colaboração de Stálin com Hitler. Embora o mesmo questionário só tenha sido repetido em 1941, está claro, pelas provas baseadas em respostas pessoais obtidas pela Mass Observation, que uma opinião positiva da União Soviética ainda prevalecia. No primeiro semestre de 1940, a opinião pública era otimista com relação à União Soviética, achando que o país acabaria entrando na guerra do lado dos Aliados, e mesmo aqueles que eram anticomunistas por instinto reconheciam a necessidade de cooperação com Stálin.[45]

No verão, quando a França caiu e a Grã-Bretanha estava em perigo, essa visão positiva dos soviéticos quase não mudou, apesar das repetidas expressões de apoio de Moscou a Hitler. No começo de julho, por exemplo, uma pesquisa de opinião em Nottingham revelou um decréscimo no sentimento antissoviético e um curioso desejo de "aceitar ajuda russa", muito embora nenhuma ajuda tivesse sido oferecida.[46] Mesmo a anexação soviética dos países bálticos, da Bessarábia e da Bucovina do Norte naquele verão nada contribuiu para alertar a maioria do povo britânico sobre as intenções agressivas e expansionistas de Stálin. Na verdade uma pesquisa no País de Gales, em julho de 1940, revelou meramente a lamurienta esperança de que "a Rússia nos seja útil quando ela mesma decidir".[47]

Só com o começo da Batalha da Grã-Bretanha alguma dose de realismo começou a surgir. Diante do fato de que a Grã-Bretanha agora lutava pela própria vida, talvez fosse inevitável que houvesse uma mudança discernível de opinião, afastando-se da expectativa de ajuda de fora e voltando-se para uma incômoda e irritada autoconfiança. Em agosto de 1940, portanto, apesar de uma franca hostilidade à União Soviética raramente se manifestar, já se desenvolvia a consciência de que esperar ajuda de Moscou era um "desejo vão" e até de que a União Soviética estava "jogando por suas próprias regras".[48] Mas, apesar dessa mudança gradual da opinião pública, não havia nada parecido com o medo indisfarçado que infectava o establishment militar e político britânico quanto à ameaça ideológica que a União Soviética ainda representava. Apesar de profundamente duvidoso, Stálin ainda tinha crédito com um grande número de cidadãos britânicos comuns.

Claro que a potência que os britânicos queriam mais desesperadamente ter ao seu lado em 1940 eram os Estados Unidos. Mas, naquele tumultuado verão, os Estados Unidos de Roosevelt ainda estavam decididos a manter a Europa, e todos os seus problemas, a uma distância segura. Roosevelt, apesar da retórica altissonante sobre a necessidade de defender a democracia contra a tirania, e "deixar os agressores de quarentena", tinha se mostrado incapaz de superar um consenso isolacionista interno que — apesar de muito favorável a britânicos e franceses — era profundamente cauteloso com complicações europeias. O Congresso dos Estados Unidos tinha aprovado quatro Leis de Neutralidade no fim dos anos 1930, proibindo o envolvimento americano em conflitos estrangeiros e impondo um embargo à venda de armas para países em guerra. Quando a guerra chegou à Europa em 1939, Roosevelt reiterou devidamente a neutralidade americana, apesar de tentar de modo suave empurrar a opinião pública na direção de um apoio com restrições à Grã-Bretanha, conseguindo até uma revisão da Lei de Neutralidade, para permitir que potências estrangeiras comprassem material bélico dos Estados Unidos na base do "pagou-levou".

Para seu crédito, Roosevelt e seu governo eram, no geral, tão lucidamente críticos com relação aos soviéticos como o eram com relação aos alemães, vendo os dois como primos totalitários, opinião amplamente confirmada com a assinatura do Pacto Nazi-Soviético. Na verdade, a opinião de alguns americanos sobre os soviéticos dentro do Departamento de Estado dos Estados Unidos e do serviço diplomático era de franca condenação. O embaixador americano em Moscou, Laurence Steinhardt, por exemplo, usava uma linguagem distintamente antidiplomática quando se referia aos seus anfitriões. "Os soviéticos", explicava, "precisam muito mais de nós do que nós precisamos deles, e, como a única linguagem que entendem é a da força, acho que está na hora de invocarmos a única doutrina que respeitam." Um colega de Steinhardt, o adido diplomático assistente Joseph Michela, era ainda mais direto, denunciando a "hierarquia governante" da União Soviética como "ignorante [...] ardilosa, esperta, cruel e inescrupulosa", com políticas "baseadas apenas na conveniência".[49]

O próprio Roosevelt, estando distante da atmosfera febril da embaixada em Moscou, era muito mais cauteloso, por medo de exacerbar o conflito já em andamento e empurrar Stálin mais ainda para os braços de Hitler. Por isso não quis rotular a URSS de país beligerante depois da invasão da Polônia em meados de setembro de 1939. Da mesma forma, aceitou a expansão militar soviética para os países bálticos no mês seguinte pelo que parecia ser, preferindo interpretá-la como uma jogada antigermânica e não como a sujeição de três países independentes e soberanos.[50]

Essa cautela tática era difícil de manter, especialmente quando a invasão soviética da Finlândia em novembro parecia dar uma prova definitiva da perfídia de Stálin. Roosevelt declarou que os Estados Unidos estavam "não apenas horrorizados, mas absolutamente furiosos" com o ataque soviético e até pensaram em cortar relações com Moscou. "As pessoas perguntam", escreveu ele em 30 de novembro, "por que deveríamos ter alguma coisa a ver com os líderes soviéticos atuais, uma vez que sua ideia de civilização e felicidade humana é totalmente diferente da nossa."[51] Em resposta, ele emitiria condenações, pedidos de moderação e restringiria a venda de matérias-primas para os soviéticos, mas decidiu não fornecer suprimentos para os finlandeses, embora essa decisão equivalesse — segundo o embaixador finlandês — a assinar a sentença de morte da Finlândia.[52]

A Finlândia enrijeceu de tal maneira a atitude de Roosevelt que ele aos poucos passou a adotar a visão crítica de sua embaixada em Moscou, fazendo advertências sobre os perigos de uma dominação "soviético-alemã" da Europa. Num discurso para uma plateia pró-soviética em fevereiro de 1940, por exemplo, ele descreveu raivosamente a URSS como "uma ditadura tão absoluta como qualquer outra ditadura do mundo", que "se aliou com outra ditadura" e "invadiu um vizinho tão infinitamente pequeno que seria incapaz de fazer qualquer mal à União Soviética". Sob vaias e assobios dos ouvintes, Roosevelt persistiu no ataque, ridicularizando a noção de que a União Soviética poderia tornar-se um "governo popular, amante da paz", segundo ele "pura bobagem baseada na ignorância".[53] Por enquanto, pelo menos, a União Soviética era vista em Washington como parte não da solução, mas do problema — como a Alemanha de Hitler.

Essas avaliações mudariam, no entanto. No verão de 1940, com a Grã--Bretanha e a França diante de uma possível derrota nas mãos dos alemães, a atitude americana para com a Alemanha tornou-se ainda mais dura, enquanto a atitude para com a União Soviética ficava um pouco menos tensa, e o subsecretário de Estado Sumner Welles foi instruído por Roosevelt a iniciar discussões com o embaixador soviético, Konstantin Oumansky. Embora as conversas não chegassem a quase nada de substantivo, sua importância como gesto não deve ser subestimada. Roosevelt começava a preparar o terreno para um possível colapso britânico e a tatear o caminho para uma necessária reaproximação com Moscou.[54]

Mas para os britânicos alguma coisa além de gestos era necessária. Em 15 de maio, numa mensagem para Roosevelt, Churchill disse que a Grã-Bretanha precisava de navios americanos para garantir suas rotas de suprimento atlânticas, uma questão "de vida ou morte". Dois meses depois, foi ainda mais suplicante. "Senhor presidente", escreveu, "com o maior respeito preciso lhe dizer que na longa história do mundo isto é para ser feito *agora*."[55] Os franceses eram igualmente insistentes. Em junho de 1940, com suas forças se dobrando sob pressão alemã, o premiê Paul Reynaud fez um último apelo a Roosevelt, pedindo o envio de tropas americanas para socorrer a França em sua hora de necessidade.

A resposta de Roosevelt não chegou a ser imediatamente dinâmica. Em ano eleitoral, ele preferia adotar uma linha de ação moderada, para não ser taticamente superado por seu adversário republicano, Wendell Willkie, em política externa. Sua resposta a Reynaud, portanto, foi um exercício de evasiva tranquilizadora. Embora se declarasse "muito comovido" com a mensagem de Reynaud e aplaudisse a "magnífica resistência" das forças britânicas e francesas, não assumiu nenhum firme compromisso, além de assegurar que seu governo estava "fazendo tudo ao seu alcance para disponibilizar para governos aliados o material de que urgentemente necessitam".[56] Embora esses esforços viessem a dar frutos no devido tempo — no acordo "Destróieres por Bases" de setembro de 1940, e, finalmente, na Lei Lend-Lease de março de 1941 —, sob a perspectiva do verão de 1940, os Estados Unidos ainda não eram o "arsenal da democracia" que posteriormente declararam ser. Pelo menos por enquanto, a Grã-Bretanha estava sozinha.

Foi nesse contexto que a Grã-Bretanha se viu diante de um episódio curioso, que demonstrava as circunstâncias estranhamente alteradas em que vivia o mundo em 1940. Embora a maior parte da direita britânica tivesse corrido para confirmar suas credenciais patrióticas quando a guerra começou em 1939, uns poucos antissemitas empedernidos que giravam em torno do dissolvido "Right Club" continuaram seus esforços clandestinos para conseguir uma paz negociada com a Alemanha nazista. Como parte desse esforço, fizeram contato com um funcionário da Embaixada dos Estados Unidos em Londres encarregado das mensagens codificadas, Tyler Kent, que começara a demonstrar um interesse especial pela correspondência entre Churchill e Roosevelt. Como "isolacionista", e alguém que tinha trabalhado na Embaixada dos Estados Unidos em Moscou, Kent era visto pelo FBI como suspeito de abrigar simpatias pelos soviéticos; mas, na curiosa nova configuração de 1940, ele não demorou a ajudar pessoas profundamente pró-nazistas em suas atitudes. Por intermédio de uma russa "branca", Anna Wolkoff, Kent entrou em contato com o Right Club e começou a passar detalhes da correspondência secreta pela qual Churchill tentava fazer Roosevelt entrar na guerra, na esperança de que, divulgando esses contatos, as duas partes ficassem constrangidas, e o envolvimento americano na guerra europeia fosse evitado. Tudo indicava, portanto, que os interesses dos pró-soviéticos tinham por um momento se harmonizado perfeitamente com os dos pró-nazistas.

Infelizmente para os dois lados, essa profana amizade já tinha atraído a atenção do MI5 e o complô rapidamente desbaratado com a prisão de Wolkoff e Kent em maio de 1940; uma busca no apartamento de Kent produziu 1500 documentos secretos que ele tinha copiado da correspondência diplomática americana. Julgados por violação do regulamento de defesa, os dois foram condenados a dez e sete anos de prisão, respectivamente.[57] Em consequência, temores de que houvesse uma "quinta-coluna" alemã na Grã-Bretanha levaram à extensão dos poderes de internamento sem julgamento — o infame Regulamento de Defesa 18B — e à prisão de muitas pessoas da extrema direita, como Oswald Mosley e o líder do Right Club Archibald Ramsay.

O Regulamento de Defesa 18B era um arranjo tipicamente britânico. Parte de uma montanha de mais de cem regulamentos de emergência decretados no fim de agosto de 1939, em resposta ao Pacto Nazi-Soviético e à iminência da guerra, era na essência uma atualização da velha Lei de Defesa do Reino de 1914, que permitia a prisão preventiva de pessoas consideradas um risco para a segurança nacional. Seu texto especificava quem poderia ser tido como suspeito, incluindo pessoas "de origens ou associações hostis"; que "tivessem agido prejudicialmente para a segurança pública ou a defesa do reino"; que pertencessem a organizações sujeitas a "influência e controle estrangeiros" ou cujos líderes tivessem "simpatias pelo sistema de governo" da potência inimiga.[58]

Claro, uma definição tão ampla poderia em tese ser aplicada tanto à União Britânica de Fascistas (BUF, na sigla em inglês), de Mosley, como ao Partido Comunista da Grã-Bretanha (CPGB, na sigla em inglês), de Harry Pollitt. Mas, na prática, o Regulamento 18B era aplicado quase exclusivamente a membros da direita; na realidade, dos cerca de 1600 súditos britânicos detidos nos termos dessa legislação, 75% eram da BUF, representando quase a totalidade dos membros ativos do partido.[59] O único membro do Partido Comunista da Grã-Bretanha internado foi um sindicalista de Yorkshire, John Mason, preso em julho de 1940 supostamente por tentar derrubar a produção industrial.[60] Essa assimetria foi notada na época, e Mosley reclamou, reiterando que a aplicação ampliada do Regulamento 18B no verão de 1940 foi consequência direta da (e condição para a) entrada do Partido Trabalhista no governo.[61] Independentemente de teorias da conspiração, está claro que os círculos governamentais britânicos tinham plena consciência do risco potencial à segurança nacional representado pela extrema esquerda, mas não queria agir com medo da reação hostil que a medida drástica poderia provocar, como foi demonstrado pela furiosa resposta do público à decisão da BBC, em fevereiro de 1941, de não dar emprego a quem apoiasse o Partido Comunista.[62] Obviamente, enquanto os soviéticos eram cortejados lá fora, não fazia muito sentido perseguir os que os apoiavam dentro do país.

Nessas penosas circunstâncias, com apoio americano ainda não garantido, um retorno à política de negociação com os soviéticos deve ter parecido sensato em Whitehall, e o homem escolhido para a tarefa foi sir Stafford Cripps. Socialista e marxista devoto, e sem muito senso de humor, Cripps tinha sido expulso do Partido Trabalhista por ter advogado um "Front Popular" contra o fascismo e defendido publicamente as invasões soviéticas da Polônia e da

Finlândia. Consequentemente, o establishment britânico achou que era o candidato ideal para falar manso com Moscou. Além disso, tinha um histórico promissor. Como vimos, visitara a União Soviética para conversas de ocasião com Molotov em fevereiro de 1940, durante as quais ficara com a impressão de que os soviéticos estavam "apreensivos" com suas relações com a Alemanha e dispostos a algum tipo de reaproximação com a Grã-Bretanha.[63] Assim, apesar das dúvidas manifestadas no Gabinete sobre a sua confiabilidade política, Cripps foi despachado para Moscou no fim de maio de 1940, com limitada competência para realizar negociações comerciais, sendo rapidamente promovido a embaixador diante das acusações soviéticas de *lèse-majesté*.

O otimismo de Cripps, porém, logo murchou. Sua primeira entrevista com Molotov foi decididamente glacial, e ele se viu obrigado a informar que, apesar de seus pedidos, nenhum outro encontro foi concedido pelos próximos dez dias — a clássica esnobação diplomática. Além disso, começou a perceber que os soviéticos estavam inclinados a manter sua benévola relação com a Alemanha; e, longe de desejarem realinhar a política externa, só estavam interessados, aparentemente, em garantir alguns suprimentos adicionais e em usar a possibilidade de negociações com os britânicos como meio de pressionar Berlim. Em Londres, o mandarim do Foreign Office, sir Orme Sargeant, foi sombriamente pessimista:

> Tenho pena de sir S. Cripps, que está agora entrando na fase de humilhação pela qual todos os negociadores britânicos têm que passar, quando são simplesmente mantidos no tapete da porta de entrada até quando o governo soviético achar desejável, como parte de sua política de jogar uma Potência contra a outra, tomar conhecimento [...]. Enquanto isso Stálin colocou sir S. Cripps exatamente onde quer que ele fique, ou seja, como suplicante no tapete da porta de entrada, segurando suas patéticas ofertas de paz de estanho numa das mãos, e de borracha na outra. Stálin espera conseguir rebater qualquer intimidação e impertinência alemã apontando para sir S. Cripps no tapete da porta, e ameaçando mandá-lo entrar e conversar com ele e não com o embaixador alemão.[64]

As convicções de esquerda de Cripps, longe de o tornarem benquisto pelos anfitriões soviéticos, talvez tenham funcionado como mais um obstáculo. Como Churchill confessaria depois da guerra:

Naquela época ainda não tínhamos percebido suficientemente que os comunistas soviéticos odiavam os políticos de esquerda mais ainda do que odiavam os Tories e os liberais. Quanto mais perto estiver um homem do comunismo em sentimentos, mais detestável será para os soviéticos, a não ser que entre para o Partido.[65]

Cripps, ao que parece, talvez tenha sido mesmo a escolha errada. Como observou o Foreign Office, ele teria feito mais sucesso em Moscou se mandasse um "duque bem rude".[66]

Apesar disso, Cripps persistiu, e em 1º de julho obteve uma audiência com Stálin para lhe entregar uma mensagem pessoal de Churchill. A França já tinha caído, e Churchill estava ansioso para reiterar a posição da Grã-Bretanha e pedir a Stálin que reconsiderasse a sua. "A Alemanha tornou-se amiga de vocês ao mesmo tempo que se tornou inimiga nossa", escreveu ele. Agora que a situação militar tinha mudado, Churchill queria deixar claro que a política da Grã-Bretanha continuava a ser salvar-se da dominação alemã e libertar o resto da Europa. E, embora admitisse que só a União Soviética poderia decidir se o intento de hegemonia da Alemanha constituía uma ameaça aos seus interesses, Churchill reafirmou a Stálin que o governo britânico estava preparado para discutir qualquer problema criado por agressão alemã.

A resposta de Stálin não foi nem um pouco reveladora. Consta que teria sido "formal e frígido" durante o encontro, ignorando a tentativa de sondagem de Cripps e não dando nenhuma resposta direta à mensagem de Churchill. Se estava preocupado com a alteração estratégica que a derrota da França por Hitler claramente tinha causado, não deixou transparecer. Na verdade, foi durante essa "conversa severamente franca" que Stálin fez seus comentários bastante toscos no sentido de que se opunha à preservação do "velho equilíbrio" da Europa desejada pela Grã-Bretanha, dando a entender que acolhia com prazer o abalo sísmico provocado pela agressão de Hitler.[67] Longe de lamentar a queda da França, portanto, Stálin parecia comemorá-la.

Cripps saiu do encontro sem nenhuma dúvida de que Stálin estava devotado ao alinhamento alemão, e de que não haveria grande mudança na política externa soviética sem concessões substanciais do lado britânico. Mas isso ele achava muito improvável, principalmente porque, na sua opinião, a Grã-Bretanha na verdade "não tinha o menor desejo de trabalhar com a Rússia", e a arraigada hostilidade britânica à URSS havia, com efeito, contribuído para jogar Stálin nos braços de Hitler.[68] Como se já não fosse difícil o suficiente, a fé de Cripps em sua tarefa foi novamente posta à prova com a divulgação de documentos capturados pelos alemães em Paris relativos à Operação Pike, o abortado plano aliado de bombardear os campos petrolíferos soviéticos.[69] O constrangimento da Grã-Bretanha parecia total.

Numa tentativa de desfazer o impasse decorrente, em sua abordagem seguinte Cripps procurou acrescentar genuína substância à retórica bem-intencionada, no que ele via como uma "última oportunidade" de empurrar Moscou na direção de Londres. Com base em conversas com Molotov e com seus chefes políticos em Whitehall, Cripps apresentou uma proposta revisada em 22 de outubro, que em muitos sentidos era parecidíssima com os arranjos que os soviéticos tinham feito com Hitler no ano anterior.

Nos termos dessa proposta, a Grã-Bretanha oferecia o que poderia ser chamado de reinicialização de suas relações com Moscou. Prometia tratar a URSS em pé de igualdade com os Estados Unidos, consultando o governo soviético sobre questões relativas à organização do pós-guerra e assegurando a Moscou participação na futura conferência de paz. Além disso, a Grã-Bretanha se comprometia a não participar de alianças antissoviéticas, com a condição de que Moscou se abstivesse de ações hostis, fosse diretamente ou por meio de agitação interna. O governo britânico concordava ainda em reconhecer a soberania de fato da URSS sobre as áreas conquistadas nos termos do pacto com Hitler: os países bálticos, a Bessarábia e a Bucovina do Norte e o leste da Polônia. O comércio entre os dois países deveria ser desenvolvido até alcançar o máximo grau possível, com ênfase particular no suprimento dos artigos de que a URSS precisava para a sua defesa. Em troca, a União Soviética ficava obrigada a manter em suas relações com a Grã-Bretanha a mesma "neutralidade favorável" que mantivera com a Alemanha. Para finalizar, Londres e Moscou assinariam um pacto de não agressão.[70]

A resposta soviética não chegou a ser entusiástica, sem dúvida afetada pelo fato de que Molotov esteve em Berlim em meados de novembro de 1940 para discutir uma possível reformulação das eminentemente mais frutíferas relações soviético-alemãs. Também não ajudou em nada o fato de que detalhes da abordagem vazaram para a imprensa internacional, e a notícia apareceu — para profundo constrangimento de Whitehall — nas páginas da *News Chronicle* de 16 de novembro de 1940, e dois dias depois no *Times*. Embora Cripps suspeitasse, furiosamente, de que o Foreign Office fosse a fonte do vazamento, na verdade ele tinha vindo da Embaixada soviética em Londres, calculado, sem dúvida, para exercer o máximo de pressão sobre os alemães por destacar as discussões em andamento com os britânicos.[71]

Na ausência de uma resposta formal dos soviéticos, coube ao veterano embaixador em Londres, Ivan Maisky, manifestar as preocupações de Moscou. Para ele, as propostas suscitaram "surpresa e irritação". A surpresa era porque a posição britânica carecia de qualquer fundamento realista: a Grã-Bretanha na verdade tinha pouco a oferecer que fosse de algum valor, disse ele; nem mesmo o reconhecimento da soberania soviética no Báltico e em outros lugares chegava a ser novidade. Já sua irritação vinha da aparente arrogância da proposta, a ideia de que a Grã-Bretanha poderia, de alguma forma, repartir as benesses do pós-guerra com um mundo agradecido. "Será que o governo britânico se julga uma espécie de apóstolo Pedro", perguntava Maisky em tom de escárnio, "que tem nas mãos a chave do Paraíso?"[72]

Estava claro que Londres teria que trabalhar muito mais arduamente, oferecer muito mais em termos de substância, ou pensar mais em termos igualitários, se quisesse conquistar Moscou. Como disse Maisky a Halifax dias depois: "Acredite em mim [...] estamos cansados de suas boas intenções, só podemos ser convencidos por suas boas ações".[73] A proposta britânica seria formalmente rejeitada em 1º de fevereiro de 1941.

Com isso, muitos em Whitehall estavam satisfeitos em admitir que havia poucos benefícios a serem colhidos em novas tentativas. A Grã-Bretanha tinha feito a melhor oferta ao seu alcance e fora repudiada; "cabe aos russos", disse um mandarim, "fazer a próxima abordagem".[74] Mas Cripps não desanimou, e, no começo de abril, submeteu um memorando ao vice de Molotov, Andrei Vyshinsky, que dera a entender qual seria, na sua opinião, a direção a ser tomada pela política britânica, ao acenar com o fantasma de a Grã-Bretanha vir a fazer as pazes com os alemães. Cripps, que no passado fora um empedernido apologista das ações soviéticas, começara a ter dúvidas de que os soviéticos fossem inteiramente honrados em suas negociações e a temer que também estivessem apenas "jogando" com os britânicos. Sua experiência em negociar com Stálin e seus acólitos parecia tê-lo convencido de que a melhor maneira de lidar com os soviéticos era assumir uma posição firme — mais "duque rude" do que marxista dedicado. E, para deleite de Whitehall, agora insistia para que Londres adotasse com Moscou uma política de inflexibilidade, e não de conciliação. Em seu memorando para Vyshinsky, portanto, Cripps se deu ao luxo de fazer tortuosas ameaças por sua própria conta, advertindo que:

> não estaria fora dos limites da possibilidade, caso a guerra se estenda por um longo período, que houvesse uma tentação, por parte da Grã-Bretanha, de chegar a algum arranjo para terminar a guerra, sobre o tipo de base que foi mais uma vez recentemente sugerido em certos setores alemães.[75]

Tenha Vyshinsky entendido ou não o recado, o fato é que Cripps evidentemente achava que uma maneira de exercer pressão sobre Stálin era ameaçar negociar com Hitler.

Apesar de toda a fantasia e verbosidade, o memorando de Cripps certamente teve algum efeito. A fria recepção que já vinha recebendo em Moscou esfriou ainda mais. Em geral esnobado por Molotov e obrigado a lidar com seu vice, Vyshinsky, Cripps se viu totalmente banido. Seu memorando parece ter causado tanta irritação, que os soviéticos passaram a desconfiar dele por completo, considerando-o imprevisível e inortodoxo, sem a delicadeza exigida pela tarefa.[76] A rejeição de Moscou foi tão grande que o embaixador soviético em Londres, Maisky, se tornou o canal preferido para as comunicações subsequentes. Apesar da dedicação e do empenho, parecia que Cripps tinha fracassado redondamente. Ele mesmo reconheceu que ficou "sem nada para fazer [...] sem chance de influenciar os acontecimentos de uma maneira ou de outra".[77]

Assim, pela primavera de 1941, a Grã-Bretanha estava tão distante da União Soviética como no outono de 1939. As negociações tinham fracassado, os entendimentos comerciais tinham fracassado, as lisonjas tinham fracassado, até as flagrantes, ainda que irrealistas, ameaças tinham fracassado. Stálin permanecia fiel ao seu pacto com Hitler, e a Grã-Bretanha de Churchill estava sozinha num ermo geopolítico.

Uma das razões desse fracasso, claro, era o fato de que a Grã-Bretanha tinha pouco a oferecer que pudesse convencer os soviéticos a renegarem seus compromissos táticos com os nazistas. Banalidades, boa vontade e vagas expressões de apoio futuro dificilmente competiriam com os benefícios territoriais e materiais muito verdadeiros que Stálin já tinha acumulado, por cortesia de suas relações com Berlim. Além disso, o Foreign Office racionalizou sua incapacidade de conquistar os soviéticos com o argumento de que a relação receosa e antinatural entre Stálin e Hitler estava tão contaminada de suspeitas mútuas que nenhum dos dois lados teria coragem de repudiá-la. "Nenhum ditador", observou um memorando, "ousa afastar-se, com medo de que o outro o apunhale pelas costas."[78] É uma imagem que poderia ter saído de um cartum de David Low.

Independentemente das suposições de Whitehall, estava claro que havia um obstáculo ideológico, dos dois lados, a qualquer espécie de reaproximação. Como mostram os numerosos apartes e comentários marginais existentes nos arquivos britânicos, o establishment político em Whitehall jamais viu com seriedade a URSS como possível aliada, antes como um inimigo potencial a ser observado com cuidado e explorado taticamente se possível. É provável que essa incapacidade de examinar a sério um arranjo amigável com Moscou tenha provocado voos de fantasia como a Operação Pike.

De sua parte, os soviéticos estavam igualmente condicionados por sua própria ideologia. Relutando em ver a Grã-Bretanha como qualquer coisa que não fosse um arqui-imperialista, seu velho adversário ideológico, eles eram fundamentalmente incapazes de considerar qualquer arranjo com Londres, mesmo que Londres pudesse ter oferecido algo substantivo. Em grande medida, portanto, e apesar dos esforços de Stafford Cripps e outros, a história das relações anglo-soviéticas antes do verão de 1941 era basicamente a de "nunca se misturar".

Mais seriamente talvez, a desconfiança e a paranoia resultantes, em ambos os lados, dessas negociações fracassadas contribuíram para tornar as relações anglo-soviéticas quase tão difíceis quanto seria possível, não conseguindo quase nada na prática, mas empurrando Stálin ainda mais para os braços de Hitler. Esse lado contraproducente foi perfeitamente reconhecido na época por Cripps: "Foi tão louco", disse ele, ver a União Soviética "ser literalmente empurrada para os braços da Alemanha".[79] Só a catástrofe da invasão nazista da URSS, em junho de 1941, seria capaz de alterar essa dinâmica contraproducente.

6. Lubrificando as engrenagens de guerra

No último dia de maio de 1940, os cidadãos de Leningrado devem ter visto uma cena peculiar. Em meio ao cinza persistente de um dia de fim de primavera no Báltico, um pesado cruzador alemão foi rebocado para um estaleiro no lado leste da cidade. Não houve bandeiras nem bandas militares, apenas uma pequena cerimônia. Nenhuma menção à chegada apareceu na imprensa soviética; o *Izvestia* e o *Leningradskaya Pravda* preferiram noticiar o colapso anglo-francês do outro lado do continente europeu. Em consequência, o imenso monstro cinzento atraiu pouca atenção enquanto era empurrado e gentilmente induzido a encontrar o seu lugar por arfantes rebocadores negros. Apesar disso, sua chegada foi um acontecimento de profundo significado.

O navio em questão era o *Lützow*. Batizado em homenagem a Ludwig Freiherr von Lützow, um dos heróis prussianos das guerras de libertação alemãs, que formara uma milícia em 1813 para lutar ao lado dos russos contra os franceses, tinha sido construído em Bremen e lançado ao mar em julho de 1939. Pertencente à classe *Admiral Hipper* de cruzadores pesados, era maior e mais pesado do que os célebres "encouraçados de bolso" da Alemanha: mais de duzentos metros de proa a popa, com um deslocamento de pouco menos de 20 mil toneladas.

Em sua forma final, os cruzadores *Admiral Hipper* eram embarcações formidáveis. Acionados por três turbinas a vapor Blohm & Voss, alcançavam uma velocidade máxima de 32 nós e transportavam uma tripulação de 1300 pessoas. O armamento era muito variado, e a bateria principal consistia de quatro torres de tiro duplas de oito polegadas, cada uma pesando aproximadamente 250 toneladas, com um alcance de 33 quilômetros. O mais famoso dessa classe seria o *Prinz Eugen*, que entrou em serviço em agosto de 1940 e ganhou notoriedade por seu papel no afundamento do HMS *Hood* em 1941 e na audaciosa Operação Cerberus do ano seguinte. Apesar de ataques numerosos das forças aliadas, o *Prinz Eugen* seria o único dos grandes navios de superfície da Alemanha a sobreviver à guerra.[1]

Mesmo com esse pedigree impressionante, o que os moradores atentos aos acontecimentos em Leningrado teriam percebido em 1940 era que o *Lützow* não estava terminado. Na verdade, a despeito de suas linhas puras e do tamanho imponente, não parecia um navio de guerra, com uma pequena parte da superestrutura acima da cobertura superior já finalizada e apenas duas das quatro torres de tiro concluídas. Sob os conveses, estava incompleto também, sem armamento antiaéreo secundário e, crucialmente, sem sistema de propulsão. A rigor, a julgar pelo tempo consumido para equipar seus navios gêmeos, o *Lützow* só ficaria pronto para entrar em serviço em pelo menos mais um ano.

Malgrado essas deficiências, a entrega do *Lützow* aos soviéticos era um acontecimento notável. Uma das razões disso era que a classe *Admiral Hipper* tinha sido projetada originariamente por engenheiros alemães para fazer face à ameaça representada pelos cruzadores soviéticos da classe *Kirov*, lançados em 1936.[2] Portanto, havia pelo menos certa ironia na entrega do *Lützow* em Leningrado. Além disso, a Marinha alemã não estava exatamente inundada de grandes navios de superfície. Fora os quatro encouraçados — o *Bismarck*, o *Tirpitz*, o *Gneisenau* e o *Scharnhorst* —, ela só possuía dois "encouraçados de bolso" menores da classe *Deutschland* — o *Deutschland* e o *Admiral Scheer* —, sendo que o terceiro da classe, o *Graf Spee*, tinha sido posto a pique no Atlântico Sul no inverno anterior. Além disso, havia apenas os cinco cruzadores pesados da classe *Admiral Hipper*. E, desses, o *Blücher* havia sido afundado poucas semanas antes, quando sucumbiu a tiros de granada explosiva em Oslofjord durante a campanha da Noruega; o *Seydlitz* e o *Prinz Eugen* ainda estavam inacabados, e o *Lützow* agora era entregue aos soviéticos, deixando no serviço ativo apenas o *Admiral Hipper*. Nessas circunstâncias, muitos alemães teriam visto a entrega do *Lützow* como um ato de temerária generosidade.

Oficialmente, porém, a transferência do *Lützow* para os soviéticos foi trombeteada como um passo significativo na consolidação das relações nazi--soviéticas. E havia boas razões para isso, principalmente porque aquela foi apenas a mais divulgada das transações da florescente relação comercial que acompanhou a assinatura do Pacto Nazi-Soviético em agosto. De fato, enquanto o *Lützow* era cuidadosamente manobrado para dentro do ancoradouro no estaleiro báltico, representantes alemães e soviéticos finalizavam uma série de acordos comerciais em Moscou e Berlim, cobrindo o fornecimento de todo tipo de matérias-primas e mercadorias. Para os poucos moradores de Leningrado que observaram a cena, o *Lützow* deve ter simbolizado uma nova era de trégua e cooperação entre as duas principais potências totalitárias da Europa. Na verdade, porém, ele se tornaria símbolo de uma relação cujo rico potencial, estorvado pela desconfiança e por maquinações políticas, jamais alcançaria a plenitude.

A ideia de cooperação econômica e comercial entre a Alemanha e a Rússia não era novidade, claro. Na verdade, as duas partes combinavam notavelmente, com a Rússia rica em matérias-primas e ansiosa por industrializar-se formando um complemento natural à locomotiva industrial da Alemanha, insaciável em sua necessidade de matérias-primas. Desde o fim do século XIX, industriais alemães sonhavam em ter acesso aos vastos recursos minerais da Rússia, enquanto os líderes russos havia muito tempo buscavam ajuda tecnológica de fora para o seu impulso de industrialização. Por isso, muitos, dos dois lados, anteviam um acordo mutuamente benéfico se os obstáculos políticos pudessem ser superados.

As relações tinham sido um tanto prejudicadas pela atmosfera ideologicamente carregada que se seguiu à Primeira Guerra Mundial, mas os dois países, bem ou mal, mantiveram relações econômicas durante todo o período entreguerras, as quais desabrocharam em colaboração plena quando as circunstâncias políticas e estratégicas coincidiram. Um desses florescimentos ocorreu com o Tratado de Rapallo em 1922, quando a Alemanha e a Rússia soviética chocaram o mundo ao concluir um acordo bilateral. Com os dois países excluídos, para todos os efeitos, da "comunidade das nações" — um como desacreditado ex-inimigo, outro como temido revolucionário —, os dois párias descobriram um terreno comum para firmar um acordo estratégico e econômico. Rapallo causou consternação nas capitais aliadas, mas seu significado mais amplo tinha sido bastante exagerado. Foi tanto um gesto simbólico — para "enfiar o dedo no nariz" de Londres e Paris — como uma expressão de praticidade política. Não chegava a ser uma aliança formal, ou uma declaração de neutralidade, nem um pacto de não agressão. Foi mais um casamento de conveniência estratégica, um expediente temporário num mundo hostil, cuja intenção era tanto impressionar outros potenciais interessados como expressar um genuíno casamento de mentalidades. Como disse Churchill na época, a Rússia e a Alemanha apenas compartilharam uma "camaradagem na desgraça".[3]

Consequentemente, os termos políticos de Rapallo eram bastante convencionais: os dois signatários concordavam em renunciar a quaisquer reivindicações territoriais e financeiras mútuas, e em normalizar as relações diplomáticas. Seu aspecto econômico, entretanto, era mais notável, com cada lado concedendo ao outro o status de "nação mais favorecida", e prometendo cooperação na busca de soluções para suas necessidades econômicas. O subsequente Tratado de Berlim, de 1926, foi mais longe ainda, estendendo uma linha de crédito de 300 milhões de Reichsmarks à União Soviética, com garantia de bancos alemães. Apesar de terem sido forjadas num momento de adversidade, as relações germano-soviéticas se mostraram notavelmente resistentes, durando até o início dos anos 1930, muito depois de terem desaparecido as justificativas estratégicas que as engendraram. Na verdade, em 1932, 47% das importações da União Soviética vinham da Alemanha — a mesma porcentagem de 1914 — e 72% das máquinas importadas vinham de empresas alemãs.[4]

Com a chegada de Hitler ao poder, em janeiro de 1933, as relações com a URSS naturalmente começaram a mudar. Hitler tinha feito carreira fustigando os bolcheviques fora e os comunistas alemães dentro do país, mas não se apressou a cortar relações logo, chegando mesmo a renovar o Tratado de Berlim com Moscou em maio de 1933. Na realidade, porém, e independentemente de preocupações ideológicas, as relações econômicas com a União Soviética já não serviam aos interesses alemães de forma tão clara como tinha sido o caso uma década antes, e por isso foram perdendo força. Uma razão para isso é que Hitler tinha tomado a decisão estratégica de priorizar a autarquia e começado a reorientar a indústria alemã, distanciando-se das exportações e intensificando a produção nacional para rearmamento e infraestrutura. Outra razão é que as relações com os soviéticos eram vistas como menos vitais sob a perspectiva alemã, especialmente porque apenas 6% das importações alemãs provinham da União Soviética e só 10% das exportações alemãs iam na direção contrária, e essas exportações precisavam ser financiadas mediante uma série de complexos acordos de crédito e empréstimo.[5] A Alemanha já tinha parceiros comerciais mais confiáveis, e o comércio com os soviéticos praticamente não valia o esforço.

Mas, apesar de as relações políticas entre Moscou e Berlim degenerarem em rancor em meados dos anos 1930, a conexão econômica manteve-se viva. Do lado da URSS, o chefe da missão comercial soviética, David Kandelaki, providenciou numerosas reuniões com o ministro da Economia, Hjalmar Schacht, em 1935 e 1936, nas quais não só defendeu um rejuvenescimento das relações econômicas germano-soviéticas, mas também sugeriu, sem êxito, a ideia de uma normalização geral das relações entre os dois países.[6] Kandelaki certamente não era nenhum dissidente; bem relacionado e georgiano como Stálin, já se aventou a hipótese de que ele agiu como enviado especial do próprio Stálin, tentando contornar os canais diplomáticos competentes para construir pontes entre Moscou e Berlim.[7] Condenado ao fracasso pelos ventos políticos predominantes, entretanto, foi chamado de volta a Moscou em abril de 1937, onde teria o mesmo destino sombrio de muitos companheiros. Preso em setembro daquele ano no Grande Expurgo, Kandelaki seria executado em julho de 1938. Ironicamente, é quase certo que seus contatos em Berlim determinaram o seu fim.

Mas Kandelaki não estava isolado em suas ambições, e, apesar do seu fracasso inicial, havia alguns poucos, nos círculos diplomáticos e governamentais alemães — os chamados "orientalistas" —, defensores persistentes de um arranjo político e econômico com a União Soviética. Um deles era Karl Schnurre, diplomata e jurista que a partir de 1936 chefiou a Seção Econômica do Leste Europeu do Ministério do Exterior alemão. A posição de Schnurre — partilhada por muitos outros, como o embaixador alemão em Moscou, Schulenburg — era a de que os suprimentos de matérias-primas soviéticas tinham importância tão vital para a continuação da saúde econômica da Alemanha que o país deveria se dispor a tolerar as irritações inevitáveis, e até mesmo a fazer substanciais concessões políticas para garanti-las.

Schnurre certamente não estava errado. Em 1939 a Alemanha ainda dependia amplamente das importações de quase todas as matérias-primas que consumia: 80% da borracha, 60% do petróleo, 60% do minério de ferro e 100% do cromo e do manganês tinham que ser importados. A União Soviética, de outro lado, era o maior produtor mundial de manganês, ocupando o segundo lugar na produção de cromo e o terceiro como fonte de petróleo cru e minério de ferro.[8] Claramente, como afirmavam muitos "orientalistas", a Alemanha nazista e a União Soviética formavam uma boa parceria econômica — se as antipatias políticas pudessem ser amenizadas.

A maior dificuldade para Schnurre era que — pelo menos durante a primeira parte da sua missão — ele estava nadando contra a corrente, ao defender um acordo prático, econômico, quando as elites dominantes dos dois países trovejavam demais uma contra a outra para pensar numa colaboração. Como Kandelaki antes dele, Schnurre descobriu que, enquanto os benefícios políticos da antipatia mútua sobrepujassem os benefícios econômicos da cooperação, seus argumentos teriam pouca receptividade.

Mas, em 1939, a configuração política começava a mudar. Frustrado pelo que lhe parecia "intromissão" ocidental em Munique em setembro de 1938 e alarmado com os relatos sobre o crescente rearmamento anglo-francês, Hitler deu novo ritmo ao seu planejamento estratégico. Dentro do país, significava renovar o foco num setor de armamentos já florescente. Desde 1933, a produção de natureza militar na Alemanha tinha disparado de 1% do PIB para 20%, mas era apenas um prelúdio do programa revelado em outubro de 1938.[9] A produção nacional de armamentos seria triplicada, anunciou Göring, devendo a capacidade da Luftwaffe quintuplicar para mais de 20 mil aeronaves, e a Kriegsmarine ser rapidamente elevada a uma posição de superioridade sobre a Marinha Real. Além disso, foi ordenado um investimento acelerado para compensar as insuficiências da infraestrutura de transporte da Alemanha. Era, concluiu Göring, "um programa gigantesco, em comparação com o qual todas as realizações anteriores são insignificantes".[10]

Em questões externas, Hitler não era menos ambicioso. Perversamente, tinha tirado a conclusão oposta à de Stálin sobre a presença do Ocidente em Munique. Onde o líder soviético tinha visto o funesto presságio de uma aliança alemã com o Ocidente, Hitler concluíra que as Potências Ocidentais, tendo repelido todas as suas insinuações, agora eram oponentes implacáveis.

Vendo que a perspectiva de guerra com a Grã-Bretanha e a França se tornara inevitável, Hitler começou a planejar para logo o conflito — 1940-1, o mais tardar — enquanto sua suposta vantagem em soldados e material bélico ainda era considerável.[11]

Planos estratégicos tão vastos obrigavam a repensar as prioridades econômicas. A economia alemã já tinha sido transformada pelos nazistas. Partindo da calmaria pós-depressão do começo dos anos 1930, com 6 milhões de desempregados, programas nazistas de armamentos e obras públicas tinham resultado quase em pleno emprego em 1938. Mas, no outono daquele ano, o vertiginoso crescimento econômico começou a dar uma freada, porque uma economia voltada primariamente para o rearmamento e o consumo interno criava imensas pressões inflacionárias. O *New York Times* informou em setembro de 1938 que uma inflação "alarmante" despontava no horizonte da economia alemã, declarando que a quantidade de dinheiro em circulação era 40% maior do que no ano anterior, o que revelava que o Reichsbank tinha administrado a etapa inicial da crise simplesmente imprimindo dinheiro.[12] No fim do ano — justo quando Hitler anunciava sua intenção de triplicar a produção de armamentos — o Reichsbank anunciou que enfrentava um déficit de fluxo de caixa de 1 milhão de Reichsmarks, recomendando uma nova ênfase nas exportações como remédio urgente.[13]

Hitler não gostava nada dessas intervenções dos "sombrios cientistas" do Reichsbank, e demitiu seu diretor e gênio por trás da recuperação econômica da Alemanha nazista, o venerável Hjalmar Schacht. Apesar disso, foi obrigado a fazer concessões a seus críticos. Num importante discurso — mais conhecido pela "profecia" de que uma volta à guerra levaria à "aniquilação da raça judaica" na Europa — em 30 de janeiro de 1939, no sexto aniversário da tomada do poder pelos nazistas, ele deu a sua resposta. Depois de pôr em dúvida a "sagacidade" dos "especialistas mundiais em economia", cujos diagnósticos, queixava-se ele, nunca coincidiam, Hitler admitiu que uma mudança para exportações na economia alemã era, afinal de contas, necessária: "Precisamos exportar para termos condições de comprar alimentos no exterior. Como esses produtos exportados consomem matérias-primas que não possuímos, isso significa que precisamos exportar mais produtos ainda a fim de conseguir essas matérias-primas para a nossa economia". Consequentemente, admitiu Hitler, a Alemanha era obrigada, "por extrema necessidade", a "exportar ou perecer".[14] Ao mesmo tempo, a necessidade urgente de importações era ressaltada por vários estudos oficiais que concluíam que a Alemanha seria incapaz de travar uma grande guerra sem acesso aos recursos soviéticos.[15] Isso era, quase literalmente, o que os "orientalistas" do Ministério do Exterior alemão vinham argumentando havia muito tempo. Talvez agora pudessem impor a sua vontade.

A decisão, claro, ainda não tinha sido tomada; a política ainda prevalecia sobre a economia. Mas, nos bastidores, as condições econômicas de um possível acordo nazi-soviético vinham sendo preparadas; na realidade, já estavam claras em suas linhas gerais no fim de 1938.[16] O que veio em seguida, portanto, foi uma dança complexa, pontuada por procrastinação, intransigência e disputas menores, nas quais negociadores soviéticos e alemães regateavam e barganhavam, esperando o momento político favorável. Só em meados de julho de 1939, quando as nuvens da guerra já se acumulavam sobre a Europa — e quando Karl Schnurre finalmente recebeu seu homólogo soviético, Evgeny Babarin, para discussões de alto nível em Berlim —, as conversações começaram para valer.

A essa altura, Hitler tinha pressa. Com sua ânsia para ampliar as fronteiras da Alemanha, com a ocupação das "sobras" das terras tchecas e as ameaças contra a Polônia, ele se colocara numa difícil situação estratégica, para a qual só um arranjo com os soviéticos parecia oferecer uma saída coerente. Os aspectos econômicos de qualquer possível acordo, claro, ainda eram secundários, mas rapidamente adquiriam importância. Não só os velhos argumentos sobre os benefícios do acesso às reservas de matérias-primas soviéticas eram mais relevantes do que nunca, como foram ampliados pela aguda consciência do lado alemão de que qualquer declaração de guerra contra a Grã-Bretanha veria o uso da arma tradicional do bloqueio, que tinha estorvado o esforço de guerra da Alemanha na Primeira Guerra Mundial, minado de forma severa o moral e custado milhares de vidas civis.[17] Hitler sabia que o suprimento de gêneros alimentícios soviéticos em caso de guerra frustraria efetivamente os melhores esforços da Marinha Real para obrigar a Alemanha a se submeter pela fome.

De sua parte, a União Soviética poderia beneficiar-se imensamente do acesso à tecnologia alemã. Em seus esforços para industrializar-se no período entreguerras, o país tinha com frequência enfrentado dificuldade para financiar o próprio desenvolvimento tecnológico ou trazer as melhores inovações do exterior. Um acordo com a Alemanha, pensava-se, ajudaria a resolver esses problemas, garantindo não apenas equipamento militar vital, mas também equipamento de engenharia de precisão, como turbinas e tornos mecânicos, e a mais recente tecnologia óptica e metalúrgica. Um atestado da importância desse aspecto econômico é que o acordo comercial foi transformado em pre-condição essencial para qualquer pacto político mais amplo com a Alemanha de Hitler.[18] Mas, apesar dos benefícios potenciais que um alinhamento com Berlim pudesse ter, Stálin acreditava firmemente que tinha os trunfos necessá-rios, e em consequência — mediante atrasos e procrastinação — empenhava-se em conseguir as melhores condições possíveis. O acordo, quando viesse, seria basicamente nos termos impostos pelos soviéticos.

Em 20 de agosto de 1939, três dias antes do Pacto Nazi-Soviético, um acordo comercial foi finalmente assinado entre Berlim e Moscou. A União Soviética comprometia-se a fornecer 180 milhões de Reichsmarks em matérias--primas para a Alemanha, em troca do compromisso alemão de fornecer 120 milhões de Reichsmarks em produtos industriais. Além disso, uma linha de crédito de 200 milhões de Reichsmarks foi concedida a Moscou, garantida pelo governo alemão, com uma taxa de juros efetiva de 4,5% num período de sete anos, a serem quitados com matérias-primas despachadas a partir de 1946.[19] Não é de admirar que Molotov louvasse o tratado como melhor do que "todos os acordos anteriores", acrescentando que "nunca tivemos um acordo econômico tão vantajoso com a Grã-Bretanha, a França ou qualquer outro país".[20] Em princípio, pelo menos, o tratado econômico com a Alemanha nazista não poderia ter sido melhor.

Assim, enquanto o mundo se chocava em agosto de 1939 com a revelação do pacto político entre Moscou e Berlim, negociadores dos dois lados puseram--se a discutir todos os aspectos do acordo comercial ainda pouco claros ou insatisfatórios, empenhando-se em transformar o princípio da colaboração econômica numa realidade prática. Não era tarefa fácil. Apesar de toda a cordialidade demonstrada, as desconfianças mútuas e a má-fé persistiam, devido, entre outras razões, à velocidade com que as forças alemãs invadiram a Polônia naquele setembro. Consequentemente, a redação do acordo foi examinada com cuidado, analisada e reinterpretada, e números e preços foram propostos, rejeitados e corrigidos. Durante todo o tempo, o lado alemão, que corria um risco político e militar mais alto, esperava concessões dos soviéticos; mas os negociadores de Stálin, percebendo que estavam em posição de força, recusavam-se firmemente a ceder. Se aquela era a lua de mel, não chegava a ser um bom augúrio para o êxito do casamento.

Enquanto as fatigantes negociações se arrastavam inverno adentro, houve momentos de leviandade, pelo menos quando se lança um olhar retrospectivo. Em 27 de setembro, por exemplo, um perplexo Schnurre foi inadvertidamente tratado com tapete vermelho na chegada ao aeródromo de Khodynka em Moscou, depois que o avião de Ribbentrop se atrasou. Embora o incidente refletisse uma avaliação precisa sobre quem de fato era o "cérebro" do lado alemão, Ribbentrop com certeza não teria gostado, sendo, como sempre foi, extremamente sensível a qualquer coisa que lhe parecesse uma desfeita. Semanas depois, o retorno de Schnurre a Moscou também se revelou problemático, pois ele foi incorretamente identificado na imprensa soviética como "embaixador barão von Schnurre", apesar de não ser embaixador nem barão, e de ter sido presença regular nos círculos do governo soviético nos cinco anos anteriores.[21] Não se sabe ao certo se os soviéticos estavam tentando adulá-lo ou ridicularizá-lo.

Mais bizarra ainda, talvez, foi a missão comercial soviética que percorreu a Alemanha no fim de outubro de 1939, basicamente para preparar uma lista de compra que atendesse às necessidades militares e tecnológicas de Moscou. "Lista de compras" era, de fato, o termo apropriado. Quando a delegação de 45 soviéticos chegou — todos trajando novíssimos casacos marrons, chapéus e sapatos amarelos —, cada um portava malas vazias para acomodar os inúmeros bens de consumo inexistentes na União Soviética. Ao começarem a trabalhar, outras peculiaridades logo se manifestaram, entre elas, para variar, uma inveterada desconfiança dos alemães com quem lidavam. De acordo com relato posterior de um deles, o tenente-general e vice-ministro da Aviação Alexander Yakovlev, os alemães foram "anfitriões simpáticos" e generosos, instalando a delegação soviética no melhor hotel de Berlim, o Adlon, e levando-a para fazer numerosos passeios e ver equipamentos. Yakovlev lembrava-se com incredulidade — com suas lembranças sem dúvida tingidas por sensibilidades do pós-guerra — que "eles sorriam para nós, apertavam nossas mãos, cumprimentavam-nos e tentavam criar uma atmosfera de amizade e sinceridade".[22] Em seguida, ele descreve uma reunião com seu homólogo, o general Ernst Udet, e Hermann Göring no aeródromo de Johannisthal, nos arredores de Berlim, onde foi providenciada uma demonstração do material bélico alemão:

Na mais estrita ordem, como se estivessem numa parada [...] bimotores Junkers-88 e bombardeiros Dornier-215; monomotores Heinkel-100 e caças Messerschmitt-109, aviões de reconhecimento Focke-Wulf-187 e Henschel, um caça bimotor Messerschmitt-110, um bombardeiro de picada Junkers-87 e outros tipos de aeronave. Os tripulantes — pilotos e mecânicos — ficaram parados, em rígida posição de sentido, ao lado de cada aeroplano.[23]

Yakovlev lembrava-se de que Udet levou o chefe da delegação soviética, Ivan Tevossian, para dar uma volta num avião de reconhecimento Fiesler "Cegonha", antes de fazer uma "esplêndida aterrissagem, parando exatamente no ponto de onde tinha saído". Quando Tevossian manifestou sua satisfação, Göring deu-lhe o avião de presente. Como escreveu Yakovlev sobre a apresentação: "Tudo foi impecavelmente organizado e causou ótima impressão [...]. Voltamos para o Adlon muito impressionados com o que vimos".[24]

Mas nem todos do grupo ficaram tão bem impressionados. O general Dmítri Gusev, por exemplo, parece ter achado que os alemães os tratavam como idiotas, só lhes mostrando produtos obsoletos. Afinal, indagava ele: "como poderiam nos mostrar o verdadeiro estado do equipamento da sua Força Aérea?". Pensando melhor, Yakovlev também ficou apreensivo, estranhamente preocupado com a "sinceridade com que os mais secretos dados sobre armamentos nos foram revelados". Mais tarde, ele sugeriria que os alemães pareciam mais interessados em intimidar os visitantes com seu poderio militar do que qualquer outra coisa. Mas o anfitrião, Ernst Udet, ficou indignado quando essas queixas lhe foram transmitidas, respondendo: "Dou-lhes minha palavra de oficial. Nós mostramos tudo: se não gostam do que viram, não comprem. Não queremos pressioná-los — façam como acharem melhor".[25]

Embora esse comentário talvez dissesse mais sobre a atitude dos soviéticos do que sobre a dos alemães, Gusev tinha um bom argumento. Apesar da afabilidade, os anfitriões *não* mostraram o que a tecnologia alemã tinha de mais avançado. O intérprete Valentin Berezhkov se lembrava de que foram tomadas todas as precauções para impedir que membros da delegação soviética vissem coisas que eram *verboten*. No caso de Berezhkov, ele foi enviado à fábrica da Krupp em Essen para inspecionar a construção das excepcionais torres duplas destinadas ao *Lützow*, mas a área estava separada do resto da fábrica por uma grossa cortina de lona, deixando tão pouco espaço que os engenheiros da

Krupp mal podiam trabalhar. Dessa forma, Berezhkov não conseguiu sequer ver a oficina toda.[26]

Tecnologia aérea sigilosa também foi protegida. Apesar de percorrer o país e visitar inúmeros lugares — incluindo a BMW em Munique, a Messerschmitt em Augsburg, a Junkers em Dessau, a Focke-Wulf em Bremen e Arado, a Henschel e a Siemens em Berlim —, a delegação soviética não viu nem o Focke-Wulf-190, na época em fase de desenvolvimento, nem a nova tecnologia de motores a jato que estava sendo preparada pela BMW e pela Junkers. Além disso, certo grau de desinformação foi empregado. Os alemães fizeram grandes elogios ao caça Heinkel He-100, por exemplo, o qual, apesar de ter disputado o recorde de velocidade aérea no início daquele ano, tinha, sabidamente, falhas de projeto, e por isso não foi sequer aceito pela Luftwaffe para uso operacional.[27]

Percebendo talvez que seus parceiros alemães não estavam abrindo todo o jogo, a delegação naval soviética foi especialmente exigente, desembarcando com uma longa lista de solicitações, incluindo a inspeção do encouraçado *Scharnhorst*, do cruzador pesado *Admiral Hipper*, de um lança-minas, de um destróier e de um U-boat do tipo VIIB. Na verdade, as solicitações soviéticas cresciam de forma quase exponencial, incluindo tudo, de fusíveis de torpedo a detonadores, binóculos e rádios — bem como artigos de que os alemães nem sequer dispunham. Curiosamente, o adido naval alemão em Moscou não mereceu privilégios recíprocos.[28] Talvez não seja de admirar que um almirante alemão tenha concluído que todo aquele processo não passou de disfarce para uma campanha soviética de espionagem.[29]

As negociações em outras esferas foram igualmente tensas e complexas. Ao mesmo tempo que as várias delegações soviéticas examinavam com atenção mercadorias alemãs, empresários alemães iam a Moscou para iniciar conversações por conta própria, muitas delas indo acabar irremediavelmente emaranhadas na burocracia soviética, com poucos resultados além de provocarem a suspensão de propostas comerciais e de desgastarem mais ainda uma confiança já débil. Enquanto isso, os funcionários públicos e burocratas discutiam exaustivamente em busca de um acordo aceitável para os dois lados, o que não era nem um pouco fácil.

Achando que a relação entre eles era muito mais importante para o lado alemão do que para o seu próprio, os negociadores soviéticos queriam conseguir o máximo possível em troca do mínimo, exigindo imensas quantidades da mais avançada tecnologia alemã, e ao mesmo tempo obstruindo as remessas recíprocas. No fim de novembro de 1939, por exemplo, os alemães ficaram chocados quando receberam uma lista de demandas soviéticas que se estendia por 48 páginas — de cruzadores a caças, de peças de artilharia a completas instalações industriais —, totalizando a excepcional quantia de 1,5 bilhão de Reichsmarks.[30] Além disso, os negociadores soviéticos faziam tudo para virar de cabeça para baixo o acordo original, exigindo produtos manufaturados alemães *como pagamento adiantado* pelo fornecimento de matérias-primas soviéticas, ao mesmo tempo que invocavam todos os obstáculos possíveis para dificultar as solicitações alemãs, inflacionando preços por capricho, ou argumentando que a infraestrutura ou o material circulante ferroviário eram insuficientes para dar conta dos volumes pedidos. Na realidade, o principal negociador alemão, Karl Ritter, foi obrigado a invocar o espírito positivo do Pacto Nazi-Soviético, "totalmente aprovado por Stálin", num esforço para convencer os soviéticos a voltarem aos termos originais como base das conversações.[31] Num memorando posterior, Ritter foi ainda mais severo, observando: "As negociações não estão transcorrendo favoravelmente. Tanto no geral como no particular, o outro lado não está demonstrando a gratidão que deveria resultar da nova situação política. Em vez disso, tenta conseguir tudo que acha que pode".[32] Se os alemães acharam que seria fácil ter acesso aos vastos recursos naturais da União Soviética, estavam redondamente enganados.

Na verdade, alguns negociadores do lado alemão já estavam cansados das intermináveis negociações e das exorbitantes exigências soviéticas. Ribbentrop repreendeu o embaixador soviético em Berlim, Alexei Shkvartsev, lembrando-lhe que "a Alemanha está em guerra", e acrescentando que "tudo que é humanamente possível foi feito [da parte alemã] e mais que isso ninguém pode fazer".[33] Outros eram menos conciliatórios. Os militares alemães estavam frustrados com as "volumosas e despropositadas" demandas dos soviéticos, e os negociadores, Ritter e Schnurre, já tinham que lidar com objeções e recusas cada vez mais numerosas do próprio lado alemão.[34] Rumores sobre o descontentamento soviético chegaram até os ouvidos do encarregado de negócios americano em Berlim, que informou a Washington que autoridades alemãs estavam "menos otimistas" em suas relações com os soviéticos do que tinham sido até então.[35]

Isso era uma espécie de crise para a Alemanha nazista, especialmente porque os apregoados suprimentos da URSS, que, segundo promessas soviéticas, frustrariam o temido bloqueio britânico, na prática não estavam se materializando. Na realidade, a dar-se crédito ao jornalista americano William Shirer, os alemães já estavam adotando algumas medidas peculiares para tranquilizar o público, rotulando falsamente suprimentos de manteiga e farinha de trigo da Eslováquia e da Boêmia como "Made in Russia", para demonstrar os supostos benefícios das relações com os soviéticos.[36]

Enquanto isso, por trás da fachada de relações públicas, a situação de emergência — ou mesmo de desespero — da Alemanha se agravava. Hitler vinha se preparando para a campanha no Ocidente contra a Grã-Bretanha e a França desde novembro de 1939, e apesar disso estava recebendo a conta--gotas os suprimentos vitais que esperava da União Soviética. Em petróleo, por exemplo, a Alemanha precisava de 60 mil toneladas mensais da URSS só para manter os próprios estoques, mas até então recebia apenas uma fração desse volume. Da mesma forma, os suprimentos de grãos estavam cada vez mais preocupantes, com um déficit de 1,6 milhão de toneladas previsto para 1940, mesmo nas melhores condições, e supondo-se que os soviéticos entregassem toda a cota combinada.[37] Longe de lubrificarem as engrenagens da máquina de guerra de Hitler, parecia que os suprimentos soviéticos ameaçavam se tornar um tremendo obstáculo.

Diante da crise que se avizinhava, os "pesos-pesados" foram instados a intervir: Hitler chamando a atenção dos acólitos para a necessidade de um ajustamento de divergências com os soviéticos e Ribbentrop se esforçando para fazer Stálin participar das conversações, escrevendo-lhe diretamente no começo de fevereiro de 1940 para pedir que a URSS cumprisse a promessa "dada durante as negociações de setembro [...] de que o governo soviético está disposto a apoiar a Alemanha durante a guerra".[38] Notavelmente, o apelo funcionou; Stálin prometeu levar "em consideração" o que Ribbentrop lhe disse, e dentro de poucos dias os negociadores em Moscou finalizaram os detalhes de um novo Acordo Comercial Germano-Soviético. Agora a URSS concordava em fornecer 650 milhões de Reichsmarks em matérias-primas ao longo dos dezoito meses seguintes, dois terços dos quais no primeiro ano, em troca do fornecimento pela Alemanha do mesmo montante em equipamento militar e industrial nos 27 meses seguintes, até maio de 1942, com dois terços desse total a serem entregues nos primeiros dezoito meses. Os números envolvidos eram, certamente, consideráveis. Combinado com o acordo de crédito de agosto de 1939, o acordo comercial vinculava estreitamente as economias da Alemanha nazista e da URSS, cada qual se comprometendo a realizar cerca de 800 milhões de Reichsmarks em negócios nos primeiros dois anos.[39]

A recepção, dos dois lados, foi apropriadamente positiva. A imprensa soviética — que tinha reagido com bastante frieza ao acordo original de agosto de 1939 — demonstrou entusiasmo, louvando o acordo de fevereiro de 1940 como "de grande significado econômico e político", que assegurava "o futuro desenvolvimento da cooperação entre a URSS e a Alemanha".[40] Stálin fez a própria avaliação na fase final das conversações, declarando: "A União Soviética vê isso não apenas como um tratado normal para a permuta de bens, mas como um de assistência mútua".[41] A imprensa nazista concordou, saudando o novo acordo como "mais do que uma batalha vencida, ele é simplesmente a vitória decisiva" no combate ao bloqueio britânico.[42] Os negociadores alemães foram menos efusivos. Karl Schnurre oficiou ao Ministério do Exterior em Berlim dizendo que o acordo revisto representava "o primeiro grande passo rumo ao programa econômico concebido pelos dois lados".[43] Já Gustav Hilger recordaria em suas memórias escritas depois da guerra que o acordo comercial tinha significado "uma porta para o Leste [...] escancarada, e os esforços britânicos de um bloqueio econômico contra a Alemanha [...], consideravelmente enfraquecidos".[44]

As várias listas de mercadorias e produtos anexadas ao acordo comercial são altamente instrutivas, e parecem confirmar a avaliação de Hilger. A União Soviética, por exemplo, comprometeu-se a fornecer 1 milhão de toneladas de cereais forrageiros, 900 mil toneladas de petróleo, 800 mil toneladas de sucata de ferro e ferro-gusa, 500 mil toneladas de fosfatos e 500 mil toneladas de minério de ferro. Além disso, foram estipuladas quantidades menores de platina, minério de cromo, asbestos, enxofre, irídio, iodo, glicerina, albumina, alcatrão, cal e numerosos outros produtos.

Em troca, os itens a serem fornecidos pelos alemães foram discriminados em quatro listas separadas. A primeira delas, relativa a equipamento militar, estendia-se por 42 páginas datilografadas, abrangendo desde periscópios submarinos a instrumentos hidrográficos e tanques e aeronaves, incluindo cinco Messerschmitts Bf-109E, cinco Messerschmitts Bf-110C, dois Junkers Ju-88, dois Dorniers Do-215, cinco viaturas meia-lagarta, dois helicópteros Fa-226 e um Panzer III "totalmente equipado". O mais surpreendente, talvez, foi que os soviéticos também encomendaram dez aeronaves Heinkel He-100 — mais do que qualquer outro modelo específico — evidentemente convencidos pelas falsas afirmações alemãs de que se tratava de um avião superior ao Bf-109.[45] Para completar, numerosos motores e peças de reposição foram pedidos, incluindo 1500 velas, 10 mil anéis de pistão, trinta hélices e incontáveis outros artigos, como equipamento para guerra química, peças de artilharia, veículos blindados, miras de armas, instrumentos ópticos e vários tipos de bombas e munição.[46]

Listas complementares cobriam variados suprimentos de artigos militares e industriais, como equipamento para mineração, para as indústrias química e petrolífera, turbinas, fornalhas, prensas, guindastes e máquinas-ferramentas. Além disso, 146 escavadeiras foram relacionadas, bem como locomotivas, geradores, motores a diesel, tubulação de aço e numerosos navios, incluindo um petroleiro de 12 mil toneladas, a ser entregue "imediatamente". Uma lista final enumerava itens pelos quais os soviéticos manifestavam "interesse" para possíveis compras futuras, "dependendo das condições", incluindo instalações para a hidrogenação do carvão, a vulcanização e a produção de borracha sintética.[47] Em essência, o que os soviéticos exigiam dos alemães era nada menos do que um atalho para chegar rapidamente a uma avançada economia militar-industrial.

Um dos primeiros itens na "lista de compras" soviética era um cruzador pesado, então mencionado pelos alemães como o "ex-*Lützow*". Como era de praxe com muitas outras categorias, as negociações que levaram à venda do *Lützow* foram bastante tortuosas. Os soviéticos tinham solicitado o navio pela primeira vez no começo de novembro de 1939, juntamente com o *Seydlitz*, também ainda por terminar. Então, no fim daquele mês, a disputa se intensificou quando outro cruzador da classe *Hipper*, o *Prinz Eugen*, e os esboços do encouraçado *Bismarck* foram acrescentados à lista de demandas soviéticas. Como era de esperar, a questão foi submetida a Hitler, que proibiu a venda do *Seydlitz* e do *Prinz Eugen* e concordou em vender os esboços do *Bismarck* com a condição de que não cairiam de forma alguma nas mãos "erradas" (ou seja, dos britânicos). Com a luz verde para a venda do *Lützow*, os dois lados passaram a discutir o preço. Uma sugestão inicial de Göring, de 152 milhões de Reichsmarks, quase duas vezes os custos de construção, foi rejeitada no ato pelos soviéticos.[48] Mas em fevereiro de 1940 a venda do navio foi incluída no acordo comercial, a despeito do fato de ainda não haver acordo sobre preço, o que sugeria que os dois lados consideravam a venda praticamente concluída. Pela redação do acordo, o ex-*Lützow* deveria "ser entregue para conclusão na URSS": o "casco e todo o equipamento, armas [e] peças de reposição", bem como "esboços completos, especificações, desenhos de projeto e resultados de ensaios".[49]

As negociações em torno do preço ainda se arrastaram até o começo de maio de 1940, quando uma nova proposta alemã de 109 milhões de Reichsmarks pelo cruzador com munição foi rebatida no ato por uma contraoferta soviética de 90 milhões de Reichsmarks. Exatamente quando as forças da Alemanha invadiam a França e os Países Baixos durante aquele mês, parece que os negociadores se cansaram de discutir o preço e resolveram rachar a diferença, fixando em 100 milhões de Reichsmarks pelo navio, apesar de os alemães considerarem o valor "não aceitável do ponto de vista estritamente comercial".[50] Com isso, o ex-*Lützow* partiu de Bremen, puxado por rebocadores de salvamento de longo curso, para chegar a Leningrado no fim de maio.

Outras remessas alemãs para a URSS foram bem menos complicadas. No fim da primavera de 1940, quando a campanha alemã na Escandinávia já estava em andamento, o obstrucionismo soviético amenizou um pouco e as negociações que antes pareciam destinadas a se arrastar por meses foram resolvidas em dias ou semanas. Iniciaram-se então, rapidamente, os preparativos para a entrega de muitos outros itens estipulados no acordo de fevereiro de 1940. Várias aeronaves que tinham sido encomendadas simplesmente voaram, via Königsberg, para Moscou, onde os soviéticos tinham providenciado total apoio terrestre, acomodação, reabastecimento e instalações meteorológicas para as tripulações. Artigos militares e industriais foram despachados por trem, à medida que os prazos de entrega, estipulados pelos diversos acordos, iam vencendo. Depois de um moroso início, com disputas sobre termos e pagamentos, as exportações alemãs para a União Soviética logo alcançaram um total de 15 milhões de Reichsmarks mensais em maio de 1940, culminando com 37 milhões de Reichsmarks em dezembro.[51]

As remessas soviéticas para a Alemanha eram, em tese, mais fáceis de administrar, por se tratar, basicamente, de carregamentos a granel de petróleo, grãos e gêneros alimentícios. Entretanto, a precária infraestrutura da União

Soviética criava ocasionais gargalos e obstáculos, inclusive nos dois principais entroncamentos para a Polônia ocupada pelos alemães — em Brest-Litovski e Przemyśl —, onde uma mudança de bitola criava novas complicações. Consequentemente, a maior parte do petróleo era despachada do Cáucaso soviético por via marítima para Varna, na Bulgária, e de lá por ferrovia para a Alemanha, evitando-se, dessa forma, as áreas problemáticas.[52] Apesar disso, as entregas soviéticas à Alemanha subiram de aproximadamente 10 milhões de Reichsmarks por mês na primavera de 1940 para quase dez vezes esse valor em setembro daquele ano.[53]

Depois dos problemas iniciais, o comércio germano-soviético cresceu notavelmente ao longo de 1940, com as exportações soviéticas para a Alemanha estimadas em 404 milhões de Reichsmarks durante aquele ano, contra as exportações alemãs para a União Soviética, calculadas em 242 milhões de Reichsmarks no mesmo período.[54] Uma olhada nos números do comércio exterior alemão em 1940 mostra que, no segundo semestre, as exportações para a União Soviética correspondiam consistentemente a mais de 60% dos totais mensais.[55] À primeira vista, então, as relações econômicas pareciam estar cumprindo o prometido: dar à União Soviética exemplos vitais da última palavra em engenharia de precisão, para que o país pudesse continuar seu programa de industrialização e ao mesmo tempo fornecer à Alemanha nazista combustíveis e gêneros alimentícios essenciais para o front civil.

Alguns, de fato, têm feito afirmações ainda mais grandiosas, sugerindo que os suprimentos soviéticos foram decisivos para as forças alemãs na invasão da França e dos Países Baixos em maio de 1940. Como um autor sugeriu com eloquência:

> Os tanques de Guderian operavam, basicamente, com petróleo soviético, em sua corrida para o mar em Abbeville; as bombas que arrasaram Rotterdam continham celoidina soviética; e as balas que destroçaram a tiros os soldados britânicos patinhando para os barcos em Dunquerque eram revestidas de cuproníquel soviético.[56]

A verdade é bem mais banal. As remessas soviéticas de combustível e outros suprimentos militares chegavam a conta-gotas à Alemanha no começo do verão de 1940. Em maio, o total das remessas de petróleo mal tinha atingido as 100 mil toneladas, correspondendo a apenas um sétimo dos estoques de petróleo alemães, com números semelhantes, 103 mil toneladas, para as remessas de grãos.[57] É improvável que quantias tão modestas tenham dado uma contribuição perceptível para a campanha na França.

Na verdade, o abrangente acordo econômico forjado por nazistas e soviéticos foi bem menos influente do que o observador casual poderia imaginar. É fácil ser induzido pelos números relativos a setembro de 1940, por exemplo — quando as exportações alemãs para a URSS representaram 76% do total mensal —, ao erro de supor que as relações econômicas tiveram uma melhora significativa. Essas grandes porcentagens são ilusórias, no entanto, e atestam apenas que o comércio exterior alemão tinha entrado em colapso com o início da guerra, deixando a União Soviética praticamente como a única parceira comercial de Berlim. Até mesmo as cifras de exportação relativas a setembro de 1940 representam menos de um quarto do total de março daquele ano, quando as últimas encomendas anteriores à guerra foram entregues.[58] Durante o ano todo, as exportações alemãs para a URSS foram decididamente modestas, correspondendo a menos de 1% do PIB da Alemanha.[59] Esses números, apesar de representarem um acréscimo em relação aos anos de paz imediatamente anteriores, assemelhavam-se em linhas gerais aos do começo dos anos 1930, e eram inferiores ao total das importações da URSS nos anos 1927-30.[60] Apesar de suas promessas, portanto, o tão apregoado acordo comercial mal conseguiu restaurar a situação econômica anterior a Hitler.

Para a União Soviética, entretanto, as relações com a Alemanha foram um pouco mais vitais, representando 31% do total das importações de 1940, e contribuindo para um breve período de súbito crescimento econômico no comércio exterior, durante o qual as exportações de petróleo dobraram, as de grão quintuplicaram e o total subiu 250%. Em 1940, quase 53% das exportações da URSS destinaram-se à Alemanha nazista.[61]

Mas, como no caso alemão, a insuficiência de atividade comercial nos anos imediatamente anteriores significa que aumentos que parecem tão notáveis podem ser enganadores. Na verdade, as novas relações mal alcançavam um nível de paridade com os volumes de comércio precedentes. As importações soviéticas da Alemanha, por exemplo, foram quantitativamente menores do que os totais anuais da década de 1924 a 1933, enquanto as exportações soviéticas na direção contrária ficaram aquém do apogeu do período 1926-30.[62] Embora o Pacto Nazi-Soviético tenha marcado um desvio muito definido, portanto, seus aspectos econômicos foram bem menos extraordinários, e dificilmente comparáveis ao comércio germano-soviético que tinha existido uma década antes.

Mas, claro, não só os volumes foram decisivos, mas também os detalhes específicos. As relações econômicas pretendiam solucionar deficiências particulares, como o atraso da União Soviética em engenharia de alta precisão, e a dependência da Alemanha para com o mercado mundial em matéria de suprimentos essenciais. Para os soviéticos, os resultados foram bastante ambíguos nesse sentido. Em algumas esferas, os benefícios das relações com a Alemanha são difíceis de perceber. É evidente, pela confusa reação da delegação aeronáutica soviética em Berlim, por exemplo, que os soviéticos esperavam ver uma tecnologia muito mais avançada do que a que lhes foi mostrada. Afinal de contas, engenheiros soviéticos já tinham desenvolvido, independentemente, aeronaves com asa em delta e um protótipo de motor a jato em 1938, e isso talvez explique por que sua delegação de compra ficou menos do que boquiaberta quando os alemães lhe apresentaram exemplos de motores convencionais de pistão no ano seguinte.[63]

Em outras áreas, como máquinas-ferramentas de alta precisão, o benefício é muito mais fácil de distinguir. A indústria soviética empenhava-se em alcançar as economias rivais, via Plano Quinquenal, a partir de 1938, e a conexão alemã era sempre uma ajuda nesse sentido, apesar das exportações de matérias-primas que exigia. De fato, está bem claro que, depois de quase não sair do lugar em 1939, a produção industrial soviética voltou a crescer em 1940, com alguns setores, como aço de alta qualidade, mostrando avanços particularmente notáveis. Além disso, esses avanços parecem ter salvado o Plano Quinquenal, que, apesar de um começo medíocre, estava em vias de ser "cumprido e mais que cumprido" em meados de 1941.[64] Apesar de historiadores econômicos desse período raramente mencionarem a conexão alemã, parece plausível atribuir esses aumentos, pelo menos em parte, à influência dos acordos comerciais.

Uma área na qual um benefício claro — a rigor, vital — é perceptível é a da produção militar. A indústria soviética de tanques é um exemplo notável. A produção soviética de tanques passara por um processo de mudança em 1940, com as obsoletas séries T-26 e BT sendo eliminadas progressivamente e a produção dando ênfase aos mais modernos modelos T-34 e KV. Além disso, uma expansão simultânea do setor foi empreendida, com novas fábricas em construção e fábricas já existentes sendo reequipadas para produzir novos modelos. Um parceiro natural nesses processos era a indústria pesada alemã, que tinha condições de fornecer tanto o equipamento como o know-how para ajudar; e esse era um recurso que os soviéticos não hesitavam em explorar.

No verão de 1940, o comissário de comércio exterior soviético Anastas Mikoyan começou a fazer encomendas consideráveis a empresas alemãs — como a Reinecker, que tinha sido a maior fabricante de máquinas-ferramentas da Europa em 1939 — de variados itens de engenharia pesada, como usinas, fornalhas, prensas e guindastes. A fábrica de KV em Chelyabinsk ficou, sozinha, com quatrocentas máquinas-ferramentas alemãs, ao passo que uma encomenda de meados de julho de 1940 requisitava — no valor de 11,5 milhões de rublos — a importação da Alemanha de 117 ferramentas para processamento de metal, 22 prensas, forjas e uma fábrica inteira de mancais de rolamentos.[65] A colaboração não ficou confinada à indústria de tanques. Quando a "Fábrica 292" foi instalada em Saratov em 1941, para a produção do essencial caça Yakovlev Yak-1, 40% de suas máquinas eram de origem alemã. E no reequipamento de fábricas em Kirov e Carcóvia em 1940 para a produção dos motores de avião M-30 e M-40, quase 20 milhões de rublos foram gastos com máquinas de fornecedores alemães.[66] Provavelmente nunca saberemos os números e os volumes totais dessas encomendas, mas não é exagero dizer que a engenharia alemã foi um dos reconhecidos patronos da futura destreza militar do Exército Vermelho.

Para os alemães, entretanto, as vantagens econômicas da conexão com a União Soviética são mais difíceis de perceber. Costuma-se partir preguiçosamente do pressuposto de que o suprimento de petróleo soviético tinha suprema importância no pensamento alemão. Decerto, a sede de combustível da máquina de guerra de Hitler acabaria se revelando seu calcanhar de aquiles, mas é preciso ter cuidado para não projetar esses problemas retroativamente sobre a fase inicial do conflito. A Alemanha foi para a guerra em setembro de 1939 com um estoque de petróleo de mais de 2 milhões de toneladas, e no começo da campanha contra a União Soviética, em junho de 1941, esse número tinha caído somente cerca de um quarto. Já o total de suprimento de petróleo da União Soviética chegou a menos de 1 milhão de toneladas — ou seja, abaixo do estoque de reserva mensal da Alemanha, e apenas 3% da produção anual da URSS — no mesmo período.[67]

Mais significativamente, talvez, é que a União Soviética não era a única fonte de petróleo da Alemanha; as tropas de Hitler confiscaram cerca de 1 milhão de toneladas dos estoques de petróleo franceses depois da queda da França em 1940.[68] A Romênia também pôs seus poços de petróleo à disposição de Hitler, e, com maior generosidade do que a de Stálin, rapidamente passou a ocupar, em 1940, a posição de mais importante fornecedor de petróleo cru para a Alemanha. No mesmo período em que a URSS mal chegou a fornecer 1 milhão de toneladas de petróleo para a Alemanha, a Romênia forneceu mais de quatro vezes esse volume.[69] Cada gota acabaria sendo crucial, claro, mas a ideia de que Hitler dependeu do petróleo soviético entre 1939 e 1941 simplesmente não resiste a um exame minucioso.

A história se repete com o minério de ferro, essencial para a produção de aço. Os soviéticos forneceram à Alemanha 750 mil toneladas nos termos do acordo comercial de fevereiro de 1940, cifra muito maior do que a estipulada para outros tipos de minério, como manganês, cromo e cobre, apesar de corresponder a menos de 3% da produção anual soviética.[70] Mas fornecimentos suecos de minério de ferro para a Alemanha fizeram os da União Soviética parecerem insignificantes. Num memorando para um tratado comercial germano-sueco em dezembro de 1939, observava-se que só a projetada exportação de minério de ferro sueco para a Alemanha em 1940 atingiria os 10 milhões de toneladas, mais de treze vezes o total soviético.[71] A Alemanha receberia mais minério de ferro da Suécia por mês do que da URSS em um ano.

A borracha também é outra área de fornecimento soviético que parece ter ficado aquém das expectativas. A importância da borracha para as Forças Armadas modernas não deve ser subestimada, e o abastecimento da Alemanha antes da guerra era feito basicamente por fontes controladas pelos britânicos no Sudeste da Ásia. Quando a guerra começou, em 1939, e aquelas fontes secaram, a Alemanha esperava obter sua borracha por intermédio da URSS, com esta servindo de comprador por procuração e transportando os produtos para a Alemanha.

No caso, a borracha soviética seria bastante sintomática das deficiências mais amplas das relações econômicas da Alemanha com a URSS. Já no início da guerra, a Alemanha era líder mundial na produção de borracha sintética, conhecida pela marca registrada "Buna" e produzida em três fábricas. A demanda intensificada pela guerra, que segundo projeções seria de 9 mil toneladas por mês, exigia fontes alternativas, principalmente a URSS.[72] As remessas soviéticas, totalizando apenas 18 mil toneladas — menos do que a produção anual alemã de borracha sintética —, dificilmente atenuariam a escassez.[73]

Naquelas circunstâncias, não é de surpreender que os tecnocratas alemães se inclinassem a ampliar a produção interna de borracha sintética. Assim, no inverno de 1940 uma nova fábrica com o que havia de mais avançado foi planejada perto da pouco conhecida cidade de Auschwitz, na Alta Silésia. As "Obras de Buna" que disso resultaram, e o campo de trabalhos forçados de Monowitz a elas associado, ou "Auschwitz III", como ficou conhecido, entraram em funcionamento em maio de 1942, com o objetivo de produzir 25 mil toneladas por ano.[74] A fábrica consumiria cerca de 600 milhões de Reichsmarks em investimentos — cifra semelhante ao comércio exterior vinculado ao Pacto Nazi-Soviético — e aproximadamente 30 mil vidas.[75] Um dos que sobreviveram a Monowitz foi o químico judeu italiano Primo Levi, que mais tarde costumava recordar a experiência de trabalhar na fábrica:

> Buna é do tamanho de uma cidade; além dos gerentes e dos técnicos alemães, 40 mil estrangeiros trabalham lá e falam de quinze a vinte línguas diferentes [...]. É desesperada e essencialmente opaca e cinzenta. Esse imenso emaranhado de ferro, concreto, lama e fumaça é a negação da beleza. Suas ruas e seus edifícios são designados, como nós, por números e letras, e não por nomes estranhos e sinistros. Dentro dos seus limites não nasce uma folha de relva, e o solo está impregnado de venenosas seivas de carvão e petróleo, e as únicas coisas vivas são as máquinas e os escravos — aquelas mais vivas do que estes.[76]

Uma das poucas áreas onde um benefício tangível para a Alemanha pode ser percebido é a dos gêneros alimentícios. Os paladinos de Hitler eram altamente sensíveis à questão do suprimento de alimentos, sempre muito conscientes da experiência de corrosão do moral do front civil na Primeira Guerra Mundial. Por isso, o regime nazista fazia questão de garantir que o abastecimento de alimentos fosse priorizado, o que era obtido com o estabelecimento artificialmente alto de cotas de racionamento e com a suspensão de restrições ao que as tropas alemãs podiam trazer de fora do país.[77]

Nesse sentido, o fornecimento soviético de alimentos para animais pôde desempenhar papel vital, ajudando criadores da Alemanha a manter o abastecimento interno de carne — influência importante no moral civil. Como resultado, o fornecimento de 1 milhão de toneladas de "grãos forrageiros e legumes" pela União Soviética foi devidamente incluído no acordo comercial de fevereiro de 1940, estimativa mais tarde revisada para 1,5 milhão de toneladas, com mais 1 milhão de toneladas antecipadas para o segundo ano. Embora permanecessem estabilizadas em torno de 4 milhões de toneladas na maior parte de 1940, as reservas alemãs diminuíram rapidamente em 1941, de tal maneira que, no meio do ano, a Alemanha de fato dependia de suprimentos da União Soviética.[78] Àquela altura, justo quando alemães e soviéticos se confrontavam no campo de batalha, eram os agricultores de Stálin que mantinham o povo de Hitler alimentado.

Da perspectiva alemã, portanto, os aspectos econômicos do Pacto Nazi-Soviético tinham um lado bom e um lado ruim, com os poucos elementos positivos possivelmente superados por deficiências mais graves. Decerto isso terá sido uma profunda frustração e um profundo desapontamento para o regime nazista, pois está claro que os negociadores de Hitler tinham alimentado altas esperanças de acesso às ricas matérias-primas prometidas pela União Soviética. Dar-se conta dessa ambição, porém, se mostrara uma perspectiva bem mais difícil.

Até certo ponto, as ambições alemãs foram sufocadas pelos métodos dos soviéticos de negociação, que um participante alemão descreveu como mera "chicanice".[79] Demandas exorbitantes e preços absurdamente altos combinavam-se a disputas constantes em torno dos mínimos detalhes, atrasos deliberados e pura e simples teimosia. Além disso, os negociadores soviéticos podiam ser estranhamente imprevisíveis — arredios num dia, afáveis no dia seguinte, deixando os alemães confusos e frustrados. Isso, claro, sem dúvida alguma fazia parte de um plano, mas havia também razões concretas para esse comportamento tão peculiar.

Antes de tudo, cientes talvez do fim de muitos companheiros seus nos grandes expurgos do fim dos anos 1930, muitos funcionários soviéticos demonstravam uma notável relutância em se comprometerem com qualquer proposta ou sugestão, por medo de que pudessem estar pisando no pé de seus superiores. Como disse o negociador alemão em Moscou Gustav Hilger, no livro de memórias que escreveu depois da guerra:

As negociações foram marcadas pela desconfiança crônica dos negociadores soviéticos e pelo medo de assumir responsabilidade, mesmo em se tratando de um membro do Politburo como Mikoyan; isso explica parcialmente o fato de terem sido necessários quatro meses de ativas discussões para se chegar a um acordo.[80]

Na falta de liderança política, os negociadores soviéticos quase sempre preferiam — subconscientemente ou como estratégia — deixar as conversas descambar para a discussão de minúcias ou de demandas despropositadas e aguardar instruções do Kremlin.

Essas instruções em geral vinham. Como disse um funcionário alemão, as negociações "extremamente difíceis" exigiam muitas vezes a "intervenção pessoal de Stálin para impedir o colapso prematuro".[81] Ribbentrop, como vimos, apelou a Stálin para tirar de um beco sem saída as conversações sobre o acordo de fevereiro de 1940, e funcionários soviéticos faziam a mesma coisa para facilitar suas negociações. O general Yakovlev, por exemplo, horrorizado com a burocracia envolvida em quaisquer aquisições decididas pela delegação soviética na Alemanha, ficava aliviado quando conseguia contornar a papelada telegrafando para Stálin no Kremlin, que imediatamente atendia ao pedido e ordenava que não se criasse mais nenhuma dificuldade.[82]

De sua parte, Stálin não intervinha por altruísmo. Em vez disso, usava, definitivamente, as negociações econômicas como ferramenta política: uma alavanca para exercer pressão sobre o aliado alemão, facilitando as coisas quando queria parecer conciliatório, ou ignorando-as quando não queria. Para muitos do lado alemão, essa vinculação política mais ampla às negociações saltava à vista. Goebbels deu um exemplo no verão de 1940. Num momento em que as relações germano-soviéticas ficaram mais tensas por causa da anexação soviética dos países bálticos, da Bessarábia e da Bucovina do Norte, as remessas de Moscou de repente começaram a fluir, preenchendo as cotas por um breve período. Como Goebbels notou em seu diário, a conexão era clara: "Os russos nos estão fornecendo mais do que queremos", escreveu. "Stálin faz tudo para nos agradar."[83]

Julgando-se em posição vantajosa nas relações econômicas com a Alemanha, Stálin não hesitava em tentar explorar essa posição sempre que possível. Sua principal arma nesse sentido era cobrar preços artificialmente altos pelas remessas soviéticas, insistindo ao mesmo tempo em pagar preços abaixo do padrão pelos produtos alemães. Os negociadores soviéticos se recusavam a aceitar o "preço Golfo", um padrão na indústria, pelo seu petróleo, por exemplo, insistindo num acréscimo de pelo menos 50%, que os negociadores alemães eram obrigados a aceitar. Ao mesmo tempo, o preço pelas remessas alemãs de carvão na direção contrária era empurrado tão para baixo que Moscou conseguia vender boa parte dele com lucro.[84]

Outro exemplo é o do manganês, vital para a criação de ligas de aço e um dos poucos artigos que a Alemanha já obtinha da URSS antes da guerra. No entanto, enquanto a Alemanha pagou 2,9 milhões de Reichsmarks por 60 mil toneladas de manganês soviético em 1938, em 1940 o preço por 65 mil toneladas subiu 75%, para 5,5 milhões de Reichsmarks.[85] Em se tratando de comunistas, os negociadores de Stálin demonstraram uma sólida compreensão do funcionamento das engrenagens do capitalismo.

Em casos extremos, Stálin não se pejava de recorrer a métodos mais radicais para conseguir o que queria. Em setembro de 1940, por exemplo, Mikoyan manifestou sua crescente frustração com o que lhe parecia uma postergação alemã em fazer remessas casadas e uma atitude em geral pouco solícita dos negociadores. Stálin reagiu simplesmente "desligando" o fornecimento de petróleo, na esperança de que a medida obrigasse os parceiros alemães a voltarem à razão. Nenhum novo carregamento foi despachado nas duas semanas seguintes, e o fornecimento soviético naquele mês caiu para menos da metade do que tinha sido em agosto.[86]

Em sua intransigência, Stálin talvez tenha ido longe demais. Porque, embora ele fosse a única opção viável para Hitler no outono de 1939, no verão de 1940 a situação estratégica da Alemanha tinha melhorado imensamente e havia numerosos candidatos alternativos — a França ocupada, a Romênia, a Suécia — capazes de suprir o Grande Reich alemão. À luz dessa mudança estratégica, a percepção que tinha Berlim de suas relações com a União Soviética também começou a mudar, e os conselheiros econômicos de Hitler aos poucos visualizaram uma área econômica europeia, com a Alemanha no centro, em lugar de uma parceria econômica cada vez mais turbulenta e imprevisível com Moscou.[87] Paradoxalmente, portanto, quanto mais Stálin intervinha, menos influência tinha.

Fora os floreios capitalistas e as respostas desastradas, os soviéticos também tinham seus motivos de queixa. Uma razão é que Stálin parece ter ficado particularmente ansioso com o aspecto cambaleante do acordo comercial — pelo qual as remessas soviéticas eram contrabalançadas por remessas alemãs *posteriores* — e vivia preocupado com o fato de os alemães estarem atrasados. Na realidade, os soviéticos estavam sempre se queixando da lentidão alemã. Valentin Berezhkov lembrava-se de uma conversa com Gustav Krupp von Bohlen em Essen em 1940. Depois de queixar-se da lentidão da montagem dos canhões do *Lützow* e acusar Krupp de "violar o cronograma" de entrega, ele ouviu a explicação de que "há forças fora do nosso controle". Responsabilizando a guerra e a intransigência anglo-francesa, Krupp afirmou que cumpria o "dever patriótico" de suprir a Wehrmacht em primeiro lugar, mas prometeu levar em consideração as queixas soviéticas, comprometendo-se a concluir as obras no *Lützow* logo que o *Prinz Eugen* ficasse pronto.[88] Essa atitude certamente estava em conformidade com instruções de Berlim, de que as encomendas soviéticas deveriam *ceder* prioridade às das Forças Armadas alemãs, mas é bem possível que mesmo assim ainda desse ampla margem para procrastinação.

Os alemães também podiam fazer reclamações relativas ao progresso do *Lützow*, mas num sentido bem diferente. Como relatou Khruschóv nas memórias que escreveu no pós-guerra, um contra-almirante alemão, Otto Feige, foi enviado a Leningrado com o navio para supervisionar o trabalho de equipá-lo e armá-lo. Entretanto, Feige logo atraiu a atenção do serviço de inteligência soviético, e uma armadilha sexual foi preparada para ele, envolvendo uma "jovem adorável", uma "pose indecente" e algum equipamento fotográfico. Apesar do escândalo subsequente, Khruschóv garantiu que o serviço secreto soviético não conseguiu recrutar Feige, pois o descarado contra-almirante "não poderia ter sido mais indiferente". Mas consta que Hitler ficou indignado e "teve um arranca-rabo" com o chefe da NKVD, Lavrenti Beria.[89]

Embora a ideologia tenha sem dúvida dado algum tempero a esses confrontos, o fato é que não era o que mais irritava. Houve, em muitos casos, razões econômicas ou estratégicas genuínas para que um dos lados, ou ambos, se sentisse ofendido. Nos países bálticos, por exemplo, estima-se que empresas alemãs tinham investimentos de 200 milhões de Reichsmarks em 1940, bem como um valor semelhante em comércio exterior no tocante a gêneros alimentícios e combustíveis.[90] No entanto, com as anexações soviéticas daquele verão, esses contatos foram cortados e os mercados e o patrimônio, perdidos. Claro que Berlim, quando negociou a cessão dos países bálticos no outono de 1939, o fez na expectativa de que o acesso aos mercados e reservas soviéticos contrabalançasse essas perdas, mas a realidade é que isso raramente aconteceu.

Berlim estava igualmente incomodada com o desenrolar dos acontecimentos nas duas províncias romenas recém-anexadas por Moscou, onde seus contratos comerciais existentes, sobretudo para a aquisição de madeira e gêneros alimentícios, foram logo afetados. Embora Molotov tenha prometido respeitar os interesses econômicos alemães naquela região, depois da anexação ele informou a Berlim que a exportação de grãos da Bessarábia para a Alemanha já acordada para 1940 sofreria uma redução de dois terços.[91] Nesses casos, a Alemanha ficava com o pior dos dois mundos: perdia parceiros comerciais sólidos e confiáveis e tinha de lidar exclusivamente com Moscou, que se mostrava um cliente cada vez mais difícil e exigente.

As frustrações eram dos dois lados, claro. Uma razão é que o orgulho de Stálin não lhe permitia assumir posição subordinada à Alemanha de Hitler — ou, como ele mesmo dizia, se tornar "o rabo da Alemanha".[92] Mas, apesar disso, os soviéticos tinham preocupações parecidas com as dos alemães sobre a perda de seus mercados e fornecedores tradicionais. Ao assinar o pacto com a Alemanha nazista, Stálin isolou-se de tal maneira internacionalmente que o país de Hitler era em termos práticos o único que se dispunha a fazer negócios com ele. As importações soviéticas de máquinas e tecnologia, das quais 60% vinham dos Estados Unidos em 1938, por exemplo, foram reduzidas a pó depois da assinatura do pacto e da invasão da Finlândia no fim de 1939, com o presidente Roosevelt impondo até mesmo um "embargo moral" ao comércio com a União Soviética.[93] A ideia de que Moscou estava só enganando os alemães, portanto, com a intenção de fazer um pouco de espionagem industrial e alguns furtos militares, simplesmente não corresponde à realidade. Os soviéticos tinham tanta coisa envolvida nessas relações, no âmbito econômico, quanto os alemães, talvez até mais. De fato, sua intransigência nas negociações com Berlim era tanto um sintoma de desespero como qualquer outra coisa.

Além do mais, onde a Alemanha nazista e a União Soviética compartilhavam agora uma fronteira, novos pontos de fricção apareceram. Como confessou o embaixador soviético em Londres para o visconde Halifax em setembro de 1939, o êxito militar alemão tinha sido uma "grande surpresa" para a URSS, que agora estava preocupada com uma "poderosa e vitoriosa Alemanha" como vizinha de porta.[94] Um dos pontos de atrito resultantes foi a chamada "Faixa Lituana", um pequeno pedaço de terra ao longo do rio Šešupė no sul da

Lituânia, que, se não ficasse na área de contenda entre dois rivais totalitários, com certeza teria continuado na mais total obscuridade. Entretanto, apesar de transferida para a Alemanha no Tratado de Demarcação e de Amizade de setembro de 1939, a faixa foi anexada integralmente pelos soviéticos, junto com o resto da Lituânia, no verão seguinte. Quando os alemães levantaram o assunto em negociações subsequentes, Moscou, diante do fato consumado, propôs comprar o território por cerca de 16 milhões de Reichsmarks, mas Berlim fez uma contraproposta de 54 milhões de Reichsmarks, que Moscou rejeitou. Com as conversações degenerando em azedume, Ribbentrop tentou extirpar a questão das negociações gerais, mas a disputa continuou a fazer barulho, envenenando as relações já tensas pelo caminho.[95]

A contenda em torno da Bessarábia e da Bucovina do Norte provocaria mais ressentimentos. A ocupação soviética das províncias, no verão de 1940, causou profunda inquietação em Berlim. Apesar de Moscou e Berlim terem acertado em 1939 que a Bessarábia iria para a "esfera de interesse" soviética, quando Stálin foi tomar posse no verão seguinte, seus lugares-tenentes exigiram a vizinha Bucovina também, região que não estava programada para ficar sob controle de Moscou, como "compensação" por históricas perdas soviéticas em mãos romenas.[96]

Os motivos de Stálin eram complexos. A Rússia reivindicava a Bessarábia desde os tempos da Guerra da Crimeia, ou antes, e a anexação conferia uma vital profundidade de defesa ao porto de Odessa, que ficava a apenas quarenta quilômetros da antiga fronteira romena. Mas a motivação primordial de Stálin era que a anexação estendia a influência soviética até os Bálcãs, com a ambição final — fazendo eco à "Questão Oriental" do século XIX — de estabelecer o controle de Moscou sobre o Bósforo e os Dardanelos, sem o que o mar Negro era, potencialmente, pouco mais do que um lago soviético.[97]

Entretanto, essas ambições iam de encontro ao desejo de Hitler de preservar os Bálcãs, e particularmente a Romênia, como sua própria retaguarda estratégica. Já vimos que o petróleo romeno era crucial para Berlim. Hitler confessaria ao líder finlandês marechal Mannerheim, dois anos depois, que "sempre temeu que a Rússia atacasse a Romênia no fim do outono de 1940 [...] e ocupasse os poços de petróleo". Tivessem feito isso, disse ele, "estaríamos perdidos": sem o petróleo romeno, a Alemanha "não poderia ter travado a guerra".[98] Mas, além disso, havia uma preocupação estratégica maior: o avanço de Stálin sobre os Bálcãs foi interpretado em Berlim como uma preocupante guinada para oeste, um desafio à hegemonia continental da Alemanha.

Dessa forma, embora Berlim não fizesse objeções iniciais à cessão das províncias romenas — na realidade, recomendou ao governo em Bucareste que obedecesse às demandas soviéticas —, mesmo assim apresentou um protesto ao aliado soviético. No fim de junho, Ribbentrop escreveu um longo memorando a Molotov, via Schulenburg, lembrando que a Alemanha "estava acatando os acordos de Moscou", mas que a pretensão soviética à Bucovina era "algo novo". Não só a Bucovina apresentava complicações relativas à população étnica alemã local, explicou ele, como também ficava perto de "importantíssimos interesses" da Alemanha no resto da Romênia, e em consequência a Alemanha estava "extremamente interessada em impedir que essas áreas se tornassem teatro de guerra". Diante das preocupações surgidas em Berlim de que Moscou estivesse ultrapassando os limites do pacto de 1939 e exigindo unilateralmente territórios fora das combinadas "esferas de influência", o memorando de Ribbentrop foi uma espécie de tiro de advertência.[99]

O avanço de Stálin para o sul não foi contido, entretanto, e apesar de tolerado por Berlim, fez soar o alarme, fortalecendo a determinação de Hitler de assegurar seu próprio controle na região. O que veio em seguida foi uma renhida e indecorosa competição pelos Bálcãs, na qual a Romênia e a Bulgária passaram de países soberanos à condição de desesperados clientes e suplicantes.

A Romênia foi o primeiro a implodir. Em seguida à anexação da Bessarábia e da Bucovina do Norte por Stálin, o governo em Bucareste abandonou a política anterior de inquieta neutralidade e passou a buscar um ativo alinhamento com a Alemanha, repudiando a garantia anglo-francesa de 1939, saindo da Liga das Nações e finalmente anunciando o desejo de juntar-se ao Eixo em meados de julho de 1940. Essas mesuras não foram suficientes para salvá-la dos vizinhos, porém, pois a Bulgária e a Hungria apresentaram reivindicações territoriais, respectivamente de Dobrudja e da Transilvânia, concedidas mediante arbitragem alemã e italiana. O colapso subsequente, e talvez inevitável, do governo do rei Carlos — com o próprio monarca fugindo para ir viver no exílio — inaugurou uma tensa aliança entre um general pró-Alemanha, Ion Antonescu, e os fanáticos do movimento fascista romeno, a Guarda de Ferro. No fim disso tudo, despojada de seus territórios litigiosos e em efervescência política, a Romênia caiu definitivamente na órbita alemã. A Bulgária viria em seguida.

Por volta do fim do verão de 1940, as relações germano-soviéticas estavam em dificuldade. Estrategicamente, os dois países pareciam em rota de colisão. O espírito de colaboração do fim de 1939 tinha sido substituído por um de confrontação, com um lado cada vez mais desconfiado de que o outro agia de má-fé. Típica dessa desconfiança, talvez, foi uma avaliação da NKVD, preparada para o primeiro aniversário do pacto em 1940, que chegou à seguinte e crua conclusão: "Inebriado pela vitória, o governo alemão, juntamente com os italianos e sem o consentimento da URSS, violou o acordo de 23 de agosto de 1939 decidindo o destino dos povos balcânicos".[100] A ironia, e a raiz do problema, era que Berlim poderia facilmente ter feito a mesma acusação a Stálin.

Em economia, também, as relações periclitavam. Apesar dos benefícios não pouco consideráveis colhidos pelos dois lados no ano anterior, tanto Moscou como Berlim se sentiam insatisfeitas. Os alemães estavam frustrados com o fato de a conexão com Moscou não dar os ricos frutos que esperavam e bem cientes de que outras fontes, como a França ocupada e a Romênia, se mostravam mais generosas do que a URSS. Já os soviéticos sabiam que suas relações com a Alemanha, até então turbulentas na melhor hipótese, precisavam ser recalibradas, para acomodar as imensas alterações trazidas pelo ano de guerra. O comércio, visto pelos dois lados como componente essencial do arranjo político, tinha se tornado simplesmente um indicador de um profundo mal-estar.

Até mesmo o ex-*Lützow*, sombriamente simbólico das relações bilaterais, enfrentava dificuldades. No fim de setembro de 1940, apesar de só dois terços da construção terem sido completados e de continuar atracado no ancoradouro em Leningrado, o navio foi formalmente incorporado à Marinha Vermelha e rebatizado de *Petropavlovsk*, em comemoração à vitória russa contra os britânicos e franceses na Guerra da Crimeia. Entretanto, como num microcosmo dos problemas mais amplos, a tentativa de cooperação a bordo do navio entre tripulantes e engenheiros alemães e soviéticos tinha fracassado, com intermináveis disputas paralisando qualquer genuíno progresso na conclusão do navio. Os soviéticos solicitaram que seu treinamento fosse feito em russo, por exemplo, com oficiais especialistas enviados a fábricas alemãs para receber instrução. Também exigiram que um grupo de treinamento da Marinha Vermelha tivesse permissão de servir a bordo do *Admiral Hipper*.[101] Como era de esperar, as autoridades alemãs recusaram o pedido. Então, quando apareceu um artigo no jornal soviético *Izvestia*, em outubro de 1940, delineando os antecedentes históricos de vários navios de guerra soviéticos, as origens alemãs do *Petropavlovsk* não foram mencionadas.[102] Um cínico poderia supor que o Pacto Nazi-Soviético estava sendo varrido para a lata de lixo da história.

Nessas circunstâncias, naturalmente coube a Ribbentrop, como um dos pais do alinhamento nazi-soviético, tentar revivê-lo. Em meados de outubro, ele abordou as preocupações soviéticas numa carta enviada a Stálin pessoalmente, na qual propunha que Molotov fosse convidado a ir a Berlim para conversas preparatórias com vistas à revisão do pacto através de uma nova "delimitação das esferas de influência mútuas".[103] Stálin evidentemente ficou aliviado com o convite, removendo várias disputas existentes antes de responder para manifestar a esperança de que as relações entre os dois países fossem, desse modo, aperfeiçoadas.[104]

Molotov, nesse meio-tempo, recebeu instruções minuciosas. Seu principal objetivo não era necessariamente assegurar um acordo, pois as conversações em Berlim eram vistas por Moscou apenas como o embate inicial de uma nova rodada de negociações; na verdade, servia para sondar as "verdadeiras intenções" da Alemanha e o possível papel da URSS visualizado por Berlim na "Nova Europa". Além disso, precisava descobrir o que Hitler antevia como suas respectivas esferas de interesse tanto na Europa como no Oriente Próximo e no Oriente Médio. Mais importante, porém, era Molotov manifestar a insatisfação de Moscou com os acontecimentos na Romênia e abordar as preocupações soviéticas mais gerais em relação à segurança nos Bálcãs. "O principal tema das negociações", disse-lhe Stálin, deveria ser "a Bulgária", que "tem que pertencer, por acordo com a Alemanha e a Itália, à esfera de interesses da União Soviética, nas mesmas bases do que foi feito pela Alemanha e pela Itália no caso da Romênia."[105]

Claramente, duras negociações viriam pela frente. Mas é revelador o fato de que as instruções de Stálin a Molotov ainda ressaltavam o princípio do trabalho em cooperação com a Alemanha nazista para alcançar os objetivos estratégicos da União Soviética. Apesar de todas as fanfarronadas e críticas, parecia que — pelo menos da perspectiva de Moscou — o Pacto Nazi-Soviético ainda dispunha de alguma quilometragem de sobra.

7. Camarada "Cu de Pedra" no covil da fera fascista

O tempo não ofereceu um bom presságio na chegada de Molotov a Berlim. Céus de chumbo e chuva fustigante receberam o ministro do Exterior soviético na capital de Hitler. Mas, elementos à parte, a recepção concedida foi suficientemente calorosa, com as plataformas e o salão de bilheterias da vasta estação de Anhalter engalanados com bandeiras soviéticas e flores rosa e vermelhas. A festa de recepção foi igualmente extravagante, com uma guarda de honra da Wehrmacht em imaculada posição de sentido, na chuva do lado de fora da estação, enquanto lá dentro a plataforma era tomada por uma multidão de altos representantes do Estado nazista e militares, incluindo Ribbentrop e o comandante supremo do Exército, o marechal de campo Wilhelm Keitel, todos com o sobretudo forrado de carmesim de seus uniformes rigorosamente abotoados no frio de novembro.

Molotov tinha feito uma viagem bastante confortável, apesar de um tanto longa. Partira da estação Belorussky em Moscou três noites antes, num trem especial "de projeto europeu", com uma pistola no bolso e um entourage de mais de sessenta pessoas, incluindo dezesseis seguranças, um médico e três empregados pessoais.[1] A travessia do oeste da União Soviética e da recém--anexada Lituânia lhe deu tempo de sobra para refletir sobre a missão: descobrir as intenções estratégicas da Alemanha e, se possível, negociar uma continuação do Pacto Nazi-Soviético.

Se chegou a pensar que seria um trabalho fácil, Molotov talvez tenha sido alertado para as dificuldades muito reais que persistiam entre a Alemanha nazista e a União Soviética por um incidente em Eydtkuhnen, na fronteira germano-soviética da Prússia Oriental. A cidadezinha assinalava a ponta extremo-oriental do sistema ferroviário alemão e o lugar em que viajantes do leste eram obrigados a mudar de trem, para a bitola-padrão da rede europeia. Entretanto, na atmosfera carregadíssima de 1940, com as duas grandes potências totalitárias da Europa disputando a supremacia, uma simples mudança de trem acabou se transformando num ato muito político. Foi o que o diplomata alemão Gustav Hilger descobriu numa etapa anterior da viagem. Ele tinha saído de Moscou com o entourage de Molotov para atuar como intérprete auxiliar em Berlim, e pedira a um dos integrantes mais graduados do grupo soviético, o vice-comissário da NKVD Vsevolod Merkulov, que lhe dissesse onde ocorreria a mudança de trens. Enigmaticamente, Merkulov respondeu: "Vamos mudar de trem num lugar a ser designado pelo diretor do Conselho de Comissários do Povo". Intrigado, Hilger tentou argumentar que o terminal ferroviário não estava dentro da alçada nem mesmo de Molotov, mas de nada adiantou, e ele teve que se consolar anotando mentalmente os extremos absurdos a que poderiam levar a "excessiva mania de sigilo e a estúpida subordinação" da União Soviética.[2]

Quando o trem de Molotov chegou a Eydtkuhnen, outro incidente veio ressaltar a tensão política. O intérprete, Valentin Berezhkov, foi despertado pelo barulho de uma altercação na plataforma e correu para verificar. Servindo de intérprete para o maquinista do trem soviético e um funcionário alemão, descobriu que o funcionário insistia em que a delegação soviética passasse para outro trem — em obediência ao regulamento —, enquanto o maquinista dizia ter recebido ordem para levar o trem diretamente a Berlim. Embora o problema técnico pudesse ser resolvido com a troca dos truques do trem, o funcionário insistia em que os vagões eram grandes demais para as linhas-padrão alemãs. Entretanto, depois de muitas medições e discussões acaloradas, ficou combinado que dois vagões Pullman alemães substituiriam os vagões soviéticos maiores. Berezhkov anotaria em suas memórias que os vagões alemães eram "muito confortáveis", com "bar e restaurante excelentes [...], salões equipados com rádio" e até "vasos de rosas frescas nos compartimentos". No entanto, acrescentou acerbamente, "não foi a preocupação com o nosso conforto que levou os alemães a insistirem de forma tão obstinada para que mudássemos de trem. Sem dúvida seus vagões estavam equipados não apenas com um excelente bar, mas também com um ótimo aparato de microfones ocultos".[3]

Verdade ou não, o fato é que o trem de Molotov seguiu em frente, chegando a Berlim às 11h05 da manhã de 12 de novembro. Ali, Molotov e seu entourage mais imediato desceram na plataforma apinhada da estação de Anhalter. Com seus ternos soviéticos e seus chapéus de feltro Homburg, apresentavam uma aparência incongruente em meio ao mar de uniformes militares, como um grupo de contadores provincianos que desembarcasse inadvertidamente na estação errada. Foram recebidos por Ribbentrop, que disse algumas breves palavras, e apresentados aos dignitários presentes, com Molotov tirando o chapéu de forma extravagante para fazer suas saudações. Indo para fora, através do apinhado salão de guichês, o grupo passou pela guarda de honra, enquanto uma banda militar tocava a *Marcha de apresentação* prussiana, em lugar da *Internacional*, o hino soviético, por temor de que simpatizantes berlinenses resolvessem participar.[4]

Mesmo sem deixar de impressionar, a recepção a Molotov foi modesta; Goebbels descreveu-a com atípica concisão em seu diário como "fria".[5] O tempo ruim pode muito bem ter afetado os espíritos em Berlim, e as autoridades nazistas talvez temessem incentivar os cidadãos a acenarem com a foice e o martelo, mas, de qualquer maneira, o esforço investido em Molotov parece ter beirado o mínimo aceitável: nenhuma multidão entusiástica foi organizada e, fora da estação de Anhalter, havia poucas bandeiras soviéticas. O intérprete Paul Schmidt certamente notou a diferença entre a chegada de Molotov e outras visitas oficiais, comentando que os berlinenses comuns mantiveram o mais absoluto silêncio nas ruas do coração da capital — a "Via Spontana", como chamou, com sarcasmo — em contraste com a recepção de praxe, quando vivas, aplausos e bandeiras acenando eram organizados por funcionários do partido.[6] Além disso, insinua-se que Goebbels rejeitou firmemente a ideia de uma guarda de honra adicional de soldados da SA proposta por Ribbentrop para saudar o ministro soviético.[7] Até mesmo a cobertura dos cinejornais foi minimalista, mal chegando a dois minutos da programação daquela semana; surpreendentemente, as plateias de cinema francesas ficaram mais bem informadas sobre a visita de Molotov do que as alemãs.[8] O contraste com a elaborada recepção preparada para a visita do ministro do Exterior japonês, Yōsuke Matsuoka, seis meses depois, é altamente instrutivo.

Molotov alegaria posteriormente que não guardava nenhuma lembrança da sua chegada a Berlim, menos ainda se tinha se sentido esnobado.[9] Depois de ser conduzido através das "ruas meio desertas" da capital alemã, entretanto, ele deve ter ficado animado quando chegou ao Palácio Bellevue, a "casa de hóspedes" do Terceiro Reich, destinada a dignitários em visita ao país.[10] "Casa de hóspedes", na verdade, era um termo impróprio. O Palácio Bellevue tinha sido originariamente construído em 1786, como residência de verão do príncipe Augusto Fernando da Prússia. Localizado na região central de Berlim, entre o Tiergarten e as margens do rio Spree, era um elegante palácio neoclássico que acabara de passar por obras de renovação e ampliação, ao custo de 14 milhões de Reichsmarks, nas mãos do arquiteto Paul Baumgarten, cujos outros créditos incluíam a mansão Minoux, em Wannsee, que se tornaria infame pela conferência homônima ali realizada em 1942. Maravilhoso na aparência, com mais de 130 cômodos — incluindo quatro apartamentos de luxo independentes, bem como quartos de dormir para hóspedes, salas de conferência e escritórios —, o palácio era composto de um edifício central e três alas perpendiculares. O exterior era complementado lá dentro por incontáveis pinturas, tapeçarias, esculturas e móveis, a maioria dos quais proveniente da coleção do ex-diplomata Willibald von Dirksen, incluindo obras de Ticiano e Tintoretto.[11] Era tudo muito impressionante, como atestou Valentin Berezhkov:

Uma longa avenida de limoeiros conduzia à entrada. Dentro ficamos surpresos com a ostentação dos cômodos. Em toda parte sentia-se o delicado cheiro de rosas emanado de buquês em altos vasos de porcelana, espalhados em cada canto. As paredes eram decoradas com tapeçarias e pinturas em sólidas molduras douradas. Havia estatuetas e estojos da mais fina porcelana expostos à nossa volta em armários finamente entalhados [...]. A mobília era antiga e os criados e garçons trajavam librés trançadas de ouro. Tudo isso dava ao hotel um ar de imponência cerimonial.[12]

Depois de instalados, os soviéticos desfrutaram de um opulento almoço servido por empregados de luvas brancas e supervisionados por um "maître d'hôtel alto e grisalho [...] que silenciosamente conduzia as atividades com nada além de um gesto ou olhar quase imperceptíveis". O grupo de Molotov voltou para suas limusines Mercedes e seguiu em direção à Wilhelmstrasse para a primeira rodada de conversações. Ao longo do caminho apareceram grupos de berlinenses nas ruas para assistir; alguns ousavam acenar à passagem dos carros.[13]

Mesmo para os que estavam acostumados aos contorcionismos políticos do ano anterior, a visão do ministro do Exterior soviético em Berlim para conversar com Hitler deve ter parecido uma miragem estranha. Contudo, apesar de toda a aparente irrealidade da cena, o encontro não era nenhuma fantasia. Tinha sido convocado por razões políticas muito pragmáticas: reparar as desgastadas relações entre Berlim e Moscou e renegociar o Pacto Nazi-Soviético.

Quando escreveu a Stálin um mês antes para fazer o convite, Ribbentrop tinha manifestado a esperança de que as relações com a União Soviética pudessem ser restabelecidas "numa base mais ampla" através da "demarcação" de seus interesses respectivos.[14] O tom neutro da carta disfarçava a tensão do autor. Berlim estava cada vez mais frustrada com seu parceiro soviético: as relações econômicas não tinham trazido as esperadas benesses de matérias-primas, e Stálin mostrara suas contínuas ambições europeias anexando territórios além da linha acordada em agosto de 1939. Da perspectiva alemã, algum tipo de acerto de contas com Moscou era inevitável.

De sua parte, Molotov achava que não tinha dívida nenhuma com os alemães. Fazendo eco à opinião soviética predominante, ele tinha ido a Berlim não como suplicante, ou como um parceiro menor; estava ali para negociar numa posição de força. A União Soviética, na sua opinião, estava muito bem colocada. Tinha expandido seu território e progredido em posição econômica, e, enquanto seus rivais agora lutavam um contra o outro na Europa Ocidental, ela estava em paz. Como notou o membro do Politburo Andrei Zhdanov no fim do outono de 1940, a guerra anglo-alemã dava à URSS a oportunidade de "cuidar da vida" sem ser perturbada.[15] Molotov, como muitos de seus partidários em Moscou, achava que, enquanto a Alemanha estivesse envolvida militarmente no oeste, não tinha condição de ditar termos para o seu parceiro oriental. Claramente, as discussões não seriam fáceis.

A primeira reunião foi realizada no prédio do Ministério do Exterior na Wilhelmstrasse.[16] Ali, Ribbentrop e Molotov se sentaram juntos, com seus intérpretes e o vice de Molotov, Vladimir Dekanozov, em volta de uma pequena mesa redonda, para iniciar as discussões. Ribbentrop esforçava-se com particular empenho para mostrar aos visitantes seu lado mais obsequioso, de acordo com Schmidt; tão sorridente e amável que seus parceiros políticos habituais teriam "esfregado os olhos, sem acreditar". Já Molotov era a figura inescrutável de sempre. Parceiro de negociações notoriamente difícil, não dava a mínima para conceitos como charme ou polidez. Sem desperdiçar palavras supérfluas, raramente permitia que sua "expressão impassível" relaxasse.[17] Não era à toa que tinha ganhado o apelido de "Cu de Pedra".

O que veio em seguida deve ter feito Molotov se lembrar das intermináveis reuniões no Kremlin. Ribbentrop deu início à sessão. Como alguém que jamais se cansava de ouvir a própria voz, o ministro do Exterior de Hitler embarcou num longo monólogo, com "voz excessivamente alta", sobre como "nenhum poder do mundo poderia alterar o fato de que a Inglaterra estava perdida" e que era apenas uma questão de tempo para que "finalmente admitisse a derrota". A Alemanha, disse ele, era "extremamente forte" e "dominava [tão] completamente suas partes da Europa" que as potências do Eixo já não pensavam em como ganhar a guerra, "mas em como terminar rapidamente a guerra que já estava ganha".

Uma vez que já considerava a guerra quase terminada, Ribbentrop passou automaticamente para a questão da divisão dos espólios dos impérios britânico e francês, prestes a desaparecer. Ecoando a voz de seu chefe, sugeriu que era chegada a hora de fazer um amplo esboço das "esferas de influência" de União Soviética, Alemanha, Itália e Japão. O interesse de Molotov deve ter sido espicaçado por essa frase, mas ele também deve ter ficado perplexo com o que veio em seguida. Ribbentrop sugeriu que a prudência política recomendava que cada potência voltasse sua expansão para o sul, evitando, dessa maneira, possíveis pontos de atrito. Assim, a Itália já se expandia para a costa meridional do Mediterrâneo no Norte e no Leste da África, explicou ele, o Japão estava avançando para o sul em direção ao mar da China e do Pacífico ocidental, e a Alemanha — tendo definido sua esfera de influência com a URSS — deveria buscar *Lebensraum* na África Central. Será que a União Soviética, disse Ribbentrop pensando em voz alta, "também [não] se voltaria para o Sul", rumo à "saída natural para o mar aberto" tão importante para ela? Momentaneamente confuso, Molotov interrompeu o discurso de Ribbentrop para perguntar a que mar se referia ele. Depois de outro longo discurso sobre os benefícios do Pacto Nazi-Soviético, o ministro do Exterior do Reich respondeu, perguntando se "a longo prazo o acesso ao mar mais vantajoso para a Rússia não estaria na direção do golfo Pérsico e do mar Arábico".[18] Molotov não disse nada, limitando-se a olhar fixamente para Ribbentrop, mais inescrutável que nunca.

Imperturbável, Ribbentrop continuou seu monólogo, desviando-se numa breve, mas errante incursão pela questão da Turquia, tópico que sabia ser de grande interesse para os corações soviéticos. Como compensação a Moscou, defendeu a reabertura da "Questão dos Estreitos" mediante uma revisão patrocinada pelo Eixo da Convenção de Montreux, que desde 1936 tinha regulado o tráfego militar e civil pelo Bósforo e pelos Dardanelos e reconhecia o controle turco das duas áreas. Ainda assim Molotov manteve uma calculada discrição. Ribbentrop encerrou sua exposição com um resumo casual, acenando com a ideia de algum alinhamento soviético com o Pacto Tripartite e sugerindo a possibilidade de outra visita a Moscou para continuar as discussões. Reveladoramente, porém, não chegou a fazer nenhuma proposta concreta, restringindo-se a esboçar "as ideias que o Führer e ele tinham em mente".[19]

Em resposta, Molotov foi tão lacônico quanto Ribbentrop tinha sido loquaz, admitindo que uma troca de ideias "poderia ser útil" e pedindo esclarecimentos sobre alguns pontos: o significado e o objetivo do Pacto Tripartite e o significado exato da frase "Esfera da Grande Ásia Oriental", que surgira durante as conversas preparatórias. Estava certo em sua indagação. Mas em resposta Ribbentrop não foi totalmente esclarecedor. A Esfera da Grande Ásia Oriental, reconheceu, era "novidade até para ele" e "também não lhe tinha sido definida". Portanto, não poderia explicar muita coisa, além de dar a garantia pouco convincente de que "nada tinha a ver com vitais esferas de influência russas". Explicar o Pacto Tripartite não teria ajudado a aliviar o desconforto de Ribbentrop. Embora não fosse explicitamente antissoviético, o pacto — assinado por Alemanha, Itália e Japão apenas duas semanas antes em Berlim — tinha, não obstante, derivado do Pacto Anti-Comintern de 1936, que *fora*, sim, dirigido contra Moscou. O novo acordo prometia cooperação entre as três potências para o estabelecimento e manutenção da "Nova Ordem" na Europa e no Leste da Ásia, formando a base do "Eixo". Como era de esperar, Ribbentrop tentou aliviar o constrangimento sugerindo que o grupo soviético talvez quisesse fazer uma pausa para um almoço tardio.[20]

Durante o período de mais ou menos uma hora em que Ribbentrop teve a palavra, Molotov só tinha feito três perguntas rápidas; Dekanozov não disse absolutamente nada. Paul Schmidt achava que Molotov estava "guardando seus cartuchos", economizando suas forças para o grande acontecimento com Hitler no fim do dia.[21] Mas também pode ser que tenha reconhecido que precisava falar com o tocador de realejo, e não com o macaco.

Depois do almoço, Molotov teve sua chance. Levado de carro para o austero pátio neoclássico da nova Chancelaria do Reich, e passando por uma guarda de honra da Divisão SS Leibstandarte, foi conduzido por salas de mármore polido, "ladeadas por pessoas usando todo tipo de uniforme". Berezhkov suspeitava que os visitantes tivessem sido deliberadamente levados pelo caminho mais longo, para se impressionarem com o tamanho e a magnificência do edifício. Quando por fim chegaram à porta do gabinete de Hitler, uma última peça de teatro político foi encenada:

> Dois soldados altos e louros da SS, ambos de uniforme preto de cinto apertado com caveiras no boné, bateram os saltos das botas e abriram as portas altas, que iam quase até o teto, com um único gesto bem ensaiado. Então, de costas para os umbrais da porta, e o braço direito levantado, eles formaram uma espécie de arco, sob o qual tivemos que passar para entrar no gabinete de Hitler, uma ampla sala que mais parecia um salão de banquetes do que um escritório.[22]

Sentado à mesa, Hitler hesitou por um momento, depois se levantou para cumprimentar as visitas. Andou com "passos miúdos, rápidos", antes de parar no centro da sala e levantar o braço na saudação nazista, "dobrando a palma de um modo pouco natural". Então, lembrava-se Berezhkov, "ainda sem dizer palavra, veio e apertou a mão de cada um de nós. A palma de sua mão era fria e úmida, e os olhos febris pareciam atravessar as pessoas, como verrumas".[23] Como diria mais tarde alguém do grupo, Hitler tinha o hábito de olhar firmemente o recém-chegado por algum tempo, olhos nos olhos, como para testar o seu ânimo, e, a julgar por esse relato, parece ter usado esse método com os visitantes soviéticos.[24] Molotov, porém, pelo visto não se abalou, e mais tarde comentaria apenas os "modos surpreendentemente graciosos e amáveis" de Hitler.[25]

Depois das formalidades, o pequeno grupo, ao qual se juntaram novamente Ribbentrop, Schmidt e Hilger, pôs-se a trabalhar, acomodado em poltronas num dos cantos do gabinete. Como antes, a reunião começou com um monólogo. Hitler declarou o objetivo de dar continuidade à "colaboração pacífica" entre a União Soviética e a Alemanha, e ressaltou o "considerável valor" que os dois países já tinham alcançado com essa conexão. Entretanto, acrescentou — referindo-se aos pontos de atrito que tinham surgido — nenhum dos dois países poderia esperar conseguir tudo que queria daquelas relações, e na guerra a Alemanha tinha sido obrigada a reagir aos acontecimentos, a "penetrar em territórios distantes do seu e pelos quais não tinha interesse política ou economicamente". Era preciso, portanto, pensar numa configuração das relações europeias depois da guerra, "de tal maneira que, pelo menos no futuro imediato, não surja nenhum novo conflito". Para tanto, Hitler esboçou os pontos de vista da Alemanha, ressaltando a necessidade de *Lebensraum*, expansão colonial na África Central e certas matérias-primas — cujo suprimento seria assegurado "em quaisquer circunstâncias" — e finalmente a determinação alemã de não permitir que "potências hostis" não identificadas estabelecessem bases militares "em certas áreas".[26]

Em resposta a esse catálogo de coisas vagas, Molotov por fim se mexeu. Tinha concordado avidamente com boa parte do que Hitler dissera até aquele ponto, coincidindo com ele sobre a necessidade de a Alemanha e a União Soviética "permanecerem unidas", e estando de acordo com o anfitrião sobre a situação "intolerável e injusta" que permitia que a "miserável ilha" da Inglaterra possuísse "metade do mundo".[27] No entanto, exigiu detalhes específicos; como disse Schmidt, "queria os pingos nos is".[28] Tomando a iniciativa, Molotov fez um resumo dos benefícios colhidos pelos dois lados com o acordo germano-soviético, depois passou a tratar dos assuntos mais importantes da sua visita. Perguntou a Hitler, antes de tudo, se a letra do pacto continuava a ser honrada no que dizia respeito à Finlândia. Antes que o Führer pudesse responder, quis saber qual era o significado do Pacto Tripartite. E que papel caberia nele à URSS. Seria interessante para o governo soviético conhecer, disse ele, a forma exata da "Nova Ordem" de Hitler na Europa, bem como saber quais seriam as fronteiras da Esfera da Grande Ásia Oriental.[29] De acordo com Schmidt, "as perguntas atingiram Hitler como granizo. Nenhum visitante estrangeiro jamais lhe falara naqueles termos em minha presença".[30]

Hitler foi apanhado de surpresa. Berezhkov disse que o efeito dessa invectiva sobre ele foi "como um balde de água fria" e que "não pôde disfarçar a sua confusão". Para Schmidt, porém, Hitler foi "a encarnação da brandura e da polidez" e notou, com louvor, que o Führer não "deu um pulo e correu para a porta", como segundo consta teria feito em outras negociações difíceis.[31] Em vez disso, explicou calmamente o princípio que regia o Pacto Tripartite, ressaltando a importância da cooperação soviética e garantindo a Molotov que a URSS não seria "de forma alguma [...] confrontada com um fato consumado". Apesar de momentaneamente apaziguado, Molotov repetiu com calma suas perguntas, insistindo em obter mais detalhes e exigindo que os assuntos fossem "mais rigorosamente definidos". Com isso, Hitler parece ter decidido que era hora de dar um basta. Olhou para o relógio e encerrou a reunião, declarando que as discussões precisavam ser adiadas, "em vista de um possível alarme de ataque aéreo".[32] De maneira que, em seu primeiro dia de conversações na capital alemã, Molotov já aguentara muitas horas de negociações, mas não estava nem perto de chegar a um acordo com os anfitriões; na verdade, os dois lados mal pareciam estar falando a mesma língua.

Aquela noite, a tensão já começava a se mostrar. Molotov e seu entourage voltaram ao Palácio Bellevue para informar Stálin sobre as atividades do dia por telegrama. Berezhkov, como parte de suas funções de intérprete, viu-se obrigado a datilografar suas anotações e ia começar a ditá-las para uma secretária quando Molotov apareceu na porta, falando com a voz entrecortada de espanto: "O q-q-que pensa que está fazendo? Quantas páginas j-j-já transcreveu?". Arrancando as folhas ainda em branco da máquina de escrever, Molotov advertiu: "Considere-se um homem de sorte. Consegue imaginar quantos ouvidos podem escutar o que Hitler e eu dissemos um para o outro?". Temendo que houvesse microfones ocultos nas salas de Bellevue, os dois foram para o quarto de Molotov, para trabalhar na transcrição no mais absoluto silêncio, rabiscando perguntas no papel para tirar dúvidas. Berezhkov sabia que tinha escapado por sorte. Pessoas eram fuziladas por muito menos.[33]

Com o telegrama transmitido para Moscou, Molotov foi levado de carro para o Hotel Kaiserhof, perto da Chancelaria de Hitler, para uma pequena recepção oferecida por Ribbentrop. Embora a recepção tenha sido cordial, as diferenças políticas entre os dois lados logo se refletiram em outras esferas. De acordo com as lembranças de Molotov, ele interrogou intensamente o infeliz vice-Führer, Rudolf Hess, sobre a estrutura do Partido Nazista. "Vocês têm um programa partidário?", perguntou. "Como pode um partido não ter programa?"

"Vocês têm regras partidárias?", insistiu ele, mesmo sabendo, segundo disse, que os nazistas não tinham nem uma coisa nem outra. E continuou a "pegar em contradição" o vice de Hitler, perguntando-lhe se o Partido Nazista tinha uma constituição.[34] Aparentemente, Hess não contava com aquela inquisição soviética.

Nem Hitler escapou de exame atento. Como recordaria Molotov, os hábitos alimentares puritanos do Führer logo se manifestaram. "A guerra está aí", disse ele a Molotov, "por isso não bebo café agora porque meu povo também não bebe café. Não como carne, só alimentos vegetarianos. Não fumo, não bebo." Molotov ficou perplexo com tanta sobriedade. "Eu olhei", disse ele, "e tive a impressão de que um coelho estava sentado do meu lado comendo grama." Não estava nem um pouco disposto a imitar o espírito de sacrifício do seu anfitrião. "Nem é preciso dizer", gabou-se, "que não me abstenho de coisa alguma."[35]

Se esses diálogos deixaram Molotov momentaneamente feliz, ele logo foi trazido à realidade quando voltou a Bellevue. Ali, por volta da meia-noite, a resposta de Stálin ao seu telegrama tinha chegado, e ele quase não poupou nenhuma crítica ao seu ministro do Exterior. Ficou particularmente furioso com um breve comentário feito por Molotov a Hitler, de que o acordo de 1939 estava "exaurido". Stálin temia que essa formulação pudesse levar os alemães a concluírem que o pacto de não agressão já tinha cumprido seus objetivos, quando, na verdade, era importante anexar novos tratados àquele acordo. Longe de estar extinto, lembrou Stálin ao ministro, o Pacto Nazi-Soviético ainda representava a base fundamental das relações germano-soviéticas.[36]

Na manhã seguinte, durante o café da manhã na Chancelaria do Reich, Goebbels pela primeira vez olhou direito para Molotov e seu entourage. Depois confiaria suas observações ao seu diário. O ministro do Exterior soviético, escreveu ele, "dá a impressão de ser inteligente, astuto, muito reservado [...] não se arranca nada dele. Ouve com atenção, mas nada além disso, mesmo com o Führer". Essencialmente, notou ele, Molotov era pouco mais do que um "posto avançado de Stálin, de quem tudo depende". Goebbels foi ainda menos amável com o entourage de Molotov. "Muito mediano", comentou acerbamente sobre os diversos conselheiros, tradutores e comissários da NKVD, "não há sequer um homem de calibre. Como se quisessem confirmar a nossa percepção da natureza da ideologia bolchevique." E continuou:

Não se pode ter uma conversa razoável com qualquer deles. O medo um do outro e um complexo de inferioridade estão escritos na testa de cada um. Mesmo uma conversa inócua é praticamente impossível. A GPU [polícia secreta] está observando. É terrível. Em sua vida mundana não vale mais a pena viver.

Goebbels tirou as próprias conclusões políticas: "Nossa associação com Moscou tem que ser governada por pura conveniência. Quanto mais nos aproximamos politicamente, mais distantes nos tornamos em espírito e visão do mundo. E com razão".[37]

Apesar dessas diferenças cada vez mais óbvias, a reunião no segundo dia continuou na mesma veia da anterior, com cada lado falando essencialmente para si mesmo e não para o outro, mas sem nenhum rancor ou controvérsia particulares. Hitler iniciou as atividades voltando à questão que Molotov tinha levantado na noite anterior. O Führer rebateu a afirmação de Molotov de que a Alemanha violava os acordos nazi-soviéticos existentes ao estacionar tropas alemãs na Finlândia, dizendo que a Alemanha não tinha "nenhum interesse político ali" e havia "respeitado os acordos" não ocupando território algum dentro da esfera de influência soviética, o que — acrescentou com irritação — não poderia ser dito do lado russo. Longas e inconclusivas discussões se seguiram, com as ações alemãs na Finlândia sendo contrastadas com as ações soviéticas na Bucovina, sobre a qual, reclamou Hitler, não havia "uma palavra sequer [...] nos acordos".[38]

Quando Molotov disse que questões como a Bucovina eram "irrelevantes" no contexto das relações mais amplas, Hitler demonstrou um lampejo de irritação. "Se quisermos que a colaboração germano-russa apresente resultados positivos no futuro", disse ele, "o governo soviético precisa compreender que a Alemanha está empenhada numa luta de vida ou morte, que é seu desejo levar a cabo com êxito." Consequentemente, havia numerosos pré-requisitos econômicos e militares que a Alemanha queria garantir e que "não entram em conflito com os acordos com a Rússia". Assegurou a Molotov que "se a União Soviética estivesse numa posição parecida", a Alemanha "demonstraria uma compreensão semelhante das necessidades russas". Ressaltando os benefícios de uma ação conjunta germano-soviética, Hitler declarou que não havia "poder na Terra capaz de se opor aos dois países", se lutassem lado a lado.[39]

Molotov concordou com esse sentimento, mas, apegando-se obstinadamente ao seu tema, exigiu esclarecimentos sobre o que Hitler chamava de

"Questão Finlandesa". Criticando a presença de tropas alemãs na Finlândia, repreendeu duramente as ações alemãs naquela região, ignorando os protestos de Hitler de que tinha "sempre exercido uma influência moderadora" sobre os finlandeses. Molotov continuou a argumentação, pedindo um reconhecimento definitivo da parte de Hitler de que a Finlândia estava dentro da esfera de influência soviética e que Moscou tinha, ao lidar com Helsinque, a mesma liberdade que tivera ao lidar com os países bálticos.[40] Hitler deu uma resposta evasiva, negando quaisquer ambições políticas na região, mas ressaltando, reiteradamente, que a guerra no Báltico deveria ser evitada a qualquer custo. Essa guerra, advertiu, "exerceria uma pressão de consequências imprevisíveis nas relações germano-russas".[41] Então o Führer sugeriu que passassem a tratar de problemas mais importantes.

Finalmente Hitler conseguira encaminhar as conversações para o seu tema favorito, o colapso iminente do Império Britânico. "Até agora", disse, "uma minoria de 45 milhões de ingleses governou os 600 milhões de habitantes do Império Britânico." Mas ele não demoraria a "esmagar" essa minoria. O que sobrasse depois, gabou-se, seria um "gigantesco Estado mundial falido de 40 milhões de quilômetros quadrados", o que, naturalmente, abriria "perspectivas mundiais". Uma questão vital, portanto, era decidir qual seria a participação da URSS na "solução desse problema", e, para tanto, Hitler defendia a criação de uma "coalizão" entre Espanha, França, Itália, Alemanha, Japão e URSS, para dividir entre si esse "Estado falido".[42] De acordo com Molotov, a ambição de Hitler era ilimitada: "Vamos dividir o mundo inteiro", disse ele.[43]

Mas Molotov não se deixou impressionar por esses vastos panoramas de possibilidades e, mesmo concordando que era hora de a URSS e a Alemanha negociarem um acordo mais amplo, queria primeiro "discutir [...] um problema mais perto da Europa": a Turquia. Ele tinha instruções para mencionar nas conversações em Berlim as tradicionais preocupações de Moscou com os Estreitos, e suas ambições relativas à Turquia e à Bulgária. O que diria a Alemanha, perguntou Molotov, "se a Rússia desse à Bulgária, ou seja, o país independente mais próximo aos Estreitos, uma garantia exatamente nas mesmas condições dadas pela Alemanha e pela Itália à Romênia?". Hitler de início tentou se esquivar, mencionando a possível revisão da Convenção de Montreux que Ribbentrop sugerira no dia anterior, mas, quando pressionado a dar uma resposta, ficou irritado, dizendo não estar ciente de que a Bulgária tinha solicitado garantia.[44]

Molotov perseverou, porém, reiterando que a URSS tinha "apenas um objetivo" nesse sentido — o de assegurar o controle dos Estreitos para prevenir ataques inimigos pelo mar Negro — e declarando que um acordo com a Turquia e a "garantia" à Bulgária "aliviariam a situação". Cansado dos lugares-comuns do Führer, refez a questão, perguntando diretamente a Hitler — como "aquele que decide sobre toda a política alemã" — que posição tomaria a Alemanha diante de uma garantia soviética à Bulgária. Mais uma vez Hitler evitou responder, dizendo que teria que consultar Mussolini, uma vez que a Bulgária era de interesse apenas periférico para Berlim. Entretanto, acrescentou, num aparte mordaz, se a Alemanha estivesse procurando uma fonte de atritos com a União Soviética, "não precisaria dos Estreitos para isso".[45]

Em suas recordações sobre as reuniões de Berlim, Paul Schmidt empregou, repetidamente, metáforas do boxe, descrevendo as discussões entre Hitler e Molotov como "a principal atração", por exemplo, ou as conversações do segundo dia como "uma troca de golpes", com uma saraivada de perguntas de Molotov e Hitler se esquivando da melhor forma que podia.[46] Levando a analogia um pouco longe demais, pode-se sugerir que Hitler "foi salvo pelo gongo". Embora tentasse uma última vez puxar violentamente as conversas para o assunto da iminente desintegração do Império Britânico, Molotov não se deixou arrastar; como o ministro soviético diria mais tarde: "Persisti. Venci pelo cansaço".[47] Em consequência, Hitler olhou de novo para o relógio e sugeriu que, diante da possibilidade de um ataque aéreo da RAF, as conversações precisavam ser encerradas. Afinal de contas, acrescentou, "os temas principais talvez [tenham] sido suficientemente discutidos".[48]

De acordo com Valentin Berezhkov, parece que Hitler ainda não estava exasperado com Molotov a ponto de ser incapaz de alguma amabilidade. Ao conduzir o visitante até a porta do seu gabinete na Chancelaria do Reich, fez uma sugestão surpreendente. "Stálin é sem dúvida um grande homem", disse, "uma personalidade histórica [...]. Eu também me lisonjeio a mim mesmo com a esperança de entrar para a história. Portanto, dois estadistas como nós deveríamos nos encontrar, e estou preparado para participar de um encontro desses o mais cedo possível." Nisso, Hitler muito provavelmente estava recorrendo ao truque empregado por Ribbentrop de apelar à mais alta instância para facilitar negociações difíceis; ou talvez sua curiosidade tenha sido de fato espicaçada pelas relações nazi-soviéticas. De qualquer maneira,

Molotov não se perturbou, limitando-se a prometer levar a sugestão a Stálin, despedir-se e partir.[49]

Aquela noite, Molotov deu uma recepção de despedida na Embaixada soviética na Unter den Linden. Foi uma festa magnífica, tornada ainda mais glamorosa pela decoração da época tsarista, bem como pelos poucos acréscimos modernos. Como descreveu Paul Schmidt: "Sob o olhar de Lênin, cujo busto adornava a embaixada, tudo que a Rússia produz de mais fino — principalmente caviar e vodca — foi apresentado. Nenhuma mesa de banquete capitalista ou plutocrática poderia ter sido mais impressionantemente farta".[50] Apesar da barreira da língua, a atmosfera foi alegre e cordial, com uns bebendo à saúde dos outros, quase *à la russe*. Mas, quando Molotov propôs um brinde ao seu homólogo alemão, Ribbentrop mal teve tempo de responder antes que a RAF acabasse com a festa e a sirene de alerta de ataque aéreo despertasse. Enquanto os convidados saiam às pressas, Ribbentrop escoltou Molotov por alguns passos até a vizinha Wilhelmstrasse e seu próprio bunker debaixo do Ministério do Exterior do Reich, onde puderam continuar as discussões.

Bravamente, Ribbentrop tentou pôr alguma carne no esqueleto dos acordos sugeridos por Hitler e explicar seu conceito de uma possível "política conjunta de colaboração entre a Alemanha e a União Soviética" e como isso poderia ser conciliado com as cláusulas do Pacto Tripartite. Para tanto, tirou do bolso uma minuta de acordo que, a seu ver, serviria de base para futuras negociações. Em três parágrafos bastante inofensivos, o esboço expressava o desejo mútuo de estabelecer fronteiras naturais, a disposição de ampliar sua colaboração para que outros países fossem incluídos e o compromisso formal de respeitar as respectivas áreas de influência.[51]

Fiel ao seu estilo, Ribbentrop sugeriu que fossem anexados ao acordo não um, mas dois protocolos secretos. O primeiro estabeleceria as aspirações territoriais das quatro potências. As pretensões do Japão ainda precisavam ser esclarecidas, mas Ribbentrop explicou que as da Alemanha se concentrariam na África Central, as da Itália no Norte e no Nordeste da África, e que a União Soviética focalizaria sua expansão "na direção do Oceano Índico". Com o segundo protocolo, Ribbentrop propôs reconhecer as ambições soviéticas no sudeste da Europa, prometendo um esforço conjunto das potências signatárias para convencer a Turquia a permitir uma revisão da Convenção dos Estreitos, de acordo com os interesses soviéticos.[52] Ribbentrop encerrou sua proposta sugerindo uma conferência de ministros do Exterior, na qual todas as questões relevantes seriam discutidas e finalizadas, e defendendo uma reaproximação entre a União Soviética e o Japão, declarando que o Japão estava ansioso "por um entendimento mais amplo" com Moscou.

Então convidou Molotov a dar uma resposta. Segundo sua própria versão da conversa, Ribbentrop descreveu aquele último encontro como muito amável, durante o qual Molotov lhe garantiu que discutiria com Stálin a possível adesão soviética ao Pacto Tripartite, e Ribbentrop prometeu conversar com Hitler sobre as relações germano-soviéticas, em suas palavras "para encontrar uma saída para as dificuldades".[53] O registro oficial acrescenta mais alguns detalhes, no entanto. Parece que Molotov ficou animado com a perspectiva de um entendimento com o Japão, mas estava decidido a não aceitar a nebulosa promessa alemã de "depois conversamos sobre isso" em troca da Índia britânica. Em resposta à proposta de Ribbentrop de expandir-se para o Oceano Índico, no entanto, ele preferiu relacionar uma série de questões europeias sobre as quais a União Soviética fazia questão de ser ouvida; os Estreitos, Bulgária, Romênia, Hungria, Iugoslávia e o futuro da Polônia, a questão da neutralidade sueca, os estreitos de Kattegat e Skagerrak à entrada do Báltico e a ainda não resolvida "Questão Finlandesa". Ribbentrop agitou-se e debateu-se valentemente, às vezes defendendo as ações alemãs, outras vezes alegando que teria que consultar mais pessoas antes de responder. Mas voltava sempre à "questão decisiva": se a "União Soviética estava preparada para cooperar conosco na grande liquidação do Império Britânico".[54]

O ataque aéreo da RAF em Berlim naquela noite foi relativamente breve. Segundo Churchill, tinha sido programado de propósito para coincidir com a presença de Molotov na capital alemã. "Apesar de não ser convidado para participar da discussão", gracejaria mais tarde o primeiro-ministro, ele "não quis ficar inteiramente fora da conversa."[55] É possível, claro, que se trate aqui de um caso em que Churchill reescreveu a história para atender a seus objetivos, mas é certo que a incursão começou muito cedo, com a sirene tocando pouco depois das oito da noite, e que o centro da cidade foi o alvo.[56]

Enquanto Molotov e Ribbentrop discutiam como dividir o mundo fora do bunker, portanto, ouviram sem dúvida a cacofonia do ataque aéreo, particularmente o gemido ondulante das sirenes e os sustentados disparos das baterias antiaéreas de Berlim. Naquelas circunstâncias, as reiteradas afirmações de Ribbentrop de que os britânicos estavam acabados e a guerra contra a Grã-Bretanha "já estava ganha" devem ter soado um pouco prematuras. De acordo com Stálin, Molotov conteve as presunções de Ribbentrop com uma estocada certeira, perguntando "por que estamos neste abrigo e de quem são essas bombas que caem", se a Grã-Bretanha tinha sido derrotada.[57] Ribbentrop finalmente calou-se; não tinha o que responder.

No dia seguinte de manhã, quando Molotov e sua comitiva deixavam a capital alemã, a mesma guarda de honra da Wehrmacht, que estivera presente dois dias antes, compareceu à praça em frente à estação de Anhalter, e o mesmo trem — com seus vagões Pullman e restaurante — levantava fumaça sob a imensa estrutura de vidro e aço do teto da estação. Mas dessa vez houve pouco alarde, e só Ribbentrop apareceu para se despedir do seu homólogo soviético.[58] Seria o último encontro entre os dois.

Apesar da aparente irreversibilidade da partida de Molotov de Berlim, praticamente não houve uma sensação, nas semanas seguintes, de que os dados tinham sido lançados. Na realidade, Molotov estava muito satisfeito consigo mesmo e, numa festa oferecida em sua volta a Moscou, foi descrito por uma testemunha como "presunçoso e arrogante".[59] Tinha bons motivos para estar satisfeito. Tendo rechaçado os esforços alemães para desviar a URSS para o sul, e declarado com firmeza as ambições estratégicas da União Soviética na Europa, ele cumprira à risca a missão que Stálin lhe confiara. No que dizia respeito a Moscou, as negociações deveriam continuar. As conversações de Berlim tinham sido apenas a abertura do processo.

Já Hitler não estava tão otimista. Havia se exasperado cada vez mais com seu parceiro soviético ao longo do ano, e começava, claramente, a achar que a ligação com Moscou já dera o que tinha de dar e que um acerto de contas final com o bolchevismo não deveria demorar. E, o que era mais grave, tinha a impressão de que a contínua resistência britânica estava sendo, de alguma forma, estimulada por Stálin. Como anotou em seu diário o chefe do alto--comando do Exército, general Franz Halder, a questão mais importante para Hitler naquele verão era a misteriosa relutância da Grã-Bretanha em fazer as pazes, apesar de estar enfrentando obstáculos aparentemente insuperáveis. A resposta de Hitler a esse enigma era que Churchill estava resistindo "com alguma esperança de ação por parte da Rússia", e com esse suposto nexo a questão de "o que fazer" com a União Soviética começara a ganhar prioridade.[60] Em 22 de julho, por exemplo, Hitler declarou, segundo o general Halder, que "o problema da Rússia precisa ser resolvido", e que "temos de começar a pensar nisso". Hitler reiteraria esse sentimento perante os seus generais em Berghof em 31 de julho, oferecendo aos presentes um breve sumário de suas opiniões sobre as principais operações envolvidas na "Destruição do poder da Rússia".[61]

Esse diálogo é visto, tradicionalmente, como o momento em que Hitler tomou a decisão inalterável de atacar a União Soviética. Mas a interpretação parece perfeita demais. Afinal, como qualquer político nos diria, uma ordem de planejamento preparatório não é o mesmo que uma decisão irrevogável; e, como se sabe, Hitler era um supremo oportunista, que fez carreira reagindo aos acontecimentos, em vez de se decidir, de forma antecipada, de todo o coração e conclusivamente, por uma política específica. Além disso, como observou o general Walter Warlimont, o planejamento iniciado depois daquela reunião foi, em sua primeira fase, pouco metódico e sem entusiasmo, não resultando "num plano cuidadosamente elaborado que servisse de base para ação".[62]

Faz mais sentido, portanto, ver a ordem de preparação para um ataque à União Soviética dada em julho por Hitler como parte de uma política de múltiplos canais, com a opção militar sendo uma alternativa de segurança para a abordagem diplomática ainda não de todo abandonada. Certamente, à época da conferência de julho em Berghof, ainda faltavam mais de três meses para o encontro com Molotov. E, embora a reunião em Berlim tenha sido arquitetada sobretudo pelos "orientalistas" russófilos do Ministério do Exterior alemão, que tinham ouvido falar na crescente hostilidade de Hitler contra Moscou e tentaram trazer Molotov a Berlim para aliviar a tensão, não se deve imaginar que Hitler fosse totalmente dissimulado em suas negociações.

Estava claro que Hitler ainda levava em conta todas as possibilidades. A rigor, duas semanas antes da chegada de Molotov, ele tinha escrito uma carta para Stálin numa tentativa de obter sua ajuda na guerra contra os britânicos, sugerindo a possibilidade de uma divisão dos espólios do império. "Se o plano tiver êxito", escreveu Halder em seu diário, "podemos investir todas as nossas energias contra a Grã-Bretanha."[63] Outra opção foi aventada pelos "orientalistas" da Embaixada alemã em Moscou, a ser divulgada entre os funcionários da cúpula do Ministério do Exterior. Como observou o alto funcionário Ernst von Weizsäcker, em Wilhelmstrasse, pelo menos a ideia de um ataque militar à URSS — longe de estar definida — não era muito favoravelmente avaliada. Afinal, havia outras maneiras de subjugar Moscou, entre elas a de conter a URSS e deixá-la entrar aos poucos em colapso:

> Argumenta-se que sem liquidar a Rússia não haverá ordem na Europa. Mas por que não deixá-la cozinhar ao nosso lado em seu úmido bolchevismo? Enquanto for governado por burocratas como esses de agora, esse país deve ser menos temido ainda do que no tempo dos tsares.[64]

Mesmo enquanto Molotov era levado de um lado para outro em Berlim naquela terça-feira chuvosa, Hitler baixou uma diretiva de guerra avaliando todas as possibilidades estratégicas de que dispunha. Seu breve parágrafo sobre a "Rússia" é instrutivo: "Discussões políticas com o objetivo de esclarecer a atitude da Rússia no futuro imediato já foram iniciadas", escreveu ele, mas, "independentemente do resultado dessas conversações, todos os preparativos para o Leste, para os quais ordens verbais já foram dadas, devem continuar".[65] Tanto quanto o planejamento militar então em andamento, portanto, as conversações de Berlim faziam parte de um esforço alemão de múltiplos canais para neutralizar a União Soviética e tornar a Alemanha senhora incontestе de toda a Europa.

Isso fica ainda mais evidente no acordo proposto a Molotov na capital alemã. Hitler claramente queria a União Soviética de Stálin fora da Europa, incapaz de intrometer-se em assuntos balcânicos, ou do mar Báltico e do Bósforo. Ao tentar empurrar a URSS para o sul, canalizando suas ambições para o Oceano Índico e o "falido" Raj britânico, ele não só queria alcançar esse objetivo mas também levar a União Soviética a um conflito com os britânicos, o que desestabilizaria a URSS e impossibilitaria qualquer suposta reaproximação anglo-soviética. Tudo considerado, era uma saída criativa para as dificuldades que Hitler imaginava ter diante de si, realizando suas ambições estratégicas de uma só vez. As negociações de Berlim não devem, portanto, ser vistas como uma estranha farsa, ou como fachada diplomática para ocultar preparativos de guerra; na verdade, foram uma genuína — e cínica — troca de opiniões entre dois parceiros de tratado. Na realidade, dois dias depois da partida de Molotov, em 18 de novembro, o general Halder anotou em seu diário que a "operação russa" tinha, aparentemente, sido empurrada para segundo plano.[66] A solução negociada, ao que parece, ainda era uma das cartas na mesa.

Mas Stálin não estava nem um pouco inclinado a aceitar o acordo oferecido. Como gerações de estadistas russos que o precederam, sua intenção era que Moscou se espalhasse *para o oeste* e, como Molotov revelou nas discussões, sua ambição seguramente não se limitava às áreas já sob seu controle. Na realidade, a menção de Molotov aos estreitos de Kattegat e Skagerrak na última rodada de negociações deve ter feito soar o alarme na Chancelaria do Reich. Longe de estar satisfeita com a recente volta de seus territórios irredentos na Polônia e no Báltico, e com a promessa de vagos ganhos na Índia britânica, parecia que Moscou estava empenhada em avançar ainda mais para oeste.

Essa era, portanto, a visão estratégica que serviria de alicerce para a resposta formal de Stálin à sugestão de Ribbentrop de que a União Soviética aderisse ao Pacto Tripartite. Entregue por Molotov ao embaixador alemão em Moscou, Schulenburg, na noite de 26 de novembro, a declaração reiterava em essência a posição delineada em Berlim duas semanas antes. Para aceitar o plano de um pacto de quatro potências, o governo soviético impunha quatro condições. Em primeiro lugar, uma retirada alemã da Finlândia, com o reconhecimento de que o país pertencia à esfera de influência da União Soviética. Em segundo lugar, Molotov exigia a conclusão de um pacto de assistência mútua entre a URSS e a Bulgária e o estabelecimento de bases militares soviéticas dentro do raio de ação do Bósforo e dos Dardanelos. Em terceiro lugar, exigia o reconhecimento de que a área do sul do Cáucaso "na direção do golfo Pérsico" era um "centro de aspirações" da URSS. Por último, Moscou estipulava que o Japão renunciasse a seus direitos ao carvão e às concessões petrolíferas no norte de Sacalina. Sem a menor dúvida, era uma lista ambiciosa, demonstrando não apenas que a União Soviética retinha suas ambições europeias, mas também tinha outras exigências relativas à Pérsia e ao Japão. Molotov encerrou a discussão declarando que "apreciaria uma declaração do ponto de vista alemão".[67] Nenhuma declaração viria.

A resposta de Stálin, mesmo representando um sério revés para os defensores de uma solução negociada, não encerrou o assunto. Na verdade, em dezembro Ribbentrop alegou ter discutido a proposta soviética com Hitler. Aconselhou que se fizesse o acordo, declarando que se Stálin aderisse ao Pacto Tripartite a Alemanha ficaria em excelente posição para neutralizar os

Estados Unidos e isolar mais ainda a Grã-Bretanha, forçando os britânicos a se sentarem à mesa de negociação. As perspectivas de êxito, argumentava ele, "seriam melhores do que depois de Dunquerque". Pela versão de Ribbentrop, Hitler não era totalmente contra a ideia. Apesar de suas preocupações sobre a Finlândia e sobre permitir qualquer ampliação da influência soviética até a Romênia e a Bulgária, o Führer não rejeitou o plano de imediato. Na verdade, Ribbentrop considerava um entendimento com Stálin uma possibilidade. "Já conseguimos muita coisa juntos [com a Rússia]", lhe disse Hitler, "talvez possamos conseguir isso também."[68]

Por enquanto, Hitler podia consolar-se com a ideia de que as ambições soviéticas na Europa ainda eram mais teóricas do que práticas, expressas com exigências abstratas e demandas diplomáticas. Suas relações com Moscou, portanto, estavam tensas, mas ainda não eram moribundas. Antes do fim de 1940, porém, o choque entre sua "visão de mundo" e a do seu parceiro soviético ficaria escancaradamente claro. A decisão de Hitler seria tomada, em seu nome, pelo que aconteceu numa obscura conferência em Galaţi, na Romênia.

A Comissão Internacional do Danúbio pertencia a esse tipo de organização regional cujas atividades raramente afetam os negócios internacionais. No período anterior de mais ou menos oito décadas, fazia reuniões periódicas, e em várias iterações, para regulamentar o tráfego no Danúbio e servir de fórum para as potências vizinhas resolverem suas diferenças. Mas, em 1940, aquilo que até então tinha sido uma questão bastante provinciana já se tornara o joguete das ditaduras totalitárias europeias, com a Alemanha e a União Soviética — esta última uma "Potência Danubiana" — disputando a supremacia.

Quando a conferência se reuniu no fim de outubro de 1940, a tensão, que tinha sido avivada naquele tumultuoso verão, estava nas alturas. A Alemanha, que já exercia papel dominante tanto na região como à mesa da conferência, estava decidida a preservar essa posição de força e conseguir a exclusão definitiva da União Soviética. Moscou, por sua vez, via a conferência como arena ideal para fazer uma demonstração de força e desempenhar seu novo papel danubiano. A importância da missão foi ressaltada pela escolha de Arkady Sobolev, vice de Molotov, para chefiar a delegação soviética; ele então fez uma espécie de excursão balcânica, parando em Sófia para cativar o rei Bóris e inspecionar pessoalmente a fronteira búlgaro-romena em Ruse, antes de seguir viagem para Galaţi para a conferência.

244

Uma vez em andamento, o que se viu na reunião foi essencialmente a repetição de muitos argumentos expressos por Molotov em Berlim em novembro, com Sobolev exigindo, entre outras coisas, direitos de amarração no delta do Danúbio e uma administração conjunta russo-romena da área, e reclamando da participação italiana. Talvez inevitavelmente, o debate logo entrou num beco sem saída, e em meados de dezembro as negociações paralisaram-se por completo, com Berlim manifestando seu "espanto" ante as táticas grosseiras dos soviéticos e queixando-se das posições "irreconciliáveis" assumidas pelos dois lados.[69] Se Hitler ainda tivesse alguma dúvida sobre as ambições soviéticas na região dos Bálcãs, os debates da conferência da Comissão Danubiana lhe teriam oferecido um corretivo oportuno. Mais do que a visita de Molotov a Berlim no mês anterior, mais do que as negociações econômicas ocasionalmente atormentadas, mais do que as disputas perpétuas sobre a Finlândia, a conferência danubiana representou a primeira fenda séria de verdade nas relações nazi-soviéticas.

As frustrações de Berlim são compreensíveis. Para a mentalidade alemã, seus soldados é que tinham arquitetado as grandes vitórias militares de 1939 e 1940, e seus estadistas é que elevaram a Alemanha nazista a uma posição de superioridade inconteste no continente europeu. A União Soviética, por outro lado, conseguira tudo que conseguiu no mesmo período graças, direta ou indiretamente, à sua colaboração com Berlim. A Alemanha correra o risco sozinha, mas os soviéticos ficaram com uma porção considerável dos dividendos. Desse ponto de vista, a contínua insistência soviética em ter um papel na Europa, fosse na Comissão Danubiana ou como protagonista nos assuntos bálticos e balcânicos, beirava a insolência. Não é de admirar que Hitler ficasse exasperado.

A maior queixa do Führer contra Moscou, portanto, não era ideológica, mas estratégica. A virada contra a União Soviética costuma ser descrita quase exclusivamente em termos ideológicos: como expressão de um preconceito antibolchevique que vinha de longa data e nunca foi suprimido por completo. Há qualquer coisa de verdade nisso, claro. O antibolchevismo era artigo de fé de qualquer nazista que se prezasse, e justificativas político-raciais certamente vieram logo à tona quando a decisão de ir à guerra foi tomada. Mas preocupações estratégicas e geopolíticas ainda tinham mais influência do que a ideologia, como ocorreu quando o Pacto Nazi-Soviético foi assinado no fim do verão de 1939. Apesar de os dois lados terem tapado o nariz para se unirem numa causa comum, ambos reconheciam as enormes vantagens práticas que o pacto prometia. Agora, quando a parceria começava a vacilar, preocupações estratégicas, e não ideologia, ainda desempenhavam papel dominante.

Consequentemente, só em dezembro, quando Moscou insistiu mais uma vez em seu suposto papel europeu durante a conferência da Comissão Danubiana, quando a resposta soviética às propostas de Ribbentrop em Berlim foram recebidas e as perspectivas de uma solução negociada pareciam esgotadas, é que Hitler tomou a decisão irrevogável de atacar Stálin. Esse nexo fica mais do que claro quando se leva em conta o momento escolhido. A conferência da Comissão Danubiana finalmente entrou em colapso em 17 de dezembro, com as delegações italiana e soviética trocando socos.[70] Na manhã seguinte, Hitler baixou sua Diretiva nº 21, ordenando às forças alemãs que se preparassem "para esmagar a Rússia soviética numa campanha fulminante".[71] Com isso, a sentença de morte do Pacto Nazi-Soviético foi decretada — e nasceu a "Operação Barbarossa".

8. Montando no tigre nazista

Em 23 de dezembro de 1940, os soldados mais graduados do Exército Vermelho baixaram numa Moscou bloqueada pela neve. Estavam lá para participar de uma conferência militar anual, na qual membros do alto-comando e outros dignitários explicavam as condições de defesa da União Soviética e o grau de prontidão do Exército Vermelho.

A conferência seria realizada no Comissariado do Povo para a Defesa, um conjunto elegante e estranhamente fortificado, não muito distante da Praça Vermelha, que foi uma das curiosidades de Moscou no período entreguerras. Projetado pelo decano dos arquitetos stalinistas, Lev Rudnev, e concluído em 1938, o Comissariado para a Defesa era uma combinação incômoda de Renascença italiana com influências modernistas, paredes de estuque, baixos-relevos rudimentares de tanques estilizados e uma complexa torre central ostentando estrelas vermelhas no lugar de faces de relógio. O próprio Rudnev era a estrela em ascensão da arquitetura soviética, tendo completado a monumental Academia Militar de Frunze, em 1937 — também com motivo decorativo de tanques — e a enorme Casa do Governo na distante Baku. Sua estrela subiria ainda mais, tendo coroado a carreira com a autoria, no pós-guerra, do icônico prédio da Universidade Estatal de Moscou, bem como do seu mal-amado primo polonês, o Palácio de Cultura de Varsóvia.[1]

No inverno de 1940, porém, foi o brutalismo renascentista de Rudnev que fez as vezes de anfitrião para a conferência do alto-comando. Fazia um frio extremo naquele inverno, com um recorde em dezembro de −38,8°C registrado em Moscou no começo do mês, mas os moscovitas sem dúvida se distraíam com a dieta costumeira de estatísticas industriais e relatos de guerra que enchiam as páginas do Pravda. Comoviam-se, por exemplo, com a notícia do aumento da produção de tratores e com os planos de instalação de escadas rolantes maiores e mais rápidas no metrô de Moscou. Em outro lugar, a conferência do Komsomol do distrito de Moscou chamava atenção, bem como o debate acalorado entre os críticos sobre uma nova produção de Madame Bovary, de Flaubert, em cartaz no Teatro Kamernyi, com Alisa Koonen no papel-título.

Naturalmente, assuntos militares também dominavam a imprensa, com o Pravda dedicando todos os dias uma página inteira a notícias da Europa Ocidental. Os ataques aéreos recíprocos entre a Luftwaffe e a RAF eram noticiados de modo sóbrio, com raides alemães "excepcionalmente intensos" em Liverpool e Manchester contrabalançados por incursões britânicas em Berlim e no Ruhr.[2] Noticiaram que Churchill tinha usado o rádio para fazer um apelo direto ao povo italiano, recordando a tradicional amizade entre a Itália e a Grã-Bretanha e responsabilizando Mussolini pela guerra. Hitler, enquanto isso, teria feito uma visita natalina ao front ocidental, percorrendo posições na costa francesa.[3]

Mas os moscovitas comuns que lessem o Pravda naquele dezembro, embora pudessem catar muitas informações sobre o mundo à sua volta, procurariam em vão qualquer menção à conferência do alto-comando que ocorria debaixo do nariz deles. Tamanho era o sigilo do encontro que evidentemente foi decidido que seria mais sensato ocultá-lo do público. Portanto, apesar de ter sido noticiado que o marechal Timoshenko entregou prêmios a jovens na conferência do Komsomol, a verdadeira razão da presença do marechal na capital não foi revelada.

Mesmo com todo o sigilo, a conferência do alto-comando seria muito importante. Em contraste com os anos anteriores, Stálin ordenou que a agenda da conferência fosse ampliada para cobrir todos os aspectos da doutrina, da organização e do adestramento do Exército Vermelho; consequentemente, convites foram feitos não apenas a integrantes do alto-comando, mas também a muitas outras pessoas, incluindo comandantes de distrito militar e inúmeros comandantes de divisões e corpos do Exército. Ao todo, esperava-se que cerca de 270 oficiais superiores do Exército Vermelho e da Força Aérea Vermelha comparecessem.[4] Embora o próprio Stálin não tenha honrado o encontro com sua presença, seu colega do Politburo Andrei Zhdanov o representou, relatando as atividades para o chefe todas as noites. Apesar disso, segundo um dos participantes, o clima da conferência tinha qualquer coisa de feriado: "Os resultados [...] geralmente eram satisfatórios", lembrou, "e estávamos animados e confiantes".[5]

A conferência consistiu de apenas seis apresentações, cobrindo tópicos como treinamento militar, operações ofensivas, a guerra no ar e o papel da infantaria, cada uma com duração de até duas horas, seguidas de uma exaustiva e ilimitada discussão. O chefe do Estado-Maior Geral, general Kirill Meretskov, iniciou os trabalhos com um exame dos treinamentos preparatórios para combate e comando do Exército Vermelho. O ano anterior, explicou, tinha oferecido um "complexo ambiente internacional", no qual os imperialistas lutaram entre si e tentaram, sem êxito, envolver a União Soviética em seu conflito. Também sugeriu que o Exército Vermelho tinha adquirido preciosa experiência no que chamou, eufemisticamente, de "marcha para o oeste" rumo aos países bálticos, e na "provocação" da guerra finlandesa. Mas apesar desses aspectos positivos, achava que a guerra tinha revelado "grandes falhas" em questões organizacionais, operacionais e táticas, com todos os níveis das Forças Armadas necessitando de uma modernização substancial, caso se quisesse que o Exército Vermelho servisse aos seus líderes políticos e estivesse pronto para a qualquer momento "entrar na batalha".[6]

Oradores que vieram em seguida expuseram deficiências mais profundas. Em sua apresentação "Da Natureza das Operações Ofensivas", o general Georgy Zhukov fez um apelo apaixonado para que o Exército Vermelho aprendesse com os êxitos militares dos dezoito meses anteriores e adotasse alguma coisa parecida com a estratégia da Blitzkrieg. As guerras recentes, disse ele, demonstraram a eficácia do emprego repentino, audacioso e coordenado de poder aéreo, tropas paraquedistas e blindados concentrados: a derrota dos japoneses em Khalkhin Gol em agosto de 1939, por exemplo, tinha mostrado a importância vital da superioridade aérea, da surpresa tática e das manobras de flanco. Esquivando-se cuidadosamente das lições do fracasso finlandês, Zhukov analisou os êxitos alemães de 1939-40, que, segundo ele, teriam resultado da "estreita interação" entre forças de infantaria, aéreas e mecanizadas e do vital elemento surpresa, que permitiam arrasadoras investidas contra as linhas inimigas. Só dessa forma, concluiu, com o uso de "operações enérgicas, decisivas e audaciosas", o Exército Vermelho conseguiria "concluir as tarefas da revolução".[7]

Nas memórias que escreveu depois da guerra, Zhukov foi otimista quanto à recepção favorável que sua dissertação recebeu e elogiou a conferência por reconhecer "as principais tendências" da guerra moderna e a premente realidade do poderio militar alemão.[8] Mas essas reminiscências eram muito cor-de-rosa. Na verdade, Zhukov foi alvo de duras críticas dos colegas, com um dos comentaristas, o tenente-general Filipp Golikov, advertindo especificamente contra "exagerar os êxitos de exércitos estrangeiros".[9] As opiniões de Zhukov, claro, nada tinham que fosse remotamente controvertido: afinal, estava apenas defendendo a ideia de que o Exército Vermelho adotasse "as melhores práticas", comprovadamente bem-sucedidas em outras partes do mundo. Alguns rivais certamente perceberam um desrespeito implícito às suas próprias habilidades na tese dele, mas não se tratava apenas disso. Uma razão é que o alto-comando soviético em 1940 não era uma associação comum e objetiva de indivíduos; na verdade, era um incômodo amálgama de "generais políticos", que Stálin ouvia com atenção, e comandantes menos capazes promovidos em virtude dos expurgos, com uma minoria de verdadeiros militares, como Zhukov, tentando encontrar um caminho no meio deles. Como resultado dessa tensão, diria Khruschóv posteriormente, o alto-comando era como "um canil de cachorros doidos", com todos os participantes "tentando cortar a garganta um do outro".[10]

Nessa atmosfera febril, a defesa de uma variante soviética da Blitzkrieg feita por Zhukov equivalia a jogar uma granada de mão debaixo da mesa de conferência, pois significava chegar muito perto da teoria das "operações profundas" proposta pelo marechal Mikhail Tukhachevsky em meados dos anos 1930, que, durante um tempo, foi a doutrina oficial do Exército Vermelho. Tukhachevsky tinha sido, porém, uma das vítimas mais preeminentes dos expurgos soviéticos; denunciado como suposto agente alemão, o arquivo do seu interrogatório salpicado do seu próprio sangue, ele fora executado em 1937. Defender suas ideias, portanto, independentemente do mérito militar, podia ser interpretado como um ato político — ou mesmo herético.

A despeito dessas preocupações, entretanto, o argumento em defesa de mais planejamento militar ofensivo venceu. Outro general, Dmítri Pavlov, apresentou uma peça complementar à de Zhukov em sua análise "Uso de Forças

Mecanizadas em Operações Ofensivas", na qual propôs o desenvolvimento de unidades de tanque concentradas, cerradas, segundo o modelo alemão, em vez de utilizá-las fragmentariamente em apoio da infantaria, como os franceses tinham tentado fazer no começo do ano.[11] Por fim, depois de algumas outras apresentações, o marechal Timoshenko mais uma vez tomou a palavra, para pronunciar um vibrante discurso de encerramento, no qual também defendeu a adoção de uma mentalidade mais ofensiva: "A defesa não é a forma decisiva de derrotar o inimigo", disse ele, "isso só o ataque consegue".[12] Terminou propondo mais educação política para os soldados do Exército Vermelho, a fim de que pudessem demonstrar sua "ilimitada lealdade ao partido de Lênin" e estar bem preparados para defender "sua pátria socialista".[13] Com isso, a conferência chegou ao fim.

Embora os participantes da conferência ainda não soubessem, o espírito marcial que invocaram seria exigido mais cedo do que imaginavam. Stálin era mantido a par dos numerosos rumores vindos da Alemanha nazista nos meses anteriores, dos discursos e das frustrações tornadas públicas por nazistas graduados. De fato, mesmo antes de Hitler ordenar a Operação Barbarossa, o novo embaixador soviético em Berlim, Vladimir Dekanozov, tinha recebido um aviso de fonte anônima sobre as agressivas intenções do Führer.[14] Portanto, não deve ter sido surpresa quando um documento aterrissou na mesa de Stálin em 29 de dezembro — no meio da conferência do alto-comando —, alegando que "altos círculos militares" na Alemanha tinham informado a um agente soviético que "Hitler deu ordem para se prepararem para a guerra contra a URSS". "A guerra será declarada", prosseguia o alerta, "em março de 1941."[15]

O adido militar soviético em Berlim tentou obter confirmação, e fontes foram verificadas e reverificadas. Comprovações indiretas foram dadas por relatórios de inteligência da NKVD sobre a transferência de tropas alemãs na Polônia ocupada, a construção de quartéis e fortificações, e a disparada de incidentes ao longo da fronteira germano-soviética a partir do fim de 1940. Um telegrama interceptado de Tóquio para a Embaixada japonesa em Bucareste chegou a sugerir que o Exército alemão tinha "concluído seu pleno desdobramento" e estava "confiante numa vitória fácil".[16]

Stálin andava desalentado. Nas discussões que se seguiram à conferência, parecia frio e inusitadamente mal-humorado; Mikoyan chegou a pensar que ele tinha ficado "desequilibrado".[17] À medida que a sua política de cavalgar o tigre nazista se desmanchava, ia ficando claro que ele precisaria de toda a capacidade militar que o alto-comando pudesse lhe dar.

Mas, se achava que essa tarefa seria fácil, Stálin se enganou. Nas primeiras semanas do novo ano, dois jogos de guerra foram "praticados" no Comissariado de Defesa de Rudnev, nos quais Zhukov combateu o rival Pavlov, primeiro como o defensor soviético e em seguida como o atacante ocidental. Durante a reunião de avaliação que se seguiu, Stálin teve a desconcertante oportunidade de ver como funcionava a cabeça de um dos seus principais generais, uma prova da dificuldade que ele teria que enfrentar para reformar o Exército Vermelho.

Grigory Kulik foi um dos poucos marechais soviéticos que sobreviveram aos expurgos, mas sua resistência a qualquer inovação tecnológica ou doutrinária dentro do Exército Vermelho fazia dele uma carga tão pesada e ridícula que sua sobrevivência só podia ser atribuída à amizade com Stálin. Kulik era um incompetente fanfarrão que ostentava um moderno "bigode de Hitler" e aparentemente sonhava com a simplicidade de um jeito antigo de ser soldado. Esbravejava contra a ideia da guerra de blindados, denunciando-a como "degenerada ideologia fascista", lamentava o desenvolvimento do foguete Katyusha (preferindo um canhão puxado a cavalo) e descrevia a artilharia antitanque como "lixo".[18] Mas, apesar dessas atitudes antediluvianas, foi promovido ao cargo de vice-comissário de Defesa, com a implausível responsabilidade de supervisionar o desenvolvimento da artilharia.

Como se Stálin precisasse de mais uma prova da alarmante incompetência de Kulik, ela veio na reunião de avaliação dos jogos de guerra. Enquanto o humor de Stálin não melhorou nem um pouco com uma apresentação bastante canhestra e evasiva de Meretskov sobre os próprios jogos — que Zhukov ganhara decisivamente —, a intervenção de Kulik nada fez para ajudar. Vociferando contra a mecanização, Kulik defendeu com teimosia o uso de cavalos nas Forças Armadas, queixando-se de que a utilidade dos tanques tinha sido absurdamente exagerada, antes de concluir que "por enquanto, devemos evitar a formação de corpos de tanques e motorizados".[19] Metendo mais ainda os pés pelas mãos, terminou demonstrando sua ignorância dos requisitos básicos de aquisição. Stálin reagiu com rara tolerância. Lembrou a Kulik que "a vitória na guerra será do lado que tiver mais tanques e tropas mais altamente motorizadas", antes de acrescentar de maneira sinistra: "O governo executa um programa de mecanização das Forças Armadas, introduz o motor no Exército, e Kulik vem se manifestar contra o motor.[20] É como se fosse contra o trator e a máquina combinada para ceifar e debulhar e apoiasse o arado de madeira".[21] Aquilo soou como uma sentença de morte.

Estranhamente, Kulik permaneceu no cargo, pelo menos no curto prazo. Pouco tempo antes, Stálin tinha mandado sequestrar e assassinar a esposa do general por uma leviandade sem relação com o caso, por isso é possível que tentasse se conter.[22] Mesmo assim, haveria importantes mudanças, sendo a mais notável a promoção de Zhukov à chefia do Estado-Maior Geral do Exército Vermelho. Apesar dos desafios personificados por Kulik, porém, a nomeação de Zhukov foi um passo dado na direção certa.

Uma das primeiras providências de Zhukov como comandante-chefe foi supervisionar a promulgação do plano revisto de mobilização do Exército Vermelho, conhecido como MP-41, em meados de fevereiro. Levando em conta que o plano vinha sendo preparado desde o verão anterior, o grau de influência direta de Zhukov deve ser posto em dúvida, mas ele certamente aprovou seus pontos principais, incluindo a duplicação do efetivo do Exército Vermelho para mais de 8 milhões de soldados, dois terços dos quais a serem estacionados em distritos militares do oeste; e a estipulação de que noventa divisões (quase um terço do total planejado) seriam blindadas e motorizadas. Além disso, naquele fevereiro foram estabelecidos três quartéis-generais "de front" — o "noroeste", o "oeste" e o "sudoeste" — na fronteira oriental da URSS.[23] Sem dúvida, o Exército Vermelho estava muito ciente da ameaça que talvez viesse a enfrentar.

A ameaça era, de fato, substancial. O plano estratégico que Hitler e seus generais tinham preparado previa três grupos de exército à parte — Norte, Centro e Sul, totalizando mais de 3 milhões de soldados — que iniciariam pelo leste um ataque fulminante ao território soviético, envolvendo e destruindo as forças de defesa. Esperava-se que o Exército Vermelho até ajudasse a sua causa ao resistir e lutar — em vez de efetuar uma retirada precipitada —, pois os estrategistas alemães achavam que os soviéticos não poderiam se dar ao luxo de perder regiões tão desenvolvidas e industrializadas como os países bálticos, a Ucrânia e Leningrado. Com seus exércitos destruídos no oeste, centros industriais vitais e cidades importantes conquistados e ocupados, a ideia era que a União Soviética entrasse inevitavelmente em colapso.

Talvez mais importante ainda, já estava claro naquela primavera que qualquer conflito vindouro com a União Soviética seria travado de acordo com as normas aceitas de conduta de guerra. Numa suplementação da "Diretiva Barbarossa" de Hitler, baixada anteriormente, em meados de março de 1941, pelo comandante supremo do Exército, marechal de campo Keitel, as regras foram estabelecidas para reger a esperada administração alemã da União Soviética ocupada, com um esboço de "tarefas especiais" a serem atribuídas à ss de Himmler — tarefas essas "determinadas pela necessidade de resolver o conflito entre dois sistemas políticos opostos".[24] Por trás dos eufemismos, espreitava a intenção de chacina generalizada.

Enquanto isso, Stálin preferiu errar por excesso de cautela e, apesar de estar plenamente informado da ameaça alemã, escolheu se ater a métodos diplomáticos, convencido de que a acumulação de forças militares e a boataria não passavam de uma ferramenta de negociação nazista: uma tentativa de exercer pressão psicológica como prelúdio à retomada das conversações. Em essência, ele compartilhava o prognóstico de Molotov, manifestado em Berlim no outono anterior, de que a União Soviética estava numa posição de força em suas relações com a Alemanha nazista, e de que enquanto estivesse engajado no oeste contra os britânicos, Hitler só atacaria a URSS se fosse louco.[25]

Além disso, Stálin tinha uma opinião peculiar sobre os militares alemães, atribuindo-lhes bem mais independência de pensamento e ação do que era o caso. Nisso, era sem dúvida influenciado pela experiência da Primeira Guerra Mundial, quando o próprio cáiser foi posto de lado pela crescente influência dos militares, com o duunvirato do marechal de campo Hindenburg e do general Ludendorff governando, de fato, a Alemanha como uma "ditadura silenciosa" a partir de 1916. Atento a isso, Stálin parecia confiar menos ainda nos militares do que nos políticos da Alemanha, julgando-os mais belicosos do que seus chefes políticos. Isso desenvolveu nele um medo quase mórbido de provocar a Wehrmacht: uma relutância obsessiva em fazer qualquer coisa que pudesse ser interpretada como uma medida agressiva, ou antigermânica, por temor de que os militares reagissem e arrastassem os políticos de Berlim relutantemente para a guerra.[26] "Não devemos responder às provocações dos militares alemães", explicou Stálin, de acordo com seu intérprete. "Se demonstrarmos moderação, e ignorarmos os provocadores, Hitler compreenderá que Moscou não quer ter problemas com a Alemanha.

E controlará seus generais."[27] Nisso, Stálin estava redondamente enganado, sendo mais provável que ocorresse o inverso. Era uma percepção errônea que teria graves consequências. Zhukov logo constataria isso pessoalmente. Quando, em março de 1941, submeteu uma revisão do plano MP-41, que — apesar de ainda essencialmente defensivo — exigia a convocação de reservistas do Exército Vermelho, Stálin achou que isso seria um gesto provocativo e recusou a ideia.[28]

Apesar das objeções de Stálin, os distritos militares soviéticos ocidentais não ficaram inteiramente calados na primavera de 1941. Já no verão anterior, reforços do Exército Vermelho tinham sido mandados para a área, elevando o desdobramento para quinze divisões na Finlândia, vinte nos países bálticos, 22 na Polônia ocupada e 34 na Bessarábia. Mais unidades logo na retaguarda dessas deixaram as forças do Exército Vermelho diante dos alemães em 1940 com noventa divisões de fuzileiros, 23 divisões de cavalaria e 28 brigadas mecanizadas.[29] Em março, Zhukov conseguiu aprovar uma limitada convocação de reservistas,[30] mas o prazo era vago e das 250 divisões do Exército Vermelho que deveriam estar em armas nos distritos ocidentais até aquele verão, muitas, inevitavelmente, teriam menos soldados e provisões do que precisavam.[31]

Um quadro semelhante prevalecia no sistema de fortificações no oeste da União Soviética. Desde meados dos anos 1920, a URSS vinha construindo uma rede de defesas ao longo da sua fronteira ocidental: as *ukreplinnye raiony*, ou "áreas fortificadas", conhecidas informalmente como "Linha Stálin". Entretanto, com o acréscimo de territórios obtido na aliança com os alemães em 1939-40, aquelas defesas não concluídas agora ficavam a mais ou menos trezentos quilômetros a leste da nova fronteira soviética. Consequentemente, no verão de 1940, uma nova rede de defesas foi iniciada mais a oeste, estendendo-se de forma sinuosa através dos novos territórios de Telšiai na Lituânia, passando pelo leste da Polônia até a foz do Danúbio na Bessarábia. Mais tarde receberia a designação extraoficial de "Linha Molotov".

Como suas antecessoras, a Linha Molotov não era uma única linha completa de fortificações; era para ser formada por sistemas interligados de aterros, casamatas de concreto e outros pontos fortes, utilizando barreiras naturais sempre que possível, a fim de canalizar qualquer força invasora para áreas onde unidades do Exército Vermelho pudessem se concentrar. Era sem dúvida um projeto ambicioso, com quase 4550 instalações planejadas para cobrir 1200 quilômetros, do Báltico ao mar Negro, exigindo o trabalho de 140 mil operários.[32]

No entanto, até o verão de 1940, esses esforços tinham sido muito tímidos, com a desativação da mais antiga Linha Stálin sendo feita sem pressa, aos poucos, enquanto a obra na Linha Molotov a oeste não tinha sequer começado, apesar de uma enxurrada de instruções. A queda da França em junho de 1940 deu certo ímpeto ao programa, mas mesmo então houve sérios problemas práticos, devido, principalmente, às profundas deficiências infraestruturais e logísticas da URSS. Mesmo a solução de curto prazo de remover os acessórios da Linha Stálin para utilização mais a oeste foi estorvada, porque os canhões instalados na linha antiga eram com frequência incompatíveis com as casamatas das novas fortificações.[33]

Mas, apesar dessas dificuldades, está claro que havia pouco senso de urgência perceptível até os primeiros meses de 1941. Parte disso talvez tivesse origem tática: embora a Linha Mannerheim na Finlândia tivesse demonstrado o seu valor na Guerra de Inverno, a Linha Maginot não se saíra tão bem assim em 1940 e, portanto, não chegava a ser um bom argumento a favor das fortificações estáticas. No entanto, em fevereiro de 1941 já havia uma mudança palpável, com reuniões, decretos e diretivas ordenando a aceleração das obras da Linha Molotov, destinando 10 milhões de rublos ao projeto e colocando-o sob a responsabilidade do ex-chefe de Estado-Maior Boris Shaposhnikov.[34] Com essa priorização, houve um recrudescimento das atividades, e em abril de 1941 o número de áreas fortificadas em construção no oeste da União Soviética igualava o total construído na década anterior a 1939,[35] com atenção especial aos acessos a Kiev e, reveladoramente, à área entre Grodno e Brest, na Polônia oriental — a histórica "Estrada para Moscou".[36] Mas, apesar de tudo, um relatório oficial na primavera de 1941 chegou à triste conclusão de que "esmagadoramente" aquelas defesas não estavam "militarmente prontas".[37]

Por sua vez, a atenção de Stálin naqueles meses tendia a se concentrar em outras partes, preferindo se deter mais nas avenidas diplomáticas do que nos preparativos provocadores conduzidos pelos militares. Sua abordagem consistia essencialmente em utilizar as relações econômicas para apaziguar a Alemanha tanto quanto possível, na crença de que as ameaças de Hitler não passavam de estratagema tático. Nisso era orientado pela compreensão dos fundamentos materialistas do marxismo, esperando que a antipatia de Hitler pudesse ser "comprada" com benefícios econômicos. Além do mais, já estava acostumado a usar sua conexão econômica com a Alemanha nas relações mais amplas, amaciando quando queria cortejar a Alemanha, suspendendo totalmente as remessas quando queria mostrar quem dava as cartas. Esse padrão ficaria mais marcado nos primeiros meses de 1941.

As negociações econômicas entre os dois lados tinham prosseguido aos trancos, de vez em quando culminando na corrida de última hora para um acordo capaz de gerar manchetes, ou perdendo força até quase desaparecer. Como não era incomum, as conversações empacaram novamente no outono de 1940, em parte porque os dois lados divergiam muito, e em parte porque fazia sentido aguardar o resultado da visita de Molotov a Berlim. Entretanto, depois disso uma curiosa mudança ficou evidente. No fim de novembro de 1940 o negociador alemão Karl Schnurre, normalmente moderado, descreveu as negociações como "bastante cordiais" e elogiou o que chamava de "surpreendente indício de boa vontade por parte do governo soviético".[38] Consequentemente, um Tratado de Impostos e Pedágios foi assinado por eles em 1º de dezembro de 1940.

Um pouco mais complicadas, porém, foram as conversações gerais relativas ao "Segundo Ano" das relações econômicas, que incluíam numerosos pontos sobre os quais os dois lados pareciam distantes como nunca. Mas mesmo aí, apesar dos inevitáveis conflitos, os soviéticos demonstraram uma disposição incomum para fazer concessões; concordando com termos de compensação sobre a "Faixa Lituana", por exemplo, e prometendo atender reivindicações de propriedade dos *Volksdeutsche* que tinham emigrado de seus recém-adquiridos distritos orientais. Os negociadores alemães ficaram encantados, e uma noite tentaram beber a maior dose possível da revisada cota de grãos (em sua forma destilada): ficaram literalmente embriagados de sucesso.[39] Uma vez recuperada a sobriedade, os últimos pontos de um novo tratado foram discutidos no mês seguinte, e em 10 de janeiro de 1941 um novo Acordo Germano-Soviético de Demarcação e Comércio foi assinado em Moscou. Schnurre comentou, entusiasmado, que foi "o melhor [acordo econômico] que a Alemanha já fez". Seu colega Karl Ritter concordou, saudando-o como "o maior contrato entre dois países, em todos os tempos".[40] Levando em conta tudo que houve antes, cada pomo de discórdia, cada toma lá dá cá e cada acomodação fracassada, uma concessão soviética como aquela tinha que ter um motivo tático por trás. Havendo rejeitado a oferta da Alemanha no outono anterior, Stálin se sentiu obrigado a acalmar Hitler e usou a economia para conseguir algum tipo de reaproximação política.

É importante esclarecer que nenhum dos dois lados trabalhava àquela altura sabendo de um "ataque inevitável" em junho de 1941. Os soviéticos, por sua parte, recebiam um volume crescente de indícios de uma acumulação de forças militares alemãs e das intenções alemãs, mas Stálin ainda acreditava que manobras diplomáticas pudessem esvaziar qualquer crise, adiando um possível confronto decisivo para 1942 ou depois. Seus negociadores, portanto, apesar de cientes da necessidade de fazer uma ou duas concessões a Berlim, com certeza ainda não sabiam que estava em jogo a vida da URSS. Nesse sentido, portanto, as negociações ainda transcorriam num tom determinado basicamente pelo que tinha acontecido antes.

O lado alemão também não foi nem um pouco afetado pela sombra dos acontecimentos vindouros. Como muitos de seus colegas "orientalistas", Schnurre — apesar de não saber da ordem para atacar — estava bem ciente da vasta predisposição antissoviética que agora predominava em Berlim, e tentava usar as relações econômicas como argumento contra o novo clima. Consequentemente, uma vez assinado o novo tratado, ele foi a Berlim para pregar o evangelho da cooperação econômica com os soviéticos, proclamando que o tratado oferecia o "sólido alicerce de uma grande e honrosa paz para a Alemanha".[41] Embora a maioria dos nazistas mais graduados concordasse sabiamente com a cabeça, grandes setores da indústria e da burocracia alemãs esforçavam-se ao máximo para entregar as encomendas soviéticas, sobre as quais só as da Wehrmacht tinham prioridade.[42] Nem mesmo os italianos recebiam tratamento tão favorável. Tal era o empenho alemão que as remessas para os soviéticos, só no primeiro semestre de 1941 — mais de 150 milhões de Reichsmarks —, ultrapassariam as dos três anos anteriores ao pacto.[43] Não está claro se isso fazia parte de uma deliberada campanha de dissimulação, mas talvez seja mais plausivelmente explicável como sintoma da falta de comunicação entre Hitler e o Ministério do Exterior alemão — sendo este último responsável pela maior parte das negociações de nível mais baixo, e tendendo a ser menos antissoviético em suas atitudes do que o seu chefe político. Fosse qual fosse a sua origem exata, o fato é que custaria caro à Alemanha, a ponto de Hitler ordenar que detalhes das remessas para a URSS não fossem publicados.[44]

Até março de 1941, o "jogo" diplomático de Stálin com a Alemanha tinha transcorrido muito favoravelmente. Apesar dos soluços da precipitada derrota da França no verão anterior, e da inconclusiva visita de Molotov a Berlim no outono, ele continuava achando que seria capaz de manter Hitler sob controle. Essa confiança seria profundamente abalada nas semanas seguintes.

Um dos principais campos de batalha do tabuleiro diplomático tinha sido os Bálcãs. A Bulgária e a Turquia ocuparam lugar preponderante nas conversações de Molotov em Berlim, não só porque os dois países tinham a chave para os Estreitos — e, portanto, para um dos perenes interesses estratégicos de Moscou —, mas também porque criar obstáculos à expansão alemã nos Bálcãs serviria para frustrar planos mais ambiciosos de Hitler. Entretanto, logo depois da visita de Molotov, aquela política balcânica começara a desmoronar. Em rápida sucessão, nas semanas seguintes, a Hungria e a Romênia tinham aderido ao Pacto Tripartite, caindo dessa maneira definitivamente na "esfera de influência" da Alemanha. No começo de março de 1941, a Bulgária enfim seguiu o exemplo, ao mesmo tempo que rechaçava sondagens soviéticas. Stálin de repente se viu diante da incômoda perspectiva de ver a influência soviética excluída por completo dos Bálcãs. Com a Turquia resolutamente neutra, só a Iugoslávia ainda era um aliado em potencial.

No fim de março de 1941, a Iugoslávia estava totalmente isolada. Cercada por todos os lados de países alinhados com o Eixo, estava paralisada no âmbito interno por divisões étnicas, e militarmente despreparada para resistir a agressões externas. Os termos de Hitler para adesão ao Pacto Tripartite, enunciados em numerosas reuniões com líderes iugoslavos no começo daquela primavera, foram comparativamente generosos, estendendo-se a uma garantia de integridade territorial e à promessa de que Belgrado não seria obrigada a fornecer assistência militar ou a ser usada para estacionar tropas do Eixo.[45] Como era de esperar, o príncipe-regente Paulo concordou, mandando seus emissários a Viena para assinar o acordo em 25 de março de 1941.

Mal havia secado a tinta sobre a adesão da Iugoslávia ao Eixo, porém, Paulo foi derrubado num golpe militar sem derramamento de sangue, obrigado a exilar-se e substituído, como primeiro-ministro, pelo antigo chefe do Estado-Maior Geral, general Dušan Simović. O golpe, patrocinado pela Executiva de

Operações Especiais britânica (SOE, na sigla em inglês) e aplaudido pelo *Pravda* em Moscou, refletiu de modo amplo a atitude majoritariamente anti-Eixo do país, levando às ruas milhares de cidadãos iugoslavos, na maioria sérvios, em protesto contra as maquinações alemãs e em apoio a uma aliança com a União Soviética.[46] Percebendo a oportunidade de fortalecer sua vacilante posição nos Bálcãs, Stálin agiu rápido, tentando amortecer a retórica antigermânica em Belgrado ao mesmo tempo que iniciava negociações na esperança de que uma manifestação de solidariedade com a Iugoslávia desse um xeque-mate na expansão de Hitler. Disso resultaria o Tratado Soviético-Iugoslavo de Amizade e Não Agressão, assinado em Moscou nas primeiras horas de 6 de abril.

Mas se Stálin achou que aquilo impediria seu aliado de embarcar numa nova aventura, estava muito enganado. Enquanto o tratado era assinado, a Luftwaffe de Hitler já preparava o ataque a Belgrado, cognominado "Retaliação". Furioso com o golpe, Hitler mandou atingir a Iugoslávia com "impiedosa brutalidade" — não haveria "consultas diplomáticas", "nenhum ultimato apresentado".[47] Naquela manhã, pesados ataques aéreos anunciaram uma ocupação militar e o colapso da própria Iugoslávia, com a Croácia se declarando independente antes mesmo que Belgrado caísse, menos de uma semana depois, em 12 de abril.

Stálin tinha sido amplamente suplantado: a força bruta derrotara sua astúcia. Antes mesmo de anunciado, seu novo tratado com a Iugoslávia foi exposto como letra morta; Goebbels chegou a zombar dele, por "travar guerra com pedaços de papel".[48] A influência de Stálin nos Bálcãs estava agora praticamente extinta, e assim a dominação alemã do continente europeu era quase completa. Se pensou que seria capaz de trazer Hitler de volta à mesa de negociação por meio da diplomacia e da prestidigitação econômica, teve que repensar tudo, e já não lhe restavam muitas opções. Para Stálin, a queda de Belgrado assinalou o momento em que o esforço ativo para apaziguar Hitler começou de verdade.

Sua primeira oportunidade apareceu naquele mesmo mês, quando a derrocada iugoslava chegava ao fim e o ministro do Exterior do Japão, Yōsuke Matsuoka, passou por Moscou na volta ao seu país depois de visitar a capital alemã. As conversações com os japoneses já vinham ocorrendo havia algum tempo, sem chegar a uma conclusão, mas os últimos acontecimentos lhe deram novo impulso. Uma reaproximação com Tóquio tinha sido defendida por Ribbentrop no outono anterior em Berlim, por isso Stálin a via naturalmente como uma maneira de melhorar sua reputação com Hitler. Além disso, o

Japão fora cofundador do Eixo e estivera em guerra com a URSS até dezoito meses antes; por essas razões um acordo com Tóquio só poderia ser benéfico. Consequentemente, um pacto de neutralidade foi assinado no Kremlin em 13 de abril, prometendo "relações pacíficas e amistosas [...] respeito mútuo" e neutralidade no caso de conflito com uma terceira parte.[49]

Convencido de que tinha conseguido dar um verdadeiro golpe — o que Matsuoka posteriormente chamaria de "Blitzkrieg diplomática" —, Stálin estava de ótimo humor e até apareceu na estação ferroviária de Yaroslavsky, em Moscou, para a despedida dos novos parceiros, coisa que nunca tinha feito.[50] Um tanto cansado depois de um lauto café da manhã improvisado e dos inevitáveis brindes, ele abraçou de modo caloroso a delegação japonesa, enquanto Molotov cambaleava berrando slogans comunistas. O próprio Matsuoka mal conseguia ficar em pé e praticamente teve que ser carregado até o trem. Mais importante, talvez, foi o que aconteceu quando Stálin avistou a figura distinta, imponente, do vice-adido militar de Hitler, Hans Krebs, na plataforma. "Alemão?", perguntou ele, e para responder afirmativamente Krebs ficou em posição de sentido. "Temos sido amigos de vocês", exclamou Stálin depois de dar-lhe jovialmente um tapinha nas costas, "e vamos continuar sendo amigos de vocês."[51] Era, claro, mais um desejo do que uma constatação factual. Mas o significado mais amplo do novo pacto não deixou de ser percebido por Goebbels em Berlim. Ele escreveu, exultante, em seu diário que o tratado soviético-japonês era "maravilhoso, e por enquanto extremamente útil", antes de acrescentar que "pelo visto Stálin não tem a menor vontade de conhecer nossos Panzers alemães".[52]

Uma semana depois Stálin teve outra oportunidade de jogar mais charme na direção de Berlim. Depois de uma noite no Bolshoi em 20 de abril, os membros mais graduados do Politburo foram para o Kremlin, com o chefe do Comintern, Georgi Dimitrov, a postos. Lá, Stálin discorreu sobre as perspectivas do comunismo mundial e o papel do Comintern em particular. O discurso causou perplexidade a muitos ouvintes.

Naturalmente o papel do Comintern, de fomentador da revolução comunista internacional, era objeto de controvérsias fora da União Soviética, e tornou-se particularmente odioso para adversários do comunismo à direita, como Hitler. Os nazistas protestavam de forma violenta contra o Comintern, que seria "uma conspiração internacional", e até tentaram transformar o julgamento do Incêndio do Reichstag em 1933 numa condenação do próprio Comintern, colocando os líderes regionais da organização — incluindo Georgi Dimitrov — no banco dos réus, ao lado do suposto incendiário, o desventurado comunista holandês Marinus van der Lubbe. Três anos depois, o Pacto Anti-Comintern Germano-Japonês foi explicitamente dirigido contra a organização, descrita no preâmbulo como "ameaça à paz geral do mundo".[53]

Mas, naquela primavera de 1941, Stálin tinha, claramente, chegado à conclusão de que a "criada" da revolução se tornara um fardo pesado. Com Dimitrov presente, criticou o Comintern, ao qual se referiu como "um obstáculo", e defendeu a ideia de permitir que os partidos comunistas nacionais se tornassem independentes, para se adaptarem às condições locais. Deu a entender que o Comintern pertencia ao passado; e que, no presente, tarefas nacionais deveriam ter prioridade.[54] Não havia tempo a perder. Já no dia seguinte Dimitrov começou a reescrever os novos termos de admissão ao Comintern; não fez nenhuma menção em seu diário ao que pensava da mudança. Stálin exigiu também que os slogans comunistas tradicionais fossem substituídos por outros mais nacionalistas já nas comemorações de Primeiro de Maio.[55] De olho em Berlim, ao que parece, o comunismo estava sendo desintoxicado.

Enquanto isso, continuaram chegando a Moscou relatórios de inteligência que eram apresentados a Stálin depois de selecionados, conferidos e postos em ordem pelo chefe da inteligência militar, o mesmo tenente-general Golikov que tinha criticado Zhukov poucos meses antes. O relatório apresentado por Golikov em 25 de abril, por exemplo, concluía que a Alemanha tinha cem divisões concentradas na fronteira ocidental da URSS, com mais 58 na Iugoslávia e 72 em outros pontos da Europa.[56] Além disso, nas três semanas anteriores, tinham sido registradas oitenta violações alemãs do espaço aéreo soviético.[57] Esses dados em estado bruto somavam-se aos vários relatórios de inteligência que começaram a chegar de agentes soviéticos — como Richard Sorge, em Tóquio, Anthony Blunt, em Londres, e Arvid Harnack, em Berlim —, todos indicando uma crescente ameaça alemã.

É possível que Stálin tenha sido informado também sobre um discurso feito por Hitler para mais de duzentos altos oficiais superiores em 30 de março na Chancelaria do Reich, esboçando suas razões para o conflito iminente. Hitler iniciou sua fala de duas horas com um longo exame da guerra e seus antecedentes históricos, tocando na perturbadora questão da persistência da Grã-Bretanha em lutar e na possibilidade de os Estados Unidos entrarem na guerra. Então passou para o assunto principal: o do conflito iminente com a União Soviética. Em primeiro lugar, explicou, a Alemanha tinha uma justificativa moral para o ataque, pois Stálin tinha "apostado que a Alemanha sangraria até morrer" no outono de 1939. Além disso, só a derrota da União Soviética, "o último fator inimigo na Europa", abriria caminho para a Alemanha "resolver de uma vez por todas o problema continental". Ele estava propondo nada menos do que a hegemonia alemã no continente.[58]

Mas a guerra contra a União Soviética não seria um conflito qualquer, advertiu Hitler: seria "uma luta entre duas ideologias opostas". O bolchevismo era um "sistema criminoso antissocial" imensamente perigoso. "Em toda parte. Na Letônia, na Galícia, na Lituânia [e na] Estônia", os crimes dos comissários soviéticos demonstraram que só eram capazes de se comportar de "maneira asiática".[59] Consequentemente, não poderia haver lugar para "camaradagem de soldado com o inimigo". Em vez disso, afirmou Hitler, seria uma "guerra de aniquilação": o Exército Vermelho não tinha que ser apenas derrotado em campo, mas exterminado.[60] Se qualquer dos generais presentes ainda alimentava a ilusão de que a Alemanha nazista era aliada da União Soviética, aquele seria o último sinal de alerta.

No fim de abril de 1941, então, Stálin estava claramente ciente de que suas relações com Hitler tinham entrado numa nova e desafiadora fase, exigindo mais e mais concessões, e mais e mais gestos exagerados. Mas, crucialmente, ele ainda não acreditava na iminência da guerra, e andava cada vez mais impaciente com quem tentasse convencê-lo do contrário. No entanto, mesmo tentando acalmar seu homólogo alemão, ao mesmo tempo procurava demonstrar que a URSS estava preparada para repelir um ataque.

Dessa maneira, enquanto os negociadores soviéticos se empenhavam em encontrar soluções para estagnadas disputas com os alemães, e aventavam a possibilidade de aumento das remessas de matérias-primas, Stálin convidava o adido militar alemão e outros altos oficiais em viagem aos Urais e ao oeste da Sibéria para visitarem as fábricas onde eram produzidos os mais modernos tanques e aeronaves soviéticos, particularmente os T-34 e o bombardeiro de longo alcance Petlyakov Pe-8. De acordo com Nicolaus von Below, ajudante de Hitler na Luftwaffe, não poderia "haver dúvida", pelo que se viu nessa visita, de que a URSS estava "se armando em larga escala".[61] Ao mesmo tempo, agentes soviéticos nos ministérios alemães da Aviação e da Economia começaram a difundir a opinião de que a guerra contra a União Soviética seria uma catástrofe para os líderes nazistas.[62] Estava claro que Stálin não queria subestimar de forma alguma a enormidade da decisão de ir à guerra.

Mais ou menos uma semana depois, Stálin teve outra oportunidade de comunicar ao mundo o quanto a União Soviética estava marcialmente preparada. Em 4 de maio, ele fez o Politburo designá-lo presidente do Conselho de Comissários do Povo. Foi uma mudança sobretudo simbólica — até então o cargo oficial de Stálin era simplesmente o de secretário-geral do Partido Comunista —, mas com essa nomeação ele passou a ser, de fato, chefe de Estado, concentrando o poder formalmente nas próprias mãos. Com isso, quis mandar uma mensagem de determinação e propósito, demonstrando "absoluta união no trabalho dos líderes" durante "a tensão atual".[63]

No dia seguinte, fez seu primeiro discurso na qualidade de primeiro-ministro soviético, para uma plateia de 2 mil cadetes e altos oficiais reunidos no Auditório Andreevsky do Grande Palácio do Kremlin. Apresentado por Timoshenko, Stálin falou sem texto escrito, por cerca de quarenta minutos, sobre as dificuldades do momento. Disse que o Exército Vermelho tinha aprendido muito com a Guerra Finlandesa e a guerra no Ocidente: "Temos um Exército moderno, equipado com as armas mais atuais. Temos tanques de primeira ordem, que atravessarão o front".[64] O Exército Vermelho, explicou,

é muito diferente do que já foi [...]. É muito maior, e mais bem equipado [...]. Aumentou de 120 para trezentas divisões. Um terço das divisões são mecanizadas e blindadas [...]. Nossa artilharia foi transformada, com mais canhões e menos obuseiros [...]. Não tínhamos morteiros, mas agora temos; até recentemente não dispúnhamos de artilharia antiaérea, e agora temos uma quantidade decente.[65]

Os alemães, disse, "tornaram-se vencedores", passando da tarefa de reverter o Tratado de Versalhes à de travar uma guerra agressiva. Seu Exército está "embriagado de sucesso", mas Stálin lembrou aos ouvintes que "não existe Exército invencível no mundo [...] e, do ponto de vista militar, nada há de especial sobre o Exército alemão no que diz respeito a tanques, artilharia ou força aérea".[66]

Mas reconheceu que a guerra agora era provável. Numa recepção depois do discurso, Stálin discorreu sobre qual deveria ser a política soviética em reação a uma ameaça externa. Inebriado pelo momento, e talvez pela inevitável rodada de brindes, pode ter falado mais do que pretendia: "Para defendermos o nosso país", afirmou, "precisamos agir ofensivamente. Da defesa, partirmos para uma doutrina militar de ações ofensivas. Precisamos transformar nosso adestramento, nossa propaganda, nossa agitação, nossa imprensa num espírito ofensivo. O Exército Vermelho é um Exército moderno, e um Exército moderno é um Exército ofensivo".[67]

De acordo com um dos presentes, Stálin ainda foi mais explícito. Respondendo a um imprudente brinde de um general, que elogiara a política de paz do líder, Stálin, enfurecido, interrompeu os aplausos com um gesto:

Esse general não entendeu nada. Ele não entendeu nada. Nós, comunistas, não somos pacifistas; sempre fomos contra guerras injustificáveis, contra guerras imperialistas para partilhar o mundo, contra a escravidão e exploração dos trabalhadores. Sempre fomos a favor das guerras justas pela liberdade e pela independência, a favor de guerras revolucionárias para libertar o povo do jugo colonial, a favor da mais justa das guerras em defesa da Pátria socialista. A Alemanha quer destruir o nosso Estado socialista, que os trabalhadores conquistaram sob a liderança do Partido Comunista de Lênin. A Alemanha quer destruir a nossa grande Pátria, a Pátria de Lênin, os resultados de Outubro, eliminar milhões de soviéticos e escravizar os que sobrarem. Só uma guerra contra a Alemanha fascista e uma vitória nessa guerra podem salvar a nossa Pátria. Ergam suas taças e bebam a essa guerra, à agressão nessa guerra, e à nossa vitória nessa guerra.[68]

Dito isso, Stálin consumiu sua bebida e sentou-se, enquanto a plateia permanecia em silêncio.

Compreensivelmente, o discurso e os brindes provocaram grande controvérsia. Naquela época, recebeu cobertura bastante ampla, com longos relatos de primeira página no *Pravda* e no *Izvestia* no dia seguinte; o *Pravda* publicando uma fotografia de página dupla com Stálin falando para as fileiras de cadetes.[69] Embora o tema do discurso — o da prontidão e competência do Exército Vermelho — tenha sido esboçado pela imprensa, o texto, palavra por palavra, não foi reproduzido, o que era incomum, e os assuntos dos brindes informais que se seguiram também não foram noticiados, por isso correram muitos boatos em Moscou sobre o que tinha sido dito exatamente. A rigor, nenhum registro oficial do discurso foi encontrado até hoje, portanto os detalhes do seu conteúdo foram reunidos em numerosos relatos de testemunhas nem sempre confiáveis.[70] Esse inusitado sigilo deu vazão às mais disparatadas conjecturas, e o discurso se tornou uma prova importante da duvidosa tese de que Stálin planejava um ataque preventivo contra Hitler no verão de 1941.[71]

No entanto, é mais plausível ver o discurso como prova não de um suposto plano ofensivo, mas de um componente vital do arsenal *defensivo* de Stálin.[72] No mínimo, foi uma conversa preparada por ele para levantar o ânimo de recém-formados de uma academia militar, dizendo-lhes que o Exército Vermelho estava progredindo muito e que não tinham nada a temer de qualquer inimigo. Mas com essa demonstração de confiança audaciosa e ameaçadora, e esse consciente exagero da força e capacidade do Exército Vermelho, Stálin também podia muito bem estar tentando deter Hitler. Segundo um dos relatos, o discurso de Stálin tinha claramente "sido preparado para exportação".[73] Mais ou menos uma semana depois, porém, a nova confiança — ou belicosidade — de Stálin seria testada, e de modo bem inesperado.

Na noite de 10 de maio de 1941, o piloto de uma aeronave da Luftwaffe — um Messerschmitt Bf-110 — saltou de paraquedas em Eaglesham, nas terras baixas da Escócia, ao sul de Glasgow. Ao pousar no campo de uma fazenda, ele se identificou como Hauptmann Alfred Horn quando apreendido por um trabalhador rural, e foi imediatamente levado para uma casa de campo nas proximidades, onde lhe ofereceram uma xícara de chá. No devido tempo, descobriu-se que "Hauptmann Horn" era Rudolf Hess, o vice de Hitler, aparentemente em missão para negociar a paz com a Grã-Bretanha.

As verdadeiras intenções de Hess ao voar sozinho para a Grã-Bretanha em meio a uma guerra ainda são objeto de controvérsia, bem como a delicada questão de saber se foi atraído e com quem pretendia negociar. Levava consigo poucas propostas concretas, além da vaga ideia de que a Grã-Bretanha deveria dar carta branca à Alemanha na Europa, para que em troca a Alemanha deixasse a Grã-Bretanha com seu império. Interrogado e sondado por numerosos figurões britânicos — com destaque para a conselheira do Foreign Office Ivone Kirkpatrick e o ex-secretário de Estado sir John Simon —, seu plano grandioso logo naufragou entre a Cila da arrogância alemã e a Caribdis da intransigência britânica. Hess ficaria internado na Grã-Bretanha pelo resto da guerra: uma figura lamentável, vista cada vez mais como excêntrico ou lunático, até mesmo por seus antigos camaradas na Alemanha. Como exclamou Joseph Goebbels em seu diário: "Tudo isso é estúpido demais. Um idiota como [Hess] era o vice do Führer. Não dá para acreditar".[74]

Os britânicos tinham, sem dúvida, chegado à mesma conclusão. E, embora evidentemente achassem que não tinham nada a ganhar nessa negociação, havia, entretanto, um óbvio golpe publicitário a ser explorado com a chegada de Hess e o seu cativeiro. Churchill, que deu pouca importância à escapadela do vice-Führer, estava disposto a tratar a questão de maneira honesta e decente, limitando-se a fazer uma declaração pública dos fatos a respeito do caso. Mas foi convencido do contrário pelos mandarins de Whitehall, que achavam que não dava para perder uma oportunidade tão boa. Consequentemente, só foram tornados públicos uns poucos detalhes, enquanto uma campanha de sussurros era lançada, por canais sigilosos, com a intenção não apenas de desestabilizar Hitler e minar o moral alemão, mas também de aumentar a ansiedade soviética sobre o que a missão de Hess poderia significar.[75]

Havia muito tempo que os britânicos queriam tentar afastar Stálin da sua parceria com Berlim, vendo nessa linha de ação uma arma importante na luta contra Hitler. Mas eram perenemente frustrados pela incapacidade de fazer qualquer avanço em Moscou. Como observou de modo acerbo Alexander Cadogan, subsecretário permanente no Foreign Office, a diplomacia em relação à URSS era "severamente restrita", pois "a não ser que se possa a) ameaçá-la, b) suborná-la, não se poderá fazer nada, porque a Rússia a) não tem medo de nenhum de nós e b) não temos nada a oferecer-lhe".[76] Mas o caso Hess parecia oferecer uma saída do impasse, dando aos britânicos a oportunidade de "administrar" habilmente a história, para exercer uma influência favorável sobre Stálin. A versão vendida para Moscou foi, portanto, a de que o voo de Hess era sintoma de um racha no Partido Nazista, com os puristas (representados por Hess) contrariados com a colaboração de Hitler com os soviéticos e ansiosos para limpar o terreno — assegurando a neutralidade britânica — para um acerto de contas com o comunismo. Ao ressaltar a perfídia nazista e a probabilidade de um ataque, esperava-se que Stálin se voltasse contra seu antigo cúmplice no crime e o Pacto Nazi-Soviético fosse fatalmente minado.

Esse plano, não de todo equivocado, tinha porém um defeito fundamental. Não só subestimava a paranoia de Stálin como não levava em conta que a sua desconfiança dos motivos britânicos era tão grande quanto o seu medo das intenções alemãs. A Grã-Bretanha, arquetípica "potência imperialista", ocupava lugar especial na demonologia soviética, especialmente por ter assumido papel de liderança na intervenção aliada contra o governo soviético na Guerra Civil Russa de 1918-9, e o próprio Churchill tinha dito naquela época, como todos sabiam, que o bolchevismo era um bebê que deveria ser "estrangulado no berço".[77] Claramente, qualquer história proveniente de fontes britânicas era para ser tratada com a maior prudência.

As informações sobre Hess chegavam aos soviéticos por numerosos canais, entre eles o embaixador britânico em Moscou, Stafford Cripps, e Kim Philby, o "espião de Cambridge", além de uma vasta rede de inteligência soviética. Traziam poucos detalhes e quase todas eram administradas, em certo sentido, por Whitehall. Mas em vez de indicar um racha no Partido Nazista, a mensagem que Stálin e seu grupo respigaram foi a de que Hess e, por extensão, Hitler estavam tentando seduzir a Grã-Bretanha, e que se Moscou não se cuidasse acabaria enfrentando os nazistas sozinha. Como observou Khruschóv em suas memórias, a possibilidade de o voo de Hess não ter sido autorizado por Berlim era impensável.[78] Além disso, a notícia de que sir John Simon esteve envolvido no interrogatório de Hess teria deixado Moscou profundamente preocupada; afinal, Simon era visto por muitos de esquerda como um dos arquitetos do apaziguamento, um convicto "Homem de Munique". Stálin teria sido perdoado se achasse que outra rodada de apaziguamento talvez estivesse nos planos.

Na verdade, ele achava que era muito mais sério do que isso: para Stálin, o episódio Hess representava uma perigosa conspiração antissoviética. Num discurso para o Comitê Central do partido, dias depois da chegada de Hess à Grã-Bretanha, ele resumiu seus pensamentos sobre o assunto: "De um lado", disse, "Churchill manda uma mensagem pessoal para nos advertir sobre as intenções agressivas de Hitler [...] e de outro, os britânicos se encontram com Hess, sem dúvida um confidente de Hitler, e negociam com a Alemanha por intermédio dele". A resposta óbvia para Stálin era que os britânicos queriam provocar uma guerra entre a Rússia e a Alemanha. "Quando Churchill nos mandou sua advertência pessoal", explicou, "acreditava que íamos ativar nosso mecanismo militar. Então Hitler teria um motivo direto e justo para lançar uma cruzada preventiva contra a União Soviética."[79]

Portanto, em vez de estimular Stálin em suas relações com Hitler, como Londres queria, o vazamento da história de Hess fez o contrário, confirmando a patológica desconfiança de Stálin acerca dos britânicos como eternos intrometidos e dissimuladores. Stálin concluiu que a ameaça imediata vinha não dos alemães, mas dos britânicos.[80] Como explicou a Zhukov: "Não está vendo? Eles usam os alemães para tentar nos amedrontar, e nos usam para tentar amedrontar os alemães, jogando uns contra os outros".[81]

Dessa maneira, o episódio Hess, embora tenha aumentado a desconfiança de Stálin acerca do mundo exterior, praticamente não alterou nada. Os relatórios de inteligência de Golikov relativos a maio ainda traziam uma precisa avaliação da acumulação de forças alemãs na fronteira ocidental soviética — em 5 de maio, estimava-se que havia de 102 a 107 divisões; em 15 de maio, de 114 a 119; e em 31 de maio, de 120 a 122 —, mas isso foi rejeitado por Stálin como desinformação, ou tentativa de provocar.[82] Na verdade, àquela altura, Stálin estava ficando tão impaciente com seus subordinados que eles costumavam submeter seus relatórios em estado de "medo e ansiedade".[83] Nesse meio-tempo, Golikov aprendeu a apresentar uma interpretação deliberadamente ambígua de suas informações, para não desagradar a Stálin. Em 15 de maio, por exemplo, preferiu concentrar seu relatório nas forças alemãs destacadas para combate contra os britânicos no Oriente Médio e na África, e não nas que se concentravam na fronteira soviética.[84]

Apesar disso, os preparativos militares prosseguiam. Em meados de maio, atento ao recente apelo de Stálin para que se adotasse uma atitude mais ofensiva, Zhukov reviu o plano de guerra do Exército Vermelho, incluindo uma proposta de ataque preventivo contra os alemães. O chamado "Plano Zhukov" argumentava que era "necessário não deixar a iniciativa com o comando alemão" e defendia um ataque à Wehrmacht "no momento em que ainda esteja na fase de desdobramento e não tenha conseguido organizar um front". Terminava com o pedido de que Stálin permitisse "uma mobilização oportuna".[85]

Essa permissão não seria dada. Na verdade, há quem duvide que Stálin tenha sequer visto o Plano Zhukov. Ao mesmo tempo, os preparativos de defesa continuavam. Em meados do verão de 1941 cerca de 2 mil pontos fortes tinham sido terminados na Linha Molotov, dos quais mais ou menos metade estava armada e equipada. Além disso, todas as "áreas fortificadas" receberam ordens para ficar em condições de combate o quanto antes.[86] Em meados de maio, Zhukov conseguiu garantir uma "mobilização parcial", com a convocação de reservistas e mais de 50 mil soldados transferidos do Cáucaso e outros distritos do interior da União Soviética para áreas da fronteira ocidental. "Trens começaram a chegar, um depois do outro", disse o general em suas memórias. "Era gratificante. O temor de em caso de guerra não termos tropas em profundidade desapareceu."[87] A dura realidade era que muitos desses novos quadros não tinham oficiais nem material bélico elementar, e não seriam páreo para a Wehrmacht endurecida na batalha.

Em questões econômicas, também, o mesmo modelo de comportamento que tinha caracterizado os primeiros meses de 1941 prosseguiu em maio e junho. Assim como os alemães tinham intensificado as remessas para os soviéticos nos meses anteriores, os soviéticos seguiram o exemplo, com Stálin usando a economia para apaziguar Hitler da melhor forma possível. Só de abril a junho, a União Soviética entregou mais de meio milhão de toneladas de grãos, quase um terço do total prometido. Além disso, novos contratos foram firmados em abril: para 982 500 toneladas de petróleo, 6 mil toneladas de cobre, 1500 toneladas de níquel, quinhentas toneladas de zinco e quinhentas toneladas de molibdênio.[88]

Maio foi igualmente abundante, com 14% do valor total das exportações soviéticas para a Alemanha sendo negociados só naquele mês, e as disputas habituais sobre preços e termos curiosamente ausentes. Tamanho era o entusiasmo soviético pelo comércio no começo do verão que a infraestrutura alemã no lado ocidental da fronteira da Polônia ocupada — já sobrecarregada pelos enormes preparativos militares — foi incapaz de aguentar o volume, e centenas de vagões contendo grãos, petróleo, minérios de metal e outras matérias-primas ficaram acumuladas do lado soviético da fronteira.[89]

É revelador que em junho, quando os alemães praticamente tinham interrompido as remessas recíprocas, Stálin ainda não parecesse muito preocupado. No dia 13, por exemplo, o almirante Kuznetzov informou-o de que as entregas de peças de reposição para o *Petropavlovsk* (o ex-*Lützow*), ainda sendo equipado em Leningrado, tinham parado misteriosamente. Em resposta, Stálin não fez mais nenhuma pergunta nem mencionou preocupação alguma. "Só isso?", perguntou.[90]

Levando em conta a aparente prontidão e animação com que os soviéticos ainda cumpriam suas obrigações econômicas, seria de imaginar que opiniões menos belicosas estivessem sendo manifestadas nos corredores do poder em Berlim. Certamente, essa era a posição tradicional dos "orientalistas" do Ministério do Exterior — como Karl Schnurre e o embaixador Schulenburg —, mas outros agora aderiram ao coro, com destaque para o ministro das Finanças, Lutz Schwerin von Krosigk, que argumentava que a Alemanha sem dúvida sairia perdendo em caso de guerra, por causa dos transtornos e da destruição inevitáveis. Schnurre foi mais longe, sugerindo que o desejo soviético de acalmar Berlim era tão grande que daria até para fazer novas demandas econômicas, mesmo além do alcance dos acordos existentes.[91] Por que ir à guerra se os soviéticos já estavam dispostos a entregar quase tudo que fosse solicitado? Por que abater a vaca que se pretende ordenhar?

Havia falhas nesse argumento, porém. Uma delas era que, no afã de evitar um conflito, Schnurre e os outros pintavam um quadro excessivamente róseo do "cumprimento" soviético. Ainda havia áreas nas relações em que Moscou não colaborava por completo, e tinha-se como certo em Berlim que, logo que a crise passasse, Stálin voltaria a adotar suas conhecidas práticas obstrucionistas.

Mas, por mais que um dia tivesse realmente compreendido a complexidade das relações econômicas com a URSS, o fato é que em 1941 Hitler tinha passado a adotar motivações muito mais sedutoras, como a ideologia e a geopolítica. Na verdade, estava tão cansado dos que advertiam para o perigo de uma ruína econômica em seguida à planejada invasão da União Soviética que, na primavera de 1941, se queixou a Göring dizendo que "de agora em diante" ia "tapar os ouvidos", para não "ouvir mais essa conversa".[92] Como tantos compatriotas de mentalidade mais ideológica, Hitler, àquela altura, estava muito mais motivado por preconceitos do que pelos fatos. Em sua cabeça, Stálin era insidioso, "um chantagista insensível", à espera de uma oportunidade para difundir o comunismo no Ocidente.[93] Na sua opinião, só uma guerra contra a União Soviética decidiria a questão vital da hegemonia na Europa, e uma guerra que a Alemanha tinha que ganhar. Goebbels acrescentou detalhes sobre o pensamento estratégico do chefe em seu diário, depois de uma reunião na Chancelaria do Reich naquele junho. "Precisamos agir", escreveu ele. "Moscou pretende ficar fora da guerra até que a Europa esteja exausta e pálida de tanto perder sangue. Então Stálin partirá para a bolchevização da Europa e para dominar. Temos que atrapalhar seus cálculos de um só golpe."[94] Com esses conceitos tão grandiosos em jogo, as minúcias da economia não tinham grande influência.

Hitler também precisava da campanha contra a União Soviética para ajudar a resolver os problemas populacionais que ele mesmo criara no Leste Europeu. O processo de reorganização étnica na Polônia ocupada, iniciado no inverno de 1939, tinha avançado aos trancos, estorvado pelas exigências da guerra e pela falta de um plano global coerente. Na realidade, no inverno de 1940, uma nova onda de impaciência entre os chefes nazistas obrigava a questão do "reassentamento" a ser novamente incluída na agenda política.

No primeiro exemplo, a questão do destino dos *Volksdeutsche* "libertados" da Europa Oriental depois do Pacto Nazi-Soviético ainda não tinha sido satisfatoriamente resolvida. No segundo semestre de 1940, poloneses e judeus tinham sido deportados em massa do Warthegau para o Governo Geral, a fim de ceder espaço aos *Volksdeutsche* que chegavam de Volhynia, a área do sudeste da Polônia anexada por Stálin. Em março de 1941, a propaganda nazista se gabaria de que mais de 400 mil "poloneses e judeus" já tinham sido "reassentados".[95] Esse processo, apesar de bastante caótico e prejudicado por deficiências logísticas, bem como pelo desapontamento oficial com a "qualidade" étnica de alguns recém-chegados, provocou uma espécie de "febre de deportação" nos círculos nazistas, com muitos potentados regionais tentando seguir o exemplo. Como resultado, no fim de 1940, cerca de 70 mil "indesejáveis" — incluindo judeus, criminosos, homossexuais e doentes mentais — foram deportados da Alsácia-Lorena, que tinha sido anexada pelo Reich, para a França de Vichy. Mais 6 mil judeus foram deportados para o oeste a partir das regiões de Baden e Sarre em outubro, que se tornaram os primeiros "*Gaue*" da Alemanha nazista a serem oficialmente declarados *Judenfrei*, ou "livres de judeus".[96]

Seguindo o exemplo de Baden e do Sarre, o Gauleiter de Viena, Baldur von Schirach, fez uma petição diretamente a Hitler solicitando permissão para deportar 60 mil judeus vienenses. Com permissão concedida, começou a agir em fevereiro de 1941, deportando 5 mil infelizes para o distrito de Lublin, a sudeste de Varsóvia, até que dificuldades logísticas o obrigaram a suspender a operação.[97] Embora as deportações em larga escala dos judeus do Reich só começassem em outubro de 1941, a "*Aktion*" em Viena foi um sinistro presságio do que viria em seguida.

Os afetados foram conduzidos à noite para a estação de Aspang, em Viena, e embarcados em vagões de passageiros. Todos os chefes de família já tinham assinado documentos cedendo as propriedades e os bens que ainda lhes restavam para o Reich alemão e declarando que estavam sendo deportados por vontade própria. Depois de uma longa viagem para a Polônia rural, os deportados — muitos deles vienenses cultos da cidade — ficaram estupefatos com as condições que encontraram. Era pouco mais do que uma morte lenta. Como escreveu para casa um homem desesperado: "Dá para imaginar o que nos espera; nenhuma fonte de renda de espécie alguma! Só posso dizer que teria sido melhor se nos pusessem contra o muro em Viena e nos fuzilassem. Teria sido uma boa morte, mas teremos que morrer na miséria".[98]

Alguns aliados da Alemanha demonstraram o mesmo entusiasmo pela limpeza étnica. Na Romênia, ainda cambaleando depois das perdas territoriais e do colapso político do ano anterior, a situação era particularmente tensa, e havia uma crença generalizada de que os judeus do país eram os principais responsáveis pela catástrofe. Consequentemente, o movimento fascista nacional — a Guarda de Ferro, que chegara ao governo no outono anterior — esperava a oportunidade para um acerto de contas com o que considerava seu inimigo. A chance veio em janeiro de 1941, quando a Guarda se revoltou contra seus parceiros no governo e embarcou numa onda de violência que durou três dias, dando vazão à raiva contra os judeus de Bucareste. Os resultados chocaram até mesmo quem já estava acostumado às recentes crises e atrocidades da Romênia. "O mais espantoso no banho de sangue de Bucareste", disse um comentarista, "é sua ferocidade animalesca [...]. Noventa e três pessoas foram mortas na noite de quinta-feira, 21. Agora é considerado fora de qualquer dúvida que os judeus massacrados no matadouro público de Straulesti foram pendurados pelo pescoço em ganchos usados para carcaças de boi."[99] Essa violência foi uma amostra sinistra do que ocorreria em boa parte da Europa Oriental, particularmente nas áreas que tinham sido anexadas por Moscou, e foram "libertadas" pelos alemães na guerra contra a União Soviética. Em toda a região, populações judaicas inocentes seriam obrigadas a pagar com sangue o preço de quase dois anos de dominação soviética.

Enquanto isso, em Berlim, as deportações que vinham ocorrendo havia alguns meses foram suspensas na primavera de 1941. Frustrados com o fato de que seus esforços anteriores não tinham conseguido quase nenhum resultado além de desviar povos indesejáveis para o Governo Geral, no fim de 1940 os chefes nazistas começaram a falar, em tom oracular, de uma futura "solução da questão judaica", mediante deportação para um território "ainda a ser determinado". Esse território era a União Soviética.[100] Deportar judeus da Europa para o antigo território soviético fazia sentido logístico e ideológico; afinal, era uma solução mais fácil do que a sugestão anterior — despachá-los para Madagascar. Além disso, aquele destino era visto como apropriado, encapsulando perfeitamente a crença nazista numa ligação entre ser judeu e ser comunista. Até lá, porém, todas as deportações seriam engavetadas, aguardando a esperada destruição da URSS.

Enquanto os nazistas avaliavam o próprio programa de "reassentamentos", os soviéticos planejavam, por sua vez, uma nova deportação. Nos dois anos anteriores, a ocupação soviética do leste da Polônia, dos países bálticos, da Bessarábia e da Bucovina do Norte tinha sido imediatamente seguida por uma sovietização, com a rápida coordenação de toda a infraestrutura administrativa, uma completa reforma agrária e a escolha deliberada, para ataque, de todos os que pertenciam à velha elite política. Um novo impulso foi dado à consolidação dos novos territórios e da extirpação de outras fontes prováveis de oposição dentro das populações nativas.

E, claro, a repressão e perseguição, pelos soviéticos, dos que ousavam transgredir continuaram em ritmo acelerado. Consta que, na Bessarábia, depois de seis meses de ocupação soviética, as prisões estavam tão superlotadas que quartéis eram usados para abrigar presos.[101] As condições e o tratamento eram, previsivelmente, brutais. Na Lituânia, Juozas Viktoravičius foi preso em abril de 1941 por criticar o sistema soviético. Depois de duas semanas em celas, foi interrogado pela NKVD pela primeira vez. Acorrentado, surrado e abusado sexualmente, desmaiou duas vezes durante as 45 horas de interrogatório. Quando por fim foi devolvido à cela, ninguém o reconheceu.[102] Em outras partes, métodos não menos imaginativos eram empregados. Como contou uma vítima da NKVD na Bessarábia: "Eles não só nos interrogam, como nos batem como se fôssemos cachorros. Os subsolos são cheios de água e eles nos mergulham lá, de cabeça para baixo, durante horas. De vez em quando, até nos tocam com fios elétricos".[103]

Agora, numa nova fase da repressão, o aparelho soviético voltou à velha tática testada pelo tempo de escolher como alvo classes inteiras de pessoas inocentes, na crença de que sua mera existência já representava uma ameaça ao poder soviético. Um documento redigido pelo chefe da NKVD na Lituânia, Alexander Guzevičius, no inverno de 1940, relacionava alguns grupos que em sua visão constituíam uma "poluição" para a República Socialista Soviética Lituana:

a) Todos os ex-membros de partidos, organizações e grupos antissoviéticos: trots-kistas, direitistas, revolucionários socialistas, mencheviques, social-democratas, anarquistas, e afins.

b) Todos os ex-membros de partidos, organizações e grupos chauvinistas nacionais antissoviéticos.

c) Ex-gendarmes, ex-policiais, ex-empregados da polícia política e criminal, e das prisões.

d) Ex-oficiais do tsar, de Petliura e outros exércitos.

e) Ex-oficiais e membros de tribunais militares.

f) Antigos bandidos políticos e voluntários do Branco e de outros exércitos.

g) Pessoas expulsas do Partido Comunista e do Komsomol por crimes contra o partido.

h) Todos os desertores, emigrantes políticos, reemigrantes, repatriados e contra-bandistas.

i) Todos os cidadãos estrangeiros, representantes de empresas estrangeiras, fun-cionários de escritórios estrangeiros, ex-cidadãos de outros países.

j) Pessoas que tenham contatos pessoais e mantenham correspondência com o exterior, legações estrangeiras, esperantistas e filatelistas.

k) Ex-funcionários de departamentos ministeriais.

l) Ex-funcionários da Cruz Vermelha.

m) Religiosos, seguidores de seitas e membros ativos de comunidades religiosas.

n) Antigos nobres, proprietários, negociantes, banqueiros, comercialistas, lojistas, proprietários de hotel e de restaurantes.[104]

Claramente, a rede soviética deveria ser jogada sobre uma área extrema-mente vasta. Na prática, o número dos capturados nessa rede excedia muito os que de fato atendiam aos critérios, pois, nos países bálticos, parentes eram considerados culpados por associação. Na Letônia, por exemplo, Augusts Zommers foi preso porque era membro da Guarda Nacional local, a *Aizsar-gi*; mas sua filha e sua mulher também foram rotuladas como "socialmente perigosas". A filha, Ina, tinha apenas cinco anos.[105] Segundo uma estimativa da NKVD, um em cada sete lituanos foi incluído numa lista das chamadas "pessoas não confiáveis".[106]

Tendo identificado seus oponentes, as autoridades soviéticas nas repúbli-cas recém-anexadas decidiram eliminar esses grupos no início do verão de

1941, conscientes da crescente ameaça na fronteira ocidental e da premente necessidade de preservar o controle político em qualquer crise que viesse. Três levas de deportação já tinham sido infligidas à Polônia oriental, e nos primeiros meses de 1941 as autoridades soviéticas estavam bem versadas nos aspectos práticos do processo, como identificar, prender e remover rapidamente grandes números de pessoas. Os procedimentos a serem observados na deportação desses inimigos do Estado soviético foram estabelecidos nas chamadas "Instruções Serov", baixadas pelo vice-comissário da NKVD, Ivan Serov, no começo de junho de 1941. Em todas as partes, ordenou Serov, as deportações deveriam ser efetuadas calmamente, sem pânico ou agitação. As pessoas a serem deportadas eram identificadas num primeiro momento por uma "troika" de agentes do Partido Comunista e da NKVD: deveriam ser apreendidas em casa, ao amanhecer, e elas e as moradias seriam minuciosamente inspecionadas, tendo todos os objetos que infringissem as regras — material contrarrevolucionário, armas e moeda estrangeira — devidamente relacionados e confiscados. Então as vítimas eram informadas de que seriam deportadas para "outras regiões" da União Soviética, e de que tinham permissão de levar artigos para atender às necessidades domésticas — roupas, lençóis, utensílios de cozinha e alimentos para um mês —, não podendo o total exceder os cem quilos. Baús ou caixotes separados deveriam ser identificados com nome de batismo, patronímico e sobrenome dos deportados, bem como os nomes das cidades ou aldeias onde nasceram. Uma vez prontos, seriam transportados para a estação ferroviária local, onde os chefes de família do sexo masculino seriam separados dos outros. Quando o vagão estivesse lotado — pela estimativa dada, uma média de 25 pessoas —, as portas seriam trancadas. Todo o processo, da prisão ao embarque no trem, deveria estar concluído, pelas ordens de Serov, em menos de duas horas.[107]

Apesar da calma e da precisão cirúrgica exigidas por Serov, a experiência da deportação era pavorosa. A operação começou na Bessarábia, na noite de 12 de junho, continuou nos três países bálticos dois dias depois, e terminou com outra deportação afetando a região nordeste da Polônia ocupada entre 14 e 20 de junho de 1941. As pessoas afetadas eram acordadas de madrugada pela chegada dos grupos de prisão, geralmente dois milicianos locais acompanhados por soldados do Exército Vermelho ou da NKVD. Na Letônia, Herta Kaļiņina passou por uma experiência típica: "Todos foram despertados com pancadas na porta. Acompanhado por soldados, um russo e um vizinho distante nosso berraram para dentro da sala. Mandaram-nos arrumar tudo que pudéssemos e disseram que teríamos de ir morar noutro lugar". Não havia nenhuma simpatia por sua difícil situação. Quando o pai quis saber dos homens o que tinha feito para ofender alguém, ouviu a seguinte resposta: "Vocês são uma classe inimiga e vamos acabar com vocês".[108]

Na confusão, poucos tinham tempo de se preparar para as provações que viriam. Em alguns casos, os oficiais que efetuavam as prisões ajudavam avisando aos deportados que iriam precisar de roupas quentes, de uma boa provisão de alimentos, mas a maioria não era tão solícita. Na Estônia, Aino Roots teve apenas quinze minutos para preparar os três filhos pequenos:

> Tivemos que nos preparar tão depressa que só deu tempo de jogar um casaco por cima da camisola. Saí com as pernas nuas, sapatos e nada na cabeça [...]. Um dos homens gritava o tempo todo que só tínhamos quinze minutos! Mas o que se pode fazer em quinze minutos? [...] Então fui para a Sibéria usando apenas uma camisola, como uma maluca, e um casaco por cima.[109]

Quando os guardas reuniam todos que estavam nas listas, os deportados eram embarcados em caminhões. Na Polônia, Maria Gabiniewicz se lembrava de ter olhado uma última vez para casa quando o caminhão da NKVD saiu: "O veículo começou a rodar. Mais uma olhada para nossa casa, os prédios, os campos, o caminho que conhecíamos tão bem, subindo o morro [...] onde adorávamos andar e brincar. Mamãe abençoou tudo que ficou para trás fazendo o sinal da cruz".[110]

Não bastasse a angústia que sentiam, uma nova verificação aguardava muitos deportados na estação ferroviária, onde ficavam sabendo que os chefes de família seriam separados dos demais, com a explicação fictícia de que precisavam viajar em vagões à parte para "evitar constrangimentos". Para muitas mulheres, era a última vez que viam seus homens. Quando uma deportada perguntou, posteriormente, pelo paradeiro do marido, os guardas se limitaram a rir.[111]

As condições a bordo dos trens eram extremamente primitivas. Vagões de madeira para transportar gado eram usados, como nas três deportações realizadas antes na Polônia em 1940, com grades nas janelas, alguns toscos beliches de madeira e um buraco no chão para servir de vaso sanitário. Diferentemente do limite oficial de 25 pessoas, cada vagão levava cerca de quarenta deportados e seus objetos pessoais, significando que uma intimidade apertada, forçada, logo se tornava regra. A letã Sandra Kalniete relembrou:

> as funções naturais tinham que ser resolvidas lá mesmo, no vagão [...] era humilhante. Especialmente para as meninas e as mulheres, que, por recato, não conseguiam mesmo com esforço ir ao buraco escuro, repulsivamente fedorento [...]. Os prisioneiros se sentavam, encurvados, em seus beliches ou em cima das suas coisas no meio do vagão. Seu sofrimento interrompido por lamentos e choros.[112]

Para piorar, os trens eram com frequência obrigados a esperar, sob guarda, durante vários dias, até encherem. Como contou uma testemunha da deportação na Bessarábia:

> Eu me lembro de um monte de soldados gritando, multidões, e vagões lotados de pessoas atormentadas, deitados na maior bagunça, cada uma: homens, mulheres, crianças, agarradas às suas coisas [...]. Havia todo tipo de gente: jovens escriturários, lojistas, prostitutas e professores, uma coisa os unia: ninguém sabia o que ia acontecer, e todos choravam, porque estavam com medo, desesperados.[113]

Alguns deportados recebiam baldes de água dos guardas, mas outros não recebiam nada além de suprimentos levados por moradores locais ou amigos preocupados. Enquanto aguardavam, e quando o trem iniciava a viagem, alguns deportados jogavam bilhetes e cartas dos vagões, numa tentativa de informar aos amigos e entes queridos o que estava acontecendo. Não se sabe como, a carta do estoniano Robert Tasso chegou às mãos da sua mãe: "A julgar pelo que vimos até agora", escreveu, "estamos profundamente preocupados. Afinal, ninguém sabe quando chegará a sua vez. Mas temos esperança, e essa esperança deve nos sustentar [...]. Seja forte e não se aflija por mim".[114]

Uma vez iniciada a jornada, as condições ficavam ainda piores, enquanto os trens rolavam lenta e ruidosamente para o leste, em alguns casos levando até seis semanas para chegar ao seu destino. Alimentos e água eram escassos, dependendo, ao que parece, dos caprichos dos guardas do Exército Vermelho: alguns davam água e pão em cada parada, outros simplesmente ameaçavam os prisioneiros, dizendo-lhes que, como criminosos, não mereciam nada. Uma deportada contou que não havia assistência médica de espécie alguma: "Os mortos eram sepultados à margem dos trilhos quando o trem parava", disse ela. "Pois não éramos ninguém."[115] O estresse da deportação era difícil de suportar. Como se lembrava uma estoniana:

a experiência me deixou entorpecida, como se eu tivesse enlouquecido! Era tudo tão irreal. Éramos como mortos-vivos. Nós nos mexíamos, mas a cabeça não funcionava. Estávamos desnutridos e sem dormir, porque não havia lugar para dormir [...] as crianças eram pequenas e não entendiam o que se passava. O pequeno Jaan dizia chorando: "Soldado mau, saia da porta, Jaani quer o papai". Como lhe explicar alguma coisa? À noite ele dizia que queria ir embora para casa, deitar em sua cama. Eu lhe disse que não podíamos. Tínhamos que ficar ali até tudo acabar.[116]

O pequeno Jaan não sobreviveu à viagem.

Para alguns pais, era mais do que podiam aguentar. Uma mulher letã estava convencida de que todos seriam executados e, torturada pela ansiedade, matou os três filhos pequenos e depois se matou com uma lâmina de barbear. Chamado, o guarda do Exército Vermelho se limitou a riscar os quatro nomes da lista, evitando cuidadosamente pisar na poça de sangue escuro que se espalhava aos seus pés.[117]

A chegada ao destino não significava o fim das tribulações dos deportados. Uma existência sombria, num campo de trabalhos forçados, era a norma, e para os que sobreviviam era o começo de um exílio que com frequência durava o resto da vida. Foi assim que Stálin "limpou o terreno" na sua fronteira ocidental, expurgando dos recém-absorvidos territórios aqueles que eram tidos como possíveis fontes de sabotagem ou subversão de inspiração alemã, ou simplesmente "elementos antissoviéticos". Nesse processo, 34 260 lituanos, 15 081 letões e 10 205 estonianos foram deportados para a Sibéria, o Cazaquistão e outros rincões inóspitos do interior soviético.[118] Acredita-se que outros 29 839 tenham sido deportados da Bessarábia,[119] bem como 200 mil na quarta e última deportação do leste da Polônia.[120] A maioria desses deportados jamais voltaria a ver a terra natal.

Em junho de 1941, portanto, Stálin já quase não tinha dúvida de que o cano do revólver nazista apontava na sua direção. Embora sua tendência fosse fechar os ouvidos às insistentes notícias dos preparativos alemães, suas ações nos meses anteriores demonstravam que certamente não estava alheio à crescente ameaça na fronteira ocidental. Ainda assim, alimentava a esperança de que apaziguando Berlim poderia ganhar tempo até o fim do verão e efetivamente postergar qualquer ataque alemão para o ano seguinte. Ele mesmo confessaria mais tarde: "Eu não precisava que ninguém me advertisse. Sabia que a guerra estava vindo, mas achei que pudesse ganhar mais uns seis meses, talvez".[121] Stálin esperava também que quaisquer atos de guerra fossem precedidos por demandas, negociações e um ultimato de Berlim. Enquanto isso não acontecesse, sua atitude temerária ainda não teria atingido os limites da segurança.

Além disso, Stálin estava inextricavelmente comprometido com o Pacto Nazi-Soviético. As negociações de agosto de 1939 tinham marcado seu primeiro envolvimento direto em questões de política externa, conduzindo pessoalmente as negociações e estipulando as condições. Como observou o adido naval alemão em Moscou, Stálin foi "o pivô da colaboração germano-soviética"; toda a correspondência passava por sua mesa.[122] O pacto era em geral visto como uma ideia de Stálin, sua criação, uma "política distintamente sua". Assim, para ele era difícil, no âmbito político, repudiar o acordo; não havia nenhum bode expiatório que pudesse ser sacrificado, ninguém mais para quem pudesse ser apontado o dedo da culpa. Isso ajuda a explicar a teimosa intransigência de Stálin; ele talvez achasse que seu próprio destino estava interligado ao do pacto.

Diante dos estridentes rumores de meados de junho, Stálin finalmente foi obrigado a agir. Redigiu um comunicado a ser publicado, via agência TASS, em todos os jornais soviéticos em 14 de junho e transmitido às massas pelo rádio e por sistemas de alto-falantes. Começava mencionando "os boatos sobre uma guerra iminente entre a União Soviética e a Alemanha" que circulavam "na imprensa inglesa e estrangeira". Alegava-se, prosseguia o texto, que a Alemanha tinha apresentado "demandas territoriais e econômicas" à União Soviética que a URSS recusou, e que, como resultado disso, os dois lados se preparavam para a guerra. Isso era "um óbvio absurdo", declarava o comunicado da TASS: a Alemanha não apresentara nenhuma demanda à União Soviética, e negociações estavam sendo realizadas. Além disso:

de acordo com as provas em poder da União Soviética, tanto a Alemanha como a URSS estão cumprindo ao pé da letra os termos do Pacto de Não Agressão

Germano-Soviético, de modo que, no entender de círculos soviéticos, os boatos sobre a intenção da Alemanha de violar o Pacto e lançar um ataque contra a União Soviética são totalmente infundados.[123]

Crítica a Londres à parte, era uma tentativa desesperada de convencer Berlim a concordar publicamente com a declaração soviética: motivar algum tipo de compromisso equivalente por parte de Hitler, um desmentido de intenções beligerantes talvez, ou até mesmo a abertura das esperadas negociações. Foi, como Molotov admitiria posteriormente, sem dúvida um "último recurso".[124] O problema é que a única resposta recebida foi o silêncio do lado alemão.

Mas, no front civil, a Alemanha não guardou total silêncio. De acordo com Ruth Andreas-Friedrich, que mantinha um diário, o boato de que Stálin iria pessoalmente a Berlim para conversar "se espalhou rápido" pela capital alemã no dia seguinte, 15 de junho. Ela o ouviu pela primeira vez da boca do leiteiro, com o detalhe adicional de que duzentas mulheres tinham sido incumbidas de costurar bandeiras soviéticas. Um vizinho repetiu-lhe a história, declarando que o líder soviético chegaria nos próximos dias, "num trem blindado especial". Como Molotov tinha aparecido na capital no outono anterior, a notícia devia parecer plausível, mas Andreas-Friedrich não se deixou impressionar, especialmente quando, segundo afirmava, descobriu a origem da fábula: o gabinete de Ribbentrop.[125]

Em Moscou, acumulavam-se indícios de um ataque iminente. Em 16 de junho, o comissário para Segurança do Estado Vsevolod Merkulov repassou novas informações a Stálin — do agente da NKVD "Starshina" (Harro Schulze--Boysen) dentro do Ministério da Aeronáutica alemão — declarando que a ordem final para atacar a União Soviética tinha sido dada. Exasperado, Stálin deu uma resposta definitiva: "Diga a essa 'fonte' no Estado-Maior da Força Aérea alemã que é o cu da mãe dele", rabiscou ele de volta para Merkulov. "Isso aí não é fonte, mas um 'desinformante'."[126]

Dois dias depois, foi a vez de Zhukov aguentar a fúria de Stálin. Em 18 de junho, ele e Timoshenko participaram de uma reunião de três horas com Stálin no Kremlin, na qual os dois explicaram a situação no front ocidental e pediram permissão a Stálin para colocar o Exército Vermelho em "total estado de prontidão militar". Mas Stálin foi ficando cada vez mais irritado enquanto Zhukov falava, batendo com o cachimbo na mesa em sinal de frustração.

Finalmente, de acordo com Timoshenko, explodiu de raiva, berrando para Zhukov: "O quê? Você veio aqui nos assustar com guerra, ou quer guerra porque não foi condecorado o bastante ou acha que sua patente não é alta o suficiente?". Quando Zhukov recuou, Timoshenko persistiu, mas Stálin não quis saber. "É tudo coisa de Timoshenko", disse aos membros do Politburo ali presentes. "Está preparando todo mundo para a guerra. Devia ter sido fuzilado." Stálin continuou: "Vocês precisam entender que a Alemanha nunca tomará a iniciativa de lutar contra a Rússia. Precisam compreender isso". E, antes de deixar a sala, fez um último comentário cortante: "Se vocês forem provocar os alemães na fronteira movimentando tropas sem a nossa permissão, cabeças vão rolar, escutem o que estou dizendo".[127] E saiu batendo a porta.

Antes do ataque, não havia como ignorar os indícios diários cada vez mais numerosos. O pessoal da Embaixada alemã em Moscou já tinha sido evacuado, levando famílias e pertences; informou-se sobre a queima de documentos em fogareiros no pátio. Novas mensagens foram recebidas de Londres, dos Estados Unidos e de Richard Sorge em Tóquio. Mais perto de casa, constava que mulheres polonesas avisaram aos gritos na fronteira, em 15 de junho, que os soviéticos deveriam esperar a guerra dentro de uma semana, enquanto uma onda de espiões, sabotadores e desertores atravessando a fronteira parecia confirmar a predição. Um comandante soviético na fronteira observou o que chamava de "crescente insolência dos hitleristas", com sentinelas alemãs começando a dar as costas aos colegas do Exército Vermelho, onde antes eram conhecidos por ficar em posição de sentido e bater continência.[128] Enquanto isso, na Romênia, boatos diziam que não só um ataque germano-romeno era iminente, mas também que tinham sido preparadas listas de funcionários a serem nomeados na Bessarábia, e que o Teatro Nacional estava ensaiando peças a serem representadas em Chişinău depois da sua libertação do domínio soviético. Contava-se que o líder romeno, general Antonescu, queria entrar na cidade em 27 de junho, exatamente um ano depois que a província tinha sido perdida.[129]

Ao todo, afirma-se que nos dez dias anteriores a 22 de junho a inteligência soviética foi informada da invasão por 47 fontes diferentes.[130] Uma das últimas foi Alfred Liskow, soldado da Wehrmacht e simpatizante dos comunistas, que atravessou a nado o rio Bug na noite de 21 de junho para avisar ao Exército Vermelho que um ataque ao longo de todo o front estava programado para o amanhecer do dia seguinte. Depois da meia-noite, Zhukov telefonou ao Kremlin para informar a Stálin sobre as novas alegações. O ditador não se abalou e deu ordem para que Liskow fosse fuzilado por essa desinformação.[131]

Três horas depois, o embaixador alemão Friedrich-Werner von der Schulenburg telefonou ao gabinete de Molotov no Kremlin para marcar um encontro. Já tinha tido uma noite tórrida. No começo da noite fora convocado por Molotov para explicar violações alemãs do espaço aéreo soviético. A audiência virou um intenso interrogatório. "Por que o pessoal da Embaixada alemã deixou a Rússia?", indagou Molotov. "Por que o governo alemão não respondeu ao comunicado da TASS?" Incapaz de obter qualquer resposta, Molotov se queixara de que "não havia nenhuma razão para o governo alemão estar insatisfeito com a Rússia".[132] Poucas horas depois daquele encontro, Schulenburg correu para ver Molotov novamente. Dessa vez estava autorizado a dar uma resposta oficial.

O embaixador leu solenemente o telegrama que tinha acabado de chegar de Berlim, evitando com cuidado a ladainha de acusações que precediam a mensagem principal. Era com o "mais profundo pesar", disse a Molotov, que ele anunciava que o governo alemão se sentia forçado a tomar "medidas militares" em resposta à acumulação de tropas soviéticas na fronteira. Teve o cuidado de mencionar os "máximos esforços" que fez para "preservar a paz e a amizade", mas admitiu acreditar que aquilo "significava o começo da guerra". Molotov estava estupefato. Gaguejando, sem conseguir acreditar, tentou explicar as concentrações de tropas, antes de reclamar que Berlim não tinha apresentado nenhuma demanda ao governo soviético. "Por que", perguntou, "a Alemanha firmou um pacto de não agressão, se era para violá-lo com tanta facilidade?" O ataque, exclamou ele, era "uma quebra de confiança sem precedentes na história [...]. Com certeza não merecíamos isso". A única resposta de Schulenburg, que tinha sido um dos principais arquitetos das relações germano-soviéticas, foi dar de ombros.[133]

9. Não há honra entre ladrões

Pouco antes do alvorecer de domingo, 22 de junho de 1941, a palavra-código "Dortmund" foi transmitida para as unidades alemãs estacionadas na fronteira da União Soviética. Com isso, quando o relógio bateu 3h15 da madrugada, o assalto começou. Ao longo de 1300 quilômetros de fronteira, do Báltico ao mar Negro, um intenso bombardeio de artilharia precedeu o avanço maciço de 3 milhões de soldados, acompanhados por milhares de tanques e aeronaves, através da linha que um dia fora apelidada de "Fronteira da Paz". Em alguns lugares, em travessias de rio estrategicamente vitais, ou postos de guarda fortificados, o ataque envolveu astúcia. Em Koden, perto de Brest, por exemplo, sentinelas soviéticas numa ponte do rio Bug foram chamadas por seus colegas alemães para discutir "assuntos importantes" e, em seguida, metralhadas.[1] Em outras partes, grupos de elite de comandos "Brandenburger", já bem dentro do território soviético, cortaram linhas telefônicas ou danificaram torres de antenas, para dificultar a resposta do Exército Vermelho. Mas ao longo da maior parte da fronteira nenhum estratagema ou engano foi necessário, e os canhões simplesmente abriram fogo, anunciando o advento da maior invasão da história das guerras. O Pacto Nazi-Soviético tinha perdido a validade.

Perfeitamente programado para coincidir com o resignado dar de ombros de Schulenburg em Moscou, o embaixador soviético Vladimir Dekanozov foi convocado ao Ministério do Exterior em Berlim. Ali, ele e seu intérprete, Valentin Berezhkov, foram recebidos por Ribbentrop, que tinha um aspecto "inchado e roxo, os olhos nublados, as pálpebras inflamadas". "Estará bêbado?", indagou-se Berezhkov. Quando Ribbentrop começou a falar, deixou pouca margem de dúvida à conjectura de Berezhkov. Erguendo a voz, apresentou um prolixo relato de supostas violações soviéticas de território e espaço aéreo alemães, e acusou Moscou de pretender "apunhalar o povo alemão pelas costas". Consequentemente, concluiu ele, "tropas alemãs cruzaram a fronteira da União Soviética". Depois de protestarem em vão a inocência de Moscou, Dekanozov e Berezhkov foram conduzidos para fora do Ministério do Exterior. Quando saíam, Ribbentrop correu atrás deles e, num sussurro rouco, lhes disse que discordara da decisão de invadir e tentara dissuadir Hitler. "Digam a Moscou que fui contra o ataque." Regressando à Embaixada soviética na Unter den Linden, eles ligaram o rádio para ouvir o que Moscou dizia sobre a invasão em curso. Para sua surpresa, tudo que ouviram foi o spot sobre exercícios calistênicos matinais de sempre, seguido de notícias corriqueiras sobre agricultura e trabalhadores braçais. Ficaram em dúvida sobre se Moscou sabia o que estava acontecendo.[2]

Duas horas depois, Hitler pôs o povo alemão a par do ataque. Às 5h30 da manhã, Goebbels leu a declaração do Führer do seu gabinete no Ministério da Propaganda, a ser transmitida simultaneamente por todas as emissoras de rádio. "Oprimido por graves preocupações", começou ele, lendo as palavras de Hitler, "condenado a meses de silêncio, enfim chegou a hora de falar livremente." O que veio em seguida é um exemplo acabado de argumentação falaciosa nazista, com Hitler reformulando a história da guerra até aquele momento para apresentá-la como um conto de maquinações anglo-soviéticas para cercar a Alemanha. O Pacto Nazi-Soviético, sugeriu ele, tinha sido um esforço seu — empreendido "somente com a maior dificuldade" — para desfazer o cerco, mas o êxito fora efêmero: "Mr. Cripps" de Londres, disse ele, foi enviado a Moscou para reatar relações, e depois disso Stálin iniciou sua expansão "ameaçadora" a oeste, para os países bálticos e a Bessarábia. Em resposta, Hitler não disse nada a ninguém e até convidou "Herr Molotoff" a Berlim para conversar, mas tal era a "miserável traição" do pacto pela União Soviética que ele foi obrigado a agir contra os "judeus anglo-saxões instigadores da guerra". Consequentemente, tinha decidido "colocar o futuro do Reich alemão e do nosso povo nas mãos dos nossos soldados".[3] Para Goebbels, ler a declaração foi "um momento solene", quando dava para "ouvir a respiração da história". Mas foi também uma libertação: "O fardo de semanas e meses desaparece", escreveu em seu diário. "Sinto-me totalmente livre."[4]

Churchill sentiu emoção parecida. Passara a noite em Chequers, a residência de campo do primeiro-ministro na frondosa Buckinghamshire, onde jantara com o secretário do Exterior Anthony Eden e o novo embaixador americano, John Winant. O grupo acordou domingo de manhã com a notícia do ataque alemão, produzindo — como disse o secretário particular de Churchill, Jock Colville — um "sorriso de satisfação" no rosto dos três.[5] Eden recebeu a mensagem acompanhada de um grande charuto comemorativo numa bandeja de prata. Vestindo um roupão e correndo para o quarto de Churchill, ele saboreou o alívio — quem sabe o charuto — e os dois conversaram sobre o que deveria vir em seguida.[6] Churchill não ficou surpreso com a notícia. Ela simplesmente "transformou a convicção em certeza", como diria ele mais tarde, acrescentando: "Não tive a menor dúvida sobre quais eram a nossa obrigação e a nossa política".[7]

Enquanto isso, cerca de 2400 quilômetros a leste, Moscou não queria reconhecer os fatos, mergulhada numa curiosa calma. Estranhamente, naquela mesma manhã o *Pravda* tinha republicado o famoso poema de Lermontov sobre a batalha de Borodino, que falava de Moscou queimando nas mãos dos franceses em 1812:

Conte-nos, tio, por que apesar das batalhas
Vocês desistiram de Moscou reduzida a cinzas
E a entregaram aos franceses.[8]

Não foi um pressentimento de guerra que levou à publicação, porém, mas o aniversário da morte do poeta que se avizinhava.[9] A capital soviética ignorava a guerra que grassava no oeste. Na verdade, quando chegaram os primeiros relatos do ataque alemão, tropas do Exército Vermelho receberam instruções para não resistir. No vital front do sudoeste, por exemplo, o general Dmítri Pavlov ordenou que, embora "incursões provocativas de bandidos fascistas sejam prováveis", não era para responder: os atacantes deveriam ser captura-dos, mas sem cruzar a fronteira. Era uma ordem claramente emanada do topo. Quando Zhukov telefonou para Stálin de manhã cedo pedindo permissão para que as forças soviéticas atirassem de volta, recebeu a seguinte resposta:

"Permissão não concedida. Trata-se de provocação alemã. Não abram fogo ou a situação se agravará".[10] Ainda cego pela crença no pacto e na expectativa das ansiosamente aguardadas negociações com Berlim, Stálin segurou a mão do Exército Vermelho.

O almirante Nikolai Kuznetzov se lembrava de que, chegando a Moscou naquela quente e ensolarada manhã de domingo, a capital soviética repousava pacificamente, sem saber que "um incêndio ardia nas fronteiras". Ao entrar no Kremlin, notou que tudo à sua volta era como se fosse uma manhã normal de domingo; o guarda saudou energicamente, e não "havia indício nenhum de ansiedade [...]. Tudo era silencioso e deserto". Imaginou que os líderes soviéticos estavam reunidos em algum outro lugar para conferenciar, por isso voltou para o Comissariado de Defesa. "Alguém ligou?", perguntou a um ajudante. "Não", respondeu o ajudante. "Ninguém ligou."[11]

Na verdade, apesar da aparente falta de reação, Stálin não estava ocioso. Depois de conferenciar com Molotov e outros membros do Politburo de manhã cedo, ele tinha baixado uma nova diretiva autorizando as forças soviéticas a atacarem o invasor "com todos os meios ao seu dispor" e ordenado a remoção de incontáveis fábricas da área adjacente ao front, bem como de 20 milhões de pessoas. Além disso, tinha reagido à traição de Hitler da forma mais efetiva que conhecia: com o terror, ordenando a Lavrenti Beria que garantisse Moscou inundando-a de agentes, prendendo mais de mil moscovitas e estrangeiros suspeitos de "terrorismo, sabotagem, espionagem, trotskismo" e outros delitos diversos.[12] No entanto, apesar de todos esses acontecimentos de suma importância, Stálin evidentemente teve dificuldade para se adaptar à nova situação. De acordo com o chefe do Comintern Georgi Dimitrov, ele se queixou naquele dia de que os alemães tinham atacado "como gângsteres", sem apresentar primeiro nenhuma demanda, ou um ultimato, confundindo suas expectativas.[13]

Stálin também delegou a Molotov a tarefa de falar ao povo soviético — possivelmente por não desejar ter o nome associado àquela catástrofe, ou por ter sido Molotov quem assinou o tratado com a Alemanha. De qualquer maneira, foi a voz entrecortada, nasalada, do ministro do Exterior que os soviéticos ouviram anunciar o início da guerra pelo rádio e por sistemas de alto-falante ainda naquele dia. Fazendo eco ao senso de inocência ferida do seu chefe, Molotov descreveu o ataque alemão como uma "perfídia sem paralelo na história dos países civilizados", referindo-se repetidamente ao Pacto Nazi-Soviético e à ausência de qualquer reclamação dos alemães:

> O ataque ao nosso país foi perpetrado a despeito de um tratado de não agressão ter sido assinado entre a URSS e a Alemanha, e de o governo soviético ter agido fielmente de acordo com todas as cláusulas desse tratado.
>
> O ataque ao nosso país foi perpetrado apesar do fato de que, durante todo o período de vigência desse tratado, o governo alemão não encontrou um único motivo de queixa contra a URSS no tocante ao cumprimento desse tratado.

Empolgando-se com a tarefa, Molotov ressaltou a inocência soviética em qualquer violação de fronteira, e a "convicção inabalável" de que as forças da União Soviética desfeririam "um duro golpe contra o agressor". Os "sanguinários governantes fascistas da Alemanha", continuou ele, tinham "escravizado os franceses, tchecos, poloneses, sérvios, Noruega, Bélgica, Dinamarca, Países Baixos, Grécia e outros países", deixando de mencionar que a União Soviética fora igualmente rapinante. Apesar disso, jurou que "o Exército Vermelho e nosso país inteiro travarão mais uma vez uma guerra vitoriosa em defesa da pátria, do nosso país, da honra e da liberdade". Mentiroso como ninguém, Molotov afirmou que as baixas soviéticas "passavam de duzentas pessoas". Encerrou com uma frase que se tornaria um dos slogans da guerra germano-soviética: "Nossa causa é justa", entoou solenemente. *Pobeda budet za nami* — "A vitória será nossa."[14] Foi um desempenho competente, porém não mais que isso. Stálin disse ao seu subordinado, de forma um tanto cruel, que ele pareceu "um pouco agitado e confuso".[15]

Logo depois, Stálin saiu do Kremlin para sua dacha em Kuntsevo, nos arredores de Moscou. Foi só às 9h15 da noite que ele finalmente ditou a "Diretiva nº 3", ordenando ao Exército Vermelho não apenas "aguentar firme" e "destruir" o inimigo, mas também cruzar a fronteira soviética na perseguição do inimigo.[16] O problema era que, àquela altura, o Exército Vermelho já estava em precipitada retirada.

Naquela manhã as forças soviéticas não precisaram de muito tempo para perceber que o ataque alemão não era mera provocação. Rapidamente esmagado em suas posições de vanguarda, o Exército Vermelho estava sendo massacrado em toda parte, superado em armas e em combate por um inimigo mais bem equipado, mais bem treinado e mais bem comandado. Já se calculou que em média morreu um soldado do Exército Vermelho a cada dois segundos naquele dia.[17] No caos do ataque, unidades inteiras simplesmente desapareceram: consumidas no turbilhão de explosões, ou esmagadas na terra calcinada pelo sol.

No fim do primeiro dia, o que restava do 10º Exército se reagrupou em seu novo quartel-general. Poucas horas antes, contava com seis divisões de infantaria, seis divisões blindadas, duas divisões de cavalaria e três regimentos de artilharia; agora seus retardatários possuíam pouco mais de duas tendas, algumas mesas e um telefone.[18] Outros tinham ainda menos. Como confessaria posteriormente um comandante soviético, "a única coisa que sobrou do 56º Regimento de Fuzileiros foi o seu número".[19] A Força Aérea Vermelha, nesse meio-tempo, tinha sido destruída no chão, com poucos pilotos nem sequer tendo decolado para travar combate com os alemães. Só no primeiro dia, a Luftwaffe afirmou ter destruído cerca de 1500 aeronaves soviéticas.[20] É quase certo que aqui se trata de uma estimativa por baixo. Como o ajudante de Hitler na Luftwaffe escreveria dois dias depois: "A facilidade das nossas vitórias ao longo de todo o front foi uma surpresa tanto para o Exército como para a Luftwaffe. Aeronaves inimigas estavam estacionadas em filas bem-arrumadas nos aeródromos e puderam ser destruídas sem nenhuma dificuldade".[21] Stálin recebeu a notícia com incredulidade: "A Força Aérea alemã não conseguiu alcançar cada aeródromo, certo?", perguntou a seus lacaios. A resposta afirmativa provocou nele um acesso de raiva impotente.[22]

Com as forças terrestres soviéticas, a história foi a mesma. Apesar da tenacidade e bravura dos soldados, o Exército Vermelho era, na maior parte das vezes, simplesmente esmagado. Já no fim do primeiro dia, quando Stálin enfim conclamou as tropas a repelirem os invasores, alguns elementos avançados de ataque da Alemanha tinham passado mais de oitenta quilômetros além da antiga fronteira. Bolsões isolados de resistência soviética foram cercados e neutralizados, enquanto colunas blindadas alemãs avançavam para leste, penetrando profundamente nas áreas de retaguarda, interrompendo comunicações e esforços de apoio, numa clássica demonstração de Blitzkrieg. Depois de dois dias, a capital da República Soviética Lituana, Vilna, caiu em poder dos alemães: uma semana depois, a capital letã, Riga, a capital bielorrussa, Minsk, e a cidade de Lvov (a antiga polonesa Lwów), no oeste da Ucrânia, também caíram. A essa altura, algumas unidades alemãs estavam a mais de quatrocentos quilômetros de suas posições iniciais.[23] Praticamente todas as terras ganhas sob o pacto já estavam perdidas.

Uma das únicas fontes de otimismo para Stálin naqueles primeiros dias foi o desempenho de sua nova classe de tanques, o T-34 e o mais pesado KV. Apesar de menos de 1500 unidades desses modelos estarem disponíveis para o Exército Vermelho em junho de 1941, eles foram uma surpresa nada agradável para as forças alemãs, acostumadas a desfrutar de superioridade no campo de batalha. As guarnições antitanque da Wehrmacht logo descobriram que suas armas, especialmente o canhão standard de 37 mm, eram ineficazes contra eles; uma guarnição contou ter atingido 23 vezes um T-34 sem o destruir.[24] As guarnições dos Panzers também ficaram alarmadas ao notar que o canhão principal dos novos tanques soviéticos era altamente eficaz, e podia infligir sérios danos a seus veículos antes mesmo de chegarem dentro do seu raio de ação. Segundo um relato alemão:

> O KV-1 e o KV-2 [...] eram realmente uma coisa! Nossas companhias abriram fogo a cerca de 750 metros, mas sem nenhum efeito. Chegamos mais perto do inimigo, que por sua vez continuou a vir para cima de nós despreocupadamente. Logo, logo estávamos na frente um do outro a uma distância de 45 a noventa metros. Houve uma fantástica troca de tiros, sem nenhum êxito alemão visível. Os tanques russos continuaram a avançar, e a nossa munição perfurante simplesmente batia neles e ricocheteava.[25]

Como era de esperar, logo os comandantes alemães começaram a falar em "terror de tanques" entre os soldados da Wehrmacht.[26] Mas, apesar desses medos, quase não houve interrupção do avanço do Eixo; o número de T-34 e de KV era pequeno demais para fazer muita diferença no campo de batalha, e poucos desses tanques disponíveis contavam com guarnições experientes, ou suficientemente bem treinadas, para explorar sua vantagem temporária.[27]

Alguns dos pontos fortes que ofereceram breve resistência estavam situados nas fortificações da Linha Molotov, como em Kunigiškiai, na Lituânia, ou Rava-Russkaya, perto de Lvov.[28] Um relatório de campanha alemão naquele verão registraria 68 casamatas, 460 embasamentos antitanque e 542 instalações de metralhadoras, a maioria com bunkers e entrincheiramentos antitanque.[29] Apesar de incompletas e invadidas, as defesas da Linha Molotov não eram, está claro, apenas tigres de papel. Exemplo similar, se bem que mais antiquado, era a fortaleza de Brest, a cidade onde os nazistas e os soviéticos tinham desfilado em conjunto para comemorar a conquista da Polônia em 1939. Construída em meados do século XIX pelos russos que então ocupavam a cidade, a fortaleza era uma construção formidável, por um tempo considerada inexpugnável. Espalhada na confluência do rio Bug e um tributário a oeste da cidade, formava um imenso complexo de casernas, revelins, fossos e casamatas, com muros de um metro e meio de espessura, e espaço para uma guarnição de até 12 mil soldados.

Ironicamente, o setor do front alemão que ficava de frente para Brest era comandando pelo general Heinz Guderian, que ali passou as tropas em revista com os soviéticos em setembro de 1939. "Eu já tinha capturado a fortaleza uma vez, durante a campanha polonesa", escreveu Guderian nas memórias que publicou depois da guerra. "Agora eu tinha que executar a mesma tarefa uma segunda vez, porém em circunstâncias mais difíceis." Segundo ele, "as fortificações de Brest estavam desatualizadas, mas [...] os [rios] e fossos cheios de água as tornavam imunes aos ataques de tanques".[30] Tamanha era a preocupação de Guderian com as fortificações que ele chegou a pedir que um corpo de infantaria fosse posto sob seu comando direto para o ataque crucial.

Os alemães atacaram a fortaleza na manhã de 22 de junho. Submetida a um cerrado bombardeio de artilharia desde o início, seguido de um avanço de infantaria e por fim de um assalto aéreo, sua guarnição de 7 mil soldados do Exército Vermelho combateu bravamente, com cerca de 2 mil soviéticos pagando com a vida, enquanto outros resistiram por uma semana, até sucumbirem em 29 de junho. Um oficial do Exército Vermelho, o major Pyotr Gavrilov, conseguiu até evitar a captura escondendo-se nas adegas da fortaleza, onde finalmente foi apreendido em 23 de julho, um mês após o lançamento da Barbarossa.[31] Notavelmente, sobreviveria à guerra.

Àquela altura, Guderian já se achava quatrocentos quilômetros a leste, passando perto de outro desconfortável lembrete da história recente. Em meados de julho, seu 2º Exército estava perto das cidades de Zhlobin e Rogachev, no leste da Bielorrússia, quando enfrentou um contra-ataque malsucedido do 25º Corpo Motorizado soviético, sob o comando do major-general Semyon Krivoshein, com quem Guderian tinha dividido um palanque em Brest em

1939.[32] Embora nenhum dos dois pareça ter se dado conta, o fato é que estavam provavelmente a poucos quilômetros de distância um do outro, no campo de batalha. É de imaginar que o convite feito anteriormente por Krivoshein a oficiais da Wehrmacht para "visitá-lo em Moscou" depois da derrota dos britânicos não estivesse mais de pé.

Na verdade, havia lembranças do Pacto Nazi-Soviético por toda parte. Tendo em mente a extensão das relações econômicas germano-soviéticas na fase inicial da Segunda Guerra Mundial, é inevitável que a conexão desempenhasse papel significativo na campanha Barbarossa. Como já vimos, por vezes se sugere, erroneamente, que suprimentos soviéticos representaram uma contribuição decisiva para a campanha alemã no oeste no verão de 1940; que os Panzers que corriam para a costa francesa perto de Abbeville "funcionavam com combustível soviético". Essa contenda, que não se aplica à ofensiva nazista de 1940, aplica-se, bem mais adequadamente, à de 1941: os tanques alemães que corriam para Minsk, ou que cercavam Kiev, *dependiam*, até certo ponto, do petróleo suprido pelos soviéticos — estatisticamente falando, um em cada oito deles, de fato, "funcionava com combustível soviético".[33]

A mesma dependência parcial ocorria em sentido contrário. Os T-34 e os pesados tanques KV que deram um susto momentâneo nos alemães no verão de 1941 tinham saído de linhas de produção instaladas, em grande parte, com maquinaria importada da Alemanha — tornos, guindastes, forjas e usinas. A recente cooperação era perceptível também em outros aspectos. Como disse um historiador economista usando uma expressão memorável:

Soldados alemães alimentados com grãos ucranianos, transportados por petróleo caucasiano e equipados com botas fabricadas com borracha despachada pela ferrovia Transiberiana, disparavam armas de aço reforçado com manganês da bacia do Donets contra seus antigos aliados. O Exército Vermelho revidava com peças de artilharia e aeronaves projetadas de acordo com especificações alemãs e produzidas por máquinas do vale do Ruhr e em fábricas que queimavam carvão do Sarre.[34]

Alguns reclamavam que a cooperação germano-soviética não tinha ido até onde deveria. O coronel-general da Força Aérea Vermelha Alexander Yakovlev observaria pesarosamente que os alemães tinham oferecido à sua delegação de compra o bombardeiro de mergulho Ju-87 Stuka durante uma de suas visitas à

Alemanha, mas a delegação recusou. "Por que jogar dinheiro fora?", disseram os delegados. "É lento, obsoleto." A avaliação de fato não estava errada — afinal, o Stuka tinha sido severamente mutilado pela RAF no verão anterior durante a Batalha da Grã-Bretanha —, mas, apesar disso, se revelara altamente eficaz numa situação de superioridade aérea, como no front oriental em 1941. Yakovlev não deixou de perceber a ironia: "Nos primeiros dias da guerra", lembrava-se, "aquelas máquinas 'lentas, obsoletas' nos causaram calamidades incalculáveis".[35]

Exemplo saliente da interconexão entre as máquinas militares soviética e alemã naquele verão brutal é o do ex-*Lützow*, o *Petropavlovsk*. Tendo definhado por mais de um ano nos estaleiros de Leningrado, o incompleto encouraçado alemão foi inevitavelmente obrigado a entrar em ação na batalha pela segunda maior cidade da União Soviética. Embora sem condições de navegar, a embarcação já tinha instalados quatro dos seus oito grandes canhões de 203 mm, e pôde portanto ser usada como bateria flutuante quando a Wehrmacht se aproximou da cidade no fim de agosto. E foi assim que em 7 de setembro o *Petropavlovsk* — construído por mão de obra alemã em Bremen — bombardeou tropas alemãs, disparando cerca de setecentos projéteis de fabricação alemã, cada um pesando 122 quilos. Dez dias depois, a artilharia alemã, por sua vez, determinou seu raio de alcance e atingiu o cruzador com 53 tiros, levando-o a embicar no porto de carvão.[36] Foi um fim apropriado para o navio que viera a simbolizar as tormentosas relações do Pacto Nazi-Soviético.

Tantos foram os êxitos alemães contra os soviéticos naquele verão que parecia confirmar-se a predição de Hitler de que "basta dar um chute na porta e toda a estrutura apodrecida virá abaixo".[37] De fato, nos primeiros dias da invasão alemã, o domínio soviético começou a mostrar-se claramente frágil, tanto no front como atrás das linhas. Nas regiões recém-anexadas pelos soviéticos, os moradores eram previsivelmente hostis. Nos três países bálticos, levantes populares contra o domínio soviético precediam a chegada dos alemães, saudados como libertadores, apesar de serem tão inimigos da ideia de independência nacional quanto os soviéticos.[38] Como contou uma testemunha estoniana:

De início as tropas alemãs foram saudadas com grande entusiasmo. Os horrores do regime vermelho tinham acabado. Muitos homens, especialmente aqueles cujos parentes tinham sido mortos ou deportados, tomaram a iniciativa de ingressar no Exército alemão. Queriam vingar-se dos comunistas.[39]

Na Letônia, enquanto isso, o moral entre as unidades incorporadas ao Exército Vermelho era previsivelmente baixo; as deserções se sucediam, e algumas unidades chegaram a virar suas armas contra seus antigos superiores.[40] A hostilidade ao Exército Vermelho não se limitava aos países bálticos. Como contou um dos soldados que lutavam na cidade de Lvov, era "mais fácil [os moradores] cuspirem na cara de um soldado soviético do que lhe ensinarem o caminho". Um general do Exército Vermelho passou por uma experiência parecida quando o carro do seu Estado-Maior quebrou perto de Kovel, no oeste da Ucrânia. Um grupo de uns vinte moradores se aproximou, escreveu ele, mas "ninguém disse nada, ninguém ofereceu ajuda". Eles apenas "riram maldosamente de nós".[41]

Mesmo bem atrás das linhas havia desassossego. Em Moscou verificou--se um impulso coletivo para comprar coisas, uma corrida aos bancos, e um impasse numa fábrica de alimentos degenerou em violento confronto. Apesar de alguns jovens mais entusiasmados se apresentarem voluntariamente para lutar, e de prevalecer uma atmosfera geral de patriotismo, uma genuína insatisfação, às vezes com velhos ressentimentos contra a coletivização, ou o terror, finalmente veio à tona.[42] Um moscovita alegou que ainda bem que a guerra tinha começado, pois a vida na União Soviética se tornara tão insuportável que, "quanto mais cedo tudo acabar, melhor". Outro disse que "pelo menos podemos respirar com liberdade. Hitler estará em Moscou dentro de três dias, e a intelligentsia conseguirá viver adequadamente".[43]

O pior para Stálin era que alguns, mesmo além das áreas fronteiriças, acolhiam ativamente os invasores. Como observou um oficial alemão perto de Vitebsk, na Bielorrússia:

Fiquei espantado ao perceber que não havia ódio entre [os moradores]. Mulheres saíam das casas segurando um ícone contra o peito, chorando: "Ainda somos cristãos. Livrem-nos de Stálin, que destruiu as nossas igrejas". Muitas ofereciam um ovo e um pedaço de pão seco, como "sinal de boas-vindas". Aos poucos começamos a sentir que de fato éramos vistos como libertadores.[44]

Ainda mais preocupante para Stálin era a aparente desintegração das forças soviéticas nos primeiros dias da campanha. Diante da força bruta da Blitzkrieg, o Exército Vermelho mergulhou num estado de desordem e confusão, com os soldados sobreviventes fugindo para leste ao lado de colunas de refugiados igualmente sem orientação. Em alguns casos, oficiais que tentavam conter o pânico e restaurar a ordem eram fuzilados pelas próprias tropas.[45] Um soldado falou da experiência que teve, como o bombardeio constante, o estrondo da batalha e as ordens que nunca chegavam. Ele finalmente decidiu abandonar o posto, e, levando um pequeno grupo de soldados, partiu a pé para o leste. "Não havia ninguém para nos ajudar com conselhos ou suprimentos", disse. "Nenhum dos soldados jamais tinha visto um mapa."[46] Caminhavam 48 horas sem fazer uma pausa.

Nem só os soldados rasos buscavam uma saída; o marechal Grigory Kulik também tentava escapar. Depois de sua intervenção farsesca na conferência do alto-comando no começo do ano, o corpulento cinquentão chegou ao front em 23 de junho, vestindo traje de voo de couro e usando óculos de proteção, para tentar reagrupar o que sobrara do 10º Exército. Entretanto, diante da ameaça de um desastre, ordenou aos soldados que seguissem o seu exemplo, livrando-se das fardas e dos documentos e adotando roupas de camponês. Após queimar o uniforme de marechal e o traje de voo, fugiu para o leste numa carroça puxada por cavalo.[47]

Mais uma vez, Kulik escaparia com vida. Mas, devido à escala do desastre que se desenrolava na fronteira ocidental, era preciso restaurar a disciplina o mais depressa possível. Uma maneira de conseguir isso foi a reintrodução, no fim de junho, das chamadas "unidades de fixação": tropas da NKVD incumbidas de impedir retiradas não autorizadas do front, com força extrema se necessário. Por causa do seu papel nos expurgos, a NKVD já era amplamente temida. Como contou um coronel do Exército Vermelho, a mera visão do casquete cor de centáurea-azul de um homem da NKVD bastava para transformar o mais empedernido soldado numa ruína nervosa e balbuciante, protestando inocência desesperadamente.[48] A NKVD recebeu então a tarefa de "encabeçar a luta contra desertores, covardes e alarmistas". Tinha autoridade para fuzilar suspeitos de forma sumária, e qualquer um atrás das linhas de frente que não conseguisse explicar direito sua presença ali se tornava automaticamente suspeito.

Dizem alguns relatos que Stálin também precisou fortalecer um pouco sua determinação. Apesar de ter manejado a primeira semana com vigor exemplar — trabalhando sem descanso para coordenar a desesperada resposta soviética —, na época da queda de Minsk, em 28 de junho, ele já estava aparentemente tão esgotado que não aguentava mais. Minsk, de fato, era tristemente simbólica. Não só era a capital da República Soviética da Bielorrússia e um importante centro urbano, mas também ficava a trezentos quilômetros da fronteira — o que demonstrava a escala do colapso do Exército Vermelho — e na tradicional "Estrada de Moscou", a menos de setecentos quilômetros da capital. Se continuassem avançando naquele ritmo, as tropas de Hitler estariam em Moscou em duas semanas.

Como era de esperar, a compreensão desse fato parece ter abalado por um momento a confiança de Stálin. Na noite de 28 de junho, quando recebeu a notícia da queda de Minsk, consta que Stálin ficou furioso, saindo bruscamente da sala quando exigiu as últimas notícias do front e só obteve como resposta ombros encolhidos. Na mesma noite, segundo Zhukov, Stálin esteve duas vezes no Comissariado de Defesa, onde reagiu com violência às más notícias, provocando uma improvável disputa entre ele, Timoshenko, Zhukov e Beria, com este último ameaçando uma intervenção da NKVD para restaurar o espírito marcial do Exército.[49] Incapaz de conter a fúria, Stálin gritou para Zhukov: "Para que serve o Estado-Maior Geral? Para que serve o chefe do Estado-Maior, se nos primeiros dias da guerra perde a cabeça, não se comunica com suas forças, não representa ninguém e não comanda ninguém?".[50] Depois disso, um clima de resignação tomou conta do Politburo, com muitos, incluindo Stálin, "bastante deprimidos" pelo que acontecera naquela noite. Mais tarde, ao sair do Comissariado de Defesa, Stálin deu vazão aos seus medos mais obscuros. "Tudo perdido", disse. "Desisto. Lênin fundou o nosso país e nós acabamos com ele." Dizem que foi praguejando até chegar a sua dacha em Kuntsevo.[51]

A suspeita de que Stálin teve uma espécie de colapso nervoso nas primeiras semanas da guerra tem se mostrado notavelmente persistente. Surgiu pela primeira vez com Khruschóv e seu "Discurso Secreto" de 1956 — parte de uma tentativa bem-sucedida de desacreditar o outrora venerado ditador — e desde então é repetida, regurgitada e adornada por biógrafos e comentaristas. Algumas publicações ainda afirmam, confiantemente, que Stálin esteve ausente por dez dias, durante os quais a União Soviética ficou, para todos os efeitos, "acéfala".[52] Essa ideia já não é levada a sério. Uma análise do livro de visitantes do gabinete de Stálin no Kremlin, por exemplo, demonstrou que não houve nenhum intervalo nos compromissos daquela primeira semana, com Stálin ausente do Kremlin apenas dois dias — 29 e 30 de junho —, período em que presidiu reuniões fora dali. Fosse em sua dacha, no Comissariado de Defesa ou no Kremlin, Stálin praticamente não parou.[53]

Mas a imagem de Stálin ranzinza, com a barba por fazer, em sua dacha, visitado por uma camarilha de acovardados funcionários do Politburo, que lhe pediram que reassumisse suas obrigações, não deixa de ser altamente sedutora. Na sua forma mais elaborada, a história menciona Molotov, Mikoyan, Beria e Voroshilov entrando na casa, onde encontram Stálin "mais magro [...] desfigurado [...] pessimista" e "petrificado" quando os viu. Segundo uma versão, o ditador divagou sobre Lênin. "Se ele nos visse agora", dizia, lamentando-se do destino "daqueles a quem confiara os rumos do seu país". Alegava-se também que ele recebera uma "avalanche de cartas" de cidadãos soviéticos comuns "repreendendo-nos com razão". Finalmente, segundo consta, Stálin fez uma pergunta cautelosa e desconfiada aos seus acólitos: "O que vieram fazer aqui?", como se o próprio Stálin estivesse com medo de ser expurgado.[54]

Embora o episódio seja, com toda a probabilidade, uma invenção do pós-guerra, é uma narrativa que não deixa de ter certa lógica. Uma das razões é que Stálin havia assinado sentenças de morte demais para ignorar o fim reservado àqueles que eram vistos como fracassados, transgressores ou fora da linha. Além disso, ele tinha todos os motivos do mundo para se entregar a um momento de genuína introspecção do tipo mea-culpa. Afinal, havia sido ele um dos principais proponentes da formulação política que resultou no Pacto Nazi-Soviético, participando pessoalmente das negociações com Ribbentrop; mais do que qualquer outra política soviética, talvez, a da reaproximação com a Alemanha levava o imprimátur de Stálin. Além disso, quando essas relações começaram a azedar, foi Stálin quem fechou os ouvidos às Cassandras que profetizavam um iminente ataque alemão; e, pior ainda, foi Stálin que se recusou a reforçar as defesas soviéticas do Exército Vermelho a oeste, deixando a "Estrada de Moscou" insuficientemente protegida.

Apesar de hoje podermos rejeitar a ideia mais improvável de um tristonho Stálin passando dias *hors de combat* em sua dacha, a sugestão de que talvez tenha sofrido um período de incerteza e reflexão ainda é muito persuasiva. A queda de Minsk simbolizava o desastre mais amplo não só para a URSS, mas para Stálin pessoalmente. Talvez tenha sido a pior crise que ele enfrentou na vida, o momento em que seus erros de julgamento ganharam nítido relevo.

Só um ditador com a sua brutal determinação, e com o poder absoluto que arrogara para si, conseguiria sobreviver a ela.

Seja qual for a verdade sobre o episódio da dacha, Stálin reapareceu no Kremlin em 1º de julho. Naquele mesmo dia, foi designado presidente do Comitê Estatal de Defesa, diretamente responsável por conduzir a guerra com a Alemanha. Dois dias depois, falou ao povo soviético, por rádio, pela primeira vez desde o ataque alemão. "Camaradas! Cidadãos! Irmãos e irmãs!", começou ele, titubeando, mas com incaracterística efusão. "Soldados do nosso Exército e da nossa Marinha! É convosco que estou falando, amigos!" O que veio em seguida foi, essencialmente, uma convocação às armas, um apelo a todos os povos soviéticos para que "se levantem em defesa da nossa terra natal" e mostrem "uma bravura sem precedentes" no combate contra "seu inimigo mais malicioso e pérfido — o fascismo alemão". Lembrou-lhes que não havia "exércitos invencíveis e nunca houve", e previu, exagerando um pouco a história, que a Wehrmacht de Hitler "será esmagada, como o foram os exércitos de Napoleão e Wilhelm".

Naturalmente talvez, junto com esse vibrante grito de guerra, Stálin se sentiu obrigado a oferecer uma defesa de sua política anterior de conluio com a Alemanha. "Talvez se perguntem", disse ele, "como pôde o governo soviético consentir na conclusão de um Pacto de Não Agressão com demônios traiçoeiros como Hitler e Ribbentrop?" Não tinha sido um erro, respondeu ele piedosamente; nenhum "país amante da paz" poderia rejeitar um tratado com um vizinho. A rigor, a União Soviética tinha conseguido uma "vantagem definitiva" com o pacto, alegou Stálin, ao garantir a "paz durante um ano e meio e a oportunidade de preparar suas forças para repelir a Alemanha fascista se ela se atrevesse a atacar".[55]

Além desses floreios retóricos, Stálin precisava de um bode expiatório para o fiasco da primeira semana de guerra, e encontrou um na pessoa do general Dmítri Pavlov, comandante do front ocidental. Pavlov evidentemente tinha sido atropelado pelos acontecimentos, tolhido de um lado pela rapidez do avanço alemão e do outro pela desintegração de suas próprias forças. Cada vez mais os subordinados tinham a impressão de que ele baixava ordens irrealistas, tentando justificar a própria existência, para "mostrar a Moscou que alguma coisa estava sendo feita".[56] Mas, pelo fim de junho, com Minsk subjugada, Pavlov tinha perdido a maior parte de suas forças — incluindo vinte divisões, num total de 400 mil soldados, aprisionados pelos alemães em apenas uma vasta batalha de envolvimento. Preso e levado para Moscou, juntamente com a maioria do Estado-Maior e dos subordinados, foi acusado de "espalhar o pânico", "negligência no cumprimento do dever" e "covardia", e marcado para execução.[57] Mas Pavlov se recusou a desaparecer em silêncio, repudiando sua confissão e, numa censura final a Stálin, deixou claro a quem achava que o desastre deveria ser atribuído. "Estamos aqui no banco dos réus", disse, "não por termos cometido crimes em tempo de guerra, mas por termos nos preparado inadequadamente para a guerra em tempo de paz."[58] E um dos mais talentosos generais do Exército Vermelho foi morto com um tiro na cabeça, o corpo desovado num aterro municipal.

Ações como essa não eram particularmente incomuns. De fato, é bastante revelador que a pessoa que Stálin viu com mais frequência durante as primeiras semanas de guerra fosse Lavrenti Beria, o chefe da NKVD.[59] Como Pavlov, numerosos outros comandantes foram acusados de traição e obrigados a pagar pessoalmente pelos fracassos do Exército Vermelho, incluindo o tenente-general Aleksandr Korobkov, comandante do 4º Exército, e o major-general Stepan Oborin, comandante do 14º Corpo de Exército Motorizado. As prisões eram arbitrárias, arranjadas mais ou menos por cota, como tinha sido o caso durante o Grande Expurgo. A ordem de Stálin determinava apenas que um comandante do front, um chefe de Estado-Maior, um chefe de comunicações, um chefe de artilharia e um comandante do Exército fossem presos e acusados; qualquer transgressão ou delito específico era irrelevante. O infeliz Korobkov, por exemplo, não tinha se saído pior do que os colegas, mas foi um comandante do Exército que pôde ser encontrado no dia em que a ordem foi baixada.[60] Além disso, mais cerca de trezentos comandantes do Exército Vermelho seriam executados no fim do ano, à medida que as forças alemãs se aproximavam de Moscou, *pour encourager les autres*.

Levando em conta esse nível de brutalidade contra os próprios generais, não se deveria esperar que Stálin demonstrasse alguma compaixão com seus adversários políticos. No dia seguinte à invasão alemã, o vice de Beria, Vsevolod Merkulov, instruiu seus subordinados nas áreas ameaçadas pela invasão a verificar os prisioneiros e "compilar listas daqueles que julguem necessário fuzilar".[61] A instrução foi explicada no dia seguinte por Beria, que ordenou que todos os prisioneiros culpados ou mesmo acusados de atividades contrarrevolucionárias, sabotagem, diversionismo ou atividades antissoviéticas fossem executados.[62] Os carcereiros da NKVD não precisavam que ninguém lhes dissesse isso duas vezes. Apesar de criminosos comuns às vezes serem soltos, e outros serem evacuados com êxito para o interior soviético, o caos iminente do ataque alemão tornava a evacuação uma maneira perigosa e pouco confiável de lidar com os inimigos políticos de Moscou — argumento que tinha sido sombriamente demonstrado pelo infeliz destino de duas levas da última deportação em massa dos países bálticos, que simplesmente desapareceram no caos da Blitzkrieg.[63] Pelo menos do ponto de vista da NKVD, a opção mais responsável para os prisioneiros remanescentes era a execução.

Consequentemente, em incontáveis locais, os alemães deparavam com provas de assassinatos e massacres de pessoas que a NKVD, ao sair, não quis levar nem pôde se dar ao luxo de deixar para trás. Em Tartu, na Estônia, por exemplo, cerca de duzentos prisioneiros políticos foram fuzilados e jogados no pátio da prisão e num poço dos arredores.[64] Em Rainiai, no oeste da Lituânia, cerca de oitenta prisioneiros foram levados para uma floresta em 24 de junho, torturados, abusados e finalmente executados. As vítimas ficaram tão mutiladas que mais da metade não pôde ser identificada.[65] Em Chişinău, anteriormente na Bessarábia, descobriu-se que o jardim do antigo quartel-general da NKVD continha os cadáveres de cerca de 85 prisioneiros, todos com mãos e pés amarrados e um tiro na nuca.[66]

Estima-se que nas antigas regiões ocidentais polonesas anexadas por Stálin em 1939 havia pelo menos 40 mil prisioneiros — poloneses, ucranianos, bielorrussos e judeus — confinados em prisões superlotadas da NKVD em junho de 1941. Como em outras partes, alguns foram soltos, outros evacuados, mas metade não sobreviveria.[67] Os maiores massacres ocorreram em Lvov, onde aproximadamente 3500 prisioneiros foram mortos em três prisões, e em Lutsk (antiga Łuck polonesa), onde 2 mil foram assassinados. Mas em quase todas as prisões ou postos avançados da NKVD houve ações parecidas — de Sambor (seiscentos mortos) a Czortkov (Czortków) (890), de Tarnopol (574) a Dubno (550). Na maioria dos casos, os métodos empregados eram similares: prisioneiros eram levados para o pátio da prisão, em grupos de mais ou menos quarenta, e metralhados. Onde não havia tempo, soldados da NKVD matavam nas celas, disparando através de portinhola de observação, ou simplesmente jogando granadas de mão e trancando as portas. Os sobreviventes eram espetados à baioneta ou mortos a pancadas.[68] Como contou uma testemunha da matança em Lutsk: "Sangue escorria em rios e pedaços de corpos voavam pelo ar".[69]

O total dos executados pela NKVD na esteira da invasão alemã não está bem definido, mas alguns números estimados podem ser sugeridos. Na Letônia, por exemplo, mais de 1300 corpos seriam posteriormente desenterrados nos terrenos das prisões da NKVD e em outros locais, e mais 12 mil indivíduos foram dados como desaparecidos.[70] Para a Lituânia, sugeriu-se que cerca de mil pessoas foram assassinadas pela NKVD em junho de 1941.[71] Já para a Estônia estimou-se que 2 mil civis foram mortos pela NKVD ou morreram nos combates com o Exército Vermelho em retirada.[72] Uma análise de dados soviéticos recentes chega a um total de 8700 poloneses executados pela NKVD em junho de 1941, apesar de outras investigações sugerirem um número três vezes maior.[73] Traçar um caminho entre a hipérbole e a negação não é fácil, mas é bom ter em mente que em muitos casos não há nenhuma referência nos registros oficiais soviéticos aos mortos daquele período. Levando em conta que um respeitado historiador citou um total de 100 mil prisioneiros executados pela NKVD só no antigo leste da Polônia, é legítimo supor um número total significativamente maior para todas as zonas fronteiriças soviéticas.[74]

Assim como a NKVD tinha eliminado aqueles que identificava como uma classe inimiga, a SS e seus aliados exterminavam aqueles que julgavam uma raça inimiga. A rigor, na primeira fase da invasão, pode ter havido uma ligação entre os dois processos. Embora a SS e os *Einsatzgruppen* de Hitler tivessem seus próprios desígnios genocidas quando atravessaram a fronteira germano--soviética, em alguns poucos lugares o sentimento antissoviético era tão intenso que eles tiveram pouca dificuldade em inspirar paramilitares locais a serem os primeiros a selecionar como alvo aqueles que eram tidos como responsáveis — as populações judaicas.

Um dos exemplos mais infames foi a "Chacina da Garagem Lietukis", em Kaunas, Lituânia, ocorrida em 27 de junho de 1941. Uma testemunha alemã lembrava-se de ter deparado com uma multidão "dando vivas e batendo palmas [...] mães erguendo os filhos para que pudessem enxergar melhor", por isso decidiu abrir caminho para ver o que era. O que o homem viu foi "provavelmente o acontecimento mais medonho a que eu tinha assistido no decorrer de duas guerras mundiais". Um dos moradores — apelidado de "Agente da

Morte" — aplicava a lei das ruas àqueles que eram tidos como "traidores e colaboradores":

No pátio de concreto do posto de gasolina, um homem louro de estatura média, com cerca de 25 anos, apoiava-se a um porrete de madeira, descansando. O porrete era grosso como seu braço e chegava à altura do seu peito. A seus pés estendiam-se quinze ou vinte pessoas mortas ou moribundas. Água jorrava de uma mangueira para lavar o sangue e jogá-lo na sarjeta. Poucos passos atrás do homem cerca de outros vinte homens, guardados por civis armados, esperavam num silêncio submisso o momento de serem cruelmente executados. Em resposta a um ligeiro aceno, o primeiro da fila adiantava-se em silêncio e era morto a porretadas da maneira mais animalesca, com cada golpe acompanhado por gritos entusiásticos da plateia.[75]

Outro alemão que assistiu aos acontecimentos daquele dia ficou espantado com o comportamento da multidão, incluindo mulheres e crianças, que aplaudia a cada vez que o homem golpeava suas vítimas indefesas. Quando acabou, lembrava-se ele, o "Agente da Morte" depôs o porrete, pegou um acordeão e tocou o hino nacional lituano.[76]

Só na Lituânia, acredita-se que 2500 judeus foram assassinados pelos vizinhos em pogroms igualmente sangrentos nas primeiras semanas da guerra germano-soviética.[77] No leste da Polônia, em pelo menos trinta cidades houve pogroms contra os moradores judeus, logo que os soviéticos partiram.[78] Em muitos casos, o antissemitismo e o sentimento antissoviético se fundiam, e infelizes vítimas judias eram obrigadas a cantar canções do Exército Vermelho ou hinos a Stálin como parte de sua humilhação pública. Em Kolomyia (antiga Kołomyja polonesa), judeus foram detidos e obrigados a derrubar uma estátua de Stálin erguida no centro da cidade em 1939.[79] Um exemplo particularmente macabro do tratamento dispensado às populações judaicas locais ocorreu em Boryslav, anteriormente a polonesa Borysław, no sudeste do país, onde o comandante alemão recém-chegado deu aos moradores 24 horas "para se vingarem". Nos horrores subsequentes, judeus foram reunidos por uma milícia e obrigados a exumar e limpar os cadáveres dos poloneses e ucranianos assassinados pela NKVD e sepultados em terrenos das prisões. Como contou uma testemunha:

Vi-me no meio de um imenso pátio. Havia corpos por toda parte. Estavam terrivelmente deformados e os rostos eram irreconhecíveis. O lugar cheirava a sangue velho e a carne podre. Ao lado dos cadáveres, estavam homens judeus, com panos molhados nas mãos, para limpar o sangue [...]. Limpavam bem os corpos deteriorados. Só os olhos eram febris — enlouquecidos de medo.[80]

Concluída a sinistra tarefa, os infelizes judeus foram fuzilados ou mortos a pancadas pela turba, seus corpos atirados nas valas comuns de onde recentemente tinham exumado outros. Calcula-se que 250 pessoas foram mortas em Boryslav naquele dia, antes que as autoridades alemãs dessem um basta na matança. Provavelmente jamais se saberá quantos morreram em outros lugares em atrocidades parecidas.

Essas ações hediondas eram, em parte, a forma encontrada por uma minoria dos moradores para conquistar a simpatia dos novos ocupantes, atitude descrita acertadamente como "obediência preventiva".[81] Já se argumentou, razoavelmente, que esses horrores não foram tão espontâneos como podem ter parecido, e que os recém-chegados comandantes da SS procuravam ativamente incentivar pogroms e massacres, mas, pelo menos no início, preferiam permitir que unidades auxiliares locais fizessem o trabalho sujo. Como observou o comandante do *Einsatzgruppe* A, Walter Stahlecker:

As tentativas autolimpantes por parte de elementos anticomunistas ou antissemitas nas áreas a serem ocupadas não devem ser estorvadas. Pelo contrário, devem ser incentivadas, mas sem deixar traços, para que os "justiceiros" locais não venham dizer depois que receberam ordens ou concessões políticas.[82]

Mas esses fatores por si não explicam as atrocidades, porque não levam em conta a influência do ódio arraigado que muitas pessoas, nos países bálticos e outras partes, sentiam contra a NKVD e a União Soviética. A maioria do pessoal da NKVD, dos funcionários administrativos soviéticos e até dos membros do Partido Comunista já tinha fugido, claro, mas a associação que costumava ser feita entre o comunismo soviético e os judeus significava que as populações judaicas locais é que seriam mais castigadas pela ira popular.

Enquanto invadiam a União Soviética, os nazistas empenhavam-se em propagar essa combinação de judeus e comunismo. Não fazia a menor diferença, claro, que a conexão fosse um mito. Apesar de alguns judeus da região terem, de fato, recebido de braços abertos o Exército Vermelho, coletivamente eles quase não se beneficiaram da anexação à União Soviética, e sofreram desproporcionalmente nas levas de prisões e deportações resultantes. Na Letônia, por exemplo, os judeus eram apenas 5% da população total, mas representaram pelo menos 12% dos habitantes deportados pelos soviéticos em 1941.[83] Apesar disso, uma ideologia retorcida e a culpa por associação exigiam que pagassem por crimes soviéticos.

Em muitos lugares, os novos ocupantes procuraram deliberadamente fazer a ligação, responsabilizando os judeus pelas matanças da NKVD, forçando judeus a exumarem as vítimas da NKVD, e concentrando o foco das campanhas de recrutamento para as unidades auxiliares locais entre aqueles que tiveram parentes mortos ou deportados pelos soviéticos.[84] Mas os nazistas podem muito bem ter percebido que, até certo ponto, estavam tentando arrombar uma porta aberta. O "Agente da Morte", por exemplo, embora não identificado, teria, segundo testemunhas, perdido os pais nas mãos de um esquadrão da morte da NKVD dois dias antes.[85] Na vizinha Letônia, um policial contou como foi uma exumação pública organizada pelos alemães:

O dia estava quente, os cadáveres enterrados havia pelo menos uma semana exalavam um fedor intolerável. Nunca vi horror igual antes ou depois; vomitei por causa do cheiro e da cena. O objetivo daquele espetáculo era provocar o ódio contra os comunistas, incentivo de que nós, letões, na verdade não precisávamos.[86]

A Letônia praticamente não tinha história de antissemitismo antes do trauma de 1939-41; na verdade, fora até mesmo destino de judeus que fugiam do Terceiro Reich, incluindo o erudito russo Simon Dubnow. Mas em 1941 e depois disso, o país se tornou palco — como seus vizinhos bálticos — de algumas das mais medonhas atrocidades, nas quais unidades locais, como o infame Arajs Kommando, desempenhariam papel significativo. Parece claro que a ocupação soviética, com seus informantes, colaboradores, suas denúncias e perseguições, tinha envenenado de tal maneira relações comunitárias já frágeis que, mesmo sem o incentivo dos nazistas, algum tipo de sangrento acerto de contas era quase inevitável. Nesse sentido, o exemplo da Estônia é instrutivo. Ali a pequena população judaica remanescente em 1941, de pouco menos de mil, foi rapidamente exterminada quando os alemães chegaram. Mas cerca de 5 mil estonianos não judeus também foram assassinados pelo "Comitê de Autodefesa" local, por suposta colaboração com o regime soviético.[87] Em alguns lugares pelo menos, o sentimento antissoviético foi claramente um motivador tão grande dos horrores daquele verão quanto o antissemitismo.

Apesar de a Barbarossa ter transformado grandes faixas da Europa Oriental numa visão dos mais baixos círculos do inferno, na Alemanha ela ensejou a volta de alguma coisa parecida com normalidade. Talvez fosse compreensível que Hitler e Goebbels ficassem aliviados com o início da guerra contra a União Soviética de Stálin, mas estranhamente esse sentimento parece ter sido compartilhado por muitos alemães comuns, pelo visto já cansados das maquinações políticas e da opressiva atmosfera impregnada de boatos. Como explicou o correspondente da rádio CBS em Berlim, Henry Flannery:

A guerra contra a Rússia foi a primeira campanha popular a ser lançada. Nenhum alemão tinha conseguido entender a razão de assinar um tratado com os soviéticos, que tinham sido o principal alvo de denúncias desde 1939. Agora tinham uma sensação de alívio, um sentimento de compreensão final. Ouço suas conversas nas bancas de jornal e no metrô. Converso com muitos deles. Pela primeira vez, estão animados com a guerra. "Agora", dizem, "estamos lutando contra o nosso verdadeiro inimigo."[88]

Victor Klemperer, que mantinha um diário, teria concordado. Andando por Dresden na noite de 22 de junho, ele notou a "animação generalizada" e o "clima triunfante" do povo. "Estão dançando na Alfândega", escreveu ele. "Rostos alegres por toda parte. Uma nova diversão, a perspectiva de novas sensações, a guerra russa é fonte de um novo orgulho para as pessoas, os resmungos de ontem já foram esquecidos."[89]

Por trás dessa fachada, claro, havia preocupações. Muitos ficaram simplesmente chocados com a notícia, em particular aqueles que tinham acreditado nos boatos da semana anterior de que Stálin estaria a caminho de Berlim para conversar. "Sabíamos que ia acontecer", escreveu a berlinense Missie Vassiltchikov em seu diário. "Apesar disso, estamos estupefatos."[90] Outros sentiam obscuros temores sobre a escala dessa nova aventura. Um berlinense comentou com tristeza que "a Rússia nunca foi adequada para guerras-relâmpagos", acrescentando: "De que serve estarmos nos Urais? Eles continuarão lutando para lá dos Urais. Não, esse é um bocado que não dá para nós mastigarmos".[91] Até mesmo a filha de doze anos de Himmler, Gudrun, falou em tom pessimista. Escrevendo para o pai em 22 de junho, ralhou: "É terrível estarmos em guerra com a Rússia — eles são nossos aliados [...]. Além disso a Rússia é tão enorme, se tomarmos a Rússia inteira a batalha vai ser muito difícil".[92]

Fora essas preocupações, entretanto, havia um senso de que tudo continuava como antes. A Final da Copa da Alemanha, por exemplo, programada para a tarde de 22 de junho em Berlim, seguiu adiante como planejado, com o apresentador no estádio fazendo apenas uma brevíssima menção à luta titânica travada setecentos quilômetros a leste. O meia Leopold Gernhardt, do Rapid de Viena, contaria que nenhum jogador deu muita atenção à Barbarossa naquele dia, pois todos estavam concentrados demais na partida.[93] Os espectadores aturdidos com acontecimentos fora dali pelo menos puderam assistir a um clássico, com o Rapid saindo de uma posição ruim para derrotar o Schalke por 4 a 3.

Para muitos alemães, portanto, não houve a sensação na época de que a invasão da União Soviética tivesse algum significado transcendente, marcando a travessia do Rubicão. Embora quase todos conhecessem certamente alguém envolvido na invasão — irmão, filho, pai ou vizinho —, já aceitavam a guerra como um sangrento pano de fundo contra o qual a vida diária tinha que ser vivida. Por isso a invasão da URSS de Stálin foi apenas mais um ato do drama que se desenrolava. Na verdade, como Ruth Andreas-Friedrich anotou em seu diário, havia um claro senso de continuidade: "Nossa propaganda pode recomeçar de onde parou tão repentinamente em setembro de 1939", escreveu ela, de maneira sarcástica. "Uni-vos contra o bolchevismo! Protegei a Europa da ameaça soviética!"[94]

Enquanto isso, os comunistas da Alemanha experimentaram uma grande sensação de alívio. A Barbarossa pôs termo às ginásticas ideológicas que foram obrigados a fazer por tanto tempo e à suspensão de suas atividades. Com a invasão nazista do bastião da revolução proletária, eles podiam novamente tomar partido em defesa de Stálin e do comunismo mundial, como era seu dever. Para tanto, células adormecidas no país inteiro seriam revitalizadas e agitadores havia muito silenciosos voltariam a entrar na luta. A "guerra imperialista" travada pela Grã-Bretanha e pela França foi transformada, da noite para o dia, numa cruzada moral contra a "agressão fascista". Naquele verão, o Partido Comunista Alemão (KPD) começou a publicar seus *Informationsdienst*, ou "Serviço de Informações", fornecendo dicas sobre como atrapalhar o esforço de guerra nazista, e os muros das grandes cidades logo estariam desfigurados por slogans rabiscados e toscos cartazes impressos à mão. Só em julho de 1941, o número de folhetos ilegais do KPD apreendidos pela Gestapo na Alemanha subiu para quase 4 mil, dez vezes mais do que no mês anterior.[95] A trégua não oficial observada pelos comunistas internos da Alemanha tinha chegado ao fim. Finalmente voltaram a participar da batalha.

Mas, para seus colegas na capital soviética, as mudanças vividas com o início da guerra foram um pouco mais sutis. A vasta maioria do povo soviético recebeu a notícia da guerra com uma profunda sensação de choque; alguns com lágrimas e incredulidade, outros com uma onda de fervor ideológico ou patriótico. Houve também, como era inevitável, uma boa dose de ira contra os alemães, acusados pelos moscovitas comuns de terem traído cruelmente Stálin e perdido a fé no pacto. Outros acusaram o próprio pacto: "Quem foi que acreditou em Hitler, esse Herodes?", alguém perguntou.[96] Mas alguns só faltaram mesmo acusar o povo alemão coletivamente. Molotov dera uma pista em seu discurso, no qual tinha declarado que a guerra "não nos foi infligida pelo povo alemão [...] mas pelos sanguinários líderes da Alemanha", e esse sentimento encontrou eco imediatamente, talvez devido à influência de dois anos de propaganda positiva sobre os parceiros de Moscou no pacto. Para alguns, a ideia dos soldados alemães comuns como inimigos mortais era difícil de compreender. "De que é mesmo que estamos com medo?", perguntou um homem ao seu vizinho. "Os alemães são pessoas civilizadas."[97] Era um sentimento que não duraria muito.

A paranoia, sempre presente na União Soviética de Stálin, naturalmente aumentou. Enquanto pessoas presas nas drásticas medidas de repressão de Beria na capital eram transportadas para prisões da NKVD a fim de serem interrogadas, abria-se espaço para elas despachando o mesmo número de presos existentes para o destino incerto de trabalhos forçados no gulag. Os recém-chegados a Moscou notavam logo o nervosismo. Integrantes da missão militar britânica, que desembarcaram na capital trajando seus uniformes pouco conhecidos, foram logo confrontados por uma multidão irada quando alguém sugeriu que talvez fossem "paraquedistas". Falar qualquer língua que não fosse o russo despertava suspeitas imediatas, como contou um jornalista estrangeiro. Outro estrangeiro ficou horrorizado ao receber ordem de uma miliciana para apagar o cigarro: ela evidentemente suspeitou que ele estivesse usando o cigarro aceso para fazer sinal a aeronaves alemãs.[98]

Outras mudanças foram mais profundas. Além de um aumento por reflexo do patriotismo russo e de uma pertinaz convicção de que a Mãe Rússia prevaleceria, muitos eram movidos por um genuíno apego a Stálin. É verdade que o "culto a Stálin" tinha sido bastante superficial, e quase sempre tingido de medo, por causa dos expurgos, mas agora, com a invasão alemã, o povo soviético havia descoberto que tinha um líder a quem recorrer. Enquanto o discurso de Molotov no início da guerra tinha sido desinteressante, o de Stálin foi muito mais tranquilizador, infundindo a um povo amedrontado e aturdido esperança, direção e a perspectiva, por mais remota que fosse, de uma vitória final. Segundo o jornalista Alexander Werth, foi um "grande discurso do tipo componham-se, um discurso do tipo sangue, suor e lágrimas", com os discursos de Churchill no tempo da guerra "como único termo de comparação".[99] O "Pai dos Povos", havia tanto tempo prometido pela propaganda soviética, parecia ter finalmente surgido.

Para Churchill, que fumava um charuto comemorativo em Chequers na manhã da invasão, a Operação Barbarossa representava um desafio bem diferente. Com as atenções de Hitler voltadas para outra parte, claro, o ataque sem dúvida dava à Grã-Bretanha espaço vital para respirar, como notou o general Alan Brooke:

> Enquanto os alemães estivessem ocupados com a invasão da Rússia, não havia possibilidade de uma invasão dessas ilhas. Agora dependia de quanto tempo a Rússia aguentaria e que resistência seria capaz de opor [...] [mas] seguramente parecia que a Alemanha não poderia lançar uma invasão da Inglaterra até outubro, e então o mau tempo e o inverno desaconselhariam essa iniciativa. Tudo indicava, portanto, que estaríamos a salvo de uma invasão em 1941.[100]

Mas, fora isso, a Barbarossa representava uma espécie de dilema, particularmente no que dizia respeito a articular uma resposta da Grã-Bretanha. De acordo com o membro do Parlamento Harold Nicolson, o recebimento da notícia da invasão foi ambíguo. "A maioria das pessoas na Inglaterra ficará muito satisfeita", escreveu ele em seu diário, sugerindo que o acréscimo de um novo aliado era sempre bem-vindo. Mas havia reservas também. "Terá um efeito negativo nos Estados Unidos", observou ele, "onde muita gente influente não gosta de ser vista como aliada do bolchevismo, [e] terá um efeito negativo na opinião conservadora e católica aqui."[101] Havia outras ressalvas. Alguns achavam bastante poético o fato de que, depois de um longo período do que Churchill chamou de "parecerem preocupados apenas com eles mesmos", os soviéticos agora pedissem ansiosamente ajuda ao mundo capitalista. Como observou de forma acerba o secretário do Exterior Anthony Eden, o grande medo de Moscou agora era "que fiquemos assistindo passivamente a sua luta de vida ou morte, como eles assistiram à nossa".[102]

O que era pior, muitos não achavam que a União Soviética fosse capaz de resistir a Hitler por muito tempo. Nicolson calculou que os soviéticos eram "tão incompetentes e egoístas que serão derrubados com um simples toque". O general Brooke, mais comedido na sua suposição, disse que aguentariam "três ou quatro meses, talvez um pouquinho mais".[103] Notavelmente, a opinião deste último era bastante otimista pelos padrões do establishment militar britânico. Uma avaliação dos chefes de Estado-Maior feita em meados de junho, por exemplo, concluiu que o Exército Vermelho padecia de "falhas inerentes" e de equipamento obsoleto, e tinha baixo valor ofensivo. Com essas deficiências em mente, e o desempenho medíocre do Exército Vermelho na Guerra de Inverno contra a Finlândia, previa-se um rápido colapso, com Moscou e a Ucrânia caindo em poder dos alemães dentro de apenas seis semanas.[104]

Na Grã-Bretanha, muitos ainda nutriam uma desconfiança fundamental acerca da URSS. Os esforços de sir Stafford Cripps para chegar a algum acordo com Moscou tinham naufragado — tanto por incompetência britânica como por intransigência soviética —, mas, além disso, o governo e círculos militares britânicos continuavam profundamente desconfiados dos motivos de Stálin, e alguns continuavam achando que a URSS era mais um inimigo em potencial do que um aliado em potencial. O fato de os soviéticos terem invadido e anexado o leste da Polônia e os países bálticos não foi esquecido, nem a Guerra de

Inverno com os valorosos finlandeses, ou o mais recente fiasco da tentativa de alertar Moscou sobre as intenções agressivas de Hitler. Na véspera da invasão, Churchill, já conhecido por seus pitorescos epítetos sobre a URSS, cunharia outra expressão, resumindo a ambivalente atitude britânica com grande destreza. A Rússia, disse ele, era como um "formidável crocodilo":

Se um crocodilo encosta num dos lados do nosso barco e ajuda a equilibrá-lo, ótimo. Mas com a Rússia nunca se sabe. Você dá um bom chute no crocodilo e ele pode ser amável. Você lhe dá uma palmadinha e ele pode arrancar um pedaço da sua perna. Tentamos os dois métodos, e não ganhamos nada.[105]

Assim, Churchill tinha de fazer um delicado ato de malabarismo. De um lado, precisava ter cuidado para não alienar elementos da direita britânica que detestavam a ideia de qualquer associação com o comunismo e, de outro, conter os elementos da esquerda que suspiravam por uma aliança plena com Stálin. Além disso, ele queria dar aos soviéticos incentivo para continuarem lutando, pois sabia que cada mês de combates no front oriental daria à Grã-Bretanha uma vital suspensão de execução. Acima de tudo, talvez, devia levar em conta os americanos, cuja aliança tinha para ele um valor muito mais alto do que a de Stálin, mas cujo público e cujos políticos provavelmente resistiriam a qualquer compromisso vinculativo com a URSS.

Em seu próprio relato sobre os acontecimentos da manhã de 22 de junho, Churchill deu a entender que reagiu à notícia da invasão de forma mais ou menos espontânea. "Passei o dia compondo minha declaração", escreveu. "Não houve tempo para consultar o Gabinete de Guerra, nem era necessário." Mas essa impressão de espontaneidade deve ser descontada. Churchill tinha discutido exaustivamente a posição britânica nos dias precedentes, com a ajuda vital de Cripps, para que pudesse navegar o traiçoeiro curso entre todos os interesses conflitantes. O resultado foi um glorioso exemplo de retórica churchilliana.

Numa transmissão radiofônica naquela noite, o veterano antibolchevique deixou claro seu novo apoio a Stálin e à União Soviética. A invasão da URSS por Hitler, declarou Churchill, era nada menos do que o quarto "climatério", a quarta "intensa virada" no desenrolar da guerra. Hitler, um "monstro de perversidade" e um "sanguinário menino de rua", levava agora o seu "trabalho de carnificina e desolação" para as vastas multidões da Rússia e da Ásia,

310

"pulverizando vidas humanas e pisoteando os lares e os direitos de centenas de milhões de homens". Essa catástrofe humana, sugeriu Churchill, transcendia qualquer coisa:

> O regime nazista é indistinguível das piores características do Comunismo. É desprovido de qualquer tema ou princípio, exceto apetite e dominação racial. Sobressai em todas as formas de perversidade humana, na eficiência da sua crueldade e feroz agressão. Ninguém tem sido adversário mais consistente do Comunismo do que eu nos últimos 25 anos. Não desdigo uma palavra do que disse a seu respeito. Mas tudo isso desaparece diante do espetáculo que agora se manifesta. O passado, com seus crimes, suas loucuras, suas tragédias, passa num relâmpago.

Num trecho notavelmente lírico, ele dá a entender que não era o comunismo que estava sendo atacado, mas a própria Mãe Rússia:

> Vejo os soldados russos parados no umbral de sua terra natal, guardando os campos que seus pais cultivaram desde tempos imemoriais. Vejo-os guardarem suas casas onde mães e esposas rezam — ah, sim, pois há momentos em que todos rezam — pela segurança dos entes queridos, pela volta do arrimo de família, do campeão, do protetor. Vejo as 10 mil aldeias da Rússia, onde o meio de subsistência é arrancado tão duramente do solo, mas onde ainda há alegrias humanas primordiais, onde moças riem e crianças brincam. Vejo avançar contra tudo isso, num ataque hediondo, a máquina de guerra nazista, com o retinir de seus oficiais prussianos, clicando os talões das botas, exageradamente bem-vestidos, com seus astutos agentes especializados, que acabam de intimidar e restringir a liberdade de uma dúzia de países. Vejo também as torpes, treinadas, dóceis massas brutas dos soldados alemães marchando pesadamente como um enxame de gafanhotos rastejantes.

A política britânica, prosseguiu Churchill com um floreio característico, era simples:

> Temos apenas um objetivo e um propósito irrevogável. Estamos decididos a destruir Hitler e todos os vestígios do regime nazista. Nada nos desviará disso. Nada. Jamais buscaremos acordo; jamais negociaremos com Hitler ou qualquer um da

sua gangue. Nós o combateremos em terra, nós o combateremos no mar, nós o combateremos no ar, até, com a ajuda de Deus, livrarmos a Terra da sua sombra e libertarmos os povos do seu jugo. Qualquer homem ou país que lute contra o nazismo terão nossa ajuda.[106]

Foi uma coisa comovente, e deliberadamente: uma "obra-prima", segundo Harold Nicolson.[107] Churchill tinha traçado uma linha de ação — dando um argumento moral para apoiar a URSS, mas sem chegar a defender uma aliança — que agradaria não apenas ao público interno mas também ao seu gabinete potencialmente indócil e, ainda mais importante, ao seu aliado americano. Em particular, ele foi menos gracioso, mas passou a mesma mensagem em linhas gerais: "Se Hitler invadisse o Inferno", disse ele a Jock Colville, "eu pelo menos faria uma referência favorável ao diabo!".[108]

Se o objetivo de Churchill era reunir o país em torno da sua vaga oferta de assistência à União Soviética de Stálin, conseguiu o que queria. Seu discurso provocou elogios generalizados pela habilidade com que abordou uma questão espinhosa. Poucos, aparentemente, manifestaram dúvidas sobre a sua sinceridade ou protestaram com veemência contra sua suposta hipocrisia.[109] Até os comunistas britânicos, que não eram amigos de Churchill, ficaram satisfeitos. Como observou o único parlamentar do Partido Comunista, Willie Gallacher, o discurso de Churchill tinha sido "agradavelmente surpreendente", e, embora não tivesse ido longe o bastante, disse ele, "foi mais longe do que esperávamos".[110]

Na verdade, o Partido Comunista britânico foi um dos beneficiários naturais do discurso. Confinados a uma situação bastante desconfortável e impopular, a de fazer oposição à guerra na periferia da vida política, de repente, num golpe, os comunistas britânicos passaram a nadar na corrente principal, quase em sintonia com o espírito churchilliano do momento. Em Londres, o Comitê Central do partido decretou que a "conspiração imperialista contra a classe trabalhadora" agora se tornara uma "cruzada global contra o fascismo". Leais representantes sindicais receberam ordens para proibir greves em vez de fomentá-las. No devido tempo, Harry Pollitt deixaria o estaleiro de Poplar, onde trabalhava, para reassumir o cargo de secretário-geral do partido — com a posição que tomara em 1939 agora justificada, as disputas com Rajani Palme Dutt esquecidas, talvez até mesmo perdoadas. O Partido Comunista voltou a contar com o benefício de uma política clara, concisa, defensável: a de travar uma guerra "lado a lado com a União Soviética" contra o fascismo.[111] As constrangedoras ginásticas ideológicas dos últimos dois anos tinham acabado, e o número de membros do partido logo bateria novos recordes.

Os americanos eram um pouco mais difíceis de convencer. O presidente Roosevelt vinha lutando havia tempos com os instintos isolacionistas dos Estados Unidos, tentando equilibrar índices de aprovação interna com a sua convicção pessoal da necessidade de envolvimento na guerra contra Hitler. Consequentemente, apesar de ter prometido às mães americanas em outubro de 1940 que "seus filhos não serão mandados para guerras estrangeiras", ele persistia em empurrar a opinião pública americana na direção de uma intervenção direta. No verão de 1941, tinha dado passos consideráveis: o programa Lend-Lease se tornara lei em março daquele ano, transformando os Estados Unidos no assim chamado "arsenal da democracia", e, no mês seguinte, forças americanas tinham ocupado a Groenlândia para proteger rotas atlânticas. Em junho, autoridades consulares alemãs nos Estados Unidos tinham sido expulsas em massa sob acusação de espionagem.

Mas, se o ataque alemão à União Soviética tinha propiciado um momento de lucidez em Londres, não houve nada parecido em Washington, provocando, na verdade, uma tempestade de controvérsias e disputas internas. Enquanto os intervencionistas em torno de Roosevelt viam no ataque uma oportunidade de apoiar Churchill contra Hitler, outros se opunham com veemência à implicação de que isso significava apoiar Stálin. O futuro presidente Harry Truman, por exemplo — então senador pelo Missouri — fez uma sugestão um tanto maquiavélica: "Se virmos que a Alemanha está ganhando teremos que ajudar a Rússia, e, assim sendo, que eles matem o máximo possível".[112] Apesar da retórica altissonante de Churchill, da insistência de Roosevelt e dos inqualificáveis massacres no novo front oriental, os americanos ainda não viam a Segunda Guerra Mundial como sua. Só o ataque-surpresa dos japoneses a Pearl Harbor, em dezembro de 1941, os libertaria de vez dos seus escrúpulos isolacionistas.

Em 5 de julho de 1941, uma reunião inusitadamente tensa foi realizada no Foreign Office britânico em Whitehall. Os arranjos tinham sido tão delicados que intermediários foram usados, e um lugar neutro escolhido. Já se disse até que um dos participantes deixou claro que chegaria exatamente três minutos depois do seu parceiro de negociações, para que não houvesse dúvidas sobre a diferença de posição entre eles.[113] Não foi apenas um confronto de egos, ou um remoer de injustiças históricas, que causou a tensão — embora as duas coisas tenham, sem dúvida, influenciado —, mas o fato de que o governo de um dos presentes tinha recentemente tentado apagar o outro país do mapa. No entanto, com a radical mudança ocasionada pela Operação Barbarossa, a União Soviética e o governo polonês no exílio foram incumbidos de restaurar alguma coisa parecida com relações diplomáticas.

A União Soviética, por sua vez, enfrentava a pior crise da sua história. As forças de Hitler tinham varrido tudo que encontraram pela frente naquele verão, de tal maneira que a própria URSS parecia prestes a entrar em colapso. Na primeira semana de julho, quando os diplomatas se sentaram no relativo conforto de Londres, a maior parte do oeste da União Soviética estava em chamas. As perdas sofridas pelo Exército Vermelho de Stálin nas duas primeiras semanas da guerra eram assombrosas: mais de 10 mil tanques, 19 mil canhões, 4 mil aeronaves de combate e 750 mil soldados. Além disso, quase todas as terras ganhas em conluio com os alemães já estavam perdidas — o leste da Polônia, a Letônia, a Lituânia e a Bessarábia —, restando apenas a Estônia em poder do Exército Vermelho. Mais seriamente ainda, a Bielorrússia tinha sido ocupada, assim como boa parte da Ucrânia, e os invasores já tinham avançado seiscentos quilômetros pela "Estrada de Moscou".[114] Devem ser perdoados os negociadores que se perguntavam em Londres se a URSS ainda existiria quando aquelas negociações terminassem.

O futuro da Polônia também era duvidoso. Agora totalmente ocupada pelos alemães — com seu governo exilado na Grã-Bretanha —, o país levava uma obscura existência que, não fosse pela memória coletiva de 123 anos de ocupação estrangeira antes de 1918, poderia ser considerada terminal. Claro, a guerra iniciada entre as duas potências que tinham invadido e dividido o país em 1939 era bem-vinda, pois representava a última possibilidade de que o sofrimento da Polônia chegasse ao fim. Mas a aflitiva situação da Polônia era muito mais complexa. Diferentemente dos britânicos, os poloneses se consideravam em guerra *ao mesmo tempo* com a Alemanha de Hitler e a União Soviética de Stálin antes de junho de 1941, e poucos saboreavam a perspectiva de chegar a uma acomodação com os soviéticos. Além disso, a própria Polônia não estava "assim tão longe" da luta. As ocupações soviética e alemã já tinham desencadeado uma brutalidade sem precedentes contra sua infeliz população, e os políticos e militares poloneses no exílio na Grã-Bretanha tinham aguda consciência de que a nova fase do conflito tinha recentemente se alastrado nos antigos territórios poloneses do leste; terras com as quais — muitos deles — estavam bastante familiarizados. Longe de estar penosamente chegando ao fim, portanto, o calvário da Polônia parecia apenas ter iniciado um novo capítulo.

Dessa maneira, quando o embaixador soviético em Londres, Ivan Maisky, se sentou em Whitehall para um encontro com o primeiro-ministro polonês, general Władisław Sikorski, a tensão era palpável. O roliço Maisky, com seu ar de tio bondoso, e o austero e vaidoso Sikorski eram, em certo sentido, polos opostos. Em suas memórias, Maisky se divertiu relatando a chegada de Sikorski precedido de um entourage de ajudantes, que invadiram o prédio "empurrando todos que encontravam pela frente" e gritando "O general está vindo! O general está vindo!". Ao entrar na sala, escreveu Maisky, Sikorski — em uniforme de gala — deu uma olhada em sua direção, e "um leve riso de surpresa, quase de indignação, perpassou-lhe o rosto". Ele disse a si mesmo que a reação do general se devia à "informalidade" do seu terno de verão, mas é quase certo que o olhar de desdém de Sikorski nada tinha a ver com alfaiates.[115]

O frio desprezo deu o tom das negociações que vieram em seguida. Sikorski tinha achado que, diante das novas dificuldades da União Soviética, a Polônia tinha o direito de esperar que Stálin revogasse o Pacto Nazi-Soviético.[116] A rigor, ele se sentira um pouco ofendido por Churchill não ter exigido alguma compensação nesse sentido, antes de prometer ajuda a Moscou duas semanas antes. Nessas circunstâncias, Sikorski achou que cabia a ele tentar não apenas desfazer os profundos danos que quase dois anos de ocupação soviética, perseguição e deportação tinham causado ao seu povo, mas também obter alguma garantia da futura existência da Polônia. Esses princípios, então, formaram a essência de suas exigências iniciais a Maisky: a União Soviética deveria renunciar formalmente ao Pacto Nazi-Soviético e soltar todos os prisioneiros militares e civis ainda mantidos em prisões soviéticas e no gulag. Em troca, as relações diplomáticas normais seriam restauradas entre os dois e ele autorizaria até que um exército polonês fosse formado com os 300 mil soldados supostamente ainda em poder dos soviéticos.[117]

Inevitavelmente, as conversas foram muito tensas. Sikorski não teve pudor de expressar algumas mágoas. "Vocês odeiam os alemães tanto quanto nós", disse ele a Maisky no primeiro encontro. "Não deveriam, de forma alguma, ter feito nenhum acordo com eles em 1939." Em resposta, Maisky se limitou a rir nervosamente e rebater: "Tudo isso é história passada".[118] A logística exigida para que os negociadores pudessem conversar em Londres decerto não ajudava; Maisky precisava prestar contas a Stálin regularmente, e isso podia significar alguns dias para que as mensagens fizessem o caminho de ida e volta. Sikorski também era obrigado a ouvir seu gabinete, o que podia ser uma experiência desconfortável. Consequentemente, os dois só conseguiram se encontrar duas vezes em Londres em julho, usando, depois disso, Anthony Eden como intermediário; por isso tinham avançado pouco quando sir Stafford Cripps e Molotov assinaram o Acordo Anglo-Soviético — prometendo ajuda mútua na guerra contra Hitler — em 12 de julho em Moscou.

O principal ponto de discórdia em Londres eram as fronteiras da Polônia. Os dois lados naturalmente tinham conceitos diversos sobre qual deveria ser a extensão geográfica da Polônia — àquela altura bastante teórica. Sikorski sugeria que, como o Pacto Nazi-Soviético estava morto, a fronteira oriental da Polônia voltasse a ser a de agosto de 1939. Já Maisky estava instruído por Moscou a ver a Polônia dentro do que ele chamava de seus limites "etnográficos", que em linhas gerais se aproximavam da fronteira combinada por Molotov e Ribbentrop. Embora os dois lados acabassem chegando a uma posição conciliatória, na prática adiando qualquer decisão sobre fronteiras para uma data não especificada, a questão lançaria sombras sobre futuras conversações, servindo de critério para a compreensivelmente limitada confiança da Polônia em seu novo parceiro soviético.

O segundo obstáculo era a questão dos muitos poloneses, civis e militares, ainda detidos na União Soviética. Sikorski exigiu a soltura de todos os prisioneiros de guerra e deportados poloneses na URSS como condição essencial para qualquer acordo. Mas isso pôs Maisky numa posição difícil, porque libertar esses prisioneiros não só deixaria implícito que sua prisão e deportação tinham sido ilegais, mas também colocaria a ocupação soviética do leste da Polônia sob uma luz muito suspeita. Ele, portanto, retrucou que não via razão para que um polonês condenado por crimes pelos soviéticos tivesse sua sentença revogada. Ao que Sikorski replicou com mordacidade que poloneses eram

316

vistos como criminosos pelos soviéticos simplesmente por serem cidadãos poloneses, acrescentando que, para ele, não exigir a sua libertação equivaleria a aceitar que Moscou tinha o direito de julgá-los. Percebendo a gravidade do impasse, Eden, que presidia a sessão, tentou adiar uma decisão até que uma base diplomática mais ampla fosse acertada — como tinha ocorrido no caso das fronteiras —, mas nenhum dos dois lados estava disposto a ceder.[119]

A essa altura as conversações estavam à beira do fracasso. Sikorski enfrentou uma revolta dentro do seu gabinete, em 25 de julho, quando três ministros renunciaram em protesto contra a maneira como o primeiro-ministro vinha conduzindo as negociações.[120] Enquanto isso, os britânicos estavam ansiosos por um acordo e tentavam desesperadamente tranquilizar os dois lados, ao mesmo tempo que tentavam adiar as discussões de todos os pontos contenciosos para uma data indefinida. O governo britânico, como Churchill contaria depois, tinha duas alternativas igualmente indesejáveis. Tendo ido à guerra em defesa da Polônia, escreveu ele, "tínhamos a forte obrigação de apoiar os interesses do nosso primeiro aliado [...] [e] não podíamos admitir a realidade da ocupação russa do território polonês em 1939". Entretanto, no redemoinho do verão de 1941 "não poderíamos forçar nosso novo e extremamente ameaçado aliado [a URSS] a abandonar, mesmo no papel, regiões de sua fronteira tidas por gerações como vitais para a sua segurança. Não havia saída". Em consequência, lamentou ele, "tínhamos a odiosa responsabilidade de recomendar que o general Sikorski confiasse na boa-fé soviética quanto à futura solução das relações russo-polonesas".[121] Como Churchill sabia muito bem, o problema para os poloneses era que eles não reconheciam a frase "boa-fé soviética".

A saída veio em 27 de julho. Em suas memórias, Maisky, como era de esperar, elogiou a "insistência e flexibilidade do governo soviético" em levar "as longas discussões e agudas polêmicas" a uma conclusão bem-sucedida.[122] Eden deu crédito à diplomacia de Sikorski, ao mesmo tempo que caracterizava o papel da Grã-Bretanha como o de uma "perseverante diplomacia tingida de ansiedade pelo que o futuro possa reservar para os poloneses".[123] Cripps cumprimentou a si mesmo por suas prolongadas negociações com Stálin em Moscou e, crucialmente, por "convencê-lo a conceder anistia imediata a todos os cidadãos poloneses detidos neste país".[124] A ideia de anistia era controversa — e chegou a ser considerada um erro —, mas evitou harmoniosamente a polêmica questão da legalidade da ocupação soviética, permitindo que os prisioneiros fossem soltos e os soviéticos salvassem as aparências. Sem dúvida, desfez o impasse, mas até hoje incomoda muitos poloneses. Como poderiam aqueles milhares de poloneses ser "anistiados", perguntam eles, se não cometeram nenhum crime?

E foi assim que enfim se chegou a um acordo. A União Soviética reconheceu, crucialmente, que os tratados germano-soviéticos de 1939 tinham "perdido a validade" com relação a mudanças territoriais na Polônia. Não era bem a renúncia que os tornava "nulos e sem efeito" que Sikorski queria, mas quase. Além disso, as relações diplomáticas entre as duas potências deveriam ser restauradas com permuta de embaixadores — e um exército polonês formado em solo soviético, sob comandante designado pelo governo polonês em concordância com Moscou. Como era costume, foram anexados ao pacto dois protocolos: um público, estabelecendo que todos os cidadãos poloneses ainda detidos na URSS seriam anistiados quando as relações diplomáticas fossem reatadas; e um secreto, declarando que todos os pedidos públicos ou privados de indenização seriam postergados até futuras negociações.[125]

Em essência, o Acordo Polaco-Soviético era um clássico embuste diplomático. Como o Pacto Nazi-Soviético, que ele formalmente sepultava, era um exercício de Realpolitik: uma necessidade estratégica, um incômodo casamento de conveniência, entre duas partes com uma história de conflitos, no qual quase todos os pontos de discórdia foram adiados. Os britânicos conseguiram a aliança que desejavam entre o seu mais novo aliado e o país em nome do qual tinham ido à guerra; os americanos tinham em mãos um acordo que podiam vender para o eleitorado interno, o qual, corretamente, desconfiava das intenções soviéticas; e Stálin — até certo ponto, pelo menos — restabelecia sua credibilidade perante o mundo ocidental, apesar de fazer pouquíssimas concessões genuínas. Para Sikorski e a Polônia, foi decerto o melhor que poderiam conseguir, de forma realista, naquele momento, embora ficassem — como temia Churchill — quase inteiramente dependentes da boa vontade de Stálin.

O Acordo Polaco-Soviético foi assinado, na sala da Secretaria de Estado do Foreign Office em Londres, em 30 de julho de 1941. Sikorski e Maisky sentaram-se em extremidades opostas de uma comprida mesa coberta de documentos, mata-borrões e tinteiros; Sikorski empertigado em seu uniforme de gala, Maisky — especialmente para a ocasião — de terno escuro risca de giz.

Eden e Churchill sentaram-se num dos lados, este último com um largo sorriso e um charuto Romeo y Julieta, que era sua marca registrada. Do outro lado estavam fotógrafos e cavalheiros da imprensa, convidados a fim de registrar o momento para a posteridade, e também para alimentar a propaganda aliada. A cena era observada pelo busto de mármore branco de um antigo primeiro--ministro britânico, William Pitt, o Jovem, que — de acordo com o secretário particular de Churchill, Jock Colville — "olhava com desaprovação".[126]

Epílogo

Vida após a morte

O Pacto Nazi-Soviético foi, claramente, uma fonte de constrangimento para os dois signatários, que tentaram explicá-lo da melhor maneira possível. Em 3 de outubro de 1941, em Berlim, Hitler deu seu veredicto. Com exércitos alemães iniciando a investida final para Moscou, e o Exército Vermelho aparentemente esmagado, ele já vislumbrava a vitória contra Stálin, referindo-se à Rússia como "nossa Índia".[1] Naquela noite, no cavernoso Sportpalast, o Führer falou de improviso às massas num discurso transmitido ao vivo pelo rádio: "Em 22 de junho", proclamou, "a maior batalha da história do mundo teve início [...]. A partir de então, tudo correu de acordo com o planejado". Tropas alemãs, disse ele, estavam

mil quilômetros além da fronteira. Estamos a leste de Smolensk, estamos diante de Leningrado, e estamos no mar Negro. Estamos diante da Crimeia, e os russos não estão no Reno [...]. O número de prisioneiros subiu para aproximadamente 2,5 milhões de russos. Arredondando, o número de canhões capturados ou destruídos por nós chega a 22 mil. O número de tanques capturados ou destruídos por nós é de cerca de 18 mil. O número de aeronaves capturadas ou derrubadas é de mais de 14 500. Atrás da nossa linha de combate há uma área russa duas vezes maior do que o Reich alemão [...] quatro vezes maior do que a Inglaterra.

"O inimigo está arruinado", afirmou aos ouvintes, "e nunca mais se levantará."

Naquelas circunstâncias, era um bom momento para refletir sobre a decisão de fazer um pacto com Stálin. Tinha sido difícil, reconheceu Hitler, "o mais amargo triunfo sobre os meus sentimentos". Mas ele foi traído:

> Os senhores sabem melhor que ninguém que cumprimos honestamente as nossas obrigações. Nem na nossa imprensa, nem nas nossas reuniões, uma única palavra sobre a Rússia foi mencionada. Nenhuma palavra sobre o bolchevismo. Infelizmente, o outro lado não cumpriu suas obrigações desde o início. Esse arranjo resultou numa traição que, de início, liquidou todo o nordeste da Europa. Os senhores sabem melhor que ninguém o que significou para nós assistir, em silêncio, enquanto o povo finlandês era estrangulado, o que significou para nós que os países bálticos também estivessem sendo subjugados.[2]

Em particular, Hitler foi mais direto. Em carta a Mussolini na véspera da Operação Barbarossa, apresentou a justificativa estratégica para o iminente ataque, explicou por que estava colocando um ponto-final à "hipócrita representação teatral" com o Kremlin. "A parceria com a União Soviética [...] às vezes era penosa para mim", escreveu, "pois, de uma forma ou de outra, me parecia um rompimento com minha origem, meus conceitos e minhas obrigações anteriores. Agora estou feliz por me livrar dessas agonias mentais."[3] Para Hitler, portanto, o Pacto Nazi-Soviético tinha sido uma repulsiva necessidade estratégica, imposta pelos planos ocidentais de cercar a Alemanha. A subsequente traição de Stálin, alegava, tornara sua extinção inevitável.

A interpretação soviética era naturalmente muito diferente. Como vimos, quando falou ao povo soviético logo depois da invasão alemã, Stálin defendeu o pacto, declarando que ele não tinha sido um erro e que o governo soviético não poderia ter recusado a proposta de Hitler. Mais ainda, afirmou que com isso a URSS garantira dezoito meses de paz nos quais tivera "a oportunidade" de se rearmar. Essa base lógica, de que Stálin lançou mão em 1941 quase como um desencargo de consciência, rapidamente foi adotada como a explicação soviética dominante.

Nos meses e anos seguintes, o pacto sumiu de vista, obscurecido pelas preocupações diárias mais prementes de ter que travar o conflito mais dispendioso e mortal que o mundo já viu. Só depois da guerra ele voltou a ser objeto de atenção. No Tribunal Militar Internacional de Nuremberg (IMT, na sigla em inglês), que começou a funcionar no fim de 1945 para julgar os líderes nazistas sobreviventes, o pacto e suas consequências também foram examinados. Os promotores de Nuremberg sabiam muito bem que parte da defesa dos réus se basearia no apelo do *tu quoque* — "vocês também fizeram". Era uma defesa inadmissível — provavelmente mais apropriada para um playground do que para um tribunal de Justiça —, mas tinha o potencial de prejudicar os soviéticos, cujas expansões territoriais de 1939-40, sob os auspícios do pacto, tinham violado muitos dos princípios que os Aliados ocidentais agora tentavam aplicar às ações alemãs. Como previu um conselheiro do Foreign Office britânico, era inevitável que os acusados nazistas tentassem "expor toda a roupa suja russa que pudessem para misturar com a sua".[4] Consequentemente, levando em conta que os promotores aliados não tinham a menor intenção de desacreditar os aliados soviéticos, a questão que ocupava o primeiro lugar daquele "rol de lavanderia" — o Pacto Nazi-Soviético — quase não foi mencionada nas declarações iniciais no tribunal.

Posteriormente, a equipe jurídica soviética travou um combate desesperado para impedir que o pacto, e particularmente o danoso "protocolo secreto", fosse usado como prova. Típico, nesse sentido, foi um diálogo de 21 de maio de 1946, quando o advogado de defesa de Rudolf Hess tentou trazer à discussão o protocolo, mas deparou com o protesto do promotor-chefe soviético, o general Roman Rudenko, que berrou: "Estamos examinando a questão dos crimes dos principais criminosos de guerra alemães. Não estamos investigando a política externa de outros países". De qualquer maneira, insistiu Rudenko, o protocolo era "um documento forjado", que não tinha valor algum.[5] A questão do pacto em si era levemente menos sensível para Moscou. Escarnecida pelo juiz soviético Iona Nikitchenko como "irrelevante" e "nada mais do que propaganda", ela ofendeu a equipe jurídica soviética, sobretudo quando se sugeriu, embora indiretamente, que ao assinar o pacto Stálin talvez tivesse sido enganado pela astúcia alemã. Eles argumentaram que não era esse o caso de jeito nenhum, pois a URSS tinha plena consciência das execráveis intenções da Alemanha desde o início. Claramente, Stálin preferia ser acusado de cínico a passar por ingênuo.[6]

Essa audácia só foi superada quando promotores soviéticos insistiram em acrescentar o massacre de Katyn às acusações contra os nazistas, alegando que a matança foi "um dos mais importantes atos criminosos de responsabilidade dos principais criminosos de guerra". Habituados aos "julgamentos teatrais" dos inimigos políticos, eles exigiram que a investigação soviética do caso fosse aceita pelo tribunal sem objeção e, para tanto, apresentaram um patologista búlgaro que alegou que as provas periciais sugeriam o outono de 1941 como data dos massacres — ou seja, quando a região estava sob controle alemão. Para seu crédito, os juízes britânicos e americanos rejeitaram a acusação, por achar que os soviéticos foram incapazes de atribuir, de forma convincente, o crime a qualquer dos acusados no banco dos réus.[7]

Depois da breve e inconsequente afloração do pacto em Nuremberg, os propagandistas e promotores de Stálin poderiam ter cumprimentado uns aos outros pelo bem-sucedido exercício de contenção de estragos. Entretanto, a publicação em 1948 nos Estados Unidos de um volume intitulado *Relações nazi-soviéticas de 1939-1941* teria abalado essa autossatisfação. O livro, publicado pelo Departamento de Estado dos Estados Unidos, trazia a transcrição de centenas de documentos apreendidos de fontes alemãs no fim da guerra, incluindo correspondência, discussões e negociações, além dos textos de acordos comerciais, do próprio pacto e do protocolo secreto. Pela primeira vez, tirava as relações entre Moscou e Berlim das sombras para colocá-las sob o clarão do escrutínio público.[8]

A reação soviética foi rápida. No fim daquele ano, o panfleto *Falsificadores da história* apareceu apresentando os argumentos de Moscou. Pessoalmente editado por Stálin, que lhe deu o título provocador, resultara de uma série de artigos publicados no *Pravda* e foi em seguida traduzido e distribuído no mundo inteiro. Era notável, porque pela primeira vez o assunto do pacto com a Alemanha era tratado oficialmente na União Soviética desde 1941. E não media palavras. Com os ânimos exaltados pela tensão da nascente Guerra Fria, *Falsificadores da história* estendia a luta ideológica aos inimigos da União Soviética, acusando o Ocidente de cumplicidade por não ter contido a agressão alemã antes de 1939 e criticando os americanos por apresentarem "uma visão distorcida dos acontecimentos [...] para difamar a União Soviética", e até mesmo denunciando os desventurados finlandeses por "conluio com os hitleristas" na Guerra de Inverno de 1940.[9] Também apresentava uma justificação retroativa de Stálin para a assinatura do pacto. Tudo se resumia à perfídia do Ocidente: ao desejo, acalentado em Paris e Londres, de apaziguar Hitler e desviá-lo para o leste e à vontade dos "bilionários" de Washington de lucrarem com a consequente conflagração.[10] "Em agosto de 1939", declarava, "a União Soviética não duvidava, por um momento, que, cedo ou tarde, Hitler atacaria." E continuava:

> Por isso é que a primeira providência do governo soviético foi criar um front "oriental" contra a agressão de Hitler, construir uma linha de defesa ao longo das fronteiras ocidentais das Repúblicas Bielorrussa e Ucraniana e dessa forma estabelecer uma barreira para impedir um avanço sem obstáculos das tropas alemãs para o leste.

Essa tarefa, explicava o panfleto, exigiu a movimentação de tropas soviéticas para o leste da Polônia e a assinatura de "pactos de assistência mútua" com os países bálticos: "Assim foi lançado o alicerce do Front Oriental".[11] De forma clara, Moscou queria que o mundo ouvisse a mensagem de que os motivos de Stálin ao assinar o pacto com Hitler tinham sido puramente defensivos.

Com isso a posição de Moscou relativa ao Pacto Nazi-Soviético foi determinada, mas continuou a ser um tema que nenhum historiador soviético ousava abordar. Nos anos 1960, porém, isso começou a mudar. Motivada pelo que lhe pareciam novas "falsificações" oriundas do Ocidente, Moscou iniciou uma campanha de propaganda para arrebatar das mãos dos seus inimigos ideológicos a memória da Segunda Guerra Mundial — campanha que um ilustre comentarista descreveu como "uma das mais audaciosas iniciativas da máquina de propaganda soviética para suprimir a realidade".[12] Notavelmente, esse esforço envolveu uma discussão do Pacto Nazi-Soviético, até então assunto tabu. Nas novas histórias soviéticas publicadas nos anos 1960, portanto, o pacto mereceu algumas páginas de análise, embora com as omissões, evasivas e justificativas previsíveis. Afirmava-se, por exemplo, que Stálin tinha aceitado a oferta de Hitler apenas como último recurso — pois, do contrário, a guerra com a Alemanha teria sido inevitável — e que a aceitação do pacto deu muitas vantagens à URSS.[13]

Foi uma análise que até Khruschóv, cuja denúncia de Stálin em 1956 teve repercussão no mundo inteiro, lealmente repetiria. Ao escrever suas reminiscências décadas depois, ele se ateve com firmeza à mensagem: "Não estávamos enganando a nós mesmos. Tínhamos certeza de que acabaríamos sendo arrastados para a guerra, embora eu ache que Stálin esperava que os ingleses e os franceses pudessem esgotar Hitler [...] antes disso". O pacto, escreveu ele, "foi proveitoso para a União Soviética. Foi como um gambito no xadrez: se não tivéssemos feito aquela manobra, a guerra teria começado antes, em detrimento nosso. No caso, aquilo nos deu uma folga".[14]

Molotov, sempre o bolchevique leal, concordava. Numa conversa anos depois ele de início negou a insinuação de que Stálin tinha confiado em Hitler: "Stálin assim tão ingênuo? Não. Stálin enxergava tudo. Stálin confiou em Hitler? Não confiava no próprio povo! Hitler enganou Stálin? E, como resultado dessa fraude, Hitler teve que tomar veneno e Stálin se tornou chefe de metade do mundo!". Explicando o pacto, prosseguiu: "Tínhamos que retardar a agressão da Alemanha; foi por isso que tentamos negociar com eles no nível econômico — exportação-importação". Stálin, disse ele, "quis retardar a guerra por ao menos mais meio ano, ou mais".[15]

Assim, portanto, a União Soviética forjou sua interpretação do Pacto Nazi-Soviético depois da guerra: foi um acordo imposto a Stálin pelas circunstâncias. Muito importante, porém, é que o líder soviético não foi tapeado pelas lisonjas de Hitler e conseguiu com isso retardar o inevitável ataque nazista, salvando a URSS de um destino ainda pior. Naturalmente, o destino dos milhões de perseguidos, mortos e deportados pelos soviéticos do leste da Polônia, dos países bálticos e da Bessarábia não podia perturbar essa rósea narrativa. Aqueles territórios tinham sido recuperados por tropas do Exército Vermelho em 1944-5 e estavam agora agasalhados no seio soviético, apesar dos esforços de uns poucos "nacionalistas" e "terroristas" que por um instante interromperam a Pax Soviética na primeira década do pós-guerra. Os historiadores e jornalistas da região ficaram igualmente restringidos. O pacto era tema tabu, passado por alto em silêncio, mantido fora do campo de visão, sendo proibida até mesmo a mais leve menção que se desviasse daquela ditada por Moscou.

O tabu definitivo, porém, era o protocolo secreto. Embora o documento original tivesse sido, supostamente, destruído em Berlim durante a guerra, uma cópia em microfilme foi feita e acabou caindo em mãos americanas no fim da guerra, depois do que foi mencionada de forma indireta em Nuremberg e publicada pela primeira vez em 1948. Mas, na falta de um original — e do constrangedor conteúdo do protocolo —, sua existência foi oficialmente negada pela União Soviética, sendo a cópia que circulava no Ocidente denunciada como uma falsificação, uma calúnia contra a União Soviética e mais uma "falsificação da história".

Dessa maneira, Vyacheslav Molotov, quando perguntado em 1983 sobre um "acordo secreto" assinado em 1939 com os alemães, não se abalou, respondendo que não havia verdade alguma nessa alegação. "Absolutamente nenhuma", disse. "Não houve um acordo?", repetiu o jornalista. "Não houve. Não, isso é absurdo." O jornalista insistiu: "Agora certamente podemos falar nisso, não?". Molotov respondeu:

> Claro, não há segredo nenhum aqui. Em minha opinião, esses boatos foram espalhados deliberadamente, para destruir reputações. Não, não, essa questão é muito clara. Não poderia ter havido nenhum acordo secreto desse tipo. Eu estava bem por dentro do assunto, na verdade estava envolvido nisso, e posso lhe garantir, sem sombra de dúvida, que é uma falsificação.[16]

Molotov certamente estava "por dentro" do protocolo secreto; a rigor, assinara-o. Apesar disso, foi para a sepultura em 1986 negando a sua existência.

Nem todo mundo na URSS seria tão leal à versão imposta por Stálin. Três anos depois da morte de Molotov, em 1989, um verão de protestos nas repúblicas bálticas de Moscou veria emergir uma história bem diferente. Interpretando literalmente o espírito das políticas de glasnost e perestroika de Gorbatchóv, muita gente entre os povos bálticos àquela altura vinha protestando com veemência contra o domínio soviético. Incentivados por exilados e simpatizantes, que já tinham batizado o 23 de agosto como "Dia da Fita Preta" e realizado comícios em Nova York, Londres e outras cidades em protesto contra violações de direitos humanos na União Soviética, militantes bálticos reuniram assinaturas e fizeram sérios apelos internacionais pelo reconhecimento da sua situação. Mas, para o quinquagésimo aniversário da assinatura do Pacto Nazi-Soviético, em 23 de agosto de 1989, planejaram uma manifestação em escala inédita.

Naquele dia, uma corrente humana envolvendo 2 milhões de pessoas estendeu-se pelas rodovias e estradas secundárias dos três países bálticos, ligando as três capitais — Tallinn, Riga e Vilna — numa distância de mais de quinhentos quilômetros. Às sete da noite todos se deram as mãos, no que ficaria conhecido como "a Corrente Báltica". Foi o maior protesto popular já visto na União Soviética. Em outros lugares houve vigílias, bem como cultos religiosos e reuniões locais. No centro de Vilna, 5 mil pessoas se juntaram para cantar canções patrióticas e acender velas. Bandeiras nacionais de antes da guerra foram hasteadas e fitas pretas usadas em memória daqueles que tinham sido vítimas de Stálin.[17]

Para todos eles, nas três repúblicas, o protesto era sobre direitos humanos, ocupação soviética e o desejo de independência nacional. Mas o ponto focal de suas queixas era, claramente, o Pacto Nazi-Soviético. Em Šiauliai, na Lituânia, por exemplo, uma manifestação pública exibia três caixões envoltos nas bandeiras das repúblicas antes da guerra, tendo ao lado as bandeiras com a suástica e a foice e o martelo, cruzadas e atadas com uma fita preta. Já na Estônia e na Letônia, faixas proclamavam a ilegalidade da ocupação soviética, ou simplesmente traziam a data "23 de agosto de 1939". Um comunicado enviado à ONU deixava claro o significado central do pacto. Com a assinatura do Pacto Nazi-Soviético, muitos ferimentos foram infligidos, declarava o documento, e "algumas dessas feridas ainda sangram". "O pacto criminoso", acrescentava,

tem que ser anulado! A essência do Pacto Hitler-Stálin e seus protocolos secretos foi a divisão imperialista de esferas de interesse entre duas grandes potências. Com base nesse acordo criminoso, a União Soviética violou unilateralmente todos os tratados internacionais firmados com as repúblicas bálticas, infringiu o direito histórico das nações bálticas à autodeterminação, apresentou ultimatos implacáveis às repúblicas bálticas, ocupou-as com esmagadora força militar e sob condições de ocupação militar e intenso terror político realizou sua violenta anexação [...]. O Pacto Hitler-Stálin ainda determina a configuração da Europa atual.

No rescaldo, as autoridades soviéticas fizeram algumas prisões simbólicas, queixaram-se dos "grupos nacionalistas, extremistas" e de seus "objetivos antissoviéticos" e repreenderam as autoridades locais por não tomarem providências para impedir os protestos.[18] Além de alguns comentários internacionais bem-intencionados, pouca coisa mudou, mas os povos bálticos encheram-se de ânimo e coragem para continuar a exigir independência.

Além de representar uma evidente contestação política, a Corrente Báltica foi também um desafio intelectual. Depois de décadas exercendo controle total sobre as informações dentro da União Soviética, e diante das realidades da nova era de Gorbatchóv, o ponto de vista soviético deixara de ser aceito passivamente no reino das ideias. O mesmo se aplicava à história, onde a tradicional versão "defensiva" de Stálin, para explicar o Pacto Nazi-Soviético, era cada vez mais posta em dúvida. Forçada pelos acontecimentos a fazer uma reavaliação mais honesta do seu próprio passado, Moscou criou uma comissão especial para investigar as circunstâncias do Pacto Nazi-Soviético, em particular a questão da existência do protocolo secreto.[19] Em dezembro de 1989, a comissão apresentou um relatório devidamente afirmativo, declarando que "não pode haver a menor dúvida" de que o protocolo existiu.[20] E o Congresso dos Deputados do Povo da União Soviética aprovou uma resolução em apoio a suas conclusões.[21]

Outras revelações surgiram. Na primavera de 1990, depois de ter negado oficialmente por décadas, o Estado soviético enfim reconheceu a responsabilidade de suas forças policiais secretas na execução dos massacres de Katyn, acrescentando uma expressão, que soava vazia, de "profundo pesar".[22] O monólito soviético estava rachando. E, assim como o controle soviético da Europa Oriental desmoronou com espetacular brusquidão naquele inverno, internamente também começou a ruir. Quando o fez, em 1991, os países bálticos foram os primeiros a buscar a porta de saída, espicaçados em grande medida pelas injustiças de cinco décadas antes.[23] Raramente, parecia, alta política e infâmia estiveram tão interligadas.

No começo de abril de 2009, o Parlamento Europeu em Bruxelas examinou uma resolução propondo que 23 de agosto passasse a ser reconhecido como o Dia Europeu da Memória das Vítimas do Stalinismo e do Nazismo. Inspirando-se na Declaração de Praga, anteriormente apresentada pelo governo tcheco e coassinada, entre outros, pelo ex-presidente tcheco Václav Havel e pelo futuro presidente alemão Joachim Gauck, a resolução comprometia-se a "preservar a memória das vítimas de deportações e extermínios em massa". Foi aprovada por ampla maioria. "Antes tarde que nunca", disse um membro do Parlamento Europeu estoniano durante o debate, acrescentando: "Devemos aos nossos pais e avós uma firme mensagem parlamentar, e foi o que produzimos hoje".[24]

Houve, claro, vozes dissonantes. Trinta e três membros do Parlamento europeu se abstiveram, e 44 votaram contra. Um destes últimos foi um comunista grego que se manifestou, numa apaixonada declaração escrita, contra a justaposição "indescritivelmente vulgar" dos regimes nazista e soviético, que assim pretendia "absolver o fascismo, difamar o socialismo e exonerar o imperialismo dos crimes que cometeu e está cometendo agora".[25] Poucos outros concordaram. Um jornalista britânico, por exemplo, criticou a votação, que descreveu como "um grosseiro esforço de muitos políticos bálticos e centro-europeus para equiparar o stalinismo ao nazismo", ignorando o argumento gritantemente óbvio de que quem padeceu os horrores dos dois regimes tem mais autoridade para fazer um julgamento.[26]

A Rússia também protestou, com 53% se opondo à resolução numa pesquisa de opinião, e apenas 11% a favor. De acordo com outra pesquisa, a opinião pública russa achava que a decisão do Parlamento Europeu tinha sido adotada para "minar a autoridade da Rússia" e "depreciar sua contribuição na vitória contra o fascismo".[27] Poucas semanas depois, o então presidente russo, Dmítri Medvedev, criou uma "Comissão Presidencial para Impedir Tentativas de Falsificar a História", juntamente com a legislação correspondente, possibilitando que transgressores fossem multados ou presos por até cinco anos. A nova entidade, prometeu um de seus membros, iria "assegurar que a visão russa prevaleça".[28] Qualquer inquietante sensação de déjà-vu foi apenas reforçada pela presença na comissão de destacados membros das Forças Armadas russas e da FSB, sucessora da KGB soviética.

Apesar disso, em 23 de agosto daquele verão — o septuagésimo aniversário do Pacto Nazi-Soviético —, o primeiro Dia Europeu da Memória das Vítimas do Stalinismo e do Nazismo foi solenemente observado nos países bálticos e na Suécia. Nos anos seguintes, as comemorações se espalhariam. Coroas de flores seriam depositadas, bandeiras içadas e preces oferecidas em toda a Europa Central e Oriental, da Polônia à Crimeia e da Estônia à Bulgária. Era uma pequena vitória, talvez, mas significativa. O Pacto Nazi-Soviético saíra das sombras. Deixava de ser esquecido; deixava de ser tabu. Era peça essencial da narrativa.

Apêndice

Texto do Pacto Nazi-Soviético de Não Agressão

O governo do Reich alemão e o governo da União das Repúblicas Socialistas Soviéticas, desejosos de fortalecer a causa da paz entre a Alemanha e a URSS, e partindo das disposições fundamentais do Acordo de Neutralidade concluído em abril de 1926 entre a Alemanha e a URSS, chegaram ao seguinte Acordo:

Artigo I. As Duas Altas Partes Contratantes comprometem-se a evitar qualquer ato de violência, qualquer agressão e qualquer ataque de uma contra a outra, seja individualmente ou em conjunto com outras Potências.

Artigo II. Se uma das Altas Partes Contratantes vier a ser objeto de ação beligerante de uma terceira Potência, a outra Alta Parte Contratante de maneira alguma dará apoio à terceira Potência.

Artigo III. Os governos das duas Altas Partes Contratantes deverão, no futuro, manter contato contínuo entre si para consultas, com o fim de trocar informações sobre problemas que afetem interesses comuns.

Artigo IV. Nenhuma das duas Altas Partes Contratantes deve participar de qualquer combinação de Potências que direta ou indiretamente vise atingir a outra parte.

Artigo V. Caso surjam disputas ou conflitos entre as Altas Partes Contratantes, sobre problemas de qualquer espécie, as partes devem resolver as disputas ou os conflitos exclusivamente por meio da troca amistosa de opiniões ou, se necessário, mediante a criação de comissões de arbitragem.

Artigo VI. O presente Tratado é válido por um período de dez anos, com a condição de que, se uma das Altas Partes Contratantes não fizer objeção um ano antes do término do período, a validade deste Tratado será automaticamente prorrogada por outros cinco anos.

Artigo VII. O presente Tratado será ratificado o mais brevemente possível. As ratificações serão permutadas em Berlim. O Acordo entrará em vigor assim que for assinado.

Feito em duplicata, nos idiomas alemão e russo.

MOSCOU, **23 de agosto de 1939**

Pelo Governo do Reich Alemão:
v. Ribbentrop

Plenipotenciário do Governo da URSS:
v. Molotov

Protocolo Secreto Adicional

Artigo I. Em caso de rearranjo territorial e político nas áreas pertencentes aos Estados bálticos (Finlândia, Estônia, Letônia, Lituânia), o limite setentrional da Lituânia deverá representar o limite das esferas de influência da Alemanha e da URSS. Em relação a esse assunto, o interesse da Lituânia na área de Vilna é reconhecido por ambas as partes.

Artigo II. Em caso de rearranjo territorial e político das áreas pertencentes ao Estado polonês, as esferas de influência da Alemanha e da URSS deverão ser delimitadas, aproximadamente, pela linha dos rios Narew, Vístula e San.

A questão de determinar se os interesses de ambas as partes tornam desejável a manutenção de um Estado polonês independente, e como esse Estado será delimitado, só pode ser definitivamente resolvida no decorrer de futuros acontecimentos políticos.

De qualquer maneira, os dois Governos resolverão a questão mediante acordo amigável.

Artigo III. Com relação ao Sudeste da Europa, o lado soviético chama a atenção para o seu interesse pela Bessarábia. O lado alemão declara seu total desinteresse político por essas áreas.

Artigo IV. Este protocolo deverá ser tratado pelas duas partes como rigorosamente secreto.

Moscou, 23 de agosto de 1939.

Pelo Governo do Reich Alemão:
v. Ribbentrop

Plenipotenciário do Governo da URSS:
v. Molotov

Créditos das imagens

p. 1: Guderian e Krivoshein em Brest-Litovski (Bundesarchiv, Berlim).

p. 1: Tropas alemãs e soviéticas confraternizam em setembro de 1939 (© IWM).

p. 2: A assinatura do Pacto Nazi-Soviético (akg-images/Universal Images Group/Sovfoto).

p. 2: Stálin e Heinrich Hoffmann fazem um brinde (bpk/Bayerisches Staatsarchiv/Archiv Heinrich Hoffmann).

p. 3: Panfleto de Harry Pollitt, *Como ganhar a guerra* (coleção do autor).

p. 3: Cartum de David Low, Evening Standard, 20 de setembro de 1939 (cortesia do British Cartoon Archive, Universidade de Kent, www.cartoons.ac.uk; Solo Syndication).

p. 4: Hitler anuncia declaração de guerra à Polônia (Bundesarchiv, Berlim).

p. 4: Tropas alemãs na Polônia (R. Schäfer, coleção particular).

p. 5: Molotov anuncia a invasão soviética da Polônia (Fundacja Ośrodka KARTA).

p. 5: O Exército Vermelho entra na Polônia (akg-images/Universal Images Group/Sovfoto).

p. 6: Hitler passa tropas em revista na parada da vitória em Varsóvia, outubro de 1939 (Bundersarchiv, Berlim).

p. 6: Execução de poloneses (akg-images/East News).

p. 7: Parada do Exército Vermelho em Lvov, 1939 (Fundacja Ośrodka KARTA).

p. 7: Alguns corpos exumados em Katyn (Bundesarchiv, Berlim).

p. 8: Judeus deportados de Lódz (Bundesarchiv, Berlim).

p. 8: Volksdeutsche da Bessarábia voltando para a "Casa no Reich" (Bundesarchiv, Berlim).

p. 9: Deportação soviética de Riga, Letônia, 1941 (Coleção do Museu da Ocupação da Letônia).

p. 9: Família polonesa deportada em frente ao seu novo "lar" no Cazaquistão soviético (Fundacja Ośrodka KARTA).

p. 10: O Lützow sendo rebocado para Leningrado, 1940 (Arquivo Naval Russo/domínio público).

p. 10: Um engenheiro alemão verifica uma entrega de petróleo soviético (akg--images/picture-alliance).

p. 11: Molotov chega a Berlim, novembro de 1940 (bpk/Bayerisches Staatsarchiv/Archiv Heinrich Hoffmann).

p. 11: Molotov em conversa com Hitler (bpk/Bayerisches Staatsarchiv/Archiv Heinrich Hoffmann).

p. 12: Goebbels anuncia o ataque à União Soviética, junho de 1941 (akg-images).

p. 12: Moscovitas ouvem pelo rádio o anúncio da invasão alemã (akg-images/ RIA Nowosti).

p. 12: Tropas alemãs bem recebidas na antiga Bessarábia (bpk/Hanns Hubmann).

p. 13: Prisioneiros do Exército Vermelho com seus captores da Wehrmacht (Klaas Meijer, coleção particular).

p. 13: Tanque T-34 fora de combate, julho de 1941 (akg-images/interfoto).

p. 14: Estátua de Stálin é levada para o depósito de lixo, Białystock (Bundesarchiv, Berlim).

p. 14: A assinatura do Acordo Sikorski-Maisky (Fundacja Ośrodka KARTA).

p. 15: Chacina da Garagem Lietukis, junho de 1941 (DÖW).

p. 15: Vítimas da NKVD em Lvov (Fundacja Ośrodka KARTA).

p. 16: Corrente Báltica, Estônia, agosto de 1989 (Museu das Ocupações, Tallinn, Estônia).

p. 16: Protesto de Šiauliai (Rimantas Lazdynas).

Agradecimentos

Qualquer livro de abrangência e ambição envolve boa dose de colaboração, e este não foge à regra. Para cada palavra que entra na página, dezenas foram desenterradas de arquivos, recuperadas de bibliotecas, traduzidas ou transcritas. Consequentemente, é preciso reconhecer com humildade numerosas dívidas.

Em primeiro lugar, este projeto exigiu considerável grau de assistência para a pesquisa de línguas estrangeiras, às vezes em partes do mundo até onde o dinheiro do adiantamento recebido pelo autor, cada dia mais curto, dificilmente o levaria. Portanto, essa ajuda foi prestada de forma competente por Evgeny Panin na Rússia, Oleg Medvedevsky na Bielorrússia, Neringa Pangonyte na Lituânia, dr. Jakub Tyszkiewicz na Polônia, Axel von Wittenberg e Philipp Rauh na Alemanha e Andreea Minca e Andreea-Lavinia Mocanu na Romênia. Além disso, James Simpson, Saskia Smellie, Sebastian Palfi, Vicky Davis e Owen Emmerson realizaram trabalho da mais alta qualidade no Reino Unido.

Em segundo lugar, devo estender meus agradecimentos também a colegas e amigos que deram conselhos, responderam a perguntas, leram capítulos ou de alguma forma contribuíram com seu tempo e seus conhecimentos, incluindo: Jaroslaw Garlinski, Mel Huang, dr. Alex Drecoll, prof. Edward Ericson, Klaas Meijer, Robin Schäfer, Bill Russ, Nigel Jones, dr. Martin Folly, prof. Richard Overy, dr. David Kirby e — como sempre — prof. Norman Davies.

Tendo trabalhado em muitos arquivos, bibliotecas e instituições acadêmicas, quero destacar dois deles — onde boa parte deste livro foi pesquisada e escrita — para fazer uma menção especial: o Instituto Histórico Alemão em Londres e a biblioteca da UCL School of Slavonic and East European Studies [Escola de Estudos Eslavos e do Leste Europeu do University College London]. Enquanto outras instituições erguem obstáculos e tratam seus leitores com indiferença, eles transformam a tarefa por vezes penosa de pesquisar e redigir em um genuíno prazer.

Gostaria ainda de agradecer aos membros da comunidade sobrevivente dos *Kresowcy* e *Sybiriacy* — os poloneses que a União Soviética deportou para a Sibéria e outros lugares em 1940-1 — que conheci quando fazia pesquisas para este livro. Foi uma verdadeira lição de humildade ouvir seus relatos de sofrimentos inimagináveis, histórias que, a se lamentar, raras vezes ganham destaque no "Ocidente". Apesar de este livro não ser estritamente a respeito de seu exílio forçado, espero, no entanto, que eu lhes tenha feito justiça, pelo menos em parte, levando seu infortúnio a um público mais amplo. Devo agradecer também ao Centro Social e Cultural Polonês "POSK", na região oeste de Londres, que possibilitou os encontros.

Mas nada disso teria resultados, claro, não fossem o empenho, a paixão e a convicção dos meus agentes, Peter Robinson no Reino Unido e Jill Grinberg nos Estados Unidos, e a visão dos editores que me encomendaram o trabalho, Stuart Williams da Bodley Head em Londres e a brilhante Lara Heimert da Basic Books em Nova York. Merece ainda uma menção honrosa meu inestimável editor em Londres, Jörg Hensgen, que teve a duvidosa honra de trabalhar em todos os meus livros anteriores e contribuiu com valiosos insights e expertise para este também.

Por último, manda a tradição que o autor encerre seus agradecimentos com um hino açucarado em louvor à família. O meu é tão simples quanto sincero. Para minha esposa, Melissa, e para nossos filhos, Oscar e Amelia, meu mais profundo agradecimento: obrigado pelo perene entusiasmo pelo livro que tomou forma entre nós e pela paciência, pelo amor e pela compreensão que vocês têm demonstrado com o autor nem sempre bem-humorado. "Daqui a um ano [...]."

Notas

PRÓLOGO [pp. 27-34]

1. Vasily Laskovich, citado em Yuri Rubashevsky, "Radost byla vseobshaya i triumfalnaya", em *Vercherniy Brest*, 16 set. 2011. Disponível em: ‹http://www.vb.by/article.php?topic=36&article=14200›.

2. Bronisława Predenia, citado em Tadeusz Czernik. Disponível em: ‹http://tadeuszczernik.wordpress.com/2011/07/26/wspomnienia-z-ziemi-brzeskiejbronislawa-predenia/›.

3. Citado em Vasily Sarychev, "v poiskach utrachennogo vremeni", em *Vercherniy Brest*. Disponível em: ‹http://www.vb.by/sarychev/content/75/main.php›.

4. Heinz Guderian, *Panzer Leader*. Londres, 1952, p. 81.

5. "Kriegstagebuch des Generalkommandos XIX AK über den Feldzug in Polen", em Administração de Registros e Arquivos Nacionais dos Estados Unidos, Série de microfilmes T-314, rolo #611, números dos quadros 665-93, p. 126 (doravante de "XIX Corps War Diary").

6. Georg Schmidt-Scheeder, *Reporter der Hölle*. Stuttgart, 1977, p. 95.

7. XIX Corps War Diary, op. cit., pp. 168-9.

8. Romuald Bulas, citado em Sarychev, op. cit.

9. XIX Corps War Diary, op. cit., p. 179.

10. Guderian, op. cit., pp. 81-3.

11. Janusz Magnuski e Maksym Kolomijec, *Czerwony Blitzkrieg. Wrzesien 1939: Sowieckie Wojska Pancerne w Polsce*. Varsóvia, 1994, p. 72.

12. Citado em Sarychev, op. cit.

13. Relato de uma testemunha alemã a partir de um cartão-postal de 1939, reproduzido em: ‹http://riowang.blogspot.com/2009/09/brest-nazi-soviet-military-parade-23_25.html›.

14. Citado em Sarychev, op. cit.

15. Citado em ibid.

16. Citado em ibid.

17. Citado em ibid.

18. Citado em ibid.

19. Citado em ibid.

20. Semyon Krivoshein, *Mezhdubure*. Voronej, 1964, p. 261.

21. Citado em Sarychev, op. cit.

22. Krivoshein, op. cit., p. 261.

23. Ibid., pp. 260-1.

24. Schmidt-Scheeder, op. cit., p. 101.

25. Ver, por exemplo, *Deutsche Allgemeine Zeitung*, 25 set. 1939, p. 4.

26. Ver a transmissão de cinejornal alemão de 27 de setembro de 1939, disponível em: <http://www.youtube.com/watch?v=uDIqzJgZNHM>.

27. Artigo de Frowein citado em Fundacja Ośrodka KARTA, *September 1939*. Varsóvia, 2009, p. 44.

1. A POÇÃO DO DIABO [pp. 35-63]

1. Paul Schmidt, *Statist auf diplomatischer Bühne*. Wiesbaden, 1984, p. 441.

2. Heinrich Hoffmann, *Hitler Was My Friend*. Barnsley, 2011, p. 105.

3. Peter Kleist, *Zwischen Hitler und Stalin, 1939-1945*. Bonn, 1950, p. 55.

4. Hoffmann, op. cit., p. 105.

5. Anthony Read e David Fisher, *The Deadly Embrace*. Londres, 1988, p. 248.

6. Johnnie von Herwarth, *Against Two Evils*. Londres, 1981, p. 165.

7. Schmidt, op. cit., p. 442.

8. Hans Baur, *Hitler's Pilot*. Londres, 1958, p. 95.

9. Adolf Hitler, *Mein Kampf*. Londres, 1939, p. 539.

10. Discurso de Hitler no Congresso do Partido em Nuremberg, 13 de setembro de 1937, citado em Max Domarus, *Hitler, Speeches and Proclamations, 1932-1945*. Londres, 1992, v. II, pp. 941-2.

11. *Pravda*, 16 set. 1937, n. 256 (7222), p. 1, editorial.

12. *Working Moscow*, 1 dez. 1936, n. 275, relatando um discurso de V. M. Molotov, e 2 dez. 1936, n. 276, relatando um discurso de N. S. Khruschóv. Heróstrato foi um personagem de Efésios, do séc. IV a.C., que buscava fama queimando um templo.

13. Norman Davies, *White Eagle, Red Star: The Polish-Soviet War, 1919-20*. Londres, 2003, p. 29.

14. Hitler, op. cit., pp. 533, 536-7.

15. Hoffmann, op. cit., p. 107.

16. Schmidt, op. cit., p. 443.

17. Baur, op. cit., pp. 97-8.

18. Ibid., pp. 98-9.

19. Hoffmann, op. cit., p. 105.

20. Baur, op. cit., pp. 95-6.

21. Kleist, op. cit., p. 56.

22. Gustav Hilger e Alfred G. Meyer, *The Incompatible Allies*. Nova York, 1953, p. 309.

23. Joachim von Ribbentrop, citado em Rudolf von Ribbentrop, *Mein Vater: Joachim von Ribbentrop, Erlebnisse und Erinnerungen*. Graz, 2013, pp. 225, 228.

24. Essa foi a conclusão traçada por Gustav Hilger, em Hilger e Meyer, op. cit., p. 301.

25. Ibid.

26. *Documents on German Foreign Policy 1918-1945* (doravante *DGFP*), Série D, v. VI. Londres, 1956, n. 73, pp. 85-7.

27. Citado em Ian Kershaw, *Hitler 1936-1945*. Londres, 2000, p. 164.

28. O texto da Garantia Britânica está em E. L. Woodward e R. Butler (Orgs.), *Documents on British Foreign Policy 1919-1939*, Third Series. Londres, 1951, v. IV, p. 552. A melhor discussão sobre o tema está em G. Bruce Strang, "Once more unto the Breach: Britain's Guarantee to Poland, March 1939". *Journal of Contemporary History*, v. 31, n. 4, 1996, pp. 721-52.

29. D. C. Watt, *How War Came*. Londres, 1989, p. 185.

30. Citado em Hans-Bernd Gisevius, *To the Bitter End*. Boston, 1947, p. 363. Embora a versão inglesa de Gisevius traduza a maldição de Hitler como um "guisado com que vão se engasgar", "uma poção do diabo" tem um sentido mais próximo do original alemão, portanto mantive aqui.

31. Domarus, op. cit. Londres, 1997, v. III, pp. 1524-34.

32. D. C. Watt, "The Initiation of the Negotiations Leading to the Nazi-Soviet Pact: A Historical Problem". In: C. Abramsky (Org.), *Essays in Honour of E. H. Carr*. Londres, 1974, pp. 164-5.

33. Alfred Rosenberg's Diary, Museu Memorial do Holocausto dos Estados Unidos, p. 269. Disponível em: <www.ushmm.org>.

34. Citado em Richard Overy, *Interrogations*. Londres, 2001, p. 320.

35. Adam B. Ulam, *Expansion and Coexistence: Soviet Foreign Policy 1917-73*. Nova York, 1974, pp. 257-9.

36. Jane Degras (Org.), *Soviet Documents on Foreign Policy*. Nova York, 1978, v. III, p. 318.

37. Ibid., p. 320.

38. Sir Stafford Cripps ao Foreign Office, 16 jul. 1940, National Archives, Londres, FO371/24846, f.10 N6526/30/38.

39. Texto de Albert Weeks, *Stalin's Other War: Soviet Grand Strategy, 1939-41*. Oxford, 2002, pp. 171-3.

40. Ver Sergej, Slutsch, "Stalins 'Kriegsszenario 1939': Eine Rede die es nie gab". *Vierteljahrshefte für Zeitgeschichte*, v. 52, n. 4, 2004, pp. 597-635.

41. Citado em Ivo Banac (Org.), *The Diary of Georgi Dimitrov, 1933-1949*. New Haven, 2003, p. 115.

42. Citado em Richard Raack, *Stalin's Drive to the West, 1938-1945*. Stanford, 1995, p. 24, com o texto integral da conversa citado em <http://www.lituanus.org/1965/65_2_02_Kreve-Mickevicius.html>.

43. Fridrikh I. Firsov, Harvey Klehr e John Earl Haynes, *Secret Cables of the Comintern, 1933--1943*. New Haven e Londres, 2014, p. 248.

44. Felix Chuev e Albert Resis (Orgs.), *Molotov Remembers: Inside Kremlin Politics*. Chicago, 1993, p. 8.

45. Jeffrey Herf, *The Jewish Enemy: Nazi Propaganda During World War II and the Holocaust*. Harvard, 2006, pp. 97-8.

46. Documentos citados em Albert Resis, "The Fall of Litvinov: Harbinger of the German--Soviet Non-aggression Pact". *Europe-Asia Studies*, v. 52, n. 1, 2000, pp. 34-5.

47. Z. Sheinis, *Maksim Maksimovich Litvinov: revoliutsioner, diplomat, chelovek*. Moscou, 1989, pp. 363-4, em Aleksandr Nekrich, *Pariahs, Partners, Predators: German-Soviet Relations, 1922-1941*. Nova York, 1997, p. 109.

48. Simon Sebag Montefiore, *Stalin: The Court of the Red Tsar*. Londres, 2003, p. 34.

49. Ibid., p. 206.

50. D. C. Watt, citado em Chuev e Resis (Orgs.), op. cit., p. xix.

51. Ibid., p. 192.

52. Michael Bloch, *Ribbentrop*. Londres, 1992, p. 207.

53. *DGFP*, Série D, v. VII. Londres, 1956, n. 180, p. 189, Circular de Ribbentrop, 22 ago. 1939.

54. *SSSR-Germania 1939. Dokumenty i materialy o sovetsko-germanskikh otnosheniiakh v aprele--sentiabre 1939 g*. Nova York, 1983, p. 23, citado em Nekrich, op. cit., p. 115.

55. *DGFP*, Série D, v. VI, op. cit., n. 56, p. 63.

56. Elke Fröhlich (Org.), *Die Tagebücher von Joseph Goebbels*. Parte 1. Munique, 1998, v. 7, p. 75.

57. Citado em Anthony P. Adamthwaite, *The Making of the Second World War*. Londres, 1977, p. 220.

58. Citado em Frank McDonough, *Neville Chamberlain, Appeasement and the British Road to War*. Manchester, 2010, p. 174.

59. *British Foreign Policy*, Third Series, VI, Apêndice V, citado em A. J. P. Taylor, *English History 1914-1945*. Oxford, 1965, p. 447 (nota).

60. Taylor, op. cit., p. 448.

61. Sobre isso, ver Davies, op. cit.

62. Texto das negociações reproduzido em Adamthwaite, op. cit., pp. 218-9.

63. Charles Bohlen, *Witness to History, 1929-1969*. Nova York, 1973, p. 86.

64. *DGFP*, Série D, v. VII, op. cit., n. 56, p. 64. Ribbentrop a Schulenburg, 14 ago. 1939.

65. *DGFP*, op. cit., n. 62, pp. 68-9. Weizsäcker a Schulenburg, 15 ago. 1939.

66. Ribbentrop, op. cit., p. 224.

67. *DGFP*, op. cit., n. 88, p. 99. Schulenburg a Weizsäcker, 16 ago. 1939.

68. Herwarth, op. cit., p. 162.

69. Ver, por exemplo, *DGFP*, op. cit., n. 125 e 132, pp. 134, 149, 19 e 20 ago. 1939.

70. Fröhlich (Org.), op. cit., p. 71.

71. Alexander Werth, *Russia at War 1941-1945*. Londres, 1965, p. 66.

72. *DGFP*, op. cit., n. 142, p. 157. Hitler a Stálin, 20 ago. 1939.

73. *DGFP*, op. cit., n. 159, p. 168. Schulenburg em Moscou, 21 ago. 1939.

74. Albert Speer, *Inside the Third Reich*. Londres, 1970, p. 234.

75. V. N. Pavlov, citado em Laurence Rees, *World War Two Behind Closed Doors: Stalin, the Nazis and the West*. Londres, 2008, p. 10.

76. Vladimir Karpov, *Marshal Zhukov: Ego soratniki i protivniki v dni voïny i mira*. Moscou, 1992, p. 124.

77. Ibid.

78. Ribbentrop, op. cit., p. 228.

79. Nicolaus von Below, *At Hitler's Side: The Memoirs of Hitler's Luftwaffe Adjutant, 1937--1945*. Londres, 2004, p. 28.

80. Döhring, citado em Rees, op. cit., p. 17.

81. Herwarth, op. cit., p. 165.

82. Andor Hencke, "Die deutsch-sowjetischen Beziehungen zwischen 1932 und 1941", protocolo não publicado mantido no Institut für Zeitgeschichte, Munique, MA 1300/2, p. 11.

83. Citado em Nekrich, op. cit., p. 121.

84. *DGFP*, op. cit., n. 213, pp. 227-8.

85. Read e Fisher, op. cit., p. 252.

86. *DGFP*, op. cit., n. 228-9, pp. 245-7.

87. Derek Watson, *Molotov: A Biography*. Basingstoke, 2005, p. 170.

88. Chuev e Resis (Orgs.), op. cit., p. 12.

89. Hencke, op. cit., p. 13.

90. Ibid.

91. Hoffmann, op. cit., p. 109.

92. Hencke, op. cit., p. 13.

93. Herwarth, op. cit., p. 165.

2. GRAVADA A SANGUE [pp. 64-95]

1. Mihail Sebastian, *Journal 1935-1944*. Chicago, 2000, p. 230.

2. Terry Charman, *Outbreak 1939: The World Goes to War*. Londres, 2009, pp. 54-5, 59.

3. Diarista Vivienne Hall, citado em ibid., p. 56.

4. Citado em Michael Bloch, *Ribbentrop*. Londres, 1992, p. 250.

5. Heinrich Hoffmann, *Hitler Was My Friend*. Barnsley, 2011, pp. 112-3; e Alan Bullock, *Hitler and Stalin: Parallel Lives*. Londres, 1991, p. 685.

6. Hoffmann, op. cit., pp. 113-4.

7. Citado em Hugh Trevor-Roper (Org.), *Hitler's War Directives 1939-1945*. Londres, 1964, p. 38.

8. Nikita Khruschóv, *Khrushchev Remembers*. Londres, 1971, p. 111.

9. Citado em Simon Sebag Montefiore, *Stalin: The Court of the Red Tsar*. Londres, 2003, p. 276.

10. Adam Ulam, *Expansion and Coexistence: Soviet Foreign Policy 1917-1973*. Nova York, 1968, p. 279.

11. *Documents on German Foreign Policy 1918-1945* (doravante *DGFP*), Série D, v. VII. Londres, 1956, n. 193, p. 205.

12. Richard Lukas, *Forgotten Holocaust: The Poles under German Occupation, 1939-1944*. Lexington, 1986, p. 3.

13. Christopher Browning, *The Origins of the Final Solution*. Londres, 2004, p. 29.

14. Lukas, op. cit., p. 3.

15. Jochen Böhler, *Zbrodnie Wehrmachtu w Polsce*. Cracóvia, 2009, pp. 106-16. Jochen Böhler, *Auftakt zum Vernichtungskrieg: Die Wehrmacht in Polen 1939*. Frankfurt am Main, 2006, p. 106.

16. Szymon Datner, *55 Dni Wehrmachtu w Polsce*. Varsóvia, 1967, pp. 114-7.

17. Ver, por exemplo, telegrama de Ribbentrop a Schulenburg, 15 set. 1939. Disponível em: <http://avalon.law.yale.edu/20th_century/ns072.asp>.

18. Steven Zaloga, *Poland 1939*. Oxford, 2002, p. 80.

343

19. *DGFP*, Série D, v. VIII. Washington, DC, 1954, n. 63, pp. 60-1.

20. Ibid., n. 80, pp. 79-80.

21. Texto em *Sprawa polska w czasie drugiej wojny światowej na arenie międzynaodowej. Zbiór dokumentów*. Varsóvia, 1965, pp. 83-4. Traduzido para o inglês por Sebastian Palfi.

22. Tomasz Piesakowski, *The Fate of Poles in the USSR 1939-1989*. Londres, 1990, p. 36.

23. Olaf Groehler, *Selbstmörderische Allianz: Deutsch-russische Militärbeziehungen, 1920-1941*. Berlim, 1992, p. 116.

24. David G. Williamson, *Poland Betrayed: The Nazi-Soviet Invasions 1939*. Barnsley, 2009, p. 119.

25. Jan Gross, *Revolution from Abroad*. Princeton, 1988, pp. 21-3.

26. Janusz Bardach, *Man Is Wolf to Man*. Londres, 1998, p. 19.

27. Jan Gross, *Neighbours*. Princeton, 2001, p. 43.

28. Adolf Hitler, *Mein Kampf*. Londres, 1939, p, 539.

29. Groehler, op. cit., p. 136.

30. Williamson, op. cit., p. 123.

31. Piesakowski, op. cit., p. 38. Ver também o arquivo do Institute of National Remembrance, Varsóvia. Disponível em: <http://www.ipn.gov.pl>.

32. Halik Kochanski, *The Eagle Unbowed: Poland and the Poles in the Second World War*. Londres, 2012, p. 80.

33. Richard Hargreaves, *Blitzkrieg Unleashed: The German Invasion of Poland 1939*. Barnsley, 2008, pp. 263-4.

34. Groehler, op. cit., p. 121.

35. Gross, *Revolution*, op. cit., p. 10.

36. Ver Sergej Slutsch, "17. September 1939: Der Eintritt der Sowjetunion in den Zweiten Weltkrieg". *Vierteljahrshefte für Zeitgeschichte*, n. 48, 2000, pp. 228-30.

37. F. B. Czarnomski, citado em Williamson, op. cit., p. 126.

38. Hargreaves, op. cit., p. 201.

39. *Izvestia*, 20 set. 1939.

40. Citado em Slutsch, op. cit., p. 231. Traduzido para o inglês pelo autor.

41. Citado em Robert Conquest, *Stalin: Breaker of Nations*. Londres, 1991, p. 224.

42. Lembranças de Gustav Hilger citadas em Ingeborg Fleischhauer, "Der Deutsch-Sowjetische Grenz-und Freundschaftsvertrag vom 28. September 1939". *Vierteljahrshefte für Zeitgeschichte*, n. 39, 1991, p. 458.

43. Kochanski, op. cit., p. 96.

44. Andor Hencke, citado em Laurence Rees, *World War II Behind Closed Doors*. Londres, 2009, p. 33.

45. Ver Browning, op. cit., pp. 31-3.

46. Alexander B. Rossino, *Hitler Strikes Poland: Blitzkrieg, Ideology and Atrocity*. Kansas, 2003, p. 234.

47. Sobre a AB Aktion, ver Timothy Snyder, *Bloodlands*. Londres, 2010, pp. 146-50.

48. Keith Sword, "The Mass Movement of Poles to the USSR, 1939-41". In: Keith Sword, *Deportation and Exile: Poles in the Soviet Union, 1939-48*. Basingstoke, 1994, pp. 6-8.

49. Entrevista do autor com o sr. Czesław Wojciechowski, Londres, 8 set. 2011.

50. Grzegorz Hryciuk, "Victims 1939-1941: The Soviet Repressions in Eastern Poland". In: Elazar Barkan, Elizabeth A. Cole e Kai Struve (Orgs.), *Shared History, Divided Memory: Jews and Others in Soviet-Occupied Poland, 1939-1941*. Leipzig, 2007, pp. 182-3.

51. Citado em Jan Gross, "The Sovietisation of Western Ukraine and Western Byelorussia". In: Norman Davies e Antony Polonski (Orgs.), *Jews in Eastern Poland and the USSR, 1939-46*. Londres, 1990, p. 72.

52. Niall Ferguson, *The War of the World*. Londres, 2006, p. 418. Na verdade, esse é o acrônimo de seu título: "Narodnyy Komissariat Vnutrennikh Del"; "People's Commissariat for Internal Affairs".

53. Citado em Anna Cienciala, Natalia Lebedeva e Wojciech Materski (Orgs.), *Katyn: A Crime without Punishment*. New Haven, 2007, p. 120.

54. Stanisław Swianiewicz, citado em Allen Paul, *Katyn, Stalin's Massacre and the Triumph of Truth*. DeKalb, IL, 2010, p. 107.

55. Citado em Janusz K. Zawodny, *Death in the Forest*. Londres, 1971, p. 110.

56. Snyder, op. cit., p. 137.

57. Sobre os métodos empregados nos vários locais de Katyn, ver Cienciala et al. (Orgs.), op. cit., pp. 122-36.

58. Números citados em ibid., p. 168.

59. Snyder, op. cit., pp. 149-50.

60. Phillip T. Rutherford, *Prelude to the Final Solution: The Nazi Program for Deporting Ethnic Poles 1939-1941*. Kansas, 2007, p. 211.

61. Sra. J. K., citada em Mark Mazower, *Hitler's Empire: Nazi Rule in Occupied Europe*. Londres, 2008, p. 82.

62. Browning, *Origins*, op. cit., p. 51.

63. Hans Frank, *Das Diensttagebuch des deutschen Generalgouverneurs in Polen 1939-1945*. Stuttgart, 1975, p. 104.

64. Citado em Mark Spoerer, *Zwangsarbeit unter dem Hakenkreuz*. Stuttgart, 2001, p. 48.

65. Ulrich Herbert, *Hitler's Foreign Workers*. Cambridge, 1997, p. 84.

66. Berliner Geschichtswerkstatt (Org.), *Zwangsarbeit in Berlin 1940-1945*. Berlim, 2000, p. 74.

67. Robert Gerwarth, *Hitler's Hangman: The Life of Heydrich*. Londres, 2011, p. 143.

68. Christopher Browning, *Remembering Survival*. Londres, 2010, p. 26.

69. Gerwarth, op. cit., p. 158.

70. Telegrama de Schulenburg ao Foreign Office, Berlim, 17 dez. 1939, citado em Hans Schafranek, *Zwischen NKWD und Gestapo*. Frankfurt am Main, 1990, p. 62.

71. Diário de Chaim Kaplan, citado em Saul Friedländer, *The Years of Extermination: Nazi Germany and the Jews, 1939-1945*. Londres, 2007, p. 45.

72. Friedländer, op. cit., p. 150.

73. Ibid., p. 104.

74. Piesakowski, op. cit., p. 50, citando as ordens de deportação originais da NKVD.

75. Cienciala et al. (Orgs.), op. cit., p. 121.

76. Testemunho de Wiesława Saternus, em Teresa Jeśmanowa (Org.), *Stalin's Ethnic Cleansing in Eastern Poland*. Londres, 2008, p. 131.

77. Citado em Piesakowski, op. cit., pp. 55-6.

78. Gross, *Revolution*, op. cit., p. 209.

79. Kochanski, op. cit., p. 134.

80. Entrevista do autor com o sr. Mieczysław Wartalski, Londres, 8 set. 2011.

81. Gross, *Revolution*, op. cit., p. 215.

82. Entrevista do autor com o sr. Henryk Wieksza, Berkhamsted, 17 ago. 2011.

83. Sword, "Mass Movement", op. cit., p. 20.

84. Entrevista do autor com Wartalski, op. cit.

85. Gross, *Revolution*, op. cit., p. 218.

86. Sword, "Mass Movement", op. cit., p. 27.

87. Citado em Gross, *Revolution*, op. cit., p. 222.

88. Zbigniew Siemaszko, "The Mass Deportations of the Polish Population to the USSR, 1940-1941". In: Keith Sword (Org.), *The Soviet Takeover of the Polish Eastern Provinces 1939-41*. Londres, 1991, p. 225.

89. Os números revistos estão em Kochanski, op. cit., p. 137, e uma análise estatística mais completa pode ser encontrada em Hryciuk, em Barkan, Cole e Struve (Orgs.), op. cit., pp. 184-99.

90. Correspondência com o professor Norman Davies, dez. 2013.

91. *DGFP*, op. cit., n. 419, p. 489, Memorando do secretário de Estado Weizsäcker, 5 dez. 1939.

92. Browning, *Remembering*, op. cit., p. 27.

93. Testemunho em vídeo de Wilhelm Korn, realizado por arquivo Yad Vashem e disponível em: <http://www.youtube.com/watch?v=Z61GKpqccxI>.

94. Valdis Lumans, *Himmler's Auxiliaries: The Volksdeutsche Mittelstelle and the German National Minorities of Europe, 1933-1945*. Londres, 1993, p. 18.

95. Ibid., p. 163.

96. Khruschóv, op. cit., p. 141.

97. Citado em Gross, *Revolution*, op. cit., p. 206.

98. Citado em Yosef Litvak, "The Plight of Refugees from the German-Occupied Territories". In: Sword (Org.), *Soviet Takeover*, op. cit., p. 66.

99. Sword, "Mass Movement", op. cit., p. 16.

100. Ibid., p. 18.

101. Siemaszko, op. cit., p. 224.

102. Gross, *Revolution*, op. cit., p. 226.

103. Isso é citado em ibid., p. 207, e uma variação é apresentada no filme *Katyn* (2007), de Andrzej Wajda.

104. Citado em Gross, *Revolution*, op. cit., p. 50.

105. Peter Raina, *Gomułka: Politische Biographie*. Colônia, 1970, pp. 22-3.

106. Norman Davies, *God's Playground: A History of Poland*. Oxford, 1981, v. 2, p. 452.

107. Ibid., p. 545.

108. Memorando de Ribbentrop a Schulenburg, 26 nov. 1939, citado em Schafranek, op. cit., p. 58.

109. Ibid., pp. 67-9.

110. Margarete Buber-Neumann, *Under Two Dictators*. Londres, 2008, p. 143.

111. Airey Neave, *They Have Their Exits*. Barnsley, 2013, p. 16.

112. The National Archives, Kew, Londres, Relatório de campo oficial do MI9, ref: WO 208/3281.

113. Experiência do soldado R. Berry do 1º Batalhão de Infantaria Leve do Duque da Cornualha, Relatório do MI9 3311931. Disponível em: <www.conscript-heroes.com>.

114. Clare Mulley, *The Spy Who Loved*. Londres, 2012, p. 90.

115. Khruschóv, op. cit., p. 124.

116. Valentin Berezhkov, *At Stalin's Side*. Nova York, 1994, pp. 271-4.

117. Slutsch, op. cit., p. 234.

118. Sobre *Basis Nord*, ver Tobias R. Philbin III, *The Lure of Neptune: German-Soviet Naval Collaboration and Ambitions, 1919-1941*. Columbia, SC, 1994, pp. 81-117.

119. Citado em Rees, op. cit., p. 69.

120. Ver Tom Frame, *HMAS Sydney: Loss and Controversy*. Rydalmere, NSW, 1993.

121. Philbin, op. cit., p. 141.

122. Citado em Rees, op. cit., pp. 75-6.

123. Ibid., p. 77.

124. Citado em Alexander Werth, *Russia at War: 1941-1945*. Londres, 1964, p. 89.

125. Ibid.

3. DIVISÃO DO ESPÓLIO [pp. 96-130]

1. Andor Hencke, "Die deutsch-sowjetischen Beziehungen zwischen 1932 und 1941", protocolo não publicado mantido no Institut für Zeitgeschichte, Munique, MA 1300/2, p. 21.

2. Molotov-Selter negotiations citado em Albert Tarulis, *Soviet Policy towards the Baltic States: 1918-1945*. Notre Dame, 1959, p. 150.

3. "Minutes of the Estonian-Soviet Negotiations for the Mutual Assistance Pact of 1939". *Litanus*, v. 14, n. 2, 1968, p. 4.

4. Ibid., p. 5.

5. Ibid., p. 14.

6. Ibid., p. 18.

7. Felix Chuev e Albert Resis (Orgs.), *Molotov Remembers: Inside Kremlin Politics*. Chicago, 1993, p. 9.

8. Stálin citado em Tarulis, op. cit., p. 154.

9. Alfred Erich Senn, *Lithuania 1940, Revolution from Above*. Nova York, 2007, p. 20.

10. Romuald Misiunas e Rein Taagepera, *The Baltic States: Years of Dependence 1940-1980*. Londres, 1983, pp. 15-6.

11. *Documents on German Foreign Policy, 1918-1945* (doravante *DGFP*), Série D, v. VIII. Washington, DC, 1954, n. 113, pp. 112-3.

12. Diário de Alfred Rosenberg, Museu Memorial do Holocausto dos Estados Unidos, p. 297. Disponível em: <www.ushmm.org>.

13. *DGFP*, op. cit., n. 213, p. 238.

14. Valdis Lumans, *Himmler's Auxiliaries: The Volksdeutsche Mittelstelle and the German National Minorities of Europe, 1933-1945*. Londres, 1993, p. 160.

15. Arved Freiherr von Taube, citado em Richards Olavs Plavnieks, "'Wall of Blood': The Baltic German Case Study The Baltic German Case Study in National Socialist Wartime Population Policy, 1939-1945", MA Thesis, University of North Carolina em Chapel Hill, 2009, p. 36, nota 73.

16. Dr. Wolfgang Wachtsmuth, citado em ibid., p. 37, nota 77.

17. *Himmler's Auxiliaries*, Lumans, op. cit., p. 160.

18. Werner von Glasenepp, citado em Plavnieks, op. cit., p. 39, nota 83.

19. Nikita Khruschóv, *Khrushchev Remembers*. Londres, 1971, p. 135.

20. *DGFP*, op. cit., n. 232 e 240, pp. 255, 267.

21. Citado em William R. Trotter, *A Frozen Hell: The Russo-Finnish Winter War of 1939-1940*. Chapel Hill, 2000, p. 18.

22. Citado em Robert Edwards, *White Death: Russia's War on Finland 1939-40*. Londres, 2006, p. 106.

23. Philip Jowett e Brent Snodgrass, *Finland at War 1939-1945*. Oxford, 2006, p. 6.

24. Trotter, op. cit., p. 34.

25. Ver Stéphane Courtois, *The Black Book of Communism: Crimes, Terror, Repression*. Cambridge, MA, 1999, p. 198.

26. Trotter, op. cit, p. 40.

27. Ibid., p. 72.

28. Edward Ward, *Despatches from Finland*. Londres, 1940, pp. 54-5.

29. Trotter, op. cit., pp. 169-70.

30. Ward, op. cit., p. 63.

31. Bair Irincheev, *War of the White Death*. Barnsley, 2011, p. 117.

32. Citado em Eloise Engel e Lauri Paananen, *The Winter War*. Londres, 1973, p. 103.

33. Sobre Häyhä, ver Roger Moorhouse, "The White Death". In: John L. Plaster (Org.), *The Sniper Anthology*. Londres, 2012, pp. 1-14.

34. Citado em Martin Gilbert, *Second World War*. Londres, 1989, p. 42.

35. Citado em Roy Jenkins, *Churchill*. Londres, 2001, p. 567.

36. *Daily Sketch*, 22 dez. 1939, citado em Edwards, op. cit., p. 232.

37. Estatísticas do ex-ministro de Defesa Juho Niukkanen, citado em Engel e Paananen, op. cit., pp. 153-7.

38. Seppo Myllyniemi, "Consequences of the Hitler-Stalin Pact for the Baltic Republics and Finland". In: Bernd Wegner (Org.), *From Peace to War: Germany, Soviet Russia and the World, 1939-1941*. Oxford, 1997, p. 86.

39. Khruschóv, op. cit., p. 136.

40. Frederick Taylor (Trad. e Org.), *The Goebbels Diaries, 1939-1941*. Londres, 1982, p. 59.

41. Citado em *DGFP*, op. cit., n. 526, p. 651.

42. Heinz Boberach (Org.), *Meldungen aus dem Reich: 1938-1945*. Herrsching, 1984, v. III, pp. 514, 524.

43. Ulrich von Hassell, *The Ulrich von Hassell Diaries, 1938-1944*. Londres, 2011, p. 61.

44. Hugh Gibson (Org.), *The Ciano Diaries: 1939-1943*. Nova York, 1946, pp. 174-5.

45. *DGFP*, op. cit., n. 423, p. 494, 6 dez. 1939.

46. Max Domarus, *Hitler: Speeches and Proclamations, 1932-1945*. Londres, 1997, v. III, pp. 1896-7.

47. Taylor (Trad. e Org.), op. cit., p. 46.

48. Tobias R. Philbin III, *The Lure of Neptune: German-Soviet Naval Collaboration and Ambitions, 1919-1941*. Columbia, SC, 1994, pp. 129-31.

49. Fontes do Ministério do Exterior alemão, citado em Gerd Überschär, *Hitler und Finnland: 1939-1941*. Wiesbaden, 1978, p. 91.

50. Khruschóv, op. cit., p. 137.

51. Trotter, op. cit., p. 216.

52. Ibid., p. 220.

53. David Kirby, *Finland in the Twentieth Century*. Londres, 1979, p. 128.

54. Trotter, op. cit., p. 263.

55. Khruschóv, op. cit., p. 139.

56. *Izvestia*, 1 nov. 1939.

57. Valdis Lumans, *Latvia in World War II*. Nova York, 2006, p. 80.

58. Leonas Sabaliu-nas, *Lithuania in Crisis: 1939-1940*. Londres, 1973, p. 158.

59. *Select Committee on Communist Aggression*. Washington, DC, 1954, v. III, p. 232.

60. A origem da confusão é o procedimento do Comitê Seleto de 1954, que publicou o texto da Instrução de Serov mas o rotulou como "Ordem 001223". A maioria dos escritores e historiadores desde então tem repetido o erro sobre essa questão.

61. Ivo Banac (Org.), *The Diary of Georgi Dimitrov 1933-1949*. New Haven e Londres, 2003, p. 120.

62. *Select Committee*, op. cit., p. 241.

63. Lumans, *Latvia*, op. cit., p. 85.

64. *Select Committee*, op. cit., p. 318.

65. Misiunas e Taagepera, op. cit., pp. 17-8, e Myllyniemi em Wegner (Org.), op. cit., p. 87.

66. A. A. Gromyko e B. N. Ponomareva (Orgs.), *Istoriya vneshney politiki SSSR*. Moscou, 1980, v. I, p. 393.

67. Alex Danchev e Daniel Todman (Orgs.), *War Diaries 1939-1945: Field Marshal Lord Alanbrooke*. Londres, 2001, p. 59.

68. Ver Karl-Heinz Frieser, *The Blitzkrieg Legend*. Annapolis, 2013.

69. *Izvestia*, 16 maio 1940.

70. *Select Committee*, op. cit., p. 319.

71. *Pravda*, 28 maio 1940, citado em *Select Committee*, op. cit., p. 241.

72. *Select Committee*, op. cit., p. 242.

73. Ibid., pp. 322-9, e Senn, op. cit., p. 93.

74. Os incidentes de Masļenki e Kaleva são relatados em fontes diplomáticas alemãs: *DGFP*, Série D, v. IX. Washington, DC, 1956, n. 439 e 458, pp. 574-5, 589.

75. Gabriel Gorodetsky, *Grand Delusion: Stalin and the German Invasion of Russia*. New Haven e Londres, 2001, p. 25.

76. Citado em Sandra Kalniete, *With Dance Shoes in Siberian Snows*. Riga, 2006, p. 43.

77. O original está no Museu da Ocupação, Riga. Disponível em: <http://www.e-okupaci-jasmuzejs.lv/#!/lv/eksponats/0328>.

78. *DGFP*, op. cit., n. 533, p. 688.

79. Citado em Misiunas e Taagepera, op. cit., pp. 25-6.

80. V. Stanley Vardys, "The Baltic States under Stalin: The First Experiences, 1940-41". In: Keith Sword (Org.), *The Soviet Takeover of the Polish Eastern Provinces 1939-41*. Londres, 1991, p. 277.

81. Citado em Misiunas e Taagepera, op. cit., p. 27.

82. Números do Museu da Ocupação, Riga, 9 out. 2012.

83. Números citados em Vardys, em Sword (Org.), op. cit., p. 278, e Misiunas e Taagepera, op. cit., p. 28, nota 28.

84. Khruschóv, op. cit., p. 131.

85. Misiunas e Taagepera, op. cit., p. 41, e Lumans, *Himmler's Auxiliaries*, op. cit., p. 170.

86. *DGFP*, op. cit., n. 465, pp. 595-6.

87. *DGFP*, Série D, v. x (Londres, 1957), n. 219, p. 286.

88. *DGFP*, Série D, v. IX, op. cit., n. 451, p. 583.

89. Elke Fröhlich (Org.), *Die Tagebücher von Joseph Goebbels*, Parte 1. Munique, 1998, v. 8, p. 233.

90. John Hiden, Vahur Made e David J. Smith (Orgs.), *The Baltic Question during the Cold War*. Londres, 2008, p. 39.

91. Citado em Dennis J. Dunn, *Caught Between Roosevelt & Stalin*. Kentucky, 1997, p. 118, e o texto de Sumner Welles está exibido no Museu da Ocupação, Riga.

92. Florin Constantiniu, *O istorie sincera a poporului român*. Bucareste, 2008, p. 361.

93. Nicholas Constantinesco, *Romania in Harm's Way, 1939-1941*. Nova York, 2004, p. 136.

94. Citado em Jane Degras (Org.), *Soviet Documents on Foreign Policy*. Londres, 1953, v. III, pp. 458-9.

95. Citado em Constantiniu, op. cit., p. 364.

96. Constantinesco, op. cit., p. 149.

97. Citado em Ioan Scurtu e Constantin Hlihor, *Anul 1940: drama românilor dintre Prut si Nistru*. Bucareste, 1992, p. 85.

98. Citado em Dinu Giurescu, *Romania in the Second World War*. Nova York, 2000, p. 24.

99. Lyn Smith (Org.), *Forgotten Voices of the Holocaust*. Londres, 2006, p. 91.

100. Khruschóv, op. cit., p. 145.

101. Citado em Degras (Org.), op. cit., p. 465.

102. Citado em Constantinesco, op. cit., p. 150.

103. Misiunas e Taagepera, op. cit., p. 25.

104. Sobre a sovietização dos Estados bálticos, ver ibid., pp. 25-40.

105. Kalniete, op cit., p. 47.

106. Peep Varju, "The Destruction of the Estonian Political Elite during the Soviet Occupation". In: *History Conference of the Estonian Memento Association*. Tallinn, 2007, p. 33.

107. Museu da Ocupação, Riga.

108. Leonas Sabaliu-nas, *Lithuania in Crisis: Nationalism to Communism, 1939-1940*. Londres, 1972, p. 204.

109. Bronis J. Kaslas, "The Lithuanian Strip in Soviet-German Diplomacy, 1939-1941". *Journal of Baltic Studies*, v. 4, n. 3, 1973, p. 217.

110. Alan Palmer, *Northern Shores*. Londres, 2005, p. 343.

111. Citado em Joseph Pajaujis-Javis, *Soviet Genocide in Lithuania*. Nova York, 1980, p. 36.

112. Arvīds Lasmanis, citado em Astrid Sics (Org.), *We Sang Through Tears: Stories of Survival in Siberia*. Riga, 1999, p. 140.

113. Vieda Skultans, *The Testimony of Lives: Narrative and Memory in Post-Soviet Latvia*. Londres, 1998, p. 188.

114. Números citados em Toomas Hiio, Meelis Maripuu e Indrek Paavle (Orgs.), *Estonia 1940--45: Reports of the Estonian Commission for the Investigation of Crimes Against Humanity*. Tallinn, 2006, p. 328; Artis Pabriks e Aldis Purs, *Latvia: The Challenges of Change*. Londres, 2013, p. 27; e Vardys, em Sword (Org.), op. cit., p. 286.

115. Ion Constantin e Valeriu Florin Dobrinescu, *Basarabia în anii celui de al doilea război mondial: 1939-1947*. Iași, 1995, p. 215.

116. Pajaujis-Javis, op. cit., p. 27.

117. Hiio, Maripuu e Paavle (Orgs.), op. cit., p. 309.

118. Ibid., p. 312.

119. Andrei Brezianu e Vlad Spânu, *Historical Dictionary of Moldova*. Londres, 2007, pp. 46-7.

120. Menachem Begin, *White Nights*. Tel Aviv, 1977, p. 81.

121. Anthony Read e David Fisher, *The Deadly Embrace*. Londres, 1988, p. 488.

122. Gorodetsky, op. cit., p. 33.

123. Read e Fisher, op. cit., p. 489.

124. Fröhlich (Org.), op. cit., pp. 196-7, 205.

125. Taylor (Trad. e Org.), op. cit., p. 124.

4. DESVIOS [pp. 131-64]

1. Kevin Morgan, *Harry Pollitt*. Manchester, 1993, p. 96.

2. *Daily Worker*, 23 ago. 1939, p. 3.

3. Ivo Banac (Org.), *The Diary of Georgi Dimitrov: 1933-1949*. New Haven e Londres, 2003, p. 114.

4. *Daily Worker*, 2 set. 1939, p. 3.

5. Harry Pollitt, *How to Win the War*. Londres, 1939, *passim*.

6. Douglas Hyde, *I Believed*. Adelaide, 1950, p. 68.

7. Citado em Nigel Jones, *Through a Glass Darkly: The Life of Patrick Hamilton*. Londres, 1991, p. 219.

8. Francis King e George Matthews (Orgs.), *About Turn: The British Communist Party and the Second World War*. Londres, 1990, p. 91.

9. Citado em King e Matthews, op. cit., pp. 69-70.

10. Ibid., pp. 73-7, *passim*.

11. Ibid., pp. 86-7.

12. Ibid., pp. 91-3, *passim*.

13. Ibid., pp. 197-209, *passim*.

14. "Communist Split", *The Times*, 12 out. 1939, p. 10.

15. George Orwell, "London Letter", 3 jan. 1941, em Peter Davison (Org.), *Orwell and Politics*. Londres, 2001, pp. 101-2.

16. Adolf Hitler, *Mein Kampf*. Londres, 1939, p. 538.

17. Eric Hobsbawm, *Interesting Times*. Londres, 2002, p. 153.

18. Norman Mackenzie e Jeanne Mackenzie (Orgs.), "The Wheel of Life". In: *The Diary of Beatrice Webb*. Londres, 1985, v. IV, pp. 438-40.

19. Ibid., p. 441.

20. Dorothy Sheridan (Org.), *Among You Taking Notes: The Wartime Diary of Naomi Mitchison 1939-1945*. Londres, 1985, p. 40.

21. Citado em Hyde, op. cit., p. 69.

22. Mackenzie (Orgs.), op. cit., pp. 444-5.

23. Hyde, op. cit., p. 71.

24. James Eaden e David Renton, *The Communist Party of Great Britain since 1920*. Basingstoke, 2002, p. 75.

25. Citado em Angus Calder, *The Myth of the Blitz*. Londres, 1991, p. 79.

26. Victor Gollancz, *Where are You Going?* Londres, 1940, pp. 1-2.

27. Ibid., p. 30.

28. Robert Gellately, *Lenin, Stalin and Hitler: The Age of Social Catastrophe*. Londres, 2007, p. 359.

29. Earl Browder, *Whose War Is It?* Nova York, 1939, pp. 7-8, 13.

30. Fraser Ottanelli, *The Communist Party of the United States*. New Brunswick, 1991, p. 198.

31. James G. Ryan, *Earl Browder: The Failure of American Communism*. Tuscaloosa, AL, 1997, p. 182.

32. Ver George Watson, "Hitler and the Socialist Dream". *Independent on Sunday*, 22 nov. 1998. Disponível em: <http://www.independent.co.uk/arts-entertainment/hitler-and-the-socialist--dream-1186455.html>.

33. Kingsley Martin, "The Man of Steel". *The New Statesman and Nation*, 9 dez. 1939.

34. Henry Brailsford, citado em George Watson, "The Eye-Opener of 1939". *History Today*, ago. 2004, p. 51.

35. Nigel West, *MI5: British Security Service Operations 1909-1945*. Londres, 1981, pp. 254-5.

36. A partir de uma declaração do "Bureau Politique" francês, citado em Edward Mortimer, *The Rise of the French Communist Party 1920-1947*. Londres, 1984, p. 281.

37. Adam Rajsky, *Nos Illusions Perdues*. Paris, 1985, p. 64. Texto em inglês de Wolfgang Leonhard, *Betrayal: The Hitler-Stalin Pact of 1939*. Nova York, 1989, pp. 110-1.

38. François Furet, citado em Gellately, op. cit., p. 358.

39. Leonhard, op. cit., p. 115.

40. Mortimer, op. cit., p. 292.

41. Citado em Allan Merson, *Communist Resistance in Nazi Germany*. Londres, 1985, p. 213.

42. Ilustrado pelos relatos contemporâneos sobre a opinião pública alemã em Heinz Boberach (Org.), *Meldungen aus dem Reich: 1938-1945*. Herrsching, 1985, pp. 400, 415, 365.

43. Erich Honecker, *From My Life*. Nova York, 1981, p. 102.

44. Leonhard, op. cit., pp. 96-7.

45. Egbert Krispyn, *Anti-Nazi Writers in Exile*. Atenas, GA, 2010, p. 72.

46. Citado em Klaus Völker, *Brecht: A Biography*. Londres, 1979, p. 265.

47. Anotação no diário de Brecht em 18 de setembro de 1939, citado em John Willett, *Brecht in Context*. Londres, 1984, p. 193.

48. Bertolt Brecht, *The Resistible Rise of Arturo Ui*. Londres, 2013, pp. 7, 59.

49. Katharine Hodgson, "The Soviet Union in the Svendborg Poems". In: Ronald Spiers (Org.), *Brecht's Poetry of Political Exile*. Cambridge, 2000, p. 79.

50. Citado em Horst Duhnke, *Die KPD von 1933 bis 1945*. Colônia, 1972, p. 343.

51. Citado em Gollancz, op. cit., pp. 30-5.

52. Citado em Duhnke, op. cit., p. 345.

53. *Rote Fahne*, "Macht Front gegen die imperialistischen Bestrebungen!", jun. 1940, reproduzido em Margot Pikarski e Günter Uebel, *Der Antifaschistische Widerstandskampf der KPD in Spiegel des Flugblattes 1933-1945*. Berlim, 1978.

54. Estatísticas citadas em Detlef Peukert, *Die KPD im Widerstand*. Wuppertal, 1980, p. 333 (nota).

55. Boberach (Org.), op. cit., p. 1305.

56. Hugh Trevor-Roper, em seu prefácio para Terence Prittie, *Germans against Hitler*. Londres, 1964, p. 13.

57. *Der Spiegel*, "Nachts kamen Stalin's Häscher", 42/1978.

58. Octavio Brandão, citado em Leonhard, op. cit., p. 17.

59. Citado em ibid., p. 16.

60. Ibid., p. 18.

61. Jesus Hernández, citado em ibid., p. 14.

62. Ruth von Mayenburg, *Blaues Blut und Rote Fahnen*. Munique, 1969, p. 268.

63. Citado em Leonhard, op. cit., p. 23.

64. Katerina Clark, *Moscow, The Fourth Rome*. Londres, 2011, p. 341.

65. Citado em Alfred Erich Senn, *Lithuania 1940, Revolution from Above*. Nova York, 2007, p. 66, nota 120.

66. Victor Kravchenko, *I Chose Freedom*. Nova York, 1946, p. 332.

67. Ibid., p. 333.

68. Leonhard, op. cit., p. 54.

69. Kravchenko, op. cit., p. 334.

70. Richard Taylor, *Film Propaganda: Soviet Russia and Nazi Germany*. Londres, 1998, p. 89.

71. Kyril Anderson, *Kremlevskij Kinoteatr, 1928-1953, Dokumenty*. Moscou, 2005, p. 539.

72. Citado em Terry Charman, *Outbreak 1939: The World Goes to War*. Londres, 2009, p. 52.

73. Clark, op. cit., p. 341.

74. "Val'Kiriia", *Pravda*, 23 nov. 1940, p. 4.

75. Charles E. Bohlen, *Witness to History, 1929-1969*. Nova York, 1973, p. 89.

76. Nikita Khruschóv, *Khrushchev Remembers*. Londres, 1971, p. 112.

77. Citado em Orlando Figes, *The Whisperers: Private Life in Stalin's Russia*. Londres, 2007, p. 374.

78. Ver Sarah Davies, *Popular Opinion in Stalin's Russia: Terror, Propaganda and Dissent, 1934--1941*. Cambridge, 1997, p. 97.

79. Ibid., p. 98.

80. Ibid., p. 99.

81. "The Russo-German Deal". *The Times*, 23 ago. 1939, p. 13.

82. "Portuguese Anger over Soviet-Nazi Pact", *The Times*, 28 ago. 1939, p. 9; e "Hungary suspends Judgment", *The Times*, 23 ago. 1939, p. 11.

83. Hugh Gibson (Org.), *The Ciano Diaries 1939-1943*. Nova York, 1946, p. 125.

84. Ibid., p. 131.

85. *Documents on German Foreign Policy, 1918-1945*, Série D, v. VII. Washington, DC, 1954, n. 183, p. 191.

86. Citado em Robert Skidelsky, *Oswald Mosley*. Londres, 1990, pp. 442-3.

87. Citado em West, op. cit., p. 128.

88. Richard Griffiths, *Patriotism Perverted*. Londres, 1998, p. 237.

89. Elke Fröhlich (Org.), *Die Tagebücher von Joseph Goebbels*, Parte 1. Munique, 1998, v. 7, p. 73.

90. Diário de Alfred Rosenberg, 22 de agosto de 1939, Museu Memorial do Holocausto dos Estados Unidos, p. 267. Disponível em: <www.ushmm.org>.

91. The National Archives, Kew, Londres (doravante TNA), CAB 65/4/22–123–4, Memorando do Foreign Office, 29 nov. 1939.

92. Diário de Rosenberg, 26 de agosto de 1939, op. cit., p. 277.

93. Citado no discurso de Hitler em Obersalzberg, em Anthony P. Adamthwaite, *The Making of the Second World War*. Londres, 1977, pp. 219-20.

94. Fritz Thyssen, *I Paid Hitler*. Londres, 1941, pp. 47, 56. Embora a autenticidade desse livro de memórias seja contestada, as cartas citadas aqui são genuínas.

95. *Völkischer Beobachter*, 25 de agosto de 1939, p. 1.

96. *Das Schwarze Korps*, 31 de agosto de 1939, p. 3.

97. *Völkischer Beobachter*, 1, 18 e 19 de setembro de 1939.

98. Diário de Rosenberg, a data da anotação não está clara, op. cit., p. 269.

99. *Völkischer Beobachter*, 26 de agosto de 1939, p. 8, e 3 de setembro de 1939, p. 9.

100. Daniil Granin, *Zubr*. Moscou, 1989, p. 125.

101. William Shirer, *This Is Berlin: Reporting from Germany 1938-1940*. Londres, 1999, p. 56.

102. Diário de Karl Neumann, 24 de agosto de 1939, mantido no Deutsches Tagebucharchiv, Emmendingen, ref: 1346/1,3.

103. Ruth Andreas-Friedrich, *Berlin Underground, 1938-1945*. Nova York, 1947, p. 45.

104. Rainer Hamm, memórias não publicadas, mantidas no Deutsches Tagebucharchiv, Emmendingen, p. 25, ref: 1815,3.

105. Victor Klemperer, *I Shall Bear Witness, 1933-1941*. Londres, 1998, p. 293.

106. Hans Gisevius, *To the Bitter End*. Nova York, 1998, p. 364.

107. Jürgen Förster, "The German Military's Image of Russia". In: Ljubica Erickson e Mark Erickson (Orgs.), *Russia: War, Peace and Diplomacy*. Londres, 2005, p. 122.

108. Heinz Guderian, *Panzer Leader*. Londres, 1952, pp. 84-5.

109. Ulrich von Hassell, *The Ulrich von Hassell Diaries, 1938-1944*. Barnsley, 2011, pp. 43, 40.

110. Diário de Rosenberg, 5 de outubro de 1939, op. cit., p. 307.

111. TNA, Memorando do Gabinete de Guerra, CAB/66/4/11, 7 de dezembro de 1939.

112. Charman, op. cit., pp. 48-9.

113. Hugh Trevor-Roper (Org.), *Hitler's Table Talk, 1941-1944*. Londres, 2000, p. 481.

114. David Welch, *Propaganda and the German Cinema: 1933-1945*. Londres, 2006, p. 212.

115. Charman, op. cit., p. 57.

116. Erik Levi, *Music in the Third Reich*. Londres, 1994, pp. 201-2.

117. *Hamburger Tageblatt*, anúncio para o "Coro Cossaco-Siberiano", 29 maio 1940, p. 7.

118. Ver *Deutsche Allgemeine Zeitung*, jun. 1941.

119. Morgan, op. cit., p. 117.

5. UMA CORTE RUDE E INCERTA [pp. 165-91]

1. Winston S. Churchill, *The Second World War*. Londres, 1989, p. 158.

2. Stephen Howarth, *August 1939*. Londres, 1989, p. 130.

3. The National Archives, Kew, Londres (doravante TNA), FO 371/23686/N 4146/243/38, 26 ago. 1939.

4. Henry "Chips" Channon, citado em Irene Taylor e Alan Taylor (Orgs.), *The Secret Annexe*. Londres, 2004, p. 436; Harold Nicolson, citado em Nigel Nicolson (Org.), *Harold Nicolson: Diaries and Letters 1930-1939*. Londres, 1966, p. 411; Sir Alexander Cadogan, citado em David Dilks (Org.), *The Diaries of Sir Alexander Cadogan 1938-1945*. Londres, 1971, p. 200.

5. Mass Observation Archive (doravante MOA), University of Sussex, arquivo de ago. 1941, ref: SxMOA1/2/25/4/A/3.

6. Ibid., ref: SxMOA1/2/25/4/A/3/6.

7. Keith Jeffery, *MI6: The History of the Secret Intelligence Service, 1909-1949*. Londres, 2010, p. 312.

8. Hugh Dundas, citado em Patrick Bishop, *Bomber Boys*. Londres, 2007, p. 103.

9. "The Russo-German Deal". *The Times*, 23 de agosto de 1939, p. 13.

10. Andrew Roberts, *The Holy Fox*. Londres, 1991, p. 2.

11. Edward Raczyński, *In Allied London*. Londres, 1962, p. 20.

12. Anthony Carty e Richard A. Smith, *Sir Gerald Fitzmaurice and the World Crisis*. Londres, 2000, p. 286, citando TNA, FO 371/23130/C12124.

13. Relatório de Alexander Cadogan, em FO 371/23130/C11884, citado em Carty e Smith, op. cit., p. 286, nota 139.

14. Graham Stewart, *His Finest Hours: The War Speeches of Winston Churchill*. Londres, 2007, pp. 17, 21.

15. Robert Rhodes James (Org.), *The Diaries of Sir Henry Channon*. Londres, 1967, p. 215.

16. Mass Observation Diarist, 5269-5, citado em Juliet Gardiner, *Wartime Britain: 1939-1945*. Londres, 2004, p. 5.

17. Walter Schellenberg, *Invasion 1940: The Nazi Invasion Plans for Britain*. Londres, 2000, p. 217.

18. Cartuns de Low: "Uncle Joe's Pawnshop", *Evening Standard*, 2 out. 1939; "Someone Is Taking Someone for a Walk", *Evening Standard*, 21 out. 1939.

19. "Stalin Shows His Hand". *The Times*, 18 set. 1939.

20. TNA, Gabinete de Guerra, CAB 65/1/18, 17 set. 1939, pp. 141-2.

21. Relatório de Alexander Cadogan em 23 set. 1939, citado em Paul W. Doerr, "'Frigid but Unprovocative': British Policy towards the USSR from the Nazi-Soviet Pact to the Winter War, 1939". *Journal of Contemporary History*, v. 36, n. 3, 2001, p. 428.

22. TNA, War Cabinet, CAB 65/1/34, 2 out. 1939, pp. 271-2.

23. Ibid., p. 272.

24. TNA, Memorando do Comitê de Chefes de Estado-Maior, CAB 66/2/24, 9 out. 1939, pp. 196-206.

25. Citado em Stewart, op. cit., pp. 20-1.

26. TNA, Gabinete de Guerra, CAB 65/1/57, 23 out. 1939, p. 478.

27. TNA, Gabinete de Guerra, CAB 65/2/45, 11 dez. 1939, p. 383.

28. Roberts, op. cit., p. 190.

29. Halifax, citado em Doerr, op. cit., p. 429.

30. TNA, Relatório Econômico Semanal de Guerra, CAB 68/4/39, 28 jan. 1940, p. 8.

31. TNA, Gabinete de Guerra, CAB 65/6/22, 29 mar. 1940, p. 187.

32. Citado em Patrick Osborn, *Operation Pike: Britain versus the Soviet Union, 1939-1941*. Londres, 2000, p. 121. O excelente livro de Patrick Osborn é a única autoridade nesse fascinante episódio.

33. Citado em TNA, Gabinete de Guerra, CAB 65/6/22, 29 mar. 1940, p. 188.

34. Citado em Jukka Nevakivi, *The Appeal That Was Never Made*. Londres, 1976, p. 109.

35. Charles Richardson, "French Plans for Allied Attacks on the Caucasus Oil Fields January-April 1940". *French Historical Studies*, v. 8, n. 1, 1975, p. 156.

36. Osborn, op. cit., p. 141.

37. Ibid., p. 147. Não é impossível, mas é improvável, que os aviões avistados fossem realmente Messerschmitt Bf-109s. Apenas cinco dessas aeronaves foram entregues à URSS, portanto, as chances de uma ser avistada em Baku eram escassas.

38. Citado em ibid., pp. 108-9.

39. Citado em Harry Hanak, "Sir Stafford Cripps as British Ambassador in Moscow, May 1940 to June 1941". *English Historical Review*, v. 94, n. 370, janeiro 1979, p. 55.

40. Citado em Osborn, op. cit., p. 148.

41. Richard Overy, *The Bombing War*. Londres, 2013, p. 267.

42. Hansard, 19 mar. 1940, citado em Osborn, op. cit., p. 118.

43. Citado em ibid., p. 247.

44. MOA, Diretiva de junho de 1939, ref: SxMOA1/1/6/8/36.

45. Paul Addison e Jeremy A. Crang (Orgs.), *Listening to Britain*. Londres, 2011, pp. 98, 130.

46. Ibid., p. 193.

47. Ibid., p. 222.

48. Ibid., pp. 289, 292.

49. Mary E. Glantz, *FDR and the Soviet Union*. Kansas, 2005, pp. 48, 51.

50. Robert Dallek, *Franklin D. Roosevelt and American Foreign Policy 1932-1945*. Oxford, 1995, p. 208.

51. Citado em ibid., p. 209.

52. Citado em Lynne Olson, *Those Angry Days: Roosevelt, Lindbergh, and America's Fight over World War Two, 1939-1941*. Nova York, 2013, p. 95.

53. Citado em Dallek, op. cit., p. 212.

54. Glantz, op. cit., p. 53.

55. Stephen Ambrose, *Rise to Globalism: American Foreign Policy since 1938*. Londres, 1991, pp. 5, 7.

56. Citado em Churchill, op. cit., p. 303.

57. Nigel West, *MI5: British Security Operations 1909-1945*. Londres, 1981, p. 126.

58. Texto citado em Aaron Goldman, "Defence Regulation 18B: Emergency Internment of Aliens and Political Dissenters in Great Britain during World War II". *Journal of British Studies*, v. 12, n. 2, maio 1973, p. 122.

59. Ibid., p. 129.

60. Gardiner, op. cit., p. 295.

61. Goldman, op. cit., p. 129.

62. Gardiner, op. cit., p. 300.

63. TNA, Gabinete de Guerra, CAB 65/11/25, 7 fev. 1940, p. 222.

64. TNA, FO 371/24844 5853, 23 jun. 1940, citado em Hanak, op. cit., p. 59.

65. Churchill, op. cit., p. 280.

66. Hanak, op. cit., p. 57.

67. Citado em Gabriel Gorodetsky, *Stafford Cripps' Mission to Moscow 1940-42*. Cambridge, 1984, p. 52.

68. Ibid., pp. 76, 78.

69. Stephen Dorril, *MI6: Inside the Covert World of Her Majesty's Intelligence Service*. Londres, 2002, p. 194.

70. TNA, FO 371/29464 1604, 22 out. 1940, citado em Hanak, op. cit., p. 66.

71. Hanak, op. cit., p. 67.

72. Ivan Maisky, *Memoirs of a Soviet Ambassador: The War 1939-1943*. Londres, 1967, p. 142.

73. Ibid., p. 143.

74. Laurence Collier, chefe do Departamento Norte do Foreign Office, citado em Gorodetsky, op. cit., p. 129.

75. Llewellyn Woodward, *British Foreign Policy in the Second World War*. Londres, 1970, v. I, p. 607.

76. Gorodetsky, op. cit., p. 131.

77. Ibid., p. 147

78. Ibid., p. 55.

79. Ibid., p. 76.

6. LUBRIFICANDO AS ENGRENAGENS DE GUERRA [pp. 192-223]

1. O *Prinz Eugen* encontraia seu fim em 1946, quando foi usado como um navio de teste para o teste atômico dos Estados Unidos no Atol de Bikini, antes de ser rebocado ao Atol de Kwajalein, onde emborcou.

2. Erich Raeder, *My Life*. Nova York, 1980, p. 199.

3. Citado em Walter Laqueur, *Russia and Germany: A Century of Conflict*. Londres, 1965, p. 123.

4. Estatística de ibid., p. 132, e Paul N. Hehn, *A Low Dishonest Decade*. Nova York, 2002, p. 246.

5. Estatísticas citadas em Hehn, op. cit., pp. 245-6.

6. Para detalhes da missão Kandelaki, ver Lew Besymenski, "Geheimmission in Stalins Auftrag?", *Vierteljahrshefte für Zeitgeschichte*, v. 40, n. 3 (1992), pp. 339-57.

7. Isso é sugerido pelo desertor da KGB Walter Krivitsky, *In Stalin's Secret Service*. Nova York, 2000, p. 196, e é relatado no estudo mais confiável, de Christopher Andrew e Oleg Gordievsky, *KGB: The Inside Story of its Foreign Operations from Lenin to Gorbachev*. Londres, 1990, p. 187.

8. Manfred Zeidler, "German-Soviet Economic Relations during the Hitler-Stalin Pact". In: Bernd Wegner (Org.), *From Peace to War: Germany, Soviet Russia and the World, 1939-1941*. Oxford, 1997, pp. 100-1.

9. Adam Tooze, *The Wages of Destruction*. Londres, 2006, p. 659.

10. Citado em ibid., p. 288.

11. William Carr, *Arms, Autarky and Aggression*. Londres, 1972, p. 106.

12. "Reich is Accelerating Inflation of Currency". *The New York Times*, 27 set. 1939, p. 1.

13. Tooze, op. cit., p. 296.

14. Max Domarus, *Hitler, Speeches and Proclamations, 1932-1945*. Londres, 1997, v. III, p. 1444.

15. Edward E. Ericson III, "Karl Schnurre and the Evolution of Nazi-Soviet Relations, 1936-
-1941". *German Studies Review*, v. 21, n. 2, maio 1998, p. 265.

16. Ibid., p. 268.

17. Richard Bessel, *Germany after the First World War*. Oxford, 1993, p. 41.

18. Zeidler in Wegner (Org.), op. cit., p. 98.

19. Ibid., p. 99.

20. Citado em Jane Degras (Org.), *Soviet Documents on Foreign Policy*. Oxford, 1953, v. III, p. 367.

21. Edward E. Ericson III, *Feeding the German Eagle: Soviet Economic Aid to Nazi Germany, 1933-1941*. Londres, 1999, pp. 71, 79.

22. Citado em Seweryn Bialer (Org.), *Stalin and His Generals: Soviet Military Memoirs of World War II*. Londres, 1970, p. 117.

23. Citado em ibid., p. 117.

24. Citado em ibid., p. 118.

25. Citado em ibid., p. 118.

26. Valentin Berezhkov, *At Stalin's Side*. Nova York, 1994, pp. 81-2.

27. Ver William Green e Gordon Swanborough, "Heinkel's High Speed Hoaxer: The Annals of the He-100". *Air Enthusiast*, jan.-abr. 1989.

28. Tobias R. Philbin III, *The Lure of Neptune: German-Soviet Naval Collaboration and Ambitions 1919-1941*. Columbia, SC, 1994, pp. 68-70.

29. Ericson, *Feeding the German Eagle*, op. cit., p. 125.

30. *Documents on German Foreign Policy, 1918-1945* (doravante *DGFP*), Série D, v. VIII. Washington, DC, 1954, pp. 472-5.

31. Ibid., telegrama de Ritter a Schulenburg, 11 dez. 1939, documento 442, pp. 516-7.

32. Ibid., telegrama de Ritter a Berlim, 27 dez. 1939, anexo do documento 487, p. 575.

33. Ibid., Memorando de Ribbentrop, 11 dez. 1939, documento 438, p. 513.

34. Ericson, *Feeding the German Eagle*, op. cit., p. 92.

35. Ibid., p. 98.

36. William Shirer, *Berlin Diary 1934-1941*, edição ilustrada. Londres, 1997, p. 131.

37. Ericson, *Feeding the German Eagle*, op. cit., p. 205.

38. *DGFP*, op. cit., telegrama de Ribbentrop a Schulenburg, 3 fev. 1940, documento, 594, p. 739.

39. Ibid., Texto do Acordo Comercial Germano-Soviético, 11 fev. 1940, documento 607, pp. 763-9.

40. *Izvestia*, 16 fev. 1940, p. 1.

41. Citado em Zeidler. In: Wegner (Org.), op. cit., p. 96.

42. *National-Zeitung*, citado em Bogdan Musial, *Stalins Beutezug*. Berlim, 2010, p. 27.

43. *DGFP*, op. cit., Memorando de Schnurre, 26 fev. 1940, documento 636, pp. 814-5.

44. Gustav Hilger e Alfred Meyer, *The Incompatible Allies: A Memoir-History of German-Soviet Relations, 1918-1941*. Nova York, 1953, p. 317.

45. *DGFP*, op. cit., Acordo Comercial, 11 fev. 1940, documento 607, pp. 763-4.

46. D. A. Sobolev e D. B. Khazanov, "Heinkel He-100 for the USSR". Disponível em: <www.airpages.ru/eng/ru/he100_2.shtml>.

47. Ver *DGFP*, op. cit., Acordo Comercial, documento 607, pp. 762-9, e Memorando de Schnurre, documento 636, pp. 814-7.

48. A oferta alemã de 152 milhões de Reichsmarks está em Ericson, *Feeding the German Eagle*, op. cit., p. 100; e o custo de construção do *Lützow* é dado como 83 590 000 Reichsmarks em Erich Gröner, *German Warships 1815-1945*. Londres, 1990, v. 1, p. 65.

49. *DGFP*, op. cit., Acordo Comercial, documento 607, p. 763.

50. Citação de Ericson, *Feeding the German Eagle*, op. cit., p. 115.

51. Estatística citada em ibid., tabela 1.6, p. 192.

52. Philbin, op. cit., p. 48.

53. Estatística citada em Ericson, *Feeding the German Eagle*, op. cit., tabela 1.5, p. 191.

54. Estatística citada em Heinrich Schwendemann, "German-Soviet economic relations at the time of the Hitler-Stalin Pact, 1939-1941". *Cahiers du Monde Russe*, XXXVI (1-2), jan.-jun. 1995, p. 176.

55. Ver estatística citada em Ericson, op. cit., tabela 4.1, p. 207. A porcentagem média mensal para julho-dezembro de 1940 para exportações alemãs à União Soviética é 67,6% do total.

56. Nikolai Tolstói, *Stalin's Secret War*. Londres, 1981, p. 188, citado em Andrew e Gordievsky, op. cit., p. 202.

57. Estatística citada em Ericson, *Feeding the German Eagle*, op. cit., tabela 3.2, p. 202, e Musial, op. cit., pp. 28-9.

58. Ericson, *Feeding the German Eagle*, op. cit., p. 207.

59. Ibid., tabela 4.1, p. 207, e Mark Harrison (Org.), *The Economics of World War II*. Cambridge, 1998, p. 10.

60. Estatística citada em Ericson, *Feeding the German Eagle*, op. cit., tabela 1.1, p. 187.

61. Zeidler em Wegner (Org.), op. cit., p. 110.

62. Estatística citada em Ericson, *Feeding the German Eagle*, op. cit., tabelas 1.3, 1.4, pp. 189-90.

63. O trabalho dos designers de engenharia Aleksandr Moskalyev e Arkhip Liul'ka respectivamente. Sobre o último, ver Mark Harrison (Org.), *Guns and Rubles: The Defense Industry in the Stalinist State*. New Haven, 2008, pp. 216-7.

64. Mark Harrison, *Soviet Planning in Peace and War*. Cambridge, 1985, pp. 30-1.

65. Musial, op. cit., pp. 36-40.

66. Ibid., pp. 53-4.

67. Estatística citada em Ericson, *Feeding the German Eagle*, op. cit., tabelas 3.1, 3.2, pp. 201-2, e Heinrich Hassmann, *Oil in the Soviet Union*. Princeton, 1953, tabela 37, p. 148.

68. Ericson, *Feeding the German Eagle*, op. cit., pp. 124, 130, nota 7.

69. Dietrich Eichholtz, *War for Oil: The Nazi Quest for an Oil Empire*. Washington, DC, 2012, p. 30.

70. Estatística citada em Harrison, *Soviet Planning*, op. cit., apêndice 2, p. 253.

71. *DGFP*, op. cit., documento 481, p. 564.

72. Burton Klein, *Germany's Economic Preparedness for War*. Harvard, 1953, p. 58.

73. Estatística citada em ibid., p. 45, e Ericson, *Feeding the German Eagle*, op. cit., tabela 3.3, p. 203.

74. Bernd C. Wagner, *IG Auschwitz: Zwangsarbeit und Vernichtung von Häftlingen des Lagers Monowitz 1941-1945*. Munique, 2000, p. 39.

75. Ibid., pp. 281-2.

76. Primo Levi, *Survival in Auschwitz*. Londres, 1996, p. 72.

77. Ver Roger Moorhouse, *Berlin at War: Life and Death in Hitler's Germany*. Londres, 2010, pp. 74-99.

78. Ericson, *Feeding the German Eagle*, op. cit., tabelas 3.5, 5.1, pp. 205, 210.

79. Ibid., p. 125.

80. Hilger e Meyer, op. cit., p. 317.

81. Andor Hencke, "Die deutsch-sowjetischen Beziehungen zwischen 1932 und 1941", protocolo não publicado, mantido no Institut für Zeitgeschichte, Munique, MA 1300/2, p. 32.

82. Yakovlev in Bialer (Org.), op. cit., p. 119.

83. Elke Fröhlich (Org.), *Die Tagebücher von Joseph Goebbels*, Parte 1. Munique, 1998, v. 8, p. 240.

84. Ericson, *Feeding the German Eagle*, op. cit., pp. 116, 120, nota 80.

85. Ibid., tabelas 2.1, 2.2, p. 195.

86. Ibid., pp. 135-6.

87. Zeidler. In: Wegner (Org.), op. cit., p. 108.

88. Berezhkov, op. cit., pp. 90-1.

89. Nikita Khruschóv, *Khrushchev Remembers*. Londres, 1971, p. 114.

90. Ericson, *Feeding the German Eagle*, op. cit., pp. 125, 130, nota 24.

91. Ibid., p. 126.

92. Citado em Gabriel Gorodetsky, *Grand Delusion: Stalin and the German Invasion of Russia*. New Haven e Londres, 1999, p. 24.

93. Zeidler. In: Wegner (Org.), op. cit., p. 103.

94. Gorodetsky, op. cit., p. 16.

95. Ver Bronis Kaslas, "The Lithuanian Strip in Soviet-German Secret Diplomacy, 1939-1941". *Journal of Baltic Studies*, v. 4, n. 3, 1973, pp. 211-25.

96. Geoffrey Roberts, *Stalin's Wars: From World War to Cold War, 1939-1953*. New Haven, 2006, p. 55.

97. Este aspecto é bem coberto em Gorodetsky, op. cit., pp. 23-47.

98. A transcrição da conversa Hitler-Mannerheim está em Ahti Jäntti e Marion Holtkamp (Orgs.), *Schicksalschwere Zeiten: Marschall Mannerheim und die deutsch-finnischen Beziehung 1939--1945*. Berlim, 1997, pp. 76-87. Traduzido do alemão para o inglês pelo autor.

99. *DGFP*, Série D, v. x. Londres, 1957, n. 13, pp. 12-3.

100. Citado em Gorodetsky, op. cit., p. 56.

101. Philbin, op. cit., pp. 122-5.

102. *Izvestia*, "Istoriya boevich korablei", 13 out. 1940, p. 1.

103. *DGFP*, Série D, v. ix. Washington, dc, 1956, pp. 291-7.

104. Ibid., pp. 353-4.

105. Citado em Gorodetsky, op. cit., p. 58.

7. CAMARADA "CU DE PEDRA" NO COVIL DA FERA FASCISTA [pp. 224-46]

1. Gustav Hilger e Alfred G. Meyer, *The Incompatible Allies*. Nova York, 1953, p. 322.

2. Ibid.

3. Valentin Berezhkov, *History in the Making: Memoirs of World War Two Diplomacy*. Moscou, 1983, p. 19.

4. Paul Schmidt, *Statist auf diplomatischer Bühne*. Wiesbaden, 1986, p. 514. Isso é contestado por testemunhas e consequentemente mal relatado por historiadores. Paul Schmidt, o intérprete de Hitler, relembra que apenas a *Marcha de apresentação* foi tocada, e que a *Internacional* foi evitada, por receio de que os berlinenses comunistas fossem tentados a participar. No entanto, o intérprete soviético Valentin Berezhkov afirma que o hino soviético *foi* tocado. Ver Berezhkov, *History*, op. cit., p. 20. As filmagens de cinejornal disponíveis on-line mostram a *Marcha de apresentação* claramente sendo tocada, portanto, considero o relato de Schmidt mais confiável.

5. Elke Fröhlich (Org.), *Die Tagebücher von Joseph Goebbels*, Parte 1. Munique, 1998, v. 8, p. 416.

6. Schmidt, *Statist*, op. cit., p. 515. É também referenciado na edição publicada em inglês do livro de memórias: Paul Schmidt, *Hitler's Interpreter*. Nova York, 1951, p. 209.

7. Karl-Heinz Janßen, "Wir müssen Freunde bleiben". *Die Zeit*, 14 jun. 1991.

8. O noticiário contemporâneo francês da chegada de Molotov tem 2'47", enquanto a versão alemã tem apenas 2'13". Ver <http://www.youtube.com/watch?feature=endscreen&v=2dPLEOC--uUo&NR=1> e <http://www.youtube.com/watch?v=LzanQARfV2Q>.

9. Felix Chuev e Albert Resis (Orgs.), *Molotov Remembers: Inside Kremlin Politics*. Chicago, 1993, pp. 16-7.

10. Berezhkov, *History*, op. cit., p. 21.

11. Ernst A. Busche, *Bellevue*. Leipzig, 2011, pp. 105-34.

12. Berezhkov, *History*, op. cit., p. 21.

13. Ibid., pp. 21-2.

14. Carta de Ribbentrop, citada em Rudolf von Ribbentrop, *Mein Vater: Joachim von Ribbentrop, Erlebnisse und Erinnerungen*. Graz, 2013, p. 318.

15. Citado em Albert Seaton, *Stalin as Warlord*. Londres, 1976, p. 94.

16. E não, como às vezes é citado, na Chancelaria do Reich ou no Palácio Bellevue. Ver Schmidt, *Interpreter*, op. cit., p. 210.

17. Schmidt, *Statist*, op. cit., p. 516.

18. Encontro Ribbentrop-Molotov, 12 nov. 1940, *Documents on German Foreign Policy, 1918--1945* (doravante *DGFP*), Série D, v. xi. Londres, 1961, pp. 533-7.

19. Ibid., p. 539.

20. Ibid., p. 541.

21. Schmidt, *Interpreter*, op. cit., p. 213.

22. Berezhkov, *History*, op. cit., p. 23.

23. Ibid.

24. Richard Overy, *The Dictators*. Londres, 2004, p. 20.

25. Citado em Gabriel Gorodetsky, *Grand Delusion: Stalin and the German Invasion of Russia*. New Haven e Londres, 1999, p. 74.

26. *DGFP*, op. cit., p. 544.

27. Chuev & Resis (Orgs.), op. cit., p. 15.

28. Schmidt, *Statist*, op. cit., p. 519.

29. *DGFP*, op. cit., p. 548.

30. Schmidt, *Interpreter*, op. cit., p. 520.

31. Berezhkov, *History*, op. cit., p. 25, e Schmidt, *Statist*, op. cit., p. 520.

32. *DGFP*, op. cit., pp. 548-9.

33. Valentin Berezhkov, *At Stalin's Side*. Nova York, 1994, pp. 157-8.

34. Chuev e Resis (Orgs.), op. cit., p. 20.

35. Ibid., p. 16.

36. "Perepiska V. M. Molotova so I. V. Stalinym. Noiabr 1940g". *Voennoistoricheskii zhurnal*, n. 9, 1992, p. 18, citado em Aleksandr M. Nekrich, *Pariahs, Partners, Predators: German-Soviet Relations, 1922-1941*. Nova York, 1997, p. 199.

37. Fröhlich (Org.), op. cit., p. 418.

38. *DGFP*, op. cit., pp. 550-3.

39. Ibid., p. 554.

40. Hans-Adolf Jacobsen (Org.), *The Halder War Diary 1939-1945*. Londres, 1988, p. 282.

41. *DGFP*, op. cit., p. 556.

42. Ibid., pp. 558-9.

43. Chuev e Resis (Orgs.), op. cit., p. 18.

44. *DGFP*, op. cit., pp. 559-60.

45. Ibid., p. 561.

46. Schmidt, *Statist*, op. cit., p. 523.

47. Chuev e Resis (Orgs.), op. cit., p. 16.

48. *DGFP*, op. cit., p. 562.

49. Berezhkov, *History*, op. cit., p. 42. Uma versão semelhante dessa permuta está relatada no registro das entrevistas pós-guerra com Molotov: ver Chuev e Resis (Orgs.), op. cit.

50. Schmidt, *Statist*, op. cit., p. 524.

51. *DGFP*, op. cit., pp. 564-5.

52. Ibid., p. 565.

53. Citado em Ribbentrop, op. cit., p. 319.

54. *DGFP*, op. cit., pp. 566-9.

55. Winston Churchill, *Their Finest Hour*. Londres, 1949, p. 516.

56. Registros de Ataques Aéreos de Berlim, reproduzidos em Wieland Giebel e Sven Felix Kellerhof (Orgs.), *Als die Tage zu Nächten wurden*. Berlim, 2003, p. 217.

57. O registro oficial do *DGFP* da discussão não faz menção a essa permuta, nem às memórias do intérprete presente, Gustav Hilger. A primeira menção a ela vem, via Stálin, de Churchill. Ver Churchill, op. cit., p. 518. É considerado por alguns como apócrifo.

58. Berezhkov, *History*, op. cit., p. 42.
59. Gorodetsky, op. cit., p. 76.
60. Citado em Walter Warlimont, *Inside Hitler's Headquarters: 1939-45*. Londres, 1964, p. 113.
61. Ibid., p. 135.
62. Ibid.
63. Jacobsen (Org.), op. cit., p. 260.
64. Citado em Gorodetsky, op. cit., p. 70.
65. Hugh Trevor-Roper (Org.), *Hitler's War Directives 1939-1945*. Londres, 1964, p. 86.
66. Jacobsen (Org.), op. cit., p. 286.
67. *DGFP*, op. cit., pp. 714-5.
68. Citado em Ribbentrop, op. cit., p. 320.
69. Gorodetsky, op. cit., p. 85.
70. "Fresh Tension Reported". *The New York Times*, 1 jan. 1941, p. 4.
71. Trevor-Roper (Org.), op. cit., p. 95.

8. MONTANDO NO TIGRE NAZISTA [pp. 247-83]

1. Ver William Brumfield, *Landmarks of Russian Architecture*. Nova York, 1997, p. 230.
2. *Pravda*, 22 dez. 1940, p. 5.
3. *Pravda*, 25 dez. 1940, p. 6, e 28 dez. 1940, p. 5.
4. A lista de participantes da conferência está disponível em: <http://militera.lib.ru/docs/da/sov-new-1940/90.html>.
5. General M. I. Kazakov, citado em Seweryn Bialer (Org.), *Stalin and His Generals: Soviet Military Memoirs of World War II*. Londres, 1970, p. 139.
6. O texto da apresentação de Meretskov está disponível em: <http://militera.lib.ru/docs/da/sov-new-1940/02.html> e no Arquivo Militar Russo (doravante RSMA), f. 4, Op. 18, 55, l. 3-45.
7. RSMA, f. 4, Op. 18, 56, l. 1-52.
8. Georgy Zhukov, *Reminiscences and Reflections*. Moscou, 1985, v. 1, pp. 220-1.
9. RSMA, f. 4, Op. 18, 56, l. 85-92.
10. Nikita Khruschóv, *Khrushchev Remembers*. Londres, 1971, pp. 145-6.
11. RSMA, f. 4, Op. 18, 59, l. 1-41.
12. Citado em Geoffrey Roberts, *Stalin's Wars: From World War to Cold War, 1939-1953*. Londres, 2008, p. 71.
13. O texto do discurso de Timoshenko está disponível em: <http://militera.lib.ru/docs/da/sov-new-1940/88.html>.
14. Gabriel Gorodetsky, *Grand Delusion: Stalin and the German Invasion of Russia*. New Haven e Londres, 1999, p. 124.
15. Citado em ibid., p. 125.
16. Ibid., pp. 125-6.
17. Simon Sebag Montefiore, *Stalin: The Court of the Red Tsar*. Londres, 2006, p. 302.
18. Ibid., p. 295.
19. Zhukov, op. cit., p. 224.

20. Ibid.

21. Citado em Bialer (Org.), op. cit., p. 144.

22. Montefiore, op. cit., p. 296.

23. Geoffrey Roberts, *Stalin's General: The Life of Georgy Zhukov*. Londres, 2012, pp. 91-2, 97.

24. Citado em Hugh Trevor-Roper (Org.), *Hitler's War Directives 1939-45*. Londres, 1964, p. 129 e disponível em: <http://avalon.law.yale.edu/imt/12–10–45.asp>, p. 339.

25. Albert Seaton, *Stalin as Warlord*. Londres, 1976, p. 94.

26. Ibid., p. 95.

27. Valentin Berezhkov, *At Stalin's Side*. Nova York, 1994, p. 53.

28. Zhukov, op. cit., p. 234.

29. John Erickson, *The Soviet High Command: A Military-Political History, 1918-1941*. Londres, 1962, p. 557.

30. Zhukov, op. cit., p. 234.

31. Roberts, *Zhukov*, op. cit., p. 92.

32. Neil Short, *The Stalin and Molotov Lines: Soviet Western Defences, 1928-41*. Oxford, 2008, p. 38.

33. David Glantz, *The Military Strategy of the Soviet Union: A History*. Londres, 1993, p. 75.

34. Gorodetsky, op. cit., p. 242.

35. Robert E. Tarleton, "What Really Happened to the Stalin Line?". *Journal of Slavic Military Studies*, v. 6, n. 1, 1993, p. 43.

36. Short, op. cit., p. 14.

37. Citado em Gorodetsky, op. cit., p. 242.

38. Citado em Edward E. Ericson III, *Feeding the German Eagle: Soviet Economic Aid to Nazi Germany, 1933-1941*. Londres, 1999, p. 147.

39. Ibid., p. 149.

40. Citado em Manfred Zeidler, "German-Soviet Economic Relations during the Hitler-Stalin Pact". In: Bernd Wegner (Org.), *From Peace to War: Germany, Soviet Russia and the World, 1939--1941*. Oxford, 1997, pp. 108-9.

41. Citado em Ericson, op. cit., p. 160.

42. Heinrich Schwendemann, "German-Soviet Economic Relations at the Time of the Hitler--Stalin Pact 1939-1941". *Cahiers du Monde Russe*, XXXVI (1-2), jan.-jun. 1995, p. 167.

43. Zeidler em Wegner (Org.), op. cit., p. 110.

44. Ericson, op. cit., p. 160.

45. J. B. Hoptner, *Yugoslavia in Crisis: 1934-1941*. Nova York, 1962, p. 240.

46. Gorodetsky, op. cit., p. 142.

47. Citado em Trevor-Roper (Org.), op. cit., p. 107.

48. Frederick Taylor (Trad. e Org.), *The Goebbels Diaries, 1939-1941*. Londres, 1982, p. 307.

49. O texto do Pacto de Neutralidade Soviético-Japonês está disponível em: <http://avalon. law.yale.edu/wwii/s1.asp>.

50. Citado em Gorodetsky, op. cit., p. 199.

51. Citado em Montefiore, op. cit., p. 308.

52. Taylor (Trad. e Org.), op. cit., p. 315.

53. O texto do Pacto Anti-Comintern está disponível em: <http://avalon.law.yale.edu/wwii/tri1.asp>.

54. Ivo Banac (Org.), *The Diary of Georgi Dimitrov: 1933-1949*. New Haven e Londres, 2003, pp. 155-6.

55. Gorodetsky, op. cit., p. 200.

56. Zhores A. Medvedev e Roy A. Medvedev, *The Unknown Stalin*. Londres, 2006, p. 222.

57. David E. Murphy, *What Stalin Knew: The Enigma of Barbarossa*. New Haven, 2005, p. 170.

58. Discurso formado pelo relato de várias testemunhas, tais como Walter Warlimont, *Inside Hitler's Headquarters: 1939-45*. Londres, 1964, pp. 160-2 e Nicolaus von Below, *At Hitler's Side: The Memoirs of Hitler's Luftwaffe Adjutant, 1937-1945*. Londres, 2004, pp. 91-3. Uma avaliação interessante dos vários relatos está em Jürgen Förster & Evan Mawdsley, "Hitler and Stalin in Perspective: Secret Speeches on the Eve of Barbarossa". *War in History*, v. 11, n. 1, 2004.

59. Citado em Förster e Mawdsley, op. cit., p. 76.

60. Below, op. cit., p. 92.

61. Ibid.

62. Pavel Sudoplatov, *Special Tasks*. Londres, 1994, p. 117.

63. Medvedev e Medvedev, op. cit., p. 218.

64. M. J. Broekmeyer, *Stalin, the Russians, and Their War: 1941-1945*. Madison, WI, 2004, p. 21.

65. Vyacheslav Malyshev, citado em Medvedev e Medvedev, op. cit., p. 219.

66. Citado em Broekmeyer, op. cit., p. 21.

67. Citado em Förster e Mawdsley, op. cit., pp. 101-2.

68. Citado em Broekmeyer, op. cit., p. 22.

69. *Pravda*, 6 maio 1941, p. 1.

70. A melhor análise do discurso e as várias fontes estão em Förster e Mawdsley, op. cit., pp. 61-103.

71. Uma teoria popularizada pelo autor russo Viktor Suvorov.

72. Ver, por exemplo, Gorodetsky, op. cit., p. 208.

73. Medvedev e Medvedev, op. cit., p. 221.

74. Taylor (Trad. e Org.), op. cit., p. 364.

75. Ver Lothar Kettenacker, "Mishandling a Spectacular Event: The Rudolf Hess Affair". In: David Stafford (Org.), *Flight from Reality: Rudolf Hess and His Mission to Scotland, 1941*. Londres, 2002, pp. 19-37.

76. Citado em David Dilks (Org.), *The Diaries of Sir Alexander Cadogan, 1938-1945*. Londres, 1971, p. 382.

77. Citado em Robert Service, *Spies and Commissars: The Bolshevik Revolution and the West*. Londres, 2011, p. 184.

78. Nikita Khruschóv, *Khrushchev Remembers*. Londres, 1971, p. 116.

79. Livro de memórias de Yury Chadayev, citado em S. Berthon e J. Potts, *Warlords*. Nova York, 2006, p. 72.

80. Sobre a reação soviética à história de Hess, ver John Erickson, "Rudolf Hess: A Post-Soviet Postscript". In: Stafford (Org.), op. cit., pp. 38-60.

81. Citado em Zhukov, op. cit., p. 268.

82. Roberts, *Zhukov*, op. cit., p. 91.

83. Citado em Seaton, op. cit., p. 95.

84. Gorodetsky, op. cit., p. 244.

85. Citado em Roberts, *Zhukov*, op. cit., p. 93.

86. Neil Short, *The Stalin and Molotov Lines: Soviet Western Defences, 1928-41*. Oxford, 2008, pp. 39, 41.

87. Zhukov, op. cit., pp. 263-4.

88. Ericson, op. cit., p. 170.

89. Schwendemann, op. cit., p. 168.

90. Kuznetzov em Bialer (Org.), op. cit., p. 191.

91. Ericson, op. cit., p. 172.

92. Citado em ibid., p. 162.

93. Citado em Robert Service, *Stalin*. Londres, 2008, p. 405.

94. Taylor (Trad. e Org.), op. cit., p. 414.

95. Alfred Gottwaldt e Diana Schulle, *Die "Judendeportationen" aus dem Deutschen Reich 1941-1945*. Wiesbaden, 2005, p. 51.

96. Christopher Browning, *The Origins of the Final Solution: The Evolution of Nazi Jewish Policy, 1939-1942*. Londres, 2005, p. 90.

97. Saul Friedländer, *The Years of Extermination: Nazi Germany and the Jews, 1939-1945*. Londres, 2007, p. 139.

98. Citado em Herbert Rosenkranz, *Verfolgung und Selbstbehauptung: Die Juden in Österreich, 1938-1945*. Viena, 1978, p. 262.

99. Citado em Friedländer, op. cit., p. 166.

100. Browning, op. cit., pp. 102-3.

101. Dumitru Nimigeanu, *Însemările unui ţăran deportat din Bucovina*. Bucareste, 2006, p. 26.

102. Testemunho dado em K. Pelékis, *Genocide: Lithuania's Threefold Tragedy*. Alemanha, 1949, p. 47.

103. Nimigeanu, op. cit., pp. 31-2.

104. Ordem de Guzevičius, 28 nov. 1940, citado em *Select Committee on Communist Aggression*. Washington, DC, 1954, v. III, pp. 470-2.

105. Arquivo Letão. Fundo n. 1987, n. 1 – Madona, caso n. 16272, p. 2. Com agradecimentos a Nauris Larmanis por fornecer a documentação e a tradução.

106. Arvydas Anušauskas, *Terror and Crimes against Humanity: The First Soviet Occupation, 1940-1941*. Vilna, 2006, p. 72.

107. As "Instruções de Serov", texto citado em Aleksandras Shtromas, *Totalitarianism and the Prospects for World Order*. Oxford, 2003, p. 292.

108. Citado em Astrid Sics (Org.), *We Sang Through the Tears: Stories of Survival in Siberia*. Riga, 1999, p. 72.

109. Citado em Kristi Kukk e Toivo Raun (Orgs.), *Soviet Deportations in Estonia: Impact and Legacy*. Tallinn, 2007, p. 165.

110. Citado em Tadeusz Piotrowski (Org.), *The Polish Deportees of World War Two: Recollections of Removal to the Soviet Union and Dispersal Throughout the World*. Londres, 2004, p. 30.

111. Lidija Vilnis, em Sics (Org.), op. cit., p. 91.

112. Sandra Kalniete, *With Dance Shoes in Siberian Snows*. Riga, 2006, p. 62.

113. Nicolae Enciu, "12-13 iunie. Primele deportari staliniste". *Art-Emis*, revista on-line. Disponível em: <http://www.art-emis.ro/istorie/1642-12-13-iunie-primele-deportari-staliniste.html>.

114. Citado em Kukk & Raun (Orgs.), op. cit., p. 204.

115. Herta Kaļiņina, citada em Sics (Org.), op. cit., p. 73.

116. Citado em Kukk e Raun (Orgs.), op. cit., p. 167.

117. Mela-nija Vanaga, em Sics (Org.), op. cit., p. 60.

118. Estatística citada em Romuald Misiunas e Rein Taagepera, *The Baltic States: Years of Dependence 1940-1980*. Londres, 1983, p. 42.

119. Comissão para Estudo e Avaliação do regime comunista totalitário em Moldova, *Moldovenii sub teroarea bolşevică*, 2010. Disponível em: <http://www.scribd.com/doc/51121384/Moldovenii--sub-teroarea-bol%C5%9Fevic%C4%83>, p. 40.

120. Este número, como muitos outros das deportações, é contestado e vem de Keith Sword, *Deportation and Exile: Poles in the Soviet Union 1939-48*. Basingstoke, 1994, p. 26. Um número muito menor, de 22353, é citado em Timothy Snyder, *Bloodlands: Europe between Hitler and Stalin*. Londres, 2010, p. 151.

121. Citado em Erickson, *Soviet High Command*, op. cit., p. 574.

122. Citado em Winston Churchill, *The Second World War*. Londres, 1989, p. 452.

123. Citado em John Lukacs, *June 1941: Hitler and Stalin*. New Haven, 2006, pp. 78-9.

124. Felix Chuev e Albert Resis (Orgs.), *Molotov Remembers: Inside Kremlin Politics*. Chicago, 1993, p. 31.

125. Ruth Andreas-Friedrich, *Berlin Underground, 1938-1945*. Nova York, 1947, pp. 67-8.

126. Montefiore, op. cit., p. 313.

127. Citado em Gorodetsky, op. cit., p. 299.

128. Fediuninskii citado em Bialer (Org.), op. cit., p. 241.

129. Mihai Sebastian, *Journal 1935-1944*. Londres, 2003, p. 369.

130. Detalhes citados em uma entrevista com o historiador Arsan Martirosyan em *Komsomols-kaya Pravda*, 20 jun. 2011. Disponível em: <http://www.kp.ru/daily/25706/906806/>.

131. Wolfgang Leonhard, "Wer war Alfred Liskow, und was hatte er mit Dimitroff zu tun?", *Frankfurter Allgemeine Zeitung*, n. 278, 29 nov. 2000.

132. Gorodetsky, op. cit., p. 309.

133. Ver ibid., pp. 311-3, e Montefiore, op. cit., pp. 323-4.

9. NÃO HÁ HONRA ENTRE LADRÕES [pp. 284-319]

1. John Erickson, *The Road to Stalingrad*. Londres, 1993, pp. 115-6.

2. Valentin Berezhkov, citado em Seweryn Bialer (Org.), *Stalin and His Generals: Soviet Military Memoirs of World War II*. Londres, 1970, pp. 217-8.

3. Max Domarus, *Hitler: Reden und Proklamationen 1932-1945*. Wiesbaden, 1973, v. III, pp. 1731-2, texto em inglês do *The New York Times*, 23 jun. 1941.

4. Frederick Taylor (Trad. e Org.), *The Goebbels Diaries, 1939-1941*. Londres, 1982, pp. 424-5.

5. John Colville, *The Fringes of Power: Downing Street Diaries 1939-1955*. Londres, 1985, p. 481.

6. Anthony Eden, *The Eden Memoirs: The Reckoning*. Londres, 1965, p. 270.

7. Winston S. Churchill, *The Second World War* (edição resumida). Londres, 1959, p. 455.

8. Anatoly Liberman (Trad. e Org.), *Mikhail Lermontov: Major Poetical Works*. Minneapolis, 1983, p. 101.

9. Alexander Nekrich, *1941 22 iiunia*. Moscou, 1995, p. 204.

10. Constantine Pleshakov, *Stalin's Folly*. Londres, 2005, p. 6.

11. Citado em Bialer (Org.), op. cit., p. 197.

12. Rodric Braithwaite, *Moscow 1941*. Londres, 2006, p. 79.

13. Ivo Banac (Org.), *The Diary of Georgi Dimitrov, 1933-1949*. New Haven e Londres, 2003, p. 166.

14. Citado em Catherine Merridale, *Ivan's War: The Red Army 1939-1945*. Londres, 2005, p. 77, e Geoffrey Roberts, *Molotov: Stalin's Cold Warrior*. Washington, DC, 2012, p. 51. Texto também disponível em: <http://www.emersonkent.com/speeches/our_cause_is_just.htm>.

15. Citado em Braithwaite, op. cit., p. 75.

16. Citado em David Glantz, *Barbarossa: Hitler's Invasion of Russia 1941*. Stroud, 2001, pp. 242-3.

17. Pleshakov, op. cit., p. 130.

18. Erickson, op. cit., p. 129.

19. Citado em Merridale, op. cit., p. 76.

20. Christer Bergström, *Barbarossa — The Air Battle: July-December 1941*. Londres, 2007, p. 20.

21. Nicolaus von Below, *At Hitler's Side: The Memoirs of Hitler's Luftwaffe Adjutant, 1937--1945*. Londres, 2004, p. 107.

22. Simon Sebag Montefiore, *Stalin: The Court of the Red Tsar*. Londres, 2003, p. 326.

23. Glantz, op. cit., p. 36.

24. Steven J. Zaloga, *T-34/76 Medium Tank 1941-45*. Oxford, 1994, p. 12.

25. Relato da 1ª Divisão Panzer, citado em Paul Carell, *Hitler Moves East: 1941-1943*. Boston, 1964, p. 23.

26. Zaloga, op. cit., p. 12.

27. Stephen Zaloga e James Grandsen, *Soviet Tanks and Combat Vehicles of World War Two*. Londres, 1984, p. 127.

28. R. Tarleton, "What Really Happened to the Stalin Line?" (Parte II), *Journal of Slavic Military Studies*, v. 6, n. 1, mar. 1993, p. 51.

29. J. E. Kaufmann e Robert M. Jurga, *Fortress Europe: European Fortifications of World War Two*. Londres, 1999, p. 362.

30. Heinz Guderian, *Panzer Leader*. Londres, 1952, pp. 146-7.

31. Christian Ganzer e Alena Paškovič, "'Heldentum, Tragik, Tapferkeit': Das Museum der Verteidigung der Brester Festung". *Osteuropa*, 60. Jg., 12/2010, pp. 81-96.

32. Glantz, op. cit., p. 80.

33. Ver acima, pp. 212-3. As reservas totais alemãs no período de 1939-41 somavam cerca de 8 milhões de toneladas, das quais a URSS havia fornecido aproximadamente 1 milhão.

34. Edward E. Ericson III, *Feeding the German Eagle: Soviet Economic Aid to Nazi Germany, 1933-1941*. Londres, 1999, p. 179.

35. Alexander Yakovlev em Bialer (Org.), op. cit., p. 170.

36. Tobias Philbin, *The Lure of Neptune: German-Soviet Naval Collaboration and Ambitions, 1919-1941*. Columbia, SC, 1994, p. 128.

37. Citado em Geoffrey Roberts, *Stalin's Wars: From World War to Cold War 1939-1953*. Londres, 2006, p. 85.

38. Romuald Misiunas e Rein Taagepera, *The Baltic States: Years of Dependence 1940-1990*. Londres, 1983, p. 48.

39. Boris Takk, citado em Ene Kõresaar (Org.), *Soldiers of Memory: World War II and Its Aftermath in Estonian Post-Soviet Life Stories*. Nova York, 2011, p. 188.

40. Valdis Lumans, *Latvia in World War II*. Nova York, 2006, p. 155.

41. Lvov a partir de Merridale, op. cit., p. 83, e Kovel from Alexander Werth, *Russia at War, 1941-1945*. Londres, 1964, p. 149.

42. Merridale, op. cit., pp. 79-81.

43. Citado em Braithwaite, op. cit., p. 77.

44. Hans von Luck, *Panzer Commander*. Londres, 1989, p. 70.

45. Braithwaite, op. cit., p. 85.

46. Citado em Merridale, op. cit., p. 82.

47. William Spahr, *Stalin's Lieutenants: A Study of Command under Duress*. Novato, CA, 1997, p. 265.

48. Colonel I. T. Starinov, citado em Bialer (Org.), op. cit., p. 237.

49. Georgi Zhukov, *Reminiscences and Reflections*. Moscou, 1985, v. 1, p. 309, e Montefiore, op. cit., p. 330.

50. Geoffrey Roberts, *Stalin's General: The Life of Georgy Zhukov*. Londres, 2012, pp. 106-7.

51. Mikoyan, citado em Montefiore, op. cit., p. 330.

52. Ver, por exemplo, Jonathan Lewis e Phillip Whitehead, *Stalin: A Time for Judgement*. Nova York, 1990, e Alan Bullock, *Hitler and Stalin: Parallel Lives*. Londres, 1991.

53. Zhores A. Medvedev e Roy A. Medvedev, *The Unknown Stalin*. Londres, 2006, p. 232.

54. Ver, por exemplo, Montefiore, op. cit., p. 332.

55. A tradução em inglês do discurso de Stálin de 3 jul. 1941 está disponível em: <http://www.ibiblio.org/pha/policy/1941/410703a.html>.

56. Tenente-general Ivan Boldin, vice-comandante de Pavlov, citado em Werth, op. cit., pp. 157-8.

57. Erickson, op. cit., p. 176.

58. Citado em Robert Gellately, *Lenin, Stalin and Hitler: The Age of Social Catastrophe*. Londres, 2007, p. 478.

59. Michael Parrish, *The Lesser Terror: Soviet State Security, 1939-1953*. Londres, 1996, p. 77.

60. Ibid., p. 81.

61. Karel Berkhoff, *Harvest of Despair: Life and Death in Ukraine under Nazi Rule*. Cambridge, MA, 2004, p. 14.

62. Citado em Bogdan Musial, *Konterrevolutionäre Elemente sind zu erschießen*. Berlim, 2000, p. 101.

63. Grzegorz Hryciuk, "Victims 1939-1941: The Soviet Repressions in Eastern Poland". In: Elazar Barkan, Elizabeth A. Cole e Kai Struve (Orgs.), *Shared History, Divided Memory: Jews and Others in Soviet-Occupied Poland, 1939-1941*. Leipzig, 2007, pp. 193-4.

64. Relato da Comissão de História da Estônia, Fase I, *The Soviet Occupation of Estonia in 1940--1941*, p. 14. Disponível em: <http://www.mnemosyne.ee/hc.ee/pdf/conclusions_en_1940–1941.pdf>.

65. *The Rainiai Tragedy: A Forgotten Soviet War Crime*. Vilna, 2007, p. 12. Disponível em: <http://www.e-library.lt/resursai/Mokslai/LRS%20mokslininkai/V.Landsbergis/Rainiai/Rainiai_EN_Book.p df>.

66. Arquivo Nacional Romeno, f. 680, inv. 1, d. 4232, p. 3, f. 545-546, citado em Iulian Chifu, *Basarabia sub ocupatie sovietica si tentative contemporane de revenire sub tutela Moscovei*. Bucareste, 2004, p. 86.

67. Musial, op. cit., pp. 97, 138.

68. Para detalhes, ver ibid., p. 102 e passim.

69. Citado em ibid., p. 115.

70. Lumans, op. cit., p. 138.

71. *Rainiai Tragedy*, op. cit., p. 9.

72. Relatório da Comissão de História da Estônia, op. cit., p. 14.

73. Hryciuk, op. cit., p. 183. Um número mais alto, de 20 mil a 30 mil, é dado por Musial, op. cit., p. 138.

74. Jan Gross, *Revolution from Abroad*. Princeton, 1988, p. 228.

75. Ernst Klee, Volker Reiss e Willi Dressen (Orgs.), *"Schöne Zeiten" Judenmord aus der Sicht der Täter und Gaffer*. Frankfurt am Main, 1988, pp. 35-6.

76. Ibid., p. 39.

77. Timothy Snyder, *Bloodlands*. Londres, 2010, p. 192.

78. Musial, op. cit., p. 172.

79. Ibid., pp. 177, 179.

80. Citado em ibid., p. 188.

81. Wendy Lower, "'Anticipatory Obedience' and the Nazi Implementation of the Holocaust in the Ukraine: A Case Study of Central and Peripheral Forces in the Generalbezirk Zhytomyr, 1941-1944". *Holocaust and Genocide Studies*, v. 16, n. 1, 2002.

82. Citado em Richard Rhodes, *Masters of Death*. Oxford, 2002, p. 45.

83. Geoff Swain, *Between Stalin and Hitler: Class War and Race War on the Dvina*. Londres, 2004, p. 40.

84. Zvi Gitelman (Org.), *Bitter Legacy: Confronting the Holocaust in the USSR*. Bloomington, 1997, p. 266.

85. Klee et al., op. cit., p. 39.

86. Citado em Andrew Ezergailis, *The Holocaust in Latvia 1941-1945*. Riga, 1996, p. 104.

87. Snyder, op. cit., p. 194.

88. Henry W. Flannery, *Assignment to Berlin*. Londres, 1942, p. 259.

89. Victor Klemperer, *I Shall Bear Witness*. Londres, 1998, p. 373.

90. Marie Vassiltchikov, *The Berlin Diaries of Marie "Missie" Vassiltchikov: 1940-45*. Londres, 1985, p. 55.

91. Ruth Andreas-Friedrich, *Berlin Underground, 1938-1945*. Nova York, 1947, p. 68.

92. Citado em "Himmler Letters: 'I am travelling to Auschwitz. Kisses. Your Heini'". *Daily Telegraph*, 26 jan. 2014. Disponível em: <http://www.telegraph.co.uk/news/worldnews/europe/germany/10597344/Himmler-letters-I-am-travelling-to-Auschwitz.-Kisses.-Your-Heini.html>.

93. Entrevista do autor com Leopold Gernhardt, abr. 2008. Ver também Roger Moorhouse, "The Nazi Final". *BBC History Magazine*, jun. 2008.

94. Andreas-Friedrich, op. cit., p. 68.

95. Heinz Kühnrich, *Die KPD im Kampf gegen die faschistische Diktatur 1933-1945*. Berlim, 1987, p. 180.

96. Citado em Braithwaite, op. cit., p. 75.

97. Discurso de Molotov citado em Werth, op. cit., p. 163; vox pop citado em Braithwaite, op. cit., p. 80.

98. Werth, op. cit., pp. 177-8.

99. Ibid., p. 168.

100. Alex Danchev e Daniel Todman (Orgs.), *War Diaries 1939-1945: Field Marshal Lord Alanbrooke*. Londres, 2001, p. 166.

101. Nigel Nicolson (Org.), *Diaries and Letters of Harold Nicolson*. Londres, 1970, p. 173.

102. Churchill, op. cit., p. 462; Eden, op. cit., p. 270.

103. Nicolson, op. cit., p. 173; Danchev e Todman (Orgs.), op. cit., p. 166.

104. Gabriel Gorodetsky, *Stafford Cripps' Mission to Moscow, 1940-42*. Cambridge, 1984, p. 168.

105. Joseph P. Lash, *Roosevelt and Churchill, 1939-1941: The Partnership that Saved the West*. Londres, 1977, p. 343.

106. Citado em Graham Stewart, *His Finest Hours: The War Speeches of Winston Churchill*. Londres, 2007, pp. 102-5.

107. Nicolson (Org.), op. cit., p. 173.

108. Colville, op. cit., p. 480.

109. Richard Toye, *The Roar of the Lion*. Londres, 2013, pp. 107-8.

110. Citado em ibid., p. 108.

111. John Mahon, *Harry Pollitt: A Biography*. Londres, 1976, p. 269.

112. Citado em Lynne Olson, *Those Angry Days: Roosevelt, Lindbergh, and America's Fight over World War Two, 1939-1941*. Nova York, 2013, p. 346.

113. Ivan Maisky, *Memoirs of a Soviet Ambassador: The War 1939-1943*. Londres, 1967, p. 172.

114. Glantz, op. cit., pp. 40, 45, 53.

115. Maisky, op. cit., p. 172.

116. Anna Cienciala, "General Sikorski and the Conclusion of the Polish-Soviet Agreement of July 30, 1941: A Reassessment". *Polish Review*, v. 41, n. 4, 1996, p. 413.

117. Halik Kochanski, *The Eagle Unbowed: Poland in World War Two*. Londres, 2012, p. 166.

118. David Dilks (Org.), *The Diaries of Sir Alexander Cadogan, 1938-1945*. Londres, 1971, p. 391.

119. Kochanski, op. cit., p. 167.

120. Cienciala, op. cit., p. 427.

121. Winston S. Churchill, *The Second World War: The Grand Alliance*. Londres, 1950, p. 349.

122. Maisky, op. cit., p. 174.

123. Eden, op. cit., p. 273.

124. Gabriel Gorodetsky (Org.), *Stafford Cripps in Moscow, 1940-1942*. Londres, 2007, p. 132.

125. O texto em inglês do acordo está disponível em: <http://avalon.law.yale. edu/wwii/polsov.asp>.

126. Colville, op. cit., p. 502.

EPÍLOGO [pp. 321-30]

1. Hugh Trevor-Roper (Org.), *Hitler's Table Talk, 1941-1944*. Londres, 2000, p. 24.

2. Texto reportado por *The New York Times*, 4 out. 1941.

3. Hitler a Mussolini, 21 jun. 1941, citado em R. J. Sontag e J. S. Beddie (Orgs.), *Nazi-Soviet Relations, 1939-1941*. Washington, 1948, pp. 351, 353.

4. Citado em Ann Tusa e John Tusa, *The Nuremberg Trial*. Londres, 1983, p. 194.

5. Discussão citada em James Owen, *Nuremberg: Evil on Trial*. Londres, 2006, pp. 250-1.

6. Tusa e Tusa, op. cit., pp. 297, 179-80.

7. Ibid., pp. 410-2.

8. A coleção está disponível on-line em: <http://www.ibiblio.org/pha/nsr/nsr-preface.html>.

9. Sovinformburo, *Falsifiers of History*. Moscou, 1948, pp. 6, 27 e 44.

10. Ibid., p. 41.

11. Ibid., p. 43.

12. John Erickson, "How the Soviets Fought the War". In: *Problems of Communism*, nov. 1963, p. 53.

13. Matthew P. Gallagher, *The Soviet History of World War II*. Nova York, 1963, p. 169.

14. Nikita Khruschóv, *Khrushchev Remembers*. Londres, 1971, p. 112.

15. Felix Chuev e Albert Resis (Orgs.), *Molotov Remembers: Inside Kremlin Politics*. Chicago, 1993, p. 23.

16. Ibid., p. 13.

17. Ann Imse, "Baltic Residents Form Human Chain in Defiance of Soviet Rule", *Associated Press*, 23 ago. 1989.

18. David Remnick, "Kremlin Condemns Baltic Nationalists; Soviets Warn Separatism Risks 'Disaster'". *Washington Post*, 27 ago 1989.

19. Sobre isso, ver Keiji Sato, "Die Molotow-Ribbentrop-Kommission 1989 und die Souveränitätsansprüche post-sowjetischer sezessionistischer Territorien". In: Anna Kaminsky, Dietmar Müller e Stefan Troebst (Orgs.), *Der Hitler-Stalin-Pakt 1939 in den Erinnerungskulturen der Europäer*. Göttingen, 2011, pp. 199-215.

20. Texto do relatório em Gerhart Hass, *23 August 1939. Der Hitler-Stalin-Pakt*. Berlim, 1990, pp. 300-1.

21. Jerzy Borejsza, Klaus Ziemer e Magdalena Hułas, *Totalitarian and Authoritarian Regimes in Europe*. Oxford, 2006, p. 521.

22. "Chronology 1990: The Soviet Union and Eastern Europe". *Foreign Affairs*, 1990, p. 212.

23. Ver, por exemplo, Katja Wezel, "Lettland und der 23. August 1939: Vom 'weißen Fleck' der sowjetischen Geschichtsschreibung zum transnationalen Gedenktag?". In: Kaminsky et al. (Orgs.), op. cit., pp. 309-25.

24. Siiri Oviir, citado em: <http://www.europarl.europa.eu/sides/getDoc. do?type=CRE&reference=20090402&secondRef=ITEM-010&language= EN&ring=P6-RC-2009-0165#4-176>.

25. Declaração por escrito de Athanasios Palfilis, registrada em: <http://www. europarl.europa.eu/sides/getDoc.do?type=CRE&reference=20090402&secondRef=ITEM--010&language=EN&ring=P6-RC-2009-0165#4-176>.

26. Jonathan Steele, "History Is Too Important to Be Left to Politicians". *Guardian/CiF*, 19 ago. 2009.

27. Matéria de *Rossiyskaya Gazeta*, reproduzida em: <http://www.telegraph. co.uk/sponsored/ rbth/6106486/The-Molotov-Ribbentrop-Pact-between-Nazi-Germany-and-the-Soviet-Union-70- -years-on.html>.

28. Sergei Markov, citado em Andrew Osborn, "Medvedev Creates History Commission". *Wall Street Journal*, 21 maio 2009. Disponível em: <http://online.wsj.com/news/articles/ SB124277297306236553?mg=reno64-wsj&url= http%3A%2F%2Fonline.wsj.com%2Farticle% 2FSB124277297306236553.html>.

Referências bibliográficas

FONTES PRIMÁRIAS, NÃO PUBLICADAS

HENCKE, Andor. *Die deutsch-sowjetischen Beziehungen zwischen 1932 und 1941*, protocolo não publicado mantido no Institut für Zeitgeschichte, Munique, MA 1300/2.
Kriegstagebuch des Generalkommandos XIX AK über den Feldzug in Polen, set. 1939.

FONTES PRIMÁRIAS, PUBLICADAS

ANDREAS-FRIEDRICH, Ruth. *Berlin Underground, 1938-1945*. Nova York: Henry Holt & Co, 1947.
BANAC, Ivo (Org.). *The Diary of Georgi Dimitrov, 1933-1949*. New Haven e Londres: Yale University Press, 2003.
BARDACH, Janusz. *Man is Wolf to Man*. Londres: Simon & Schuster, 1998.
BAUR, Hans. *Hitler's Pilot*. Londres, 1958.
BELOW, Nicolaus von. *At Hitler's Side*. Londres: Frederick Muller, 2004.
BEREZHKOV, Valentin. *History in the Making: Memoirs of World War Two Diplomacy*. Moscou: Progress Publishers, 1983.
_____. *At Stalin's Side*. Nova York: Carol, 1994.
BOBERACH, Heinz (Org.). *Meldungen aus dem Reich: 1938-1945*. Herrsching: Pawlak, 1984.
BOHLEN, Charles. *Witness to History, 1929-1969*. Nova York: Norton, 1973.
BUBER-NEUMANN, Margarete. *Under Two Dictators*. Londres: Pimlico, 2008.
CHUEV, Felix; RESIS, Albert (Orgs.). *Molotov Remembers: Inside Kremlin Politics*. Chicago: Ivan R. Dee, 1993.
CHURCHILL, Winston S. *The Second World War*. Londres: Easton Press, 1989.
COLVILLE, John. *The Fringes of Power: Downing Street Diaries 1939-1955*. Londres: Sceptre, 1985.
DANCHEV, Alex; TODMAN, Daniel (Orgs.), *War Diaries 1939-1945: Field Marshal Lord Alanbrooke*. Londres: Phoenix Press, 2001.

DEGRAS, Jane (Org.). *The Communist International, 1919-1943 Documents*. Nova York: Oxford University Press, 1965.

_____ (Org.). *Soviet Documents on Foreign Policy*. Nova York: Octagon Books, 1978, v. III.

DILKS, David (Org.). *The Diaries of Sir Alexander Cadogan 1938-1945*. Londres: Cassell, 1971.

Documents on German Foreign Policy 1918-1945, Série D. Londres, 1961, v. VII, VIII, IX, X, XI.

EDEN, Anthony. *The Eden Memoirs: The Reckoning*. Londres: Cassell, 1965.

FRÖHLICH, Elke (Org.). *Die Tagebücher von Joseph Goebbels*. Munique: K. G. Saur, 1998.

GIBSON, Hugh (Org.). *The Ciano Diaries: 1939-1943*. Nova York: Doubleday, 1946.

GISEVIUS, Hans-Bernd. *To the Bitter End*. Boston: Houghton Mifflin, 1947.

GUDERIAN, Heinz. *Panzer Leader*. Londres: Michael Joseph, 1952.

HASSELL, Ulrich von. *The Ulrich von Hassell Diaries, 1938-1944*. Londres: Frontline Books, 2011.

HERWARTH, Johnnie von. *Against Two Evils*. Londres: Collins, 1981.

HILGER, Gustav. *Wir und den Kreml*. Berlim: Metzner, 1956.

_____; MEYER, Alfred G. *The Incompatible Allies*. Nova York: Macmillan, 1953.

HITLER, Adolf. *Mein Kampf*. Londres: Hurst & Blackett, 1939.

HOBSBAWM, Eric. *Interesting Times*. Londres: Allen Lane, 2002.

HOFFMANN, Heinrich. *Hitler Was My Friend*. Barnsley: Frontline Books, 2011.

JACOBSEN, Hans-Adolf (Org.). *The Halder War Diary 1939-1945*. Londres: Greenhill, 1988.

KHRUSCHÓV, Nikita. *Khrushchev Remembers*. Londres: André Deutsch, 1971.

KLEIST, Peter. *Zwischen Hitler und Stalin, 1939-1945*. Bonn: Athenäum-Verlag, 1950.

KLEMPERER, Victor. *I Shall Bear Witness, 1933-1941*. Londres: Weidenfeld & Nicolson, 1998.

KRIVOSHEIN, Semyon. *Mezhdubure*. Voronezh: Chernozemnoe, 1964.

MAISKY, Ivan. *Memoirs of a Soviet Ambassador: The War 1939-1943*. Londres: Hutchinson, 1967.

NICOLSON, Nigel (Org.). *Harold Nicolson: Diaries and Letters 1930-1939*. Londres: Collins, 1966.

RACZYŃSKI, Edward. *In Allied London*. Londres: Weidenfeld & Nicolson, 1962.

SCHMIDT, Paul. *Hitler's Interpreter*. Nova York: Macmillan, 1951.

_____. *Statist auf diplomatischer Bühne*. Wiesbaden: Aula, 1984.

SEBASTIAN, Mihail. *Journal 1935-1944*. Chicago: Ivan R. Dee, 2000.

Select Committee on Communist Aggression. Washington, DC, 1954, v. III.

SHERIDAN, Dorothy (Org.). *Among You Taking Notes... The Wartime Diary of Naomi Mitchison 1939-1945*. Londres: Gollancz, 1985.

SHIRER, William. *This is Berlin: Reporting from Germany 1938-1940*. Londres: Hutchinson, 1999.

SONTAG, R. J.; BEDDIE, J. S. *Nazi-Soviet Relations 1939-1941*. Washington, DC, 1948.

SPEER, Albert. *Inside the Third Reich*. Londres: Macmillan, 1970.

WARLIMONT, Walter. *Inside Hitler's Headquarters*. Londres: Weidenfeld & Nicolson, 1964.

ZHUKOV, Georgy. *Reminiscences and Reflections*. Moscou: Progress Publishers, 1985, 2 v.

FONTES SECUNDÁRIAS

ADDISON, Paul; CRANG, Jeremy A. (Orgs.). *Listening to Britain*. Londres: Vintage, 2011.

ANDREW, Christopher; GORDIEVSKY, Oleg. *KGB: The Inside Story of its Foreign Operations from Lenin to Gorbachev*. Londres: HarperCollins, 1990.

ANUŠAUSKAS, Arvydas. *Terror and Crimes against Humanity: The First Soviet Occupation, 1940-1941.* Vilna: Margi Raštai, 2006.

BARKAN, Elazar; COLE, Elizabeth A.; STRUVE, Kai (Orgs.). *Shared History — Divided Memory. Jews and Others in Soviet-Occupied Poland 1939-1941,* Leipziger Beiträge zur Jüdischen Geschichte und Kultur. Leipzig: Leipziger Universitätsverlag, 2007.

BERIA, Sergo. *Beria, My Father.* Londres: Duckbacks, 2001.

BERKHOFF, Karel. *Harvest of Despair: Life and Death in Ukraine under Nazi Rule.* Cambridge, MA: Belknap Press, 2004.

BESYMENSKI, Lew. "Geheimmission in Stalins Auftrag?". *Vierteljahrshefte für Zeitgeschichte,* v. 40, n. 3, 1992.

BIALER, Seweryn (Org.). *Stalin and his Generals: Soviet Military Memoirs of World War II.* Londres: Souvenir Press, 1970.

BIRKENFELD, Wolfgang. "Stalin als der Wirtschaftspartner Hitlers, 1939-1941". *Vierteljahrshefte für Sozial und Wirtschaftsgeschichte,* v. 53, 1966.

BISOVSKY, Gerhard et al. (Orgs.). *Der Hitler-Stalin-Pakt: Voraussetzungen, Hintergründe, Auswirkungen.* Viena: Picus Verlag, 1990.

BÖHLER, Jochen. *Zbrodnie Wehrmachtu w Polsce.* Cracóvia: Wydawnictwo "Znak", 2009.

BOREJSZA, Jerzy; ZIEMER, Klaus; HUŁAS, Magdalena. *Totalitarian and Authoritarian Regimes in Europe.* Oxford: Berghahn Books, 2006.

BRAITHWAITE, Rodric. *Moscow 1941.* Londres: Profile Books, 2006.

BROWNING, Christopher. *The Origins of the Final Solution: The Evolution of Nazi Jewish Policy, 1939-1942.* Londres: Arrow Books, 2005.

_____. *Remembering Survival.* Londres: W. W. Norton & Company, 2010.

BRÜGEL, J. W. "Das Sowjetische Ultimatum an Rumänien im Juni 1940". In: *Vierteljahrshefte für Zeitgeschichte,* v. 11, n. 4, 1963.

BÜHL, Achim (Org.). *Der Hitler-Stalin-Pakt: Die sowjetische Debatte.* Colônia: Pahl-Rugenstein, 1989.

BULLOCK, Alan. *Hitler and Stalin: Parallel Lives.* Londres: TSP, 1991.

CALDER, Angus. *The Myth of the Blitz.* Londres: Jonathan Cape, 1991.

CIENCIALA, Anna. "General Sikorski and the Conclusion of the Polish-Soviet Agreement of July 30, 1941: A Reassessment". *Polish Review,* v. 41, n. 4, 1996.

_____; LEBEDEVA, Natalia; MATERSKI, Wojciech (Orgs.). *Katyn: A Crime without Punishment.* New Haven: Yale University Press, 2007.

CLARK, Katerina. *Moscow, The Fourth Rome.* Londres: Harvard University Press, 2011.

CONQUEST, Robert. *Stalin: Breaker of Nations.* Londres: Penguin, 1991.

CONSTANTIN, Ion; DOBRINESCU, Valeriu Florin. *Basarabia în anii celui de al doilea război mondial: 1939-1947.* Iaşi: Institutul European, 1995.

COURTOIS, Stéphane. *The Black Book of Communism: Crimes, Terror, Repression.* Cambridge, MA: Harvard University Press, 1999. [Ed. bras. *O livro negro do comunismo.* Trad. de Caio Meira. Rio de Janeiro: Bertrand Brasil, 1999.]

DALLEK, Robert. *Franklin D. Roosevelt and American Foreign Policy 1932-1945.* Oxford: Oxford University Press, 1995.

DAVIES, Norman. *God's Playground: A History of Poland.* Oxford: Oxford University Press, 1981, v. 2.

DAVIES, Norman; Polonski, Antony (Orgs.). *Jews in Eastern Poland and the USSR, 1939-46.* Londres: Palgrave Macmillan, 1990.

DAVIES, Sarah. *Popular Opinion in Stalin's Russia: Terror, Propaganda and Dissent, 1934-1941.* Cambridge: Cambridge University Press, 1997.

DAVISON, Peter (Org.). *Orwell and Politics.* Londres: Penguin, 2001.

DOERR, Paul W. "'Frigid but Unprovocative': British Policy towards the USSR from the Nazi-Soviet Pact to the Winter War, 1939". *Journal of Contemporary History,* v. 36, n. 3, 2001.

DOMARUS, Max. *Hitler, Speeches and Proclamations, 1932-1945.* Londres: Bolchazy-Carducci, 1992, v. II.

DUHNKE, Horst. *Die KPD von 1933 bis 1945.* Colônia: Kiepenheuer & Witsch, 1972.

DUNN, Dennis J. *Caught Between Roosevelt & Stalin.* Kentucky: University Press of Kentucky, 1997.

EADEN, James; RENTON, David. *The Communist Party of Great Britain since 1920.* Basingstoke: Palgrave Macmillan, 2002.

EDWARDS, Robert. *White Death: Russia's War on Finland 1939-40.* Londres: Weidenfeld & Nicolson, 2006.

EICHHOLTZ, Dietrich. *War for Oil: The Nazi Quest for an Oil Empire.* Washington, DC: Potomac Books, 2012.

ENGEL, Eloise; PAANANEN, Lauri. *The Winter War.* Londres: Scribner, 1973.

ERICKSON, John. *The Road to Stalingrad.* Londres: Yale University Press, 1993.

_____. *The Soviet High Command: A Military-Political History, 1918-1941.* Londres: St Martin's Press, 1962.

ERICKSON, Ljubica; ERICKSON, Mark (Orgs.). *Russia: War, Peace and Diplomacy.* Londres: Weidenfeld & Nicolson, 2005.

ERICSON III, Edward E. *Feeding the German Eagle: Soviet Economic Aid to Nazi Germany, 1933--1941.* Londres: Praeger, 1999.

_____. "Karl Schnurre and the Evolution of Nazi-Soviet Relations, 1936-1941". *German Studies Review,* v. 21, n. 2, maio 1998.

EZERGAILIS, Andrew. *The Holocaust in Latvia 1941-1945.* Riga: Historical Institute of Latvia. Washington, D.C.: United States Holocaust Memorial Museum, 1996.

FIGES, Orlando. *The Whisperers: Private Life in Stalin's Russia.* Londres: Penguin, 2007.

FIRSOV, Fridrikh I.; KLEHR, Harvey; HAYNES, John Earl. *Secret Cables of the Comintern, 1933-1943.* New Haven e Londres: Yale University Press, 2014.

FLEISCHHAUER, Ingeborg. *Der Pakt: Hitler, Stalin und die Initiative der deutschen Diplomatie 1938--39.* Frankfurt am Main: Ullstein, 1990.

_____. "Der Deutsch-Sowjetische Grenz-und Freundschaftsvertrag vom 28. September 1939". *Vierteljahrshefte für Zeitgeschichte,* v. 39, n. 3, 1991.

FÖRSTER, Jürgen et al. *Deutschland und das bolschewistische Rußland von Brest-Litowsk bis 1941.* Berlim: Duncker & Humblot, 1991.

FÖRSTER, Jürgen; MAWDSLEY, Evan. "Hitler and Stalin in Perspective: Secret Speeches on the Eve of Barbarossa". *War in History,* v. 11, n. 1, 2004.

FRANK, Hans. *Das Diensttagebuch des deutschen Generalgouverneurs in Polen 1939-1945.* Stuttgart: Deutsche Verlags-Anstalt, 1975.

FRIEDLÄNDER, Saul. *The Years of Extermination: Nazi Germany and the Jews, 1939- 1945*. Londres: HarperCollins, 2007.

GANZER, Christian; PAŠKOVIČ, Alena. "'Heldentum, Tragik, Tapferkeit': Das Museum der Verteidigung der Brester Festung". *Osteuropa*, 60. Jg., 12/2010.

GARDINER, Juliet. *Wartime Britain: 1939-1945*. Londres: Headline Review, 2004.

GARLIŃSKI, Jósef. *Poland in the Second World War*. Londres: Palgrave Macmillan, 1985.

GELLATELY, Robert. *Lenin, Stalin and Hitler: The Age of Social Catastrophe*. Londres: Vintage, 2007.

GERUTIS, Albert. "Der Hitler-Stalin Pakt und seine Auswirkung im Baltikum". *Acta Baltica*, v. 19, 1981.

GERWARTH, Robert. *Hitler's Hangman: The Life of Heydrich*. New Haven e Londres: Yale University Press, 2011.

GIEBEL, Wieland; KELLERHOF, Sven Felix (Orgs.). *Als die Tage zu Nächten wurden*. Berlim: Berlin Story Verlag, 2003.

GITELMAN, Zvi (Org.). *Bitter Legacy: Confronting the Holocaust in the USSR*. Bloomington: Indiana University Press, 1997.

GIURESCU, Dinu *Romania in the Second World War*. Nova York: East European Monographs, 2000.

GLANTZ, David. *Barbarossa: Hitler's Invasion of Russia 1941*. Stroud: Tempus, 2001.

GLANTZ, Mary E. *FDR and the Soviet Union*. Kansas: University Press of Kansas, 2005.

GOLDMAN, Aaron. "Defence Regulation 18B: Emergency Internment of Aliens and Political Dissenters in Great Britain during World War II". *Journal of British Studies*, v. 12, n. 2, maio 1973.

GORODETSKY, Gabriel. *Grand Delusion: Stalin and the German Invasion of Russia*. New Haven e Londres: Yale University Press, 2001.

_____. *Stafford Cripps' Mission to Moscow 1940-42*. Cambridge: Cambridge University Press, 1984.

_____. "Stalin und Hitlers Angriff auf die Sowjetunion: Eine Auseinandersetzung mit der Legende von deutschen Präventativschlag". *Vierteljahrshefte für Zeitgeschichte*, v. 37, 1989.

GROEHLER, Olaf. *Selbstmörderische Allianz: Deutsch-russische Militärbeziehungen, 1920-1941*. Berlim: Vision Verlag, 1992.

GROSS, Jan. *Neighbors*. Princeton: Princeton University Press, 2001.

_____. *Revolution from Abroad*. Princeton: Princeton University Press, 1988.

HANAK, Harry. "Sir Stafford Cripps as British Ambassador in Moscow, May 1940 to June 1941". *English Historical Review*, v. 94, n. 370, jan. 1979.

HARGREAVES, Richard. *Blitzkrieg Unleashed: The German Invasion of Poland 1939*. Barnsley: Pen & Sword Military, 2008.

HARRISON, Mark (Org.). *The Economics of World War II*. Cambridge: Cambridge University Press, 1998.

HASLAM, Jonathan. "Soviet-German Relations and the Origins of the Second World War: The Jury Is Still Out". *Journal of Modern History*, v. 69, n. 4, 1997.

HASS, Gerhart. *23. August 1939. Der Hitler-Stalin-Pakt. Dokumentation*. Berlim: Dietz, 1990.

HEHN, Paul N. *A Low Dishonest Decade*. Nova York: Bloomsbury Academic, 2002.

HERBERT, Ulrich. *Hitler's Foreign Workers*. Cambridge: Cambridge University Press, 1997.

HIDEN, John; MADE, Vahur; SMITH, David J. (Orgs.). *The Baltic Question during the Cold War*. Londres: Routledge, 2008.

HIIO, Toomas; MARIPUU, Meelis; PAAVLE, Indrek (Orgs.). *Estonia 1940-45: Reports of the Estonian Commission for the Investigation of Crimes against Humanity.* Tallinn: Estonian Foundation for the Investigation of Crimes, 2006.

HOWARTH, Stephen. *August 1939.* Londres: Mercury House, 1989.

IRINCHEEV, Bair. *War of the White Death.* Barnsley: Stackpole, 2011.

JEFFERY, Keith. *MI6: The History of the Secret Intelligence Service, 1909-1949.* Londres: A&C Black, 2010.

JENKINS, Roy. *Churchill.* Londres: Pan Macmillan, 2001.

JEŚMANOWA, Teresa (Org.). *Stalin's Ethnic Cleansing in Eastern Poland.* Londres: Association of the Families of the Borderland Settlers, 2008.

JOWETT, Philip; SNODGRASS, Brent. *Finland at War 1939-1945.* Oxford: Osprey Publishing, 2006.

KALNIETE, Sandra. *With Dance Shoes in Siberian Snows.* Riga: Museum of the Occupation of Latvia, 2006.

KAMINSKY, Anna; MÜLLER, Dietmar; TROEBST, Stefan (Orgs.). *Der Hitler-Stalin-Pakt 1939 in den Erinnerungskulturen der Europäer.* Göttingen: Wallstein Verlag, 2011.

KASLAS, Bronis J. "The Lithuanian Strip in Soviet-German Diplomacy, 1939-1941". *Journal of Baltic Studies,* v. 4, n. 3, 1973.

KERSHAW, Ian. *Hitler 1936-1945.* Londres: Penguin, 2000.

KING, Francis; MATTHEWS, George (Orgs.), *About Turn: The British Communist Party and the Second World War.* Londres: Lawrence & Wishart, 1990.

KIRBY, David. *Finland in the Twentieth Century.* Londres: C. Hurst & Company, 1979.

KLEE, Ernst; REISS, Volker; DRESSEN, Willi (Orgs.). *"Schöne Zeiten" Judenmord aus der Sicht der Täter und Gaffer.* Frankfurt am Main: S. Fischer, 1988.

KOCHANSKI, Halik. *The Eagle Unbowed: Poland and the Poles in the Second World War.* Londres: Penguin, 2012.

KÕRESAAR, Ene (Org.). *Soldiers of Memory: World War II and Its Aftermath in Estonian Post-Soviet Life Stories.* Nova York: Rodopi, 2011.

KRAVCHENKO, Victor. *I Chose Freedom.* Nova York: C. Scribner's sons, 1946.

KUKK, Kristi; RAUN, Toivo (Orgs.). *Soviet Deportations in Estonia: Impact and Legacy.* Tallinn: University of Tartu Press, 2007.

LAQUEUR, Walter. *Russia and Germany: A Century of Conflict.* Londres: Little, Brown & Company, 1965.

LEONHARD, Wolfgang. *Betrayal: The Hitler-Stalin Pact of 1939.* Nova York: St Martins, 1989.

LOWER, Wendy. "'Anticipatory Obedience' and the Nazi Implementation of the Holocaust in the Ukraine: A Case Study of Central and Peripheral Forces in the Generalbezirk Zhytomyr, 1941--1944". *Holocaust and Genocide Studies,* v. 16, n. 1, 2002.

LUKACS, John. *June 1941: Hitler and Stalin.* New Haven: Yale University Press, 2006.

LUKAS, Richard. *Forgotten Holocaust: The Poles under German Occupation, 1939-1944.* Lexington: University Press of Kentucky, 1986.

LUMANS, Valdis. *Himmler's Auxiliaries: The Volksdeutsche Mittelstelle and the German National Minorities of Europe, 1933-1945.* Londres: The University of North Carolina Press, 1993.

_____. *Latvia in World War II.* Nova York: Fordham University Press, 2006.

MCDONOUGH, Frank. *Neville Chamberlain, Appeasement and the British Road to War.* Manchester: Manchester University Press, 2010.

MAHON, John. *Harry Pollitt: A Biography.* Londres: Lawrence and Wishart, 1978.

MAZOWER, Mark. *Hitler's Empire: Nazi Rule in Occupied Europe.* Londres: Allen Lane, 2008.

MEDVEDEV, Zhores A.; MEDVEDEV, Roy. *The Unknown Stalin.* Londres: Tauris, 2006. [Ed. bras. *Um Stalin desconhecido.* Trad. de Clóvis Marques. Rio de Janeiro: Record, 2006.]

MERRIDALE, Catherine. *Ivan's War: The Red Army 1939-1945.* Londres: Metropolitan Books, 2005.

MERSON, Allan. *Communist Resistance in Nazi Germany.* Londres: Lawrence and Wishart, 1985.

MISIUNAS, Romuald; TAAGEPERA, Rein. *The Baltic States: Years of Dependence 1940-1980.* Londres: University of California Press, 1983.

MONTEFIORE, Simon Sebag. *Stalin: The Court of the Red Tsar.* Londres: Weidenfeld & Nicolson, 2003.

MOORHOUSE, Roger. *Berlin at War: Life and Death in Hitler's Germany.* Londres: Basic Books, 2010.

MORGAN, Kevin. *Harry Pollitt.* Manchester: Manchester University Press, 1993.

MORTIMER, Edward. *The Rise of the French Communist Party 1920-1947.* Londres: Faber & Faber, 1984.

MURPHY, David E. *What Stalin Knew: The Enigma of Barbarossa.* New Haven: Yale University Press, 2005.

MUSIAL, Bogdan. *Konterrevolutionäre Elemente sind zu erschießen.* Berlim: Propyläen, 2000.

_____. *Stalins Beutezug.* Berlim: Propyläen, 2010.

NEKRICH, Aleksandr. *Pariahs, Partners, Predators: German-Soviet Relations, 1922-1941.* Nova York: Columbia University Press, 1997.

OBERLÄNDER, Erwin (Org.). *Hitler-Stalin-Pakt 1939.* Frankfurt am Main: Fischer, 1989.

OLSON, Lynne. *Those Angry Days.* Nova York: Random House, 2013.

OSBORN, Patrick. *Operation Pike: Britain versus the Soviet Union, 1939-1941.* Londres: Greenwood Press, 2000.

OTTANELLI, Fraser. *The Communist Party of the United States.* New Brunswick: Rutgers University Press, 1991.

OVERY, Richard. *The Bombing War.* Londres: Allen Lane, 2013.

_____. *The Dictators.* Londres: W. W. Norton & Company, 2004.

PABRIKS, Artis; PURS, Aldis. *Latvia: The Challenges of Change.* Londres: Routledge, 2013.

PAJAUJIS-JAVIS, Joseph. *Soviet Genocide in Lithuania.* Nova York: Manylands Books, 1980.

PAUL, Allen. *Katyn, Stalin's Massacre and the Triumph of Truth.* DeKalb, IL, 2010.

PELÉKIS, K. *Genocide: Lithuania's Threefold Tragedy.* Alemanha: Venta, 1949.

PEUKERT, Detlef. *Die KPD im Widerstand.* Wuppertal: Peter Hammer Verlag, 1980.

PHILBIN III, Tobias R. *The Lure of Neptune: German-Soviet Naval Collaboration and Ambitions, 1919-1941.* Columbia, SC: University of South Carolina Press, 1994.

PIESAKOWSKI, Tomasz. *The Fate of Poles in the USSR 1939-1989.* Londres: Gryf Publications, 1990.

PIETROW, Bianka. *Stalinismus, Sicherheit, Offensive.* Melsungen: Schwartz Verlag, 1983.

PIKARSKI, Margot; UEBEL, Günter. *Der Antifaschistische Widerstandskampf der KPD in Spiegel des Flugblattes 1933-1945.* Berlim: Dietz, 1978.

PIOTROWSKI, Tadeusz (Org.). *The Polish Deportees of World War Two: Recollections of Removal to the Soviet Union and Dispersal Throughout the World.* Londres: McFarland, 2004.

PLESHAKOV, Constantine. *Stalin's Folly*. Londres: Houghton Mifflin Harcourt, 2005.

RAACK, Richard. *Stalin's Drive to the West, 1938-1945*. Stanford: Stanford University Press, 1995.

_____. "Stalin's Plans for World War II". *Journal of Contemporary History*, v. 26, 1991.

READ, Anthony; FISHER, David. *The Deadly Embrace*. Londres: W. W. Norton & Company, 1988.

REES, Laurence. *World War Two Behind Closed Doors: Stalin, the Nazis and the West*. Londres: Pantheon Books, 2008.

RESIS, Albert. "The Fall of Litvinov: Harbinger of the German-Soviet Non-Aggression Pact". *Europe-Asia Studies*, v. 52, n. 1, 2000.

RIBBENTROP, Rudolf von. *Mein Vater: Joachim von Ribbentrop, Erlebnisse und Erinnerungen*. Graz: Ares, 2013.

RICHARDSON, Charles. "French Plans for Allied Attacks on the Caucasus Oil Fields January-April 1940". *French Historical Studies*, v. 8, n. 1, 1975.

ROBERTS, Andrew. *The Holy Fox*. Londres: Weidenfeld & Nicolson, 1991.

ROBERTS, Geoffrey. *Molotov: Stalin's Cold Warrior*. Washington, DC: Potomac Books, 2012.

_____. *The Soviet Union and the Origins of the Second World War: Russo-German Relations and the Road to War, 1933-1941*. Basingstoke: Springer, 1995.

_____. *Stalin's General: The Life of Georgy Zhukov*. Londres: Icon Books, 2012.

_____. *Stalin's Wars: From World War to Cold War, 1939-1953*. New Haven: Yale University Press, 2006.

_____. *The Unholy Alliance*. Londres: Tauris, 1989.

_____. "Infamous Encounter? The Merekalov-Weizsäcker Meeting of 17 April 1939". *Historical Journal*, v. 35, n. 4, 1992.

_____. "The Soviet Decision for a Pact with Nazi Germany". *Soviet Studies*, v. 44, n. 1, 1992.

ROSENKRANZ, Herbert. *Verfolgung und Selbstbehauptung: Die Juden in Österreich, 1938-1945*. Viena: Herold, 1978.

ROSSINO, Alexander B. *Hitler Strikes Poland: Blitzkrieg, Ideology and Atrocity*. Kansas: University Press of Kansas, 2003.

RUTHERFORD, Phillip T. *Prelude to the Final Solution: The Nazi Program for Deporting Ethnic Poles 1939-1941*. Kansas: University Press of Kansas, 2007.

SABALIŪNAS, Leonas. *Lithuania in Crisis: 1939-1940*. Londres: Indiana University Press, 1973.

SCHAFRANEK, Hans. *Zwischen NKWD und Gestapo*. Frankfurt am Main: ISP-Verlag, 1990.

SCHUSTEREIT, Hartmut. "Die Mineralöllieferungen der Sowjetunion an das Deutsche Reich". *Vierteljahrshefte für Sozial und Wirtschaftsgeschichte*, v. 67, 1980.

SCHWENDEMANN, Heinrich. "German-Soviet Economic Relations at the Time of the Hitler-Stalin Pact, 1939-1941". *Cahiers du Monde Russe*, XXXVI (1-2), jan.-jun. 1995.

SCURTU, Ioan; HLIHOR, Constantin. *Anul 1940: drama românilor dintre Prut si Nistru*. Bucareste, 1992.

SENN, Alfred Erich. *Lithuania 1940, Revolution from Above*. Nova York: Rodopi, 2007.

SERVICE, Robert. *Spies and Commissars: The Bolshevik Revolution and the West*. Londres: Macmillan, 2011.

_____. *Stalin*. Londres: Macmillan, 2008.

SHORT, Neil. *The Stalin and Molotov Lines: Soviet Western Defences, 1928-41*. Oxford: Osprey, 2008.

SICS, Astrid (Org.). *We Sang Through Tears: Stories of Survival in Siberia*. Riga: Jānis Roze, 1999.

SKULTANS, Vieda. *The Testimony of Lives: Narrative and Memory in Post-Soviet Latvia*. Londres: Routledge, 1998.

SLUTSCH, Sergej. "17. September 1939: Der Eintritt der Sowjetunion in den Zweiten Weltkrieg". *Vierteljahrshefte für Zeitgeschichte*, v. 48, 2000.

_____. "Stalins "Kriegsszenario 1939": Eine Rede, die es nie gab' in *Vierteljahrshefte für Zeitgeschichte*, v. 52, n. 4, 2004.

SNYDER, Timothy. *Bloodlands*. Londres: Bodley Head, 2010.

SPOERER, Mark. *Zwangsarbeit unter dem Hakenkreuz*. Stuttgart: Deutsche Verlags-Anstalt, 2001.

STAFFORD, David (Org.). *Flight from Reality: Rudolf Hess and His Mission to Scotland, 1941*. Londres: Pimlico, 2002.

STRANG, G. Bruce. "Once More unto the Breach: Britain's Guarantee to Poland, March 1939". *Journal of Contemporary History*, v. 31, n. 4, 1996.

SUDOPLATOV, Pavel. *Special Tasks*. Londres: Warner, 1994.

SWORD, Keith. *Deportation and Exile: Poles in the Soviet Union, 1939-48*. Basingstoke: Palgrave Macmillan, 1994.

_____ (Org.). *The Soviet Takeover of the Polish Eastern Provinces, 1939-41*. Basingstoke: Macmillan, 1991.

TARLETON, Robert E. "What Really Happened to the Stalin Line?". *Journal of Slavic Military Studies*, v. 6, n. 1, 1993.

TARULIS, Albert. *Soviet Policy towards the Baltic States: 1918-1945*. Notre Dame: University of Notre Dame Press, 1959.

TAYLOR, Frederick (Trad. e Org.). *The Goebbels Diaries: 1939-41*. Londres: Hamish Hamilton, 1982.

TAYLOR, Richard. *Film Propaganda: Soviet Russia and Nazi Germany*. Londres: Tauris, 1998.

TOOZE, Adam. *The Wages of Destruction*. Londres: Allen Lane, 2006.

TOYE, Richard. *The Roar of the Lion*. Oxford: Oxford University Press, 2013.

TREVOR-ROPER, Hugh (Org.). *Hitler's War Directives 1939-1945*. Londres: Sidgwick & Jackson, 1964.

TROTTER, William R. *A Frozen Hell: The Russo-Finnish Winter War of 1939-1940*. Chapel Hill: Algonquin, 2000.

ÜBERSCHÄR, Gerd. *Hitler und Finnland: 1939-1941*. Wiesbaden: Steiner, 1978.

ULAM, Adam B. *Expansion and Coexistence: Soviet Foreign Policy 1917-73*. Nova York: Praeger, 1974.

VARJU, Peep. "The Destruction of the Estonian Political Elite during the Soviet Occupation". *History Conference of the Estonian Memento Association*. Tallinn, 2007.

WATSON, Derek. *Molotov: A Biography*. Basingstoke: Palgrave Macmillan, 2005.

WATT, Donald Cameron. *How War Came*. Londres: Heinemann, 1989.

_____. "The Initiation of the Negotiations Leading to the Nazi-Soviet Pact: A Historical Problem". In: ABRAMSKY, C. (Org.). *Essays in Honour of E. H. Carr*. Londres, 1974.

WEGNER, Bernd (Org.). *From Peace to War: Germany, Soviet Russia and the World, 1939-1941*. Oxford: Berghahn Books, 1997.

WEINBERG, Gerhard L. "The Nazi-Soviet Pacts: A Half-Century Later". *Foreign Affairs*, v. 68, n. 4, 1989.

WELCH, David. *Propaganda and the German Cinema: 1933-1945*. Londres: Tauris, 2006.

WERTH, Alexander. *Russia at War 1941-1945*. Londres: Avon Books, 1965.

WEST, Nigel. *MI5: British Security Service Operations 1909-1945*. Londres: Bodley Head, 1981.

WOODWARD, Llewellyn. *British Foreign Policy in the Second World War*. Londres: HMSO, v. I, 1970.

ZAWODNY, Janusz K. *Death in the Forest*. Londres: Macmillan, 1971.

Índice remissivo

AB Aktion, 75, 78, 92
Abissínia, 46
Acordo Anglo-Soviético (1941), 316
Acordo Polaco-Soviético (1941), 314-9
Admiral Hipper (navio), 192-3, 203, 223
aeronaves: alemãs, 201, 203, 292; tecnologia e produção soviéticas, 211-2, 263; uso soviético de alemãs, 177, 206, 208
Akimov, Boris, 32
Alanbrooke, Alan Brooke, 1º visconde, 116, 308-9
Alemanha: conduzida pelo exército na Primeira Guerra Mundial, 254; invasão da Tchecoslováquia, 44; relações com a União Soviética antes do pacto, 37-9; negociação e assinatura do pacto, 35-63; negociações com a Polônia antes da guerra, 43; invasão e divisão da Polônia, 22, 27-34, 64-7, 72; motivos para assinatura do pacto, 39, 43-5, 52-3, 57; relações com o Japão, 60-1; atrocidades na Polônia, 67; acerta com a União Soviética como dividir a Polônia, 73-4; natureza do domínio polonês, 74-5, 78-82, 87-92; colaboração naval com a União Soviética, 92-3, 192-4, 203, 207-8, 218, 270, 293; abandona os Estados bálticos à União Soviética, 98-101; chama para "casa" os alemães étnicos do Báltico, 101-2; abandona a Finlândia também,

102; reação à Guerra de Inverno, 109-11; Lituânia se oferece como protetorado, 115; invade a Noruega e a Europa Ocidental, 116, 118; reação à anexação soviética dos Estados bálticos, 121-2; reação à anexação soviética da Bessarábia, 123; panorama dos ganhos territoriais, 129; atitude do Partido Comunista em relação ao pacto e à guerra, 144-8; atitude soviética, 150-3; reação internacional ao pacto, 154-6; reação interna ao pacto, 156-64; aeronaves alemãs usadas pelos soviéticos, 177, 206, 208; britânicos e franceses consideram atacar Baku para evitar acesso a petróleo, 174-9; cooperação econômica e comercial com a União Soviética, 194-219, 222-3, 256-7, 259, 270, 292-3; dependência das importações de matérias-primas, 197; programa de rearmamento, 197-8; missão comercial soviética de 1939 visita a Alemanha, 201-3; estatísticas comerciais soviéticas, 206-7, 209; vantagens adquiridas com as negociações com a União Soviética, 212-5; problemas do acordo comercial, 216-9; aspecto político do acordo comercial, 217; outras fontes de atrito com a União Soviética, 219-21; confronto com a União Soviética se aproxima, 222-3; assina Pacto Tripartite com a Itália e o Japão, 230; novas negociações com

a União Soviética em Berlim, 224-40; decide atacar a União Soviética, 241-6; plano estratégico para a Barbarossa, 253; planos para o regime nazista na União Soviética, 254, 263; Stálin teme provocar o exército, 254; enquanto isso, negociações comerciais com a União Soviética continuam, 257-9; aumenta as exportações para a União Soviética, 258; Balcãs caem para, 259-61; Stálin começa o apaziguamento ativo da, 260-1; prepara-se para a Barbarossa, 262, 269; agentes soviéticos na, 262; Stálin fala contra, 264-5; caso Hess, 266-9; União Soviética aumenta exportação para, 270; motivos para a guerra soviética, 271-4; políticas de reassentamento e deportação, 272-3; silencia em resposta à tentativa de Stálin de provocar negativa de ataque iminente, 281; rumores espalhados, 280; embaixada de Moscou é evacuada, 282; anuncia formalmente ataque soviético, 283-5; ataque sobre a Rússia começa, 284, 288-96; atrocidades em territórios conquistados, 300, 302-5; reação popular ao ataque, 305-7; comunistas tornam-se ativos novamente, 307; *ver também* Hitler, Adolf
Alexander Nevsky (filme), 151
Alexandrov, Alexander, 73
Alliluyeva, Nadezhda, 40
Andreas-Friedrich, Ruth, 159, 281, 306
Antonescu, Ion, 221, 282
Arajs Kommando, 304
Armstrong, George, 142
ataques aéreos, 239, 248
Auschwitz, campo de concentração de, 214
Áustria, 272

Babarin, Evgeny, 199
Baden, 272
Baku, 174, 176-7, 247
Bálcãs, 220-1, 223, 245, 259-60 *ver também* Bessarábia; Bulgária; Romênia
Baldwin, Stanley, 178
Baltagă, Alexandru, 128
Bardach, Janusz, 69
Basis Nord [Base Norte], 92
Baumgarten, Paul, 227
Baur, Hans, 36, 40-1

Beck, coronel-general Ludwig, 160
Beck, Józef, 43
Begin, Menachem, 128
Bélgica, 116
Below, Nicolaus von, 59, 263
Berezhkov, Valentin: acompanha a missão comercial soviética à Alemanha, 202, 218; acompanha Molotov a Berlim, 225, 227, 231-3, 237; Ribbentrop anuncia formalmente ataque iminente à União Soviética para, 284-5
Berghof, Obersalzberg, 59
Beria, Lavrenti, 218, 287, 297, 299
Berlim: embaixada soviética, 238; Hotel Adlon, 201; Palácio Bellevue, 227
Berlim, Tratado de (1926), 195
Berling, Zygmunt, 78
Bērziņš, Alfrēds, 125
Bessarábia: mencionada no pacto, 59, 62; Grã-Bretanha prevê anexação soviética, 172; soviéticos incorporam à Moldávia, 122, 124; vida após anexação, 124, 127; reação alemã à anexação, 129; reação popular britânica à anexação, 180; Grã-Bretanha disposta a reconhecer anexação, 188; insatisfação alemã com a anexação, 219-21; União Soviética traz reforços, 255; regime soviético e deportações, 274-9; rumores da libertação do domínio soviético, 282; soviéticos expurgam prisioneiros, 300; cai para os alemães, 314; recuperada pela União Soviética, 326
Bielorrússia, 76, 289, 291, 294, 296, 314
bielorrussos na Polônia: visão da União Soviética, 27; usados como pretexto para a invasão soviética, 29, 68; boas vindas à invasão soviética da Polônia, 70; permitido moverem-se para o leste, 73; territórios absorvidos pela União Soviética, 76
Bismarck (filme), 162
Bismarck (navio), 193, 207
Bismarck, Otto von, 162
Blitzkrieg, 28, 116, 249, 289
Blokhin, Vasily, 78
Blücher (navio), 193
Blunt, Anthony, 262
Boêmia, 44
Bolšteins, general Ludvigs, 119
Bóris, rei da Bulgária, 244

borracha, 213-4
Boryslav (Borysław), 302-3
Bósforo, 220, 230, 236, 238-9, 243
Brailsford, Henry, 142
Braubach, tenente-coronel, 30
Braun, Mieczysław, 87
Brecht, Bertolt, 145-6
Breker, Arno, 130
Bremen, SS, 92
Brest, 27-34, 291
Brest-Litovski, Tratado de (1918), 38
Brooke, Alan *ver* Alanbrooke, Alan Brooke,
    1º visconde
Browder, Earl, 140-1
Buber-Neumann, Margarete, 90
Bucareste, 273
Bucovina do Norte: soviéticos a incorporam à
    Moldávia, 123-4; vida após a anexação, 127;
    nunca mencionada no pacto, 129; reação
    alemã à anexação, 129; reação popular britâ-
    nica à anexação, 180; Grã-Bretanha disposta
    a reconhecer, 188; insatisfação alemã sobre a
    anexação, 220-1, 235; regime soviético, 274;
    ver também Bessarábia
Bulgária, 221, 223, 236, 239, 243-4
Butaev (oficial do Exército Vermelho), 116
Bydgoszcz, 67, 74
Bzura, batalha no rio (1939), 67

Cadogan, sir Alexander, 166, 267
Campbell, Johnny, 136
Campinchi, César, 175
Canaris, almirante Wilhelm, 45
Carlos, rei da Romênia, 221
cartuns, 170
Cáucaso, 174-5, 177-9, 188, 243
Cazaquistão, 85, 279
Cernăuți (Czernowitz), 123
CGT (sindicato francês), 143
Chacina da Garagem Lietukis (1941), 301
Chamberlain, Neville, 44, 54, 64, 108, 132-3,
    169
Channon, "Chips", 165, 169
Chișinău, 282, 300
Churchill, Winston: discurso sobre a eclosão da
    guerra, 169; apoio à Finlândia, 108; reação
    à União Soviética, 173; implora ajuda aos

Estados Unidos, 183; sobre a visão sovié-
    tica de políticos de esquerda, 186; envia
    mensagem conciliatória a Stálin, 187; piadas
    sobre o ataque da RAF sobre Berlim ter sido
    programado para a visita de Molotov, 239;
    Pravda informa ter apelado aos italianos, 248;
    caso Hess e, 267; sobre o bolchevismo, 268;
    reação à Barbarossa, 286, 308, 310-2; sobre
    a União Soviética, 310; reação ao Acordo
    Polaco-Soviético, 317-8
Ciano, conde Galeazzo, 110, 154
Colville, Jock, 286, 312, 319
comércio e negócios: cooperação germano-sovié-
    tica, 194-219, 222-3, 256-7, 259, 270, 292-3
Comintern, 46, 132, 136, 140, 147-8, 261
Comissão Internacional do Danúbio (1940),
    244-6
comunismo: reação internacional ao pacto,
    131-50; alguns esquerdistas veem como
    semelhante ao nazismo, 141, 146, 153; Stálin
    subestima em sua tentativa de apaziguar
    Hitler, 262; reação dos comunistas alemães
    à Barbarossa, 306; reação dos comunistas
    britânicos à Barbarossa, 312-3
Conferência de Munique (1938), 44, 46, 197
Conferência de Wannsee (1942), 52, 227
Convenção de Montreux (1936), 230, 236
Copa da Alemanha, final (1941), 306
coquetéis molotov, 106
Coral Nacional Ucraniano, 162
Corrente Báltica, 327-8
Cracóvia, 74, 82
Cretzianu, Alexander, 124
Cripps, Stafford: Stálin justifica pacto para, 47;
    visita Moscou para conversações, 177-8; ou-
    tras conversações em Moscou, 185-6, 188-9;
    visão do pacto, 191; caso Hess e, 268; Hitler
    culpa parcialmente pelo fracasso do pacto,
    285; ajuda Churchill a elaborar uma reação
    adequada à Barbarossa, 310; assina o Acordo
    Anglo-Soviético, 316; fala a Stálin sobre o
    Acordo Polaco-Soviético, 317
Croácia, 260
Czernowitz *ver* Cernăuți
Częstochowa, 67, 75
Czortkov (Czortków), 300

Daladier, Edouard, 64, 175
Danzig (Gdańsk), 43, 64
Dardanelos, 220, 230, 237-9, 243
Declaração de Praga, 329
Declaração Welles (1940), 122
Dekanozov, Vladimir, 119, 228, 231, 251, 284-5
Delgado, Castro, 149
Dia da Fita Preta, 327
Dia Europeu da Memória das Vítimas do Stalinismo e do Nazismo, 329-30
Dimitrov, Georgi, 114, 261, 287
Dirksen, Willibald von, 227
Döhring, ajudante da ss Herbert, 60
Domvile, almirante sir Barry, 155
Doumenc, general Joseph, 54, 55
Drax, almirante sir Reginald Ranfurly Plunkett-Ernle-Erle-, 54-5, 58
Dreksler, família, 86
Dresden, 305
Dridzo-Lozovsky, Solomon, 150
Dubno, 300
Dubnow, Simon, 304
Dundas, Hugh, 166
Dutt, Rajani Palme, 132-6, 312

Eden, Anthony, 286, 309, 316-7, 319
Ehrenburg, Ilya, 150
Eichmann, Adolf, 92
Einsatzgruppen, 67, 74, 301, 303
Eisenstein, Sergei, 151
Espanha, 132
Estados bálticos *ver* Estônia; Letônia; Lituânia
Estados Unidos: reação à anexação soviética dos Estados bálticos, 122; postura do Partido Comunista ao pacto e à guerra, 140-1; postura dos fascistas à guerra, 155; isolacionismo, 181, 184; comércio com a União Soviética diminui após a invasão da Finlândia, 219; tentativas alemãs para neutralizar, 243-4; Churchill leva em consideração ao falar contra a Barbarossa, 310; reação à Barbarossa, 313; reação ao Acordo Polaco-Soviético, 318; Stálin critica sua interpretação do pacto, 324
Estônia: mencionada no pacto, 59, 62; Grã-Bretanha prevê anexação soviética, 172; assina Pacto de Assistência Mútua com a União Soviética, 96-101; alemães étnicos chamados

para "casa", 101-2; aumento das incursões soviéticas, 114; soviéticos invadem e incorporam, 118-22; reação estrangeira, 122, 182; vida após a anexação, 124-9; perda de investimento alemão, 218; regime soviético e deportações, 274-9; Grã-Bretanha disposta a reconhecer anexação, 188; União Soviética traz reforços, 255; soviéticos expurgam prisioneiros, 300-1; resiste contra alemães, 314; cai para os alemães, 293; pogroms de judeus e assassinatos por vingança, 304; recuperada pela União Soviética, 326; protestos e independência, 327-8; dissolução da União Soviética e, 329; celebra o Dia Europeu da Memória das Vítimas do Stalinismo e do Nazismo, 330
Etiópia *ver* Abissínia
Evening Standard, 170
Exército alemão: crença equivocada de Stálin em sua independência, 254; reação ao pacto, 160
Exército Vermelho: aparência e equipamento, 28, 31; avareza, 89; condição precária em 1939, 104; cautela, 105; invasão da Finlândia, 103-7, 109, 111; conferência militar de 1940 para avaliar doutrina, organização e treinamento, 247-50; alto-comando, 250; jogos de guerra de 1941, 252; semiprepara-se para a guerra, 253-6; Stálin faz discurso marcial para recém-formados de academia militar, 264-5; Zhukov tenta persuadir Stálin a mobilizar, 281; inicialmente derrotado pelos alemães, 289-95; falta de disciplina inicial, 294-5; Stálin encontra bodes expiatórios entre os generais, 299; opinião dos britânicos sobre, 309; perdas nas primeiras duas semanas, 314
Eydtkuhnen, 225

Faixa Lituana, 219, 257
Falsificadores da História (panfleto), 324-5
família Oppenheim, A (filme), 151
fascismo: reação internacional ao pacto e à guerra, 154-5
Feige, Otto, 218
Filarmônica de Berlim, 162
Finlândia: mencionada no pacto, 59; Grã-Bretanha prevê invasão soviética, 172; conquista soviética, 102-13, 256; aviões civis abatidos

pelos soviéticos, 118; reação internacional da esquerda à invasão, 139; reação dos cidadãos soviéticos à invasão, 153; reação internacional à invasão, 173, 182-3, 219; presença de tropas alemãs causa atrito com a União Soviética, 235, 239, 243; União Soviética traz reforços, 255; Stálin denuncia, 324

Flannery, Henry, 305

Flaubert, Gustave, 248

Força Aérea Vermelha, 289

França: atitude soviética antes da guerra, 46; negociações com a União Soviética antes da guerra, 54-7; culpada pela guerra por Alemanha e União Soviética, 66; apoio à Finlândia, 109; atitude do Partido Comunista ao pacto e à guerra, 143-4; comunistas culpam pela guerra, 147; reação popular e governamental ao pacto, 175; ataque proposto a Baku, 174-9, 188; implora ajuda dos Estados Unidos, 183; invasão alemã, 116-8, 209, 259; alemães deportam "indesejáveis" para, 272; Stálin culpa por pacto, 324

Frank, Hans, 56, 73, 80

Friesennot (filme), 161

Frowein, Kurt, 33

FSB (agência de segurança russa), 330

Gabiniewicz, Maria, 277

Gallacher, Willie, 135-6, 312

Gauck, Joachim, 329

Gavrilov, major Pyotr, 291

Gdańsk *ver* Danzig

gêneros alimentícios *ver* grãos

George, Heinrich, 162

German-American Bund, 155-6

Gernhardt, Leopold, 306

Gestapo, 36, 75, 91-2, 129, 144, 148

Gisevius, Hans, 160

Goebbels, Joseph: sobre por que Hitler queria o pacto, 54; sobre o Acordo Comercial Germano-Soviético, 57; reação ao pacto, 156; supervisiona o relatório do pacto, 158; encomenda filme sobre Bismarck, 162; sobre a Guerra de Inverno, 110-1; sobre a anexação soviética dos Estados bálticos, 122; mudança de atitude com a União Soviética, 130; sobre o padrão das exportações soviéticas para a Alemanha, 216; sobre a indiferente acolhida dada a Molotov em Berlim, 226; sobre Molotov e seu entourage, 234; zomba da política de Stálin na Iugoslávia, 260; sobre o Pacto de Neutralidade Soviético-Japonês, 261; sobre o voo de Hess para a Grã-Bretanha, 267; sobre a necessidade da guerra soviética, 271; transmite a declaração de Hitler sobre o ataque à União Soviética, 285

Golikov, tenente-general Filipp, 250, 262, 269

Gollancz, Victor, 139, 141

Gomułka, Władysław, 89

Göring, Hermann: papel no pacto, 45; Thyssen escreve para, 157; anuncia o rearmamento da Luftwaffe, 197; dá boas-vindas à delegação comercial soviética, 201-2; auxilia na venda do *Lützow* aos soviéticos, 207; Hitler reclama para ele daqueles que falam contra guerra soviética, 271

Grã-Bretanha: estende garantia à Polônia, 44; atitude soviética antes da guerra, 46; negociações com a União Soviética antes da guerra, 54, 56, 58; e o pacto, 60; preparações para guerra, 64; reação à eclosão da guerra, 169-70; culpada pela guerra por Alemanha e União Soviética, 66; tratamento soviético para prisioneiros de guerra que escapam, 91; apoio à Finlândia, 109; soviéticos acusam intelligentsia estoniana de ser pró-britânicos, 117; reação à anexação soviética dos Estados bálticos, 122; atitude do Partido Comunista ao pacto e à guerra, 131-7, 139; comunistas culpam pela guerra, 147; atitude dos fascistas à guerra, 155; ataques da mídia soviética, 159; notícias do descontentamento alemão com o pacto alcança a, 161; reação popular e governamental à União Soviética na esteira do pacto, 165-81; reafirma apoio à Polônia, 167-8; ataque proposto a Baku, 175-9, 188; implora por ajuda dos Estados Unidos, 183; internação, 184-5; negocia com a União Soviética, 186-91; medo alemão do bloqueio naval, 199; inveja alemã e soviética da, 232, 236; Hitler acredita que a União Soviética estimula a resistência britânica de alguma forma, 240; Hitler pede ajuda a Stálin contra a, 241; Hitler tentar colocar a União Soviética

contra a, 242; tentativas alemãs de isolar, 244; *Pravda* informa que Churchill apelou aos italianos, 248; patrocina golpe na Iugoslávia, 260; agentes soviéticos na, 262; caso Hess aprofunda a desconfiança soviética, 266-9; acusada por Stálin de espalhar falsos rumores de um iminente ataque alemão contra a União Soviética, 280; Hitler culpa parcialmente por seu ataque à União Soviética, 285; missão militar a Moscou, 308; reação à Barbarossa, 308-12; assina o Acordo Anglo-Soviético, 316; negociações entre Polônia e União Soviética na, 314-9; Stálin culpa pelo pacto, 324
Grã-Bretanha, Batalha da (1940), 293
Graf Spee (navio), 193
grãos, 205-6, 215, 219
Grodno, batalha de (1939), 71
Groenlândia, 313
Grupo de Operações Independentes Polesie, 71
Grzybowski, Wacław, 68-9
Guarda de Ferro, 221, 273
Guderian, general Heinz, 30-3, 160, 291
Guerra Civil Espanhola (1936-39), 132, 140, 149
Guerra de Inverno (1939–40), 102-13, 139, 173, 256
Guerra Polaco-Soviética (1919–21), 55, 76
gulag: deportações de 1941 para, 275-7, 279-80; deportações polonesas, 24, 77, 86, 88, 90; deportados bálticos enviados para, 125-6, 128; prisioneiros políticos soviéticos enviados para, 307
Gusev, general Dmitry, 202
Guzevičius, Alexander, 274

Halder, general Franz, 240-2
Halifax, Edward Wood, visconde de: aparência e histórico, 167; prepara memorando sobre a reação interna alemã ao pacto, 161; promete lealdade à Polônia, 167-8; investiga viabilidade de declaração de guerra na União Soviética, 173; embaixador russo levanta possibilidade de negociações comerciais, 174; conversas com embaixador russo, 189, 219;
Hankey, lorde Maurice, 179
Hanko, 102, 112
Harnack, Arvid, 262

Hassell, Ulrich von, 110, 160
Havel, Václav, 329
Haw-Haw, lorde *ver* Joyce, William
Häyhä, Simo, 108
Heróstrato, 37
Herwarth, Johnnie von, 36, 56, 60
Hess, Rudolf, 233, 266-8, 323
Heydrich, Reinhard, 81
Hilferding, Rudolf, 146
Hilger, Gustav: histórico, 41; auxilia nas negociações para o pacto, 41-2, 63; sobre a cooperação econômica germano-soviética, 206, 215; auxilia as conversas de Molotov em Berlim, 225, 231
Himmler, Gudrun, 306
Himmler, Heinrich, 87
Hindenburg, marechal de campo Paul von, 254
Hiranuma Kiichirō, 155
Hitler, Adolf: inicia preparativo para a guerra na sequência de Munique, 197-8; notoriedade dos crimes, 24; relações com a União Soviética antes do pacto, 37-8; motivos para assinar o pacto, 39, 43-5, 53, 57; negociações com a Polônia antes da guerra, 43; motivos para a invasão tcheca, 44; reação à garantia britânica à Polônia, 45; reação a Stálin, 46, 65; relacionamento com Ribbentrop, 52; papel na negociação do pacto, 52, 57, 59-60; líderes mundiais tentam impedi-lo de ir à guerra, 64; recebe Ribbentrop calorosamente após sua volta de Moscou, 65; ordena ataque a Polônia, 65; judaico-bolchevismo e, 70; envia congratulações de aniversário a Stálin, 94; toma conhecimento das intenções de Stálin para o Báltico, 100; chama para "casa" os alemães étnicos dos Estados bálticos, 101-2, 121; Guerra de Inverno e, 111; vantagens do pacto para, 115; reação às anexações soviéticas, 129-30; mudança de atitude para com a União Soviética, 129-30; problemas para justificar o pacto com os comunistas, 137; esquerdistas comparam a Stálin, 141; representações literárias, 146; atitude soviética, 153; defende o pacto, 156-7, 160-1; cartuns zombam o pacto, 170; reação ao comércio com a União Soviética, 195, 199, 205, 207; indignação com a armadilha sexual para Feige, 218; teme que

soviéticos ataquem a Romênia, 220; encontra com Molotov em Berlim, 231-7; abstinência, 234; sugere encontro com Stálin, 237; decide atacar a União Soviética, 241-4, 246; *Pravda* relata ter viajado ao front ocidental, 248; Stálin começa o apaziguamento ativo de, 260-1; discurso justificando a Barbarossa, 262; conselheiros falam contra a guerra soviética, 271; motivos para a guerra soviética, 271-4; anuncia ao povo alemão o ataque à União Soviética, 285; Churchill fala sobre, 310-1; dá veredicto retrospectivo sobre o pacto, 321-2
Hobsbawm, Eric, 137
Hoffmann, Heinrich, 35-6, 40, 63, 65
Holanda, 116
holocausto *ver* judeus
Honecker, Erich, 144
Hood, HMS, 193
Hore-Belisha, Leslie, 165
L'Humanité (jornal), 143
Hungria, 154, 221, 239, 259
Hyde, Douglas, 133, 139

Incêndio do Reichstag (1933), 261
Incidente de Gleiwitz (1939), 103
Incidente de Mainila (1939), 103
Instruções Serov, 276
Iorga, Nicolae, 123
Istmo da Carélia, 102-4, 112
Itália: reação ao pacto, 154; reação à invasão da Finlândia, 110; visão da Alemanha de expansão da, 229; Pacto Tripartite com a Alemanha e o Japão, 230; discussões com a União Soviética, 245-6; *Pravda* relata que Churchill apelou para, 248
Iugoslávia, 239, 259-60, 262
Izvestia (jornal), 265

Japão: campanha do Extremo Oriente contra a União Soviética, 57; soviéticos perguntam sobre relações alemãs com, 60; relações com a Alemanha, 60-1; assina tratado de paz com a União Soviética, 68; reação ao pacto, 155; visão da Alemanha de expansão do, 229; Pacto Tripartite com a Itália e a Alemanha, 230; Alemanha oferece reaproximação com União Soviética, 239; União Soviética exige

renúncia a direitos no norte da Sacalina, 243; conhecimento do iminente ataque alemão à União Soviética, 251; assina pacto de neutralidade com a União Soviética, 261; agentes soviéticos no, 262
Jedwabne, 70
Joyce, William ("lorde Haw-Haw"), 155
judeus: na Polônia, 27; expurgados do Ministério do Exterior soviético, 51; dão boas-vindas à invasão soviética da Polônia, 70; ligação com o comunismo, 70; tratamento nazista e soviético de poloneses, 79, 81-2, 86-8; alguns judeus alemães bálticos voltam para "casa", 102; filmes soviéticos sobre a perseguição nazista, 151-2; profecia de Hitler da aniquilação de, 198; fábrica de borracha de Auschwitz, 214; reassentamento alemão, 272-3; pogroms na Romênia, 273; pogroms na sequência da Barbarossa, 301-5;

Kaleva (aeronave), 118
Kalinin, 78
Kalinina, Herta, 276
Kalniete, Sandra, 278
Kandelaki, David, 196
Kattegat, 239, 243
Kaunas, 109, 301
Keitel, marechal de campo Wilhelm, 224, 254
Kent, Tyler, 184
Khalkhin Gol, batalha de (1939), 57, 249
Khruschóv, Nikita: sobre os judeus poloneses que optaram por retornar ao setor alemão, 87; sobre as ligações da NKVD–Gestapo, 92; sobre a Guerra de Inverno, 109, 113; sobre a anexação dos Estados bálticos, 120; sobre a impossibilidade de explicar o pacto aos cidadãos soviéticos, 152; sobre a armadilha sexual a Feige, 218; sobre o alto-comando soviético, 250; sobre o voo de Hess, 268; veredicto retrospectivo sobre o pacto, 325
Kiev, 256
Kirkpatrick, Ivone, 266
Kleeberg, Franciszek, 71
Klemperer, Victor, 160, 305
Kock, batalha de (1939), 71
Koden, 284
Kolomyia (Kołomyja), 302

Komet (navio), 93
Koonen, Alisa, 248
Kormoran (navio), 93
Korn, Wilhelm, 86
Korobkov, general Aleksandr, 299
Kozelsk, campo de prisioneiros, 77
KPD *ver* Partido Comunista Alemão
Kravchenko, Victor, 150
Krebs, Hans, 261
Krėvė-Mickevičius, Vincas, 48, 119
Kriegsmarine [marinha alemã]: navios, 192-4, 203; rearmamento, 197; *ver também Lützow*
Krivoshein, general Semyon, 30-3, 291
Krupp, 202
Krupp von Bohlen, Gustav, 218
Kuhn, Fritz, 156
Kulik, marechal Grigory, 252, 295
Kun, Béla, 70
Kunigiškiai, 290
Kuusinen, Otto, 105, 112
Kuznetzov, almirante Nikolai, 94, 270, 287

Ladoga, lago, 112
Langner, general Władysław, 72
Laux, Helmut, 63
Lend-Lease, lei, 313
Leningrado, 192-4, 293
Lermontov, Mikhail, 286
Letônia: mencionada no pacto, 59-60, 62; consequências do pacto, 25; assina pacto com a União Soviética, 99-101; alemães étnicos chamados para "casa", 101-2; Grã-Bretanha prevê anexação soviética, 172; aumento das incursões soviéticas, 113; soviéticos invadem e incorporam, 118-22; reação internacional à invasão, 121, 182; vida após a anexação, 124-7, 129; Grã-Bretanha disposta a reconhecer anexação, 188; perdeu investimento alemão, 218; regime soviético e deportações, 274-9; União Soviéticas traz reforços para, 255; soviéticos expurgam prisioneiros, 301; cai para a Alemanha, 289, 293, 314; pogroms de judeus, 304; recuperada pela União Soviética, 326; protestos e independência, 327-8; dissolução da União Soviética e, 25; celebra o Dia Europeu da Memória das Vítimas do Stalinismo e do Nazismo, 330

Levi, Primo, 214
Liepaja, 99
Liga Americana pela Paz e Democracia, 140
Liga das Nações, 46, 108
Linha Maginot, 256
Linha Mannerheim, 112, 256
Linha Molotov, 255, 256, 290
"Link, The", 155
Liskow, Alfred, 282
Litene, 127
Lituânia: mencionada no pacto, 62; prêmios alemães para a União Soviética, 74; assina pacto com a União Soviética, 100-1; alemães étnicos chamados para "casa", 101-2; Grã-Bretanha prevê anexação soviética, 172; aumento das incursões soviéticas, 113, 115; soviéticos invadem e incorporam, 117-22; reação internacional à invasão, 121-2, 182; vida após a anexação, 124-7, 129; Grã-Bretanha disposta a reconhecer anexação, 188; perdeu investimento alemão, 218; União Soviética traz reforços, 255; regime soviético e deportações, 274-9; soviéticos expurgam prisioneiros, 300-1; cai para os alemães, 289-90, 293, 314; pogroms de judeus, 301; recuperada pela União Soviética, 326; protestos e independência, 327-8; dissolução da União Soviética e, 25; celebra o Dia Europeu da Memória das Vítimas do Stalinismo e do Nazismo, 330
Litvinov, Maxim, 49, 50
Lloyd, Geoffrey, 179
Lódz, 79
Low, David, 170
Lubbe, Marinus van der, 262
Lublin, 75, 272
Ludendorff, general Erich von, 254
Luftwaffe: rearmamento, 197; supera a Força Aérea Vermelha, 289
Luleå, 109
Luther, Martin, 52
Lutsk (Łuck), 300-1
Lützow (navio): construção, 202, 218; entregue a Leningrado, 192-4; fim, 293; fornecimento de peças sobressalentes suspenso, 270; negociações para obter dos alemães, 207-8
Luxemburgo, Rosa, 70

Lwów (Lvov), 87, 89, 290, 294, 300
Lwów, cerco de (1939), 72

Maclean, Fitzroy, 177
Madagascar, 274
Magyarság (jornal), 154
Maisky, Ivan, 174, 189, 315-8
manganês, 217
Mannerheim, marechal Carl, 220
mar Negro, 220
Marinha alemã *ver* Kriegsmarine
Martin, Kingsley, 141
Maslenki, 118
Mason, John, 185
Massacre de Błonie (1939), 81
Massacre de Pułtusk (1939), 81
Massacre em Częstochowa (1939), 67
Massacre em Kajetanowice (1939), 67-8
Massacres de Katyn (1940), 23, 77, 79, 82-3, 92, 323, 329
Matsuoka, Yōsuke, 226, 260
Matuszyński, Janusz, 69
Mayenburg, Ruth von, 149
Medvedev, Dmitry, 330
Mekhlis, Lev, 122
Meretskov, general Kirill, 249, 252
Merkulov, Vsevolod, 225, 281, 299
Merkys, Antanas, 117, 125
Metallist (navio), 98
Michela, Joseph, 182
Mikoyan, Anastas, 212, 217, 251, 297
Milanów, batalha de (1939), 71
minério de ferro, 109, 213
Minsk, 289, 295
Miretski, Stanislav, 31
Mitchison, Naomi, 138
Mitford, Unity, 155
Mobilização Americana pela Paz, 140
Mokra, batalha de (1939), 66
Moldávia *ver* Bessarábia
Molotov, Vyacheslav: aparência, 42; histórico e personalidade, 50-1; torna-se ministro do Exterior, 51; negocia e assina o pacto, 42, 56, 58-63; razões para apoiar o pacto, 48; atividade como ministro do Exterior, 49; apresenta o pacto ao Soviete Supremo, 66; campanha polonesa e, 68; Ribbentrop reclama sobre a prisão de cidadãos alemães, 89; negocia com a Estônia, 96-9; linha dura com a Letônia, 100; negocia com a Finlândia, 103; invasão da Finlândia e, 106; enfatiza a natureza benevolente dos pactos bálticos, 113; atos contra os Estados bálticos, 117-8; congratula os alemães pela invasão ocidental, 118; sobre a anexação báltica e a Moldávia, 124; exorta marinheiros mercantes aliados a desertar, 142; conversações comerciais com a Grã-Bretanha, 177; outras conversações com a Grã-Bretanha, 186; outras negociações com a Alemanha, 188; esnoba britânicos, 190; postura em relação ao acordo comercial com a Grã-Bretanha, 200; falha em proteger os interesses econômicos alemães na Bessarábia, 219; Ribbentrop protesta contra a tomada soviética da Bucovina, 221; instruído por Stálin para mais conversações com a Alemanha, 223; visita Berlim para conversações, 224-40; reação às conversas de novo em casa, 240; apresenta a resposta de Stálin aos alemães, 243; sobre a tentativa de Stálin de provocar uma negativa de ataque iminente, 281; Schulenburg anuncia formalmente o ataque iminente para, 283; Stálin debate com ele sobre como reagir, 287; fala ao povo russo sobre o ataque, 287-8, 308; história sobre ele se encontrar com Stálin arruinado, 297; assina o Acordo Anglo-Soviético, 316; veredicto retrospectivo sobre o pacto, 326; nega até o fim a existência do protocolo secreto, 327;
Mongólia, 57, 68
Morávia, 44
Moscou: atmosfera, 36, 40; campanha de terror de Stálin em resposta à invasão alemã, 294; poema de Lermontov sobre incêndio em 1812, 286; reação popular à invasão, 307, 308; situação alimentar, 41; LUGARES: Academia Militar de Frunze, 247; cemitério de Novodevichy, 40; Comissariado do Povo para a Defesa, 247; Hotel Lux, 148; metrô, 248; Teatro Kamernyi, 248; Universidade Estatal, 247
Moscou, Tratado de (1940), 113
Mosley, Oswald, 155, 184
Müller, Bruno, 75

Munters, Vilhelms, 100
Mussolini, Benito, 54, 75, 154, 248, 322

Narvik, 109, 115
navios: alemães, 192-4, 203; lentidão alemã no fornecimento à União Soviética, 218; uso soviético dos alemães, 192-4, 207-8
Neave, Airey, 91
negócio ver comércio e negócios
Neumann, Heinz, 90
New Republic (revista), 142
Nicolson, Harold, 166, 309, 312
Nikitchenko, Iona, 323
Nisko, 81
NKVD: prisões de funcionários da Embaixada polonesa, 69; atividades na Polônia ocupada, 77-8, 83, 86, 90-2; extensão da cooperação com a Gestapo, 36, 92; invasão da Letônia e, 118-9; agindo para apoiar o regime soviético no Báltico, 125-9; métodos de tortura, 127; expurgos de comunistas estrangeiros em Moscou, 148; monta armadilha sexual para contra-almirante alemão, 218; avalia o pacto no primeiro aniversário, 222; fornece relatórios de inteligência sobre movimentos de tropas alemãs na Polônia, 251; atividades nos territórios anexados, 274-9; trava campanha de terror em Moscou na sequência da invasão alemã, 287; encarregada de restaurar a disciplina do Exército Vermelho, 295; prende vários generais, 299; expurga prisioneiros no caminho dos alemães, 299-301; odiada nos territórios anexados, 303
Noruega, 109, 115, 193

O'Rourke, Edward, bispo de Danzig, 30
Oborin, major-general Stepan, 299
Obras de Buna, 214
Odessa, 220
Olszyna-Wilczyński, Józef, 71
Operação Barbarossa (1941): decidida em 1939, 241-4, 246; reação de Stálin aos rumores, 251; ambos os lados se preparam, 252-7, 262-3, 269; Stálin considerou ataque preventivo?, 266, 269; motivos de Hitler, 271-4; Stálin tenta provocar negativa dos alemães, 280-1; acumulam-se evidências de que acontecerá,

281-3; alemães anunciam formalmente ataque iminente aos soviéticos, 283-5; começa, 284-96; ironia de cada lado usar material obtido com ajuda do outro, 292; comunidades locais inicialmente ajudam alemães, 293-4; Stálin hesita, mas depois contra-ataca, 296-7; atrocidades soviéticas, 299-301; atrocidades alemãs e pogroms de judeus, 301-5; reação popular na Alemanha, 305-7; reação popular na União Soviética, 307-8; reação internacional, 308-13; progresso na primeira semana de julho, 314; progresso em outubro, 321
Operação Cerberus (1942), 193
Operação Pike (1940), 174-6, 178-9
Ordem 001223, 114
Orwell, George, 137
Orzeł (submarino), 97-8
Oshima, Hiroshi, 155
Ostashkov, campo de prisioneiros, 77
Oumansky, Konstantin, 122, 183

Paasikivi, Juho, 102-3
Pacto Anti-Comintern (1936), 61, 154, 230, 262
Pacto Molotov-Ribbentrop ver Pacto Nazi--Soviético
Pacto Nazi-Soviético (1939): histórico, negociação e assinatura, 35-63; termos, 58-60, 62; termos do protocolo secreto, 62; extensão, 25; duração, 25; motivos soviéticos, 22, 46-8; motivos de Hitler, 39, 43-5, 53, 57; fotos tratadas de Hoffmann, 65; reação comunista internacional, 131-64; reações populares e governamentais internacionais, 34, 165-91; veredicto retrospectivo de Hitler, 321-2; escrutínio após a guerra, 322-30; existência do protocolo secreto sempre negada, 326-7; comissão soviética no fim reconhece o protocolo secreto, 329; dia da memória, 329-30;
Pacto Tripartite (1940), 230, 232, 238, 243, 259
Partido Comunista Alemão (KPD), 144, 146-7, 307
Partido Comunista Americano, 140
Partido Comunista Britânico, 131-7, 139, 185, 312, 313
Partido Comunista Francês, 142, 144

394

Päts, Konstantin, 98, 126
Paulo, príncipe regente da Iugoslávia, 259
Pavlov, general Dmitry, 250, 252, 286, 298
Pavlov, Vladimir, 42, 63
Pesate, Jacob, 124
petróleo: campos romenos e sua importância, 123; britânicos e franceses consideram ataque a Baku para impedir ida de petróleo soviético para a Alemanha, 174-9; abortado plano aliado para bombardear campos soviéticos, 188; exigências alemãs de importação, 197; exigências alemãs da União Soviética, 205-6; entregas soviéticas para a Alemanha, 208, 270; dimensão e origem de suprimentos alemães, 213; preço cobrado pelos soviéticos aos alemães, 216; soviéticos usam como ferramenta política, 217; Hitler teme que soviéticos tomem campos romenos, 220; direitos japoneses no norte da Sacalina, 243; soviético usado na invasão alemã da União Soviética, 292;
Petropavlovsk (navio) *ver Lützow*
Philby, Kim, 268
Pieck, Wilhelm, 147
Pitrags, 99
Pitt o Jovem, William, 319
Ploieşti, 123
Pollitt, Harry, 131-6, 163, 312
Polônia: conversações com a Alemanha antes da guerra, 43; Grã-Bretanha estende garantia para, 44; britânicos e franceses debatem com soviéticos, 54-5; planos alemães para invadir, 57; invasão e divisão, 22, 27-34, 59, 62, 64-72, 74-9; limpezas e deportações alemãs e russas, 79-92; reação da esquerda internacional à invasão, 138, 145; reação dos cidadãos soviéticos à invasão, 153; Grã-Bretanha reafirma apoio para, 167-8; reação internacional à invasão soviética, 171, 182; Grã-Bretanha disposta a reconhecer ocupação soviética, 188; alemães e soviéticos discutem sobre, 239; movimentos das tropas alemãs em preparação para invasão da União Soviética, 251; soviéticos constroem fortificações, 256; estratégia alemã de reassentamento, 272; judeus deportados da Áustria para, 272; regime soviético e deportações, 274-9; soviéticos expurgam

prisioneiros, 300-1; conquista alemã do leste, 314; pogroms de judeus, 302-3; governo no exílio assina Acordo Polaco-Soviético, 314-9; recuperada pela União Soviética, 326
Portugal, 154
Poskrebyshev, Alexander, 41
Postmeister, Der (filme), 162
Potemkin, Grigori Aleksandrovich, 36
Potemkin, Vladimir, 36
Pravda, 159, 248, 265
Primeira Guerra Mundial (1914–18), 38, 254
Prinz Eugen (navio), 193, 207, 218
Professor Mamlock (filme), 151

Raabe, Otto, 90
Raczyński, conde Edward, 167-8
Raeder, almirante Erich, 94
Rainiai, 300
Rajsky, Adam, 143
Ramsay, sir Archibald, 155, 184
Rangitane, RMS, 93
Rapallo, Tratado de (1922), 52, 194-5
Rapid, de Viena (time de futebol), 306
Raska, Andres, 127
Rava-Russkaya, 290
Regler, Gustav, 145
Regulamento de Defesa 18B, 184
Reinecker, 212
Relações Nazi-Soviéticas 1939-1941 (Departamento de Estado dos Estados Unidos), 324
Relatório Butt (1941), 178
Reynaud, Paul, 183
Ribbentrop, Joachim von: histórico e personalidade, 35, 39; razões para o avanço de Hitler, 52; negociações com a Polônia antes da guerra, 43; negocia e assina o pacto, 35-6, 39-42, 45, 52-3, 56, 58; festejado em Berlim no retorno de Moscou, 65; encoraja o avanço soviético, 68; viaja a Moscou para assinar o Tratado de Demarcação e de Amizade, 73, 96, 160; reclama para Molotov sobre a prisão de cidadãos alemães na União Soviética, 89; envia cumprimentos de aniversário a Stálin, 94; rejeita pedidos de ajuda dos Estados bálticos, 101; abandona a Finlândia também, 102; Hitler exige proteger contra a anexação soviética da Bessarábia, 130; Ciano sobre, 154; escreve

artigo de jornal sobre o pacto, 158; cartuns zombando do pacto, 170; sensibilidade a desfeitas, 201; repreende os soviéticos por exigências comerciais exorbitantes, 204; ajuda com as negociações comerciais soviéticas, 205; tenta suavizar o atrito na Faixa Lituana, 220; protesta sobre a tomada soviética da Bucovina, 221; tentativas de revitalizar o pacto, 223, 228; conversas com Molotov em Berlim, 224, 226, 228-34, 237-9; aconselha tentar comprometer-se com a União Soviética, 243; anuncia formalmente ao embaixador soviético o ataque à União Soviética, 285

Riga, 118, 120, 289

Right Club, The, 155, 184

Ritter, Karl, 204, 257

Robinson, Kenneth, 133

Rogachev, 291

Romênia: cede a Bessarábia aos soviéticos, 122-4; campos petrolíferos de Ploieşti e sua importância estratégica, 123; postura de Hitler, 130; fornece petróleo à Alemanha, 213; Alemanha teme que soviéticos a dominem, 220; vai para a Alemanha, 221, 259; alemães e soviéticos debatem sobre, 239; violência contra judeus, 273; rumores espalhados de iminente ataque alemão à União Soviética, 282; *ver também* Bessarábia

Roosevelt, Franklin Delano: tenta impedir a guerra, 64; problemas com isolacionistas, 181, 184; postura com a União Soviética, 181-2, 219; tenta encorajar o Estados Unidos à guerra, 313;

Roosevelt, Kermit, 109

Roots, Aino, 277

Rosenberg, Alfred, 45, 101, 156-8, 160

Rote Fahne (jornal), 147

Rudenko, general Roman, 323

Rudnev, Lev, 247

Rússia: Primeira Guerra Mundial e, 38; protesta contra o Dia Europeu da Memória das Vítimas do Stalinismo e do Nazismo, 330; volta à posição de encobrimento, 330; *ver também* União Soviética

Sacalina, 243

Sachsenhausen, campo de concentração, 75

Sambor, 300

Sargeant, sir Orme, 186

Sarre, 272

Schacht, Hjalmar, 196, 198

Schalke 04 (time de futebol), 306

Scharnhorst (navio), 193

Schirach, Baldur von, 272

Schleswig-Holstein (navio), 64

Schmidt, Paul: presente nas negociações do pacto, 36, 40; sobre a atmosfera em Moscou, 40; presente nas conversações de Molotov em Berlim, 226, 229, 231-2, 237-8

Schnurre, Karl: histórico, 196; sobre semelhanças entre o pensamento comunista e o fascista, 53; apoia a cooperação econômica com a União Soviética, 196-7; negocia com a União Soviética, 199, 201, 204, 206, 257-8; argumenta contra a guerra soviética, 271

Schulenburg, Friedrich-Werner von: defende relações mais estreitas com a União Soviética, 52; presente nas negociações do pacto, 42, 56, 58; invasão soviética da Polônia e, 68; ajuda embaixador polonês a fugir de Moscou, 69; parabenizado por Molotov pela bem-sucedida invasão do oeste, 118; dá sinal verde aos soviéticos para tomarem a Bessarábia, 123; esconde de Hitler os motivos de Stálin, 130; postura para o comércio com a União Soviética, 196; transmite a Molotov as preocupações alemãs sobre a tomada soviética da Bucovina, 221; Molotov apresenta a resposta de Stálin às propostas alemãs para, 243; argumenta contra a guerra soviética, 271; anuncia formalmente a Molotov o ataque iminente, 283

Schulze-Boysen, Harro ("Starshina"), 281

Schwarze Korps, Das (jornal), 158

Schwerin von Krosigk, Lutz, 271

Sebastian, Mihail, 64

Selenga (navio), 174

Selter, Karl, 96-9

Serov, Ivan, 114, 276

Seydlitz (navio), 193, 207

Shaposhnikov, marechal Boris, 63, 256

Shirer, William, 159, 205

Shirnyuk, Raisa, 31

Shkvartsev, Alexei, 204

Šiauliai, 328
Sibéria, 91, 126, 148, 277, 279
Siegel, Thorwald, 145
Sikorski, general Władysław, 315-8
Silvermaster, Helen, 140
Simon, sir John, 266, 268
Simonov, Konstantin, 153
Simović, general Dušan, 259
Sinkevich, Svetozar, 28
Skagerrak, 239, 243
Škirpa, Kazys, 121
Slessor, John, 178
Smetona, Antanas, 115, 119
Sobolev, Arkady, 244
Solski, major Adam, 78
Sonderaktion Krakau, 75
Sorge, Richard, 262, 282
Speer, Albert, 58, 130
Springhall, Dave, 134
Spychalski, Marian, 89
ss, 129, 158, 254, 301, 303
St. Aubyn, Teddy, 166
Stahlecker, Walter, 303
Stalag xxa, 91
Stálin, Joseph: aparência, 42; substitui Litvinov por Molotov, 49-51; notoriedade dos crimes, 24; postura com a Alemanha antes do pacto, 37; negocia pacto, 42, 52, 57-8, 60-2; motivos para assinatura do pacto, 22, 46-8, 56; postura de Hitler, 46, 65; política do "socialismo num só país", 53; reação à assinatura do pacto, 66; ordena invasão da Polônia, 68; encontra-se com Ribbentrop para combinar divisão da Polônia, 74; postura do povo soviético em relação a, 88; ávido por manter a ficção da neutralidade soviética, 93; Hitler envia cumprimentos de aniversário para, 94; negocia com a Estônia, 99; postura para com os Estados bálticos, 99-100; conquista da Finlândia e, 103, 109; oferece condições a Finlândia, 112; volta a atenção para a Bessarábia, 122; esquerdistas comparam a Hitler, 141; sobre o relações públicas exigido pelo pacto, 152; cartuns zombando do pacto, 170; reação popular britânica, 180; concorda em se encontrar com Cripps, 187; postura ao comércio com a Alemanha, 196, 200, 205-6, 216-7, 219;
motivos para incorporar a Bessarábia, 220; Hitler pede ajuda contra os britânicos, 241; instrui Molotov para mais conversações com a Alemanha, 223; papel nessas negociações, 233-4; Hitler sugere encontro, 237; objetivos expansionistas, 243; resposta às conversações, 243; estabelece agenda para a conferência militar de 1940, 248; promove Zhukov a chefe do Estado-Maior, 253; não convencido pelos rumores, continua negociando, 254, 256, 258-9; política balcânica falha, 259-60; começa apaziguamento ativo de Hitler, 260-1; assina pacto de neutralidade com o Japão, 261; critica o Comintern, 261; demonstra a preparação militar da União Soviética, 263; torna-se presidente do Conselho de Comissários do Povo, 264; discurso marcial para recém-formados de academia militar, 264-5; ele considerava um ataque preventivo?, 266, 269; caso Hess aumenta sua desconfiança da Grã-Bretanha, 267-8; continua acreditando que a Alemanha não atacará, 269; postura de Hitler em relação a, 271; tenta provocar negativa de ataque iminente dos alemães, 280-1; nega até o último momento que ataque alemão acontecerá, 281; inicialmente faz o Exército Vermelho não contra-atacar, 286; por fim reage, 287; reação à destruição da força aérea, 289; hesita em sua resolução, mas depois contra-ataca, 295-8; transmite brado de guerra aos cidadãos, 298; faz vários generais de bodes expiatórios, 299; culto a Stálin cresce na sequência da invasão, 308; negocia com governo polonês no exílio, 316-8; Hitler culpa por Barbarossa, 322; veredicto retrospectivo do pacto, 322; defesa posterior do pacto, 324, 326
Starobelsk, campo de prisioneiros de, 77
Starshina *ver* Schulze-Boysen, Harro
Stehlin, Paul, 175
Steinhardt, Laurence, 181
Strachey, John, 139
Suécia: apoio à Finlândia, 109; exportações de minério de ferro para a Alemanha, 109, 213; alemães e soviéticos discutem sobre, 239; celebra o Dia Europeu da Memória das Vítimas do Stalinismo e do Nazismo, 330

Summa, 112
Suomussalmi, batalha de (1940), 107
Szack, batalha de (1939), 71

Tamošaitis, Antanas, 126
tanques: produção soviética, 211-2, 263; soviéticos lutam contra alemães com tanques que alemães ajudaram a produzir, 292; sucessos soviéticos com, 290
tanques KV, 211-2, 290
Tarnopol, 300
Tartu, 300
Tartu, Universidade de, 117
Tasso, Robert, 278
Tchecoslováquia, 44
Terijoki, 105
Tevossian, Ivan, 202
Thälmann, Ernst, 144
Thomas, Bert, 170
Thorez, Maurice, 143
Thyssen, Fritz, 157
Times, The, 166, 171
Timoshenko, marechal Semyon, 111, 124, 248, 251, 264, 281
Tolvajärvi, batalha de (1939), 107
Tratado de Demarcação e de Amizade (1939), 73, 96
Tribunal Militar Internacional de Nuremberg, 322-3
Trótski, Leon, 70
Truman, Harry S., 313
Tukhachevsky, marechal Mikhail, 250
Turquia, 230, 236, 238

U-boats, 203
Ucrânia: ambições polonesas, 43; campanha de coletivização (1932–3), 51; territórios ucranianos na Polônia absorvidos para a, 76; cai para os alemães, 290, 294, 314
ucranianos na Polônia: visão da União Soviética, 29; usados como pretexto para a invasão soviética, 68; dão boas-vindas à invasão soviética da Polônia, 70; permitidos moverem-se para o leste, 73; territórios absorvidos pela União Soviética, 76
Udet, general Ernst, 201-2
Ulbricht, Walter, 146

Ulmanis, Kārlis, 119, 125
União Soviética: negociação com britânicos e franceses antes da guerra, 54-6; campanha do Extremo Oriente contra o Japão, 57; assina tratado de paz com Japão, 68; relações com a Alemanha antes do pacto, 37-9; negociação e assinatura do pacto, 35-63; consequências do pacto sobre sua imagem, 23; invasão e divisão da Polônia, 22, 27-34, 67-72 motivos para assinatura do pacto, 22, 46-8, 56; expansionismo, 49, 53; atrocidades na Polônia, 71; concorda com a Alemanha em como dividir a Polônia, 73-4; natureza do domínio na Polônia, 76-9; colaboração naval com a Alemanha, 92-3, 192-4, 203, 207-8, 218, 270, 293; avança sobre os Estados bálticos, 97-101; invade e incorpora os Estados bálticos, 117-20, 122; invade e incorpora a Bessarábia, 122-4; ataque à Finlândia, 22, 102-13, 256; regime nos Estados bálticos e na Moldávia, 124, 126-9; visão geral dos ganhos territoriais, 129; mudança de atitude alemã, 129-30; reação alemã às anexações, 129-30; reação do comunismo internacional ao pacto, 131-47; postura dos comunistas estrangeiros em Moscou ao pacto e à guerra, 148-50; reação dos cidadãos, 150-4, 163; reação popular e governamental internacional à União Soviética na esteira do pacto, 169-83; britânicos e franceses propuseram ataque a Baku, 174-9, 188 utilização de aeronaves alemãs, 177, 206, 208; britânicos negociam com, 186-91; cooperação econômica e comercial com a Alemanha, 193-219, 222-3, 256-7, 259, 270, 292-3; riqueza mineral, 197; falta de tecnologia, 199; missão comercial de 1939 à Alemanha, 201-3; estatísticas comerciais alemãs, 206-7, 209; produção industrial, 211-2; vantagens adquiridas do comércio com a Alemanha, 210-2; estilo de negociação, 215-6; problemas do acordo comercial, 216-9; aspecto político do acordo comercial, 217; outras fontes de atrito com a Alemanha, 219-21; importância estratégica da Bessarábia e dos Bálcãs, 220-1; aproximação do confronto com a Alemanha, 222-3; novas negociações com a Alemanha

em Berlim, 224-40; Hitler decide atacar, 241-6; semiprepara-se para a guerra, 253-6, 263, 269; enquanto isso as negociações comerciais com a Alemanha continuam, 256-7, 259; Alemanha aumenta exportações para, 258; política balcânica falha, 259-61; assina pacto de neutralidade com Japão, 261; Grã-Bretanha utiliza o caso Hess para cortejar, sem êxito, 266-9; aumenta exportações para a Alemanha, 270; motivos de Hitler para guerra contra, 271-4; regime e deportações dos territórios anexados, 274-9; Stálin tenta provocar negativa de ataque iminente dos alemães, 280-1; acumulam-se evidências de que acontecerá, 281-2; ataque formalmente anunciado, 283; ataque começa, 284-96; territórios anexados se voltam contra, 293-4; Stálin hesita, mas depois contra-ataca, 296-7, 299; NKVD expurga prisioneiros de territórios anexados, 300-1; odiada nos territórios anexados, 301-4; reação popular ao ataque, 307-8; perdas na primeira semana de julho, 314; assina Acordo Polaco-Soviético, 314-9; assina Acordo Anglo-Soviético, 316; progresso da invasão até outubro, 321; posterior defesa do pacto e de suas próprias ações, 322-8; apoia finalmente a comissão, 329; dissolução, 329; ver também Exército Vermelho; Rússia; Stálin, Joseph
Urbšys, Juozas, 119
URSS ver União Soviética

Vansittart, Robert, 175
Varsóvia: ameaçada pelo avanço alemão, 67; domínio alemão, 74; massacre de prisioneiros da prisão Pawiak, 75; guetos judeus, 82; resistência, 91; Palácio de Cultura, 247
Vasilkovski, Oleg, 128
Vassiltchikov, Missie, 305-6
Vaticano, 75
Ventspils, 99
Viena, 272
Viipuri, 112

Viktoravičius, Juozas, 274
Vilna, 100, 113, 120, 289, 327
Vinogradov, general Aleksei, 107
Vlasik, Nikolai, 41
Völkischer Beobachter (jornal), 33, 111, 158
Voroshilov, marechal Kliment, 55, 111, 297
Vyshinsky, Andrei, 119, 189

Wagner, Richard, 152
Warlimont, general Walter, 241
Wartalski, Mieczysław, 84
Wat, Aleksander, 77
Webb, Beatrice, 138-9
Wedgwood, Josiah, 178
Weizsäcker, Ernst von, 241-2
Welles, Sumner, 122, 183
Welt, Die (jornal), 147
Werth, Alexander, 308
Weygand, general Maxime, 176
Willkie, Wendell, 183
Winant, John, 286
Wnuk, Bolesław, 79
Wnuk, Jakub, 79
Wojciechowski, Czesław, 77
Wolkoff, Anna, 184

Yakovlev, tenente-general Alexander, 201-2, 216, 292

Zhdanov, Andrei, 119, 228, 249
Zhlobin, 291
Zhukov, general Georgy: fala a favor das táticas da Blitzkrieg, 249-50; vence jogos de guerra contra Pavlov, 252; é nomeado chefe do Estado-Maior, 253; prepara-se para a guerra, 253, 255; Stálin fala sobre o caso Hess para, 269; elabora plano de ataque preventivo aos alemães, 269; tenta persuadir Stálin a se mobilizar, 281; continua a alertar Stálin sobre ataque iminente, 283; tem inicialmente permissão recusada por Stálin para contra-atacar alemães, 286
Zommers, Augusts, 275

ESTA OBRA FOI COMPOSTA PELA ABREU'S SYSTEM EM INES LIGHT
E IMPRESSA EM OFSETE PELA LIS GRÁFICA SOBRE PAPEL PÓLEN SOFT
DA SUZANO S.A. PARA A EDITORA SCHWARCZ EM FEVEREIRO DE 2021

A marca FSC® é a garantia de que a madeira utilizada na fabricação do papel deste livro provém de florestas que foram gerenciadas de maneira ambientalmente correta, socialmente justa e economicamente viável, além de outras fontes de origem controlada.